WITHDRAWN

HARVARD LIBRARY

WITHDRAWN

RHETOR, POETA, HISTORICUS

ACTA THEOLOGICA DANICA

EDENDA CURAVERUNT
TORBEN CHRISTENSEN · EDUARD NIELSEN
REGIN PRENTER · HEJNE SIMONSEN

VOL. XIII

RHETOR, POETA, HISTORICUS

Studien über
rhetorische Erkenntniss und Lebensanschauung
im italienischen Renaissancehumanismus

von

JAN LINDHARDT

LEIDEN
E. J. BRILL
1979

RHETOR, POETA, HISTORICUS

Studien über
rhetorische Erkenntniss und Lebensanschauung
im italienischen Renaissancehumanismus

von

JAN LINDHARDT

LEIDEN
E. J. BRILL
1979

Printed in Denmark by
Clemenstrykkeriet, Århus

Aus dem Dänischen übersetzt von *Reinhard Brose*

ISBN 9004-06035-9

© *Jan Lindhardt*. Alle Rechte vorbehalten. Ohne ausdrückliche Genehmigung des Verlages ist es nicht gestattet, das Busch oder Teile daraus auf foto- oder akustomechanischem Wege zu vervielfältigen.

»Colutius Pyerius, rhetor maximus facundissimusque orator, poeta clarus et historicus gloriosus, michi adeo mirabilis in omni scientiarum genere totaque politia. . . .«

Domenico di Bandino d'Arezzo von Salutati (1390), Epistolario di Coluccio Salutati, a cura di F. Novati, IV, 501.

Inhalt

Einleitung 9

Teil I
Kap. 1. Coluccio Salutati in der Geschichte . 15
Kap. 2. Abstand von der Welt 41
Kap. 3. Vita activa 51
Kap. 4. Wissen 59
Kap. 5. Gott und Mensch 66
Kap. 6. Die Welt des Menschen 78
Kap. 7. Die praktischen Konsequenzen 85

Teil II
Kap. 8. Poesie und Jura vor Salutati 93
Kap. 9. Die poetische Erziehung 107
Kap. 10. Poesie und Philosophie 118
Kap. 11. Poesie und Theologie 129
Kap. 12. Humanismus und Christentum 137
Kap. 13. Poeta Theologus und Poeta Rhetor .. 141

Konklusion 152

Anmerkungen 155
Werke Salutatis, die verwendet wurden 191
Literatur 192
Personenregister 196
Sachregister ....

Einleitung

In einem lesenswerten Artikel, Renaissance Humanism: The Pursuit of Eloquence (Journal of History of Ideas, 1963), stellt Hanna H. Gray die Frage, ob man die Rhetorik der Renaissance-Humanisten nicht in all zu hohem Grade als etwas Sekundäres und Minderwertiges angesehen habe. War es nur eine leere Form, Prahlerei oder Sophisterei? Und sie macht darauf aufmerksam, daß jene selbst eloquentia, Beredsamkeit als etwas sehr Bedeutungsvolles ansahen, als einen Teil der Weisheit und als das der Sophisterei gerade Entgegengesetze. Die Forscher haben nur in begrenztem Umfang Blick dafür gehabt, daß die Rhetorik ein integrierter Bestandteil der humanistischen Lebensauffassung war, von Petrarca im 14. Jahrhundert bis Erasmus im 16. Jahrhundert. Aber das ist vielleicht nicht so merkwürdig; eine Zeit, die selbst meint, die Sachlichkeit auf den Ehrenplatz zu setzen, muß natürlich alle »äußeren« Wirkungsmittel mit Skepsis betrachten.

Von vornherein nährt man tiefes Mißtrauen zur Rhetorik, teils weil man sie verdächtigt, sie wolle überreden statt überzeugen, und teils weil man ahnt, daß nicht Güte und Wahrheit geschätzt werden, sondern nur äußere Schönheit. Ein Rhetoriker hat keine festen Standpunkte, sondern höchstens leicht austauschbare Gesichtspunkte. Bei einer solchen Auffassung ist es verständlich, daß Forscher mit einer positiven Einstellung zum Humanismus es vorgezogen haben, auf das rhetorische Element möglichst geringes Gewicht zu legen, und sich statt dessen z.B. für den historischen Einsatz der Humanisten als Begründer der modernen philologischen und historisch-kritischen Wissenschaft interessiert haben. Andere, insbesondere Medievalisten, haben versucht, die Bedeutung des Humanismus zu reduzieren, indem sie behaupten, daß er nur leere Rhetorik ohne tieferen philosophischen Inhalt gewesen sei. Gemeinsam für beide Kategorien von Historikern ist, daß sie meinen, Rhetorik sei etwas von vornherein Diskriminierendes. Dies ist wohl einer der Gründe dafür, daß in größeren Werken über Philosophie- und Geistesgeschichte zwischen dem mittelalterlichen scholastischen Denken und dem carteseanischen Rationalismus eine Lücke ist, abgesehen von einigen Bemerkungen über die Bedeutung der Periode für die Philologie und die empirische Naturwissenschaft. In den letzten Jahren ist da allerdings einiges geschehen, und man hat langsam damit begonnen, die Lücke zu füllen. Es hat sich gezeigt, daß u.a. Nikolaus von Kues und Marsilio Ficino sich mit Vorgängern und Nachfolgern messen können. Sie waren natürlich auch Philosophen auf solid platonischer Grundlage und nicht sonderlich rhetorisch; insbesondere von Nikolaus von Kues kann man nicht behaupten, daß er auf die äußere Form Gewicht gelegt habe.

Aber was mit all den anderen Humanisten? Was sie betrifft, ist Hanna Grays Frage noch unbeantwortet. Vorliegende Abhandlung versucht eine Antwort zu geben, indem sie eine humanistische Lebenshaltung umreißt. Ich habe einen einzelnen der vielen Humanisten gewählt, aber keineswegs den am wenigsten markanten von ihnen – den florentinischen Staatskanzler Coluccio Salutati. Ausgangspunkt ist die Vermutung gewesen, daß Rhetorik in dem weiten Sinne, in dem man das Wort gebrauchen muß, wenn man vom Renaissance-Humanismus spricht, nicht nur etwas Äußerliches ist, eine Form, die frei angewendet wird, ohne mit Denken und Einstellung zusammenzuhängen, daß kurz gesagt etwas vorhanden sein muß, das man als eine rhetorische Lebensanschauung charakterisieren könnte.

Im Kapitel 1 folgen wir durch etwa 600 Jahre Salutatis Weg in der Geschichte, indem jedoch Hauptgewicht gelegt wird auf die Beschäftigung der modernen Forschung mit ihm. Mit der Uneinigkeit der Forscher, besonders was das Rhetorische betrifft, habe ich versucht zu umreißen, was einem modernen Bewußtsein das wesentliche Problem bei einem Verständnis von Salutati sein muß.

Im Kapitel 2 wird die umstrittene Schrift De secolo et religione behandelt, in der sich Salutati scheinbar als Anti-Humanist zeigt. Es wird angedeutet, welcher Platz dieser Schrift in Salutatis Werken sinnvoll zuerkannt werden kann. Im Kapitel 3 wird geschildert, wie Salutati das doppelte Liebesgebot im Gedanken von vita activa entwickelt. Kapitel 4 dreht sich um Salutatis Erkenntnistheorie mit ihrer Behauptung, daß nur »humanististische« Wissenschaft eine sichere Grundlage für das Wissen bilde. Aspekte von Salutatis theologischem Denken und dessen Konsequenzen werden im Kapitel 5 behandelt. Ein wichtiges Problem ist die Freiheit des Willens. Kapitel 6 nimmt den vita activa-Begriff wieder auf und erweitert die Perspektive auf dem Hintergrund gewonnener Erkenntnisse. Im Kapitel 7 wird geschildert, welche strukturellen Forderungen infolgedessen an die Wissenschaft gestellt werden müssen: daß sie dialogisch sein muß.

Der zweite Teil des Buches wird mit einer Übersicht über Poesie und Jura vor Salutati eingeleitet, bei dem zwei Entwicklungslinien zusammenlaufen (Kapitel 8). Im Kapitel 9 werden Poesie und Rhetorik charakterisiert, so wie der Renaissance-Humanismus die Begriffe auffaßte. Danach wird die Gegenüberstellung zwischen poetischem und philosophischem Wirklichkeitsverständnis (Kapitel 10) behandelt. Salutatis Behauptung von der nahen Verwandtschaft zwischen Poesie und Theologie wird im Kapitel 11 bearbeitet, indem Kapitel 12 die Konsequenzen hiervon zu bestimmen und abzugrenzen versucht. Schließlich wird im Kapitel 13 überlegt, wie Salutati die vom Menschen entwickelte Sprache (durch die Rhetorik vertreten) mit der vom Menschen unabhängigen, göttlich bedingten Erkenntnis, die in der Poesie zum Ausdruck kommt, identifiziert.

Eine eigentliche Biographie ist ausgelassen. Ich verweise auf den kurzen Abriß, den ich in En renaissancetænkers syn, Kopenhagen 1965, gegeben habe, und auf die ausführlichen Darstellungen bei Francesco Novati, La giovenezza di C.S., Turin 1888, und B.L. Ullman, The Humanism of C.S., Padua 1963, chap. I, »A biographical Sketch«. Coluccio Salutati lebte von 1331 bis 1406.

Dokumentation jeder Art ist so weit als möglich in Anmerkungen gegeben, wodurch diese gewiß recht umfangreich werden; dafür dürfte aber die Darstellung selbst an Lesbarkeit gewinnen.

Viele verschiedene Leute haben mein Manuskript in verschiedenen Ausgaben gelesen und mir Ratschläge und Anleitungen gegeben, für die ich dankbar bin. Mein besonderer Dank gilt Professor Torben Christensen, der es in Acta Teologica Danica aufgenommen hat, und dem humanistischen Forschungsrat des dänischen Staates, der die Übersetzung und den Druck des Buches finanziert hat. Professor Johannes Slök hat mich seinerzeit dazu veranlaßt, mich mit dem Studium der Renaissance zu beschäftigen, und mich alle die Jahre hindurch mit seinem positiven Interesse ermuntert. Seine Forschung, deren Ergebnisse in allzu geringem Maße in den Weltsprachen zugänglich sind, hat mich stets inspiriert. Der Titel meines Buches – Rhetor, poeta, historicus – trifft nicht nur auf Salutati zu.

Teil I

KAPITEL 1

Coluccio Salutati in der Geschichte

Im Sommer des Jahres 1400 schrieb ein junger Mann an den alternden Staatskanzler von Florenz, Coluccio Salutati. In diesem Brief beklagt er sich über seine Todesangst und die Furcht, nach seinem Tode vergessen zu werden. Aber wenn Salutati ihm antworten wolle, so werde er der letzteren Sorge quitt, denn von einem berühmten Staatsmann und Humanisten genannt worden zu sein, sei allein schon ausreichend dafür, daß dieser Name in aller Zukunft weiterleben werde[1].

Salutati antwortet erzürnt, daß er sich nichts aus dem übertriebenen Lob eines jungen Mannes mache, der nicht wisse, wovon er spreche. Er solle sich aller göttlichen Superlative, für die es keine Deckung gebe, enthalten[2]. Das Meer der Beredsamkeit sei unendlich, wenn man die Wahrheit verlasse[3]. Ausserdem sei sein Wunsch lächerlich, denn nichts von der Hand eines Sterblichen Ausgegangenes könne ewig bestehen. Wie man denn für Salutatis Briefe garantieren könne, wenn man sehe, wie viele Schriften der bedeutendsten Verfasser verlorengegangen sein[4].

Salutati sollte mit seiner Prophenzeiung in höherem Grade Recht bekommen, als ihm selbst lieb gewesen wäre. Die Toten reiten schnell, und speziell für Salutati gilt, daß die Entwicklung ihm davonlief und ihn im Laufe weniger Jahre passé machte. Die politischen Verhältnisse änderten sich, die kommunale Demokratie des 14. Jahrhunderts wurde vom aufgeklärten Absolutismus der Medici abgelöst, der die Verbindung zwischen humanistischer Bildung und Politik löste. Das Kulturleben ging seine eigenen Wege, und das humanistische Kennzeichen, *studia humanitatis*, bezeichnete nicht länger ein allgemeines Erziehungsprogramm mit der Absicht, die Menschen zu guten Bürgern und wahren Christen zu machen, sondern bekam im 15. Jahrhundert den Charakter von Spezialwissen in Form philosophischer Detailforschung und kontemplativer Philosophie.

Die Nachwelt konnte die Ganzheitsauffassung Salutatis und des frühen Humanismus nicht teilen, sondern beurteilte ihn danach, was er im Konkreten geleistet hatte. Man erkannte seinen Einsatz als Philolog an, empfand jedoch seine Sprache als barbarisch im Vergleich zum klassischen Latein der quattrocentos[5]. Man verwendete zwar Briefe von ihm für stilistische Übungen im Unterricht in eloquentia, aber dies geschah auf Grund seines Rufes als Meister der Beredsamkeit, und nicht weil die Briefe an sich von sprachlicher Qualität waren. Man kann das daran ersehen, daß die Texte dem Wissen und Geschmack der neuen Zeit angepaßt sind[6]. Was seinen philosophischen Einsatz betrifft, so bekam seine Versuch, eine Synthese von Christentum und Humanismus zu schaffen, keine Konsequenzen für die Nachwelt, die auch seine Vermischung von Poesie und Theologie nicht akzeptieren konnte.

Aber die Anerkennung, die ihm die Nachwelt nicht zollen konnte, wurde ihm in reichem Maße durch die Mitwelt zuteil. Fast alle seine privaten

Briefe aus den letzten Jahren leitete er damit ein, all das Lob zurückzuweisen, mit dem ihn die Adressaten überschüttet hatten. Gelehrte aus ganz Italien, weltliche wie klerikale, wetteiferten darin, ihm ihre Huldigung zu bringen. Auch aus dem Ausland kam Anerkennung, u.a. vom französischen Kanzler[7] und vom Erzbischof von Canterbury[8]. In seinem Vaterland war er ebenso hoch geachtet, was u.a. daraus hervorgeht, daß er sich bei stets wechselnden Regierungen, die einander oft durch reguläre Umstürze ablösten, auf dem Kanzlerposten halten konnte[9].

Während des Krieges gegen Mailand versuchte der Viscont den effektiven Kanzler von Florenz mit Hilfe falscher Briefe zu stürzen, die zeigen sollten, daß Salutati seine Stadt verraten habe. In Florenz gab man sich ohne weiteres mit Salutatis Versicherung, daß das Lüge sei, zufrieden und ließ die Sache auf sich beruhen[10].

Bei seinem Tode im Mai 1406 wurde er, im offenen Sarg liegend, als Dichter gekrönt, und höher konnte er nicht geehrt werden[11].

Novati hat im Band IV des Epistolariums eine Reihe von Reaktionen beim Tode Salutatis wiedergegeben, sowohl offiziellere Nekrologe als auch persönliche, private Briefe. In diesen übertreibt man gern recht kräftig, wie das bei derartigen Anlässen der Brauch ist. Domenico da Poggibonsi zögert nicht damit, das italienische Volk, Europa, ja sogar Afrika und Asien aufzufordern, mit ihm über den Dahingeschiedenen zu weinen[12]. Domenico di Bandino hatte das Gleiche zu Salutatis Lebenszeit ausgedrückt, als er 1390 schrieb, daß Salutati eine Ehre nicht allein für das Vaterland, sondern für ganz Europa sei, und als er nicht zögerte zu sagen, daß Salutati alle klassischen Dichter übertreffe[13].

Neben den offiziellen Schreiben hat man eine Reihe Privatbriefe aus dem Kreis der jungen Salutati-Schüler, die die dritte Generation der Humanisten werden sollten[14]. Leonardo Bruni und Poggio Bracciolini gehören zu den bedeutendsten Repräsentanten dieser Generation und sind zugleich diejenigen, die das engste Verhältnis zu Salutati hatten, den sie, charakteristisch genug, als ihren Vater bezeichneten.

Bruni gelobt, Salutatis Söhnen ein Bruder zu sein, weil ihr Vater auch für ihn wie ein Vater war[15]. Poggio schreibt: »Wir vermissen einen Vater, wie wir ihn nicht leicht wieder finden[16], denn Salutati war allen ein Vater«[17]. Sie erkennen, daß sie ihm alles verdanken. Bruni schreibt, daß es Coluccios Verdienst sei, daß er Griechisch gelernt habe, gut Latein könne und Dichter, Oratoren und andere Verfasser lese. Und stets habe Salutati ihn beraten und zu Tugendhaftigkeit und Vortrefflichkeit ermuntert[18]. Poggio nennt ihn »den besten und am besten redenden Mann seiner Zeit«, dessen Andenken und Ehre dem Gedenken der Nachwelt würdig seien[19].

Die Generation nach Salutati bekannte sich zu seinem Erbe und huldigte ihn als den Inspirator, der sie angeregt hatte. Aber selbst gelangten sie, der eigenen Meinung nach, weiter als er. Es ist kein Zufall, daß Poggio in seinem Epitaph das relativierende »seiner Zeit« eingefügt hat. Was in jener Zeit das Beste war, ist nicht mehr gut genug. Bereits in Salutatis letzten Jahren treten die Gegensätze hervor, u.a. in seiner Polemik gegen Poggio, den er anklagt, die Antike auf eine völlig übertriebene und gefährliche Weise zu verehren, weil das Christentum dadurch angefochten werden könne[20].

In Brunis Dialoghus ad P. P. Histrum steht Salutati so ziemlich allein mit seiner Verteidigung der drei »gekrönten Häupter«, Dante, Petrarca und Boccaccio, die er über die klassischen Verfasser stellte, vor allem weil sie Christen waren. Daß sowohl Niccoli als auch Bruni und die anderen ihm gegenüber nachgeben und ihre harten Angriffe scheinbar zurückgezogen haben, darf man wohl nicht allzu buchstäblich nehmen. Das taten sie sicherlich nur Salutatis grauer Haare wegen[21].

Salutati wurde auf diese Weise vergessen; nicht weil er, wie Ullman meint, nicht den Genius Petrarcas und Bocacios hatte[22] (oder jedenfalls nicht nur deswegen), sondern weil seine Problemstellungen nicht die der Nachwelt waren, und weil seine formalen Kenntnisse für sie nicht ausreicht.

Die Entwicklung hätte Salutati verwundert. Zwar meint er, daß keine literarischen oder philosophischen Werke auf die Dauer bestehen werden, entweder auf Grund der Unbeständigkeit der Materialien oder auf Grund der Gleichgültigkeit oder des Neides der Nachwelt[23], und doch hofft er allen Zweifeln zum Trotz, daß seine Briefe die nötige Klarheit und Eleganz haben mögen, um ihm einen Platz in der Geschichte zu sichern[24]. Und er hatte Grund anzunehmen, daß sein Wunsch in Erfüllung gehen werde, indem man Pläne hatte, seine Briefe herauszugeben. Die waren nämlich so gefragt, daß sie ihm sogar gestohlen wurden[25], und daß er zahlreiche Anfragen nach Kopien von ihnen bekam. Bereits 1395 erwägt er eine Reihe von Briefen zu sammeln, um sie herauszugeben[26]. Der Gedanke scheint ihm auf gewisse Weise vermessen, da es einem Christen nicht ansteht, in dieser Welt Berümtheit zu suchen[27], aber anderseits ist dies ein so allgemein-menschliches Verlangen, daß es zu entschuldigen sein muß[28]. Aber es kann natürlich als unbescheiden erscheinen, daß er seine Briefe und Schriften sammelt, obwohl so viele Große der Vorzeit, wie z.B. Cicero, Seneca, Augustin und Gregor, das nicht getan haben[29]. Salutati will sich nicht scharfen Angriffen aussetzen, sondern will es seinen Adoptivsöhnen, »die mich und das Meinige heftig verehren«, überlassen, die Briefe herauszugeben, die sie für die besten ansehen mögen[30].

Im Jahre danach, im Sommer 96, beginnt er trotzdem damit, die Briefe selbst zu sammeln, und schickt eine Auswahl davon, bestehend aus 27 privaten und 96 öffentlichen Briefen, an den französischen Kanzler[27], aber schreibt doch zugleich, daß man keine weiteren Sammlungen von seiner Hand erwarten solle. Den Rest sollen die Nachfolger besorgen[32].

Es gibt allerdings kein Anzeichen dafür, daß sie das getan hätten. Bruni und Poggio waren beim Tode Salutatis im Rom angestellt, aber auch Niccolo Niccoli, einer der wenigen aus dem Kreise derer, die in Florenz zurückgeblieben waren, scheint sich keine Anstrengungen in dieser Richtung gemacht zu haben, obwohl er einen großen Teil der Bibliothek Salutatis übernommen hatte[33]. Die privaten Briefe blieben überall verstreut, bis heute sind gut 350 davon bewahrt[34]. Wie groß dieser Anteil im Verhältnis zur Gesamtsumme ist, kann man nur vermuten. Die meisten öffentlichen Briefe sind dagegen im Florenzer Staatsarchiv[35] in Kopien (oftmals von Salutati selbst angefertigt) erhalten, und ein Teil der Originale ist in der Bibliothek des Vatikans bewahrt[36].

Was die größeren Werke betrifft, so scheinen sie uns alle überliefert zu sein[37], auch wenn keines von ihnen einen größeren Einfluß auf die Nachwelt ausgeübt hat. De laboribus Herculis (1378-1406) wurde niemals fertig oder gar herausgegeben und konnte deswegen auch nicht seinen Zweck erfüllen, nämlich als mythologisches Handbuch für Poeten und Literaten zu fungieren[38]. De secolo (1381) war ziemlich verbreitet[39], aber konnte mit seiner Aufforderung ins Kloster zu gehen, keine sonderliche Bedeutung für die späteren Humanisten haben, die eine ausgeprägte Animosität gegenüber dem Leben der Mönche hatten. Auch De fato et fortuna (1390) war bei den Zeitgenossen einigermaßen bekannt[40], aber auch hier erscheinen Haltung und Argumente zu konservativ für die Nachwelt, in der das Werk keine Rolle gespielt hat. Bis zum Schluß des vorigen Jahrhunderts wußten die Forscher nicht einmal, was es enthielt[41].

Am bekanntesten von den großen Werken war De nobilitate legum et medicine (1399), das auch als erstes, nämlich bereits im Jahre 1562[42], gedruckt wurde, ein Beweis dafür, daß es noch zu dieser Zeit Aktualität besaß. Garin[43] gibt ein Bild der gesamten Debatte um das Thema während des 15. Jh.'s. Die meisten widersetzten sich Salutatis Standpunkt, entweder von dem Gesichtspunkt ausgehend, daß die Gesetze für Verbrecher bestimmt seien und nicht als das Vornehmste am Menschen gelten könnten[44], oder weil man die Medizin ihres empirischen Charakters wegen über die Gesetze stellte[45]; aber unter allen Umständen führte man eine direkte oder indirekte Polemik gegen Salutati[46].

Erst 1744 erschien wieder ein Buch Salutatis im Druck, in diesem Jahre wurden seine Briefe gleich von zwei Herausgebern, nämlich L. Rigacci und L. Mehus, veröffentlicht. Mehus' Ausgabe enthält mit einer Ausnahme nur private Briefe, und nur Band I erschien. Rigacci hat eine Reihe der öffentlichen Briefe mit hinzugenommen. Heftige Kompetenzstreitigkeiten zwischen den beiden Gelehrten führten übrigens leider dazu, daß eine Reihe der Briefe verlorenging[47].

Das wachsende italienische Nationalgefühl im 19. Jahrhundert erneuerte das Interesse für die Träume von der Sammlung Italiens, die der Humanismus des 14. Jahrhunderts gehegt hatte. Dieses Interesse kommt insbesondere Petrarca und Cola di Rienzo zugute, aber etwas davon fällt auch auf Salutati. Bereits 1826 veröffentlicht Moreni Salutatis Antwort auf den Angriff des Mailänder Kanzlers Antonio Loschi gegen Florenz. Salutatis Gedanken vom Kampf für die Freiheit, die durch Gesetze garantiert werden sollte, und das Hervorheben des Florentinischen Nationalgefühls und Freiheitsdrangs als Beispiel für die übrigen Staaten, fand – 500 Jahre später – Aufmerksamkeit in der aktuellen politischen Situation. Die Aufforderung an Mailand, das gallische Joch abzuwerfen und Italiener zu werden, konnte in der 1. Hälfte des 19. Jahrhunderts an Florenz gerichtet werden[48]. Wesselofsky gab im Jahre 1877 Giov. da Pratos Il Paradiso degli Alberti[49] heraus, in dem Salutati eine große Rolle spielt als Mitglied der sowohl lustigen als auch gelehrten Gesellschaft, die einander Geschichten erzählt und sich vergnügt[50].

In seiner Einleitung ist Wesselofsky Salutati und den nachfolgenden Humanisten gegenüber sehr kritisch, weil er meint, daß sie die italienische Nationalsprache, die eben erst von Dante, Petrarca und Boccaccio wieder geschaffen worden war, zerstört hätten, indem sie Latein zur Sprache der Gebildeten machten. Salutati wird verhöhnt, weil er es wagte, sich als Erbe der drei Großen zu bezeichnen, obwohl er selbst Latinist war und nur schlechtes Italienisch schrieb[51]. Salutatis literarischen und philologischen Einsatz schätzt er nicht hoch ein[52]. Doch in einem Punkt räumt Wesselofsky Salutati Bedeutung ein, nämlich als einer der Begründer der modernen Geschichtsschreibung, weil er die Fabeln der mittelalterlichen Chroniken aufgab und statt dessen »ad fontes« auf zeitgenössische Quellen zurückgriff, deren historischen Wert er zu bestimmen suchte[53].

Außerdem hält er Salutati dessen Traum von einem geeinten Italien zugute und dessen Kampf gegen den Papst, der mit seiner grausamen Machtpolitik Italien zerstörte, anstatt wie ein Vater die Bevölkerung ganz Italiens unter seinen Fittichen zu versammeln. Als Beleg hierfür läßt Wess. u.a. einen der stärksten Briefe Salutatis an die Römer neu drucken. Der Papst ist ja gewiß der Vater aller Gläubigen, aber was für ein furchtbarer Vater ist nicht derjenige, der gegen seine eigenen Kinder Krieg führt. Die weltliche Macht des Papstes wird stark kritisiert: Er hat nicht von Jesus, dem Friedensstifter gelernt, daß man, wenn man auf die eine Wange geschlagen wird, die andere zuwenden soll[54]. Der gleiche Brief war bereits im Jahre 1860 in italienischer Übersetzung als ein politisches Pamphlet gegen den Papst herausgegeben worden[55].

Il Risorgimento hat möglicherweise Gherardi zu seiner riesigen, wohldokumentierten Abhandlung über den Krieg von Florenz gegen den Papst (1373-78) inspiriert[56]. Der wesentlichste Teil seines Quellenmateriales besteht aus Salutatis öffentlichen Briefen, aber Salutatis Name wird nicht genannt; so ist es vielleicht nicht merkwürdig, daß die Forscher bis vor kurzem weder diese Abhandlung noch Salutatis öffentliche Briefe überhaupt zur Erhellung seiner Bedeutung benutzt haben.

Georg Voigt hat in seinem großen Werk über »Die Wiederbelebung des classischen Alterthums«[57] einen Abschnitt über Salutati, in dem er so viel berichtet, wie es jetzt auf Grundlage der vorliegenden, herausgegebenen Quellen möglich ist[58]. Das ist nicht viel, und überdies sind darin viele Mißverständnisse[59], aber er hat zugleich mehrere glückliche Formulierungen, z.B. die, daß »Salutati zu den seltenen glücklichen Menschen gehörte, die trotz veränderter Lebensbedingungen den Idealen ihrer Jugend nicht untreu wurden oder werden mußten«[60].

Die Grundlage für die moderne Salutati-Forschung wird erst mit *Novatis* monumentaler Ausgabe seiner privaten Briefe geschaffen[61]. Novati interessierte sich nicht für Salutati als Person oder Verfasser, fand aber in seinen Briefen eine Goldgrube an Auskünften und Material zur Erhellung der Geschichte dieses Zeitalters[62], und in seinen ausführlichen Kommentaren und Anmerkungen hat Novati des weiteren eine Menge Stoff, hauptsächlich personalhistorischer Art, freigelegt. In einem Artikel über seine Arbeit als Herausgeber geht er auf die Bewunderung ein, die Salutati zu Lebzeiten auf Grund seiner Form und Rhetorik genoß. Das interessiert uns jedoch heute nicht, meint Novati. Wir legen Gewicht auf den Inhalt, die historischen Fakten[63], und das ist die Begründung dafür, daß Novati diese große Arbeit, die mehr als 20 Jahre in Anspruch nahm, auf sich genommen hat. Novati hat auch ein kleineres Buch über die Jugend Salutatis geschrieben[64], in dem er das wenige Material, das es darüber gibt, sammelt. Da es nicht möglich ist, mehr über Salutati persönlich zu sagen, gibt Novati in der Folge eine Schilderung der Ausbildung und der Arbeit der Notare in Italien[65], um auf diese Weise Salutati – der ja als Notar ausgebildet war – indirekt darstellen zu können.

Novatis Ausgabe brachte es mit sich, daß Salutati stets einen Platz in Schilderungen des italienischen Renaissance-Humanismus bekam. Viele haben ihn erwähnt, aber nur wenige haben sich eingehender mit ihm beschäftigt, und die Forscher, die ein ganzes Buch über Salutati geschrieben haben, kann man an den Fingern einer Hand abzählen.

Jacob Burckhardts bahnbrechendes Werk Die Kultur der Renaissance erwähnt Salutati nur an einer einzigen Stelle[65a], und wahrscheinlich hat B. niemals etwas von Salutati in der Hand gehabt, und trotzdem wurde er bestimmend für die nachfolgende Salutati-Forschung. Die Erforscher der Renaissance mußten gegen Burckhardts Vorstellung von einer Einheit und seiner Auffassung der Renaissance als ästhetisches Phänomen reagieren, und Salutati konnte als gut geeignet erscheinen, ein anderes Bild als das von Burckhardt gezeichnete, zu zeigen. Alfred von Martin, der sich bis dato am gründlichsten mit Salutati beschäftigt hat, war beispielsweise in hohem Maße von einer Reaktion auf Burckhardt geprägt. Allerdings meint er nicht, daß an Burckhardts Konzeption der Renaissance als einem amoralischen, irreligiösen und ästhetischen Zeitalter gerüttelt werden könne[66]. Burckhardts Gebäude steht, und man kann es durch kleine Umbauten nicht verändern. Man kann nichts anderes tun, als es verwittern zu lassen und ein gänzlich neues an seiner Stelle zu bauen. Von Martin wollte mit seinen Salutati-Werken die Bausteine dazu liefern.

Das erste Buch, das von Martin herausgab, war eine Ausgabe von De Tyranno mit einer sehr ausführlichen Einleitung[67], in der Salutatis Überlegungen über die Berechtigung des Tyrannenmordes in einen geschichtlichen Zusammenhang gesetzt werden. Außer einem kompletten Verzeichnis der Schriften Salutatis enthält die Einleitung auch eine Untersuchung der historisch-kritischen Methode Salutatis.

In schneller Reihenfolge kamen drei weitere bedeutende Werke, die von von Martins Sorgfalt beim Mitnehmen alles relevanten Stoffes und seinem Geschick, das gesammelte Material in überschaubaren Gruppen zu ordnen und aufzustellen, geprägt waren. Wie der Titel »*Mittelalterliche Welt- und Lebensanschauung im Spiegel der Schriften Coluccio Salutatis*« (1913) zeigt, wird Salutati als ein Mensch des Mittelalters gesehen. Er ist »ein markanter Vertreter der Laienwelt« im katholischen Spätmittelalter. Von Martin spürt mit Vorliebe alle die Andeutungen bei Salutati auf, die auf orthodoxe Rechtgläubigkeit, asketische Weltflucht und religiösen Eifer hindeuten können. Der Mönch ist das Menschenideal Salutatis, und vita activa ist lediglich »die dem Gros der Menschen angemessene Lebensform«[68]. Daß Salutati selbst tatsächlich vita activa etwas anders einschätzt, erklärt von Martin damit, daß derartige Äußerungen von Salutati nicht »in systematischer Weise ...« Salutatis Anschauung ausdrücken, »sondern nur eine bestimmte Seite der Frage betonen« sollen. Seine theoretischen Anschauungen »finden ihren unzweideutigen Ausdruck in den systematisch angelegten Traktaten[69], unter denen De seculo et religione und »De Hercule« (= De laboribus Herculis) genannt werden. Das Nennen des letzteren Werkes wirkt in diesem Zusammenhang merkwürdig, aber das hängt damit zusammen, daß von Martin Salutatis Bemühungen, »libido«, den Trieb zu unterdrücken und der Herrschaft der Vernunft und des Willens unterzuordnen, als mittelalterlich auffaßt[70]. Auf diese Weise wird das Mittelalter, auch als Zeitepoche, zu einem sehr umfassenden, und damit unklaren, Begriff, und man muß sich fragen, ob von Martins eigenes, viktorianisches Zeitalter nicht dazuzurechnen ist, und ob wir das Mittelalter heute eigentlich schon überwunden haben.

Von Martin zufolge lehnt Salutati die Naturwissenschaft ab, weil sie dem Glauben gefährlich ist[71], und hält es für ausreichend bewiesen, daß sie falsch ist, wenn sie der Theologie widerspricht. Wenn Gott direkt in die Natur und Geschichte eingreift, zerbricht die astrologische Wissenschaft, die die immanente Kausalität zur Voraussetzung hat[72].

Auch die Poesie wird ganz und gar nach religiösen Maßstäben gemessen, denn sie ist ein Instrument der Theologie[73]. Von Martin interessiert sich jedoch nicht so sehr dafür, wie Salutati dieses Instrument anwenden will, sondern mehr für die Übereinstimmung des Inhaltes von Bibel und klassischer Dichtung, mit der Salutati die Bedeutung der Dichtkunst begründen will. Und er konkludiert: »Natürlich soll die Lehre vom religiösen Ursprung und der religiösen Natur der Poesie deren Rechtfertigung dienen«[74] – Von Martin scheint hiermit andeuten zu wollen, daß die religiöse Bedeutung vielleicht nicht die wichtigste ist, sondern nur als Argument gegenüber kirchlichen Gegnern angewendet wird. In Übereinstimmung damit stehen die abschließenden Bemerkungen des Buches, »daß wir uns hier lediglich mit mittelalterlichem Denken beschäftigt haben«[75], aber daß es auch bei Salutati eine beginnende Abwendung vom transzendentalen Ideal des Mittelalters gibt[76].

Diese Bemerkungen deuten an, daß von Martin seine Salutati-Studien noch nicht abgeschlossen hatte. Er hatte sich beinahe dazu verpflichtet, zu zeigen, daß es bei Salutati auch andere Seiten gibt. Sein nächstes Werk, *Die Populärphilosophie des florentiner Humanisten Coluccio Salutati*[77] erfüllt dieses Versprechen jedoch nicht in allzu hohem Maße. Es ist ein analytisches Referat von De fato et fortuna, und die Schlußfolgerung ist die, daß Salutatis Werk ein unklarer und unzusammenhängender[78] Versuch ist, die Geisteskultur des Mittelalters zusammenzufassen[79].

Im Jahre 1916 wurde der Schlußstein in von Martins Salutati-Bau gesetzt, *Coluccio Salutati und das humanistische Lebensideal*[80] ist ein sehr gründliches und systematisches Werk, daß, wie der Titel bereits verspricht, sich nicht nur mit den mittelalterlichen Zügen an Salutati beschäftigt. Mit Hilfe einer umfassenden Aufgliederung werden die verschiedenen Teile des Lebens und Denkens Salutatis geordnet und überall »Bruch«, »Gespaltenheit« und »Disharmonien« nachgewiesen. Das Verhältnis zur Kirche ist sowohl untertänig als auch kritisch[81]. Die antike Dichtung wird verehrt, obwohl ihr jegliche Autorität aberkannt wird, trotzdem muß man sagen, daß bei Salutati ein heidnischer Rest zurückbleibt[82]. Es besteht Harmonie zwischen Religion und Philosophie, die doch zugleich unvereinbare Gegensätze sind[83] usw. usw. Doch gibt es nicht allein gedankliche Unklarheiten bei Salutati, sondern auch mangelnde Übereinstimmung zwischen dem, was er meinte und vorgab, und dem, was er war. Hinter dem humanistischen Freundschafts-Kult verbargen sich u.a. »Eitelkeit, Heuchelei und Egoismus«[84], und überall sieht von Martin eine Diskrepanz zwischen äußerem »Schein« und wirklichem »Sein«. Ein derartiger Ausgangspunkt muß zwangsläufig zu einer sehr kritischen und negativen Haltung zum Thema führen. Von Martin zufolge ist Salutati ein Verstandesmensch ohne Gefühl[85], außerstande zu lieben, sogar die Familie[86]. Es ist etwas Greisenhaftes an ihm[87], keinerlei Unmittelbarkeit, sondern nur »kalte Berechnung«[88], mit der er den Leuten schmeichelt[89]. Gleichzeitig ist er eine schwächliche Person, die trotz aller ihrer stoischen Ideale den Mut verliert, sobald es ihr schlecht geht[90]. Stets ist er darum besorgt, den rechten Eindruck zu hinterlassen, und eben deshalb werden seine Briefe so unleserlich und unwahr[91]. Fast auf jeder Seite stehen ähnliche, kritische oder beinahe injurierende Charakteristiken von Salutati. Es ist höchst rätselhaft, weshalb von Martin so viele Kräfte vergeudet und nicht weniger als vier Werke über diese »Mittelmäßigkeit« und diesen »Bürokraten«[92] geschrieben hat. Vielleicht liegt der Grund für von Martins Irritation über Salutati in der traditionellen Verärgerung des Nordländers darüber, daß nicht alle Sprachblüten des Südländers halten, was sie versprechen. Aber wichtiger ist wohl, daß es von Martin einfach nicht gelungen ist, eine übersichtliche Vorstellung von Salutatis Denken zu erlangen.

Das Inhaltsverzeichnis des Buches vermittelt den Eindruck sorgfältiger Systematik; das Buch hat zwei Hauptteile mit den Überschriften *Weltanschauung und Ideal* und *Ideal und Leben*, die wiederum in viele Unterabschnitte gegliedert sind, unter denen man im Teil II z.B. zwei mit den Untertiteln *Analysis* und *Synthesis* nennen kann. Insbesondere der letzte Titel ist ein falsches Warenzeichen, denn von Martins Salutati-Studien ergeben gerade keine Synthese, so wenig wie die genaue Einteilung eine entsprechende Einordnung des Inhalts bezeichnet. Die Konklusion in von Martins Hauptwerk ist, daß die »tiefe innere Zerrissenheit dieses Menschen«[93] Salutatis Philosophie, Weltanschauung, Lebensführung und Charakter bestimmt. Von Martin ist das faszinierende Beispiel für einen Forscher, der unbarmherzig an ein Thema gebunden ist, mit dem er nicht zurechtkommen und das er deshalb nicht vertragen kann, ohne jedoch im Stande zu sein, sich davon zu befreien. Aber gerade das mißlungene Resultat der Studien von Martins sagt indirekt etwas sehr Zentrales über Salutati aus; daß man ihn nämlich nicht verstehen kann, wenn man sich damit begnügt, die einzelnen Elemente an ihm zu analysieren. Die Synthese, das Verständnis für die Gesamtheit, ergibt sich nicht aus der Summe von Einzelresultaten.

Es gelang von Martin nicht, in Salutatis Person und Werk eine Einheit zu finden, ganz im Gegenteil mußte er erkennen, daß jener ein in sich widersprüchlicher und »zerrissener« Mensch war. Mit seinem antiburckhardtschen Ausgangspunkt mußte er Salutati für mittelalterlich ansehen, und doch zugleich einräumen, daß Salutati auch etwas anderes, nämlich »Humanist« war.

Der Schweizer Gelehrte *Ernst Walser* kommt viel leichter um dieses Problem herum. Für ihn besteht dieser Gegensatz ganz einfach nicht, er verwirft ohne weiteres Burckhardts Gedanken von der atheistischen Diesseits-Bezogenheit der Renaissance und behauptet, daß es nur im Formellen, im künstlerischen Ausdruck zu einer Verschiebung kam, während man im Bezug auf Moral, Philosophie und Christentum loyal auf dem Mittelalter weiterbaute[94]. Diesen Gesichtspunkt hat Walser auch in Bezug auf die späteren Humanisten angelegt[95], so das es nicht verwunderlich ist, daß er bei Salutati keine Probleme findet, den er für superorthodox hält[96]. Walsers Gesichtspunkt mag teilweise berechtigt sein (insbesondere seine Kritik an Burckhardt), aber es ist unmöglich, oder zumindest unfruchtbar, in solchem Maße die Person und den Stil von einander zu trennen. Auf diese Weise gibt man jedenfalls die Möglichkeit preis, sich einen Gesamteindruck von den Dingen zu verschaffen, den Walser selbst bei von Martin vermißt[97].

Walsers Gesichtspunkt fand kaum Anklang. Burckhardt behauptete sich in Italien in den Jahren zwischen den beiden Weltkriegen, von Gentile unterstützt[98]. Für italienische Forscher war die Transzendenz ein zentrales Problem. Der Kampf gegen sie war ihrer Auffassung nach das Kennzeichen für wahren Humanismus. *Vittorio Rossi* spricht in seinem Buch über Quattrocento Salutati jegliche Selbständigkeit und Tiefe ab, meint aber trotzdem, daß auch bei ihm ein beginnendes Sichabwenden vom transzendentalen Weltbild zu finden sei[99]. *Lamberto Borghi* nimmt in zwei Artikeln über Salutati diesen Gedankengang auf[100]. Er meint, daß Salutati, obwohl er sich nicht völlig von der Transzendenz frei machen könne, die ihn noch immer benebele und ihn zu einer Janus-Figur mache – mit dem einen Gesicht dem Mittelalter und dem anderen der modernen Zeit zugewandt –,[101] doch aller heteronomen Ethik einen Schlag ins Gesicht versetze. Der Mensch ist imstande sich von allem äußeren Einfluß frei zu machen und kann sein eigenes Dasein formen[102]. Im Verhältnis zu diesem autonomen Humanismus ist das Christentum nur ein dünner Firnis[103]. Borghi räumt ein, daß es bei Salutati ausgesprochen asketische Züge gibt, aber seine Askese ist von völlig anderem Charakter als die mittelalterliche, die eine Flucht von der Welt hin zum himmlischen Vaterland war. Bei Salutati finden wir dagegen eine »ascetismo della cultura«, durch die er die menschliche Würde behaupten will[104]. Man soll nicht vor dem Menschlichen fliehen, sondern es veredeln und »passioni individuali« durch Kunst und Wissenschaft bekämpfen. Das Fleisch soll nicht abgetötet, sondern moralisch gefestigt werden[105]. Bei Salutati wird auf diese Weise die Religion durch Moral ersetzt, und Borghi meint (ebenso wie Burckhardt), daß in der späteren Renaissance die Moral der Ästhetik in

Kunst, Wissenschaft und Politik untergeordnet wurde. Bereits bei Salutati kann man »ein isoliertes Zeugnis« (cenno isolato) dafür finden, indem dieser an einer Stelle davon spricht, daß man durchaus Personen, die ansonsten unwürdig sind, lieben kann, wenn diese nur Wissen und eloquentia haben[106]. Borghi gibt auf diese Weise ein wesentlich anderes Bild von Salutati als seine Vorgänger. Während von Martin die Gegensätze bis zu einem gewissen Maße bestehen ließ, versucht Borghi, eine Einheitlichkeit bei Salutati zu schaffen, indem er das *Wesentliche* an ihm findet, nämlich seinen Kampf gegen das Mittelalter. Was seiner Auffassung von Salutati widerspricht, und das ist nicht wenig, das erklärt er, indem er sagt, daß es trotz allem nicht so einfach war, ein ganzes Weltbild und eine festgezimmerte Lebensanschauung zu überwinden. Salutati schleppte viel Erbgut mit sich, das seine Bemühungen erschwerte, und deshalb kommt es darauf an, zum Kern vorzudringen und das Mittelalterliche an ihm abzuschälen[107]. Aber Borghi hat zugleich einen anderen Gesichtspunkt, nämlich den, daß Salutati und der Humanismus das Christentum aus der Gefangenschaft befreien, in der es in den letzten 1400 Jahren gewesen war. Deswegen kann er sagen, daß der Paganismus nur eine dünne Oberfläche bei Salutati ist, der das Christentum im bürgerlichen Leben realisieren wollte. Er war ein wahrer Repräsentant »dell'umanesimo cristiano«[108]. Hinter diesem Widerspruch bei Borghi verbirgt sich eine unklare, aber interessante Problemstellung[109]. Er meint, daß der Begriff humanitas selbst christliche Voraussetzungen hat. Die griechische Philosophie war von einem großartigen Versuch geprägt, Idee und Wirklichkeit zu identifizieren. Für Platon ist Gott das vollkommene Gute, das geschont werden soll, und für Aristoteles ist Gott der ewige Gedanke. Eine solche Lebensanschauung mußte natürlich die Erkenntnis am höchsten einschätzen. Das Gute wird durch intellektuelle Arbeit verwirklicht.

Im Gegensatz dazu legt das Christentum Gewicht auf das Ethische, auf den Willen. Indem man den Willen hervorhebt, stellt man den Menschen in einen Gegensatz zur übrigen Welt und schafft die Möglichkeit für etwas speziell Menschliches im Gegensatz zum Natürlichen, was in der Antike unmöglich war. In der Geschichte des Christentums bis zum Mittelalter einschließlich war jedoch die antike Auffassung die herrschende. Die christliche Menschlichkeit konnte in der Scholastik, in der aristotelische Logik und Metaphysik dominierten, keinen Platz finden. Erst die Humanisten, die ja die Erkenntnis (speculatio) als möglichen Weg zur Erlösung des Menschen zurückweisen, entdecken das wahre Wesen des Christentums wieder, das in praktisch geübter Liebe besteht. Sie verstehen, daß es nicht darauf ankommt zu wissen, sondern darauf zu handeln.

Soweit gibt es keine Probleme; aber Borghi meint anscheinend auch, daß dieses Verständnis dafür, was Christentum ist, in Wirklichkeit dessen Aufhebung mit sich führe. Die Humanisten haben verstanden, daß sie einen autonomen Willen haben, und deshalb haben sie nicht länger Verwendung für etwas außerhalb ihrer selbst, etwas Transzendentes. Sie fassen die Liebe als Prinzip der Religion auf, und indem der Mensch liebt, wird er göttlich[110]. Keiner steht über, und keiner steht neben dem Menschen. Bei Salutati sind die religiösen Bindungen jedoch noch stärker, und es gelingt ihm nicht, wie später z.B. Pomponazzi, die Transzendenz zu verwerfen. Aber bei Salutati ist die Religion doch subjektiv und antropologisch gemacht[111]. Das für ihn Entscheidende ist das Leben in der Welt[112], in der man sich durch Freundschaft aneinander bindet.

Abgesehen von der Widersprüchlichkeit in Borghis Auffassung, daß das Christentum, indem es entdeckt, vernichtet wird, so trifft letzteres meiner Meinung nach überhaupt nicht auf Salutati zu. Es stimmt nicht, daß er die Transzendenz verwirft und die Moral im Menschen selbst begründet. Im Gegenteil könnte man sagen, daß Salutati Gott ernstlich außerhalb des Menschen stellt und ihn damit in Wirklichkeit transzendentaler macht, als er in einem großen Teil der scholastischen Philosophie gewesen ist, und daß Gott für Salutati eben nicht immanent ist. Das Interessante an Borghi ist, daß er versucht, den Anbruch des Humanismus mit einer veränderten Auffassung des Christentums zu verbinden.

Borghis scharf formulierte Gesichtspunkte wirkten auf längere Sicht inspirierend, aber zunächst erweckten sie Widerstand. *Luigi Gasperetti* behauptet in seinem Artikel über De fato et fortuna[113], daß Borghi Salutati verkehrt interpretiere, wenn er ihn zu einem radikalen Wegbereiter macht. Bei ihm und den anderen Humanisten kann man lediglich schwache Spuren einer neuen Lebensanschauung finden[114]. Ihr Einsatz besteht darin, daß sie alte Formulierungen wiederbelebt und sie zur Grundlage für den neuen Geist gemacht haben[115], wodurch die Spannung, »tensione«, im Gedankengang geschaffen wird, die etwas Neues zeugen kann. Gasperetti greift die Forschung, die die Entwicklung dramatisiert und übertreibt, hart an. Es ist keine Schande, so meint er, wenn man nach der Erforschung eines Humanisten erkennen muß, daß bei ihm nichts Neues gefunden werden kann. Man muß moderne Problemstellungen beiseite legen und die alten Formulierungen wörtlich nehmen. Bei der Arbeit hiermit kann man möglicherweise erleben, wie etwas Neues plötzlich wie »ein Blitz« hervorbrechen kann[116].

Das hat Gasperetti beim Lesen von De fato et fortuna nicht erlebt. Er findet dieses Werk völlig in Übereinstimmung mit der kirchlichen Tradition und gänzlich bestimmt von der Problemstellung der Scholastik[117]. Der einzige Punkt, an dem Salutati »etwas mehr als ein tüchtiger Systematiker gewesen« ist, ist der Determinismus, wo er die strenge Auffassung Augustins etwas mildert[118].

Eugenio Garin hat zahlreiche Werke über den Renaissance-Humanismus geschrieben, speziell über Salutati liegen einige Artikel vor, wie z.B. die Einleitung zu seiner Ausgabe von Salutatis De nobilitate legum et medicine og De verecundia[119]. In Verbindung mit dieser Ausgabe schrieb er 1947 einen Artikel über die größeren Werke Salutatis[120], in dem er Borghis Gedankengang wieder aufnimmt. Wo dieser von der Handlung als dem Zentralen bei Salutati spricht, spricht Garin vom Kampf. In De seculo findet man nicht die Renaissance, falls man diese als Ausdruck der Lebensfreude auffaßt, aber man findet auch nicht das Mittelalter. Daß die Welt in solch dunklen Farben gemalt wird, folgt nicht aus dem Wunsch sich von ihr zu befreien, sondern sie zu überwinden[121]. Das Dasein ist ein Drama, ein

Kampf zwischen Gut und Böse, das dem Menschen große Unkosten verursacht, aber zugleich eine große Belohnung verspricht. Die Askese ist ein Mittel, der Welt Trotz zu bieten und sie somit zu überwinden. Und durch unsere guten Taten machen wir uns der Gnade zugänglich[122]. Die einzige Waffe, die wir in diesem Kampf haben, ist unser Wille, der völlig frei ist[123]. Gott stellt sich dem freien Handeln nicht hindernd in den Weg, sondern ist im Gegenteil die Garantie für dessen Verwirklichung[124]. Die Freiheit des Willens Gott gegenüber findet Garin in De fato et fortuna, während die Unabhängigkeit des Willens und seine Vorherrschaft über den Intellekt in De nobilitate legum et medicine geltend gemacht werden. Das Wahre und das Gute können nicht identifiziert werden, aber letzteres steht über ersterem[125].

Auf diese Weise will Garin teils behaupten, daß das Christentum bei Salutati etwas ganz Zentrales sei, und teils, daß er es auf augustinischer Grundlage erneuerte und es aktiv und kämpferisch machte[126].

So versucht Garin in diesem Artikel auf ähnliche Weise wie Borghi, jedoch mit stärkerer Betonung des positiven Elements im Christentum, Salutati von innen heraus zu sehen und das *Eigentliche* an ihm zu finden, das es ermöglichen soll, seine Gedanken in einen Zusammenhang zu bringen und ihn in seiner Gesamtheit zu verstehen.

In seinen späteren Werken versucht Garin, Salutati von außen zu sehen und ihn als ein Glied der italienischen Renaissance zu placieren, und es ist deshalb natürlich, daß er sich für den Teil von Salutatis Einsatz interessiert, der in die Zukunft weist. Seine historische und philologische Orientierung wird ins Zentrum gestellt, und wenn man überhaupt von einer Philosophie oder Lebensanschauung sprechen will, so muß dies nach Garins Meinung auf dieser Grundlage geschehen. Die Renaissance interessiert sich für die Form, und gerade darin liegt ihre Bedeutung. Es ist wichtig, sich dies klar vor Augen zu halten, damit man nicht nach philosophischen oder gedanklichen Errungenschaften sucht. Auf diesem Gebiet sind Salutati, Bruni, Poggio und Valla nur zweitrangige Kompilatoren[127]. Ihre Leistung liegt Garin zufolge im »Marginalen«. Die historische und philologische Arbeitsmethode implizierte eine andere Haltung zu den Problemen, obwohl diese sich nicht explizite in einer Auseinandersetzung mit z.B. der Scholastik ausdrückte. Indem Dichtung, Geschichte und Grammatik – alles vom Menschen hervorgebrachte Phänomene – in den Brennpunkt gerückt werden, wird der Mensch unmerklich ins Zentrum gestellt. Weder Salutatis Ethik noch Vallas Logik sind, wenn man sie isoliert betrachtet, imponierend, aber das ist nicht entscheidend. Entscheidend ist vielmehr das Herangehen an den Stoff. Man sucht nicht nach einer allgemeingültigen Wahrheit, sondern nach der Wahrheit *für den Menschen*, die Dinge werden »sub specie hominis« betrachtet. Nicht weil sie nicht denken konnten, sondern weil sie von vornherein jede Form von Metaphysik, objektiver Weltdeutung, ablehnten, haben die Humanisten keine Philosophie erarbeitet. Ihr Ausgangspunkt war der subjektiv handelnde Mensch[128]. Sie konnten sich ein un-menschliches Univers nicht vorstellen, wie das aristotelisch-averroistische, in dem alles mit einer statischen Notwendigkeit geschieht, die weder menschlichem noch göttlichem

Handeln Raum gibt. Hier muß das Gute nur erkannt werden, und der Unterschied zwischen einem gelehrten und einem unwissenden Mensch ist größer als der zwischen Mensch und Affe[129].

In einem solchen Weltbild ist kein Platz für Poesie, die für Salutati und die anderen Humanisten der Inbegriff des Schaffens war. Poeta ist gleich creator[130], und als solcher kann der Mensch in einem Univers, in dem alles von Anfang an seinen festen Platz hat, nicht tätig werden[131]. Der Dichter ahmt nicht nur die Natur nach und gibt wieder, was er sieht, sondern er ist ein Prophet, der erschafft, was er mit seinem Wort benennt. Salutatis Streit mit den Mönch Dominici dreht sich deshalb nicht nur um Poesie kontra Theologie, sondern um eine Theologie kontra die andere[132].

Wenn der Mensch sich selbst zum Ausgangspunkt nimmt und seinen bescheidenen, aber sicheren Platz im »heimischen System« des Mittelalters verläßt[133], so geschieht das auf Kosten einer Relativierung oder Säkularisierung aller Werte und Autoritäten. Das Sicherheitsnetz ist verschwunden. In erster Linie trifft es die Antike, die zugleich damit, daß sie wiederbelebt und gepflegt wird, auch historisch relativiert wird[134]. Man erkennt, daß sich die Menschen der Vergangenheit von denen der Gegenwart unterscheiden, weil sie in einer anderen Situation lebten. Wir können ihre Wahrheit nicht übernehmen, aber ihr Suchen nach Wahrheit kann uns bei unserer Suche helfen[135]. Aber um von den Menschen der Vergangenheit lernen und sie als inspirierende Vorbilder verwenden zu können, muß man ihren eigenen Stimmen lauschen und darf sie nicht systematisieren und deformieren, wie es im Mittelalter geschehen war[136]. Die Antike sollte ihr eigenes Gesicht zeigen, damit es zu einem echten Gespräch kommen konnte.

Garins Gesichtspunkte und Arbeitsmethode waren meiner Auffassung nach ein Gewinn für das Verständnis der Renaissance. Mit seinen blendenden Formulierungen und fruchtbaren Wahrnehmungen in Verbindung mit einer gründlichen Erarbeitung einer ganzen Periode hat er in Wirklichkeit Burckhardts Leistung wiederholt: Er hat ein Gesamtbild vermittelt, einen Einheitsnenner geschaffen, der alle die großen Humanisten umfassen kann, ohne daß der Sinn für die historische Entwicklung und den Unterschied zwischen den Humanisten verlorengeht. Er hat, kurz gesagt, dem Wort Renaissance als Bezeichnung für eine Epoche Meinung verliehen und diesem Begriff einen qualitativen, und nicht nur temporären, Inhalt gegeben.

Das verursacht jedoch zugleich gewisse Unkosten, von denen man nicht absehen kann. Nachdem man Salutati in Garins Vogelperspektive gesehen hat, kann es einem schwerfallen, ihn beim ersten Blick wiederzuerkennen, wenn man ihm näher kommt. Damit das Bild wieder stimmt, muß man versuchen, hinter die Texte vorzudringen, um den *eigentlichen* Salutati zu finden. Oder es kann sogar notwendig sein, eine Reihe von Texten auszusondern, weil sie von der eigentlichen Lebensauffassung eine falsche Vorstellung vermitteln.

Damit sind wir wieder bei von Martins Begriff von Salutati als einem »zerrissenem Menschen«, der in einer modernen Variante wieder zum Vorschein kommt.

Hierzu später. Zunächst wollen wir sehen, wie andere moderne Forscher Salutati auffassen. *Walter Rüegg* untersucht in seiner Abhandlung über De fato[137], welche Quellen diesem Werk zugrunde liegen, und kommt zu dem Resultat, daß der sachliche Inhalt dem Mittelalter entstammt, während die illustrierenden Beispiele den Werken antiker Verfasser entnommen sind[138]. Der Inhalt ist also nicht sonderlich original – z.B. ist die Bevorzugung von *vita activa* gegenüber *speculatio* nur eine Wiederholung der franziskanischen Philosophie[139]. Das neue bei Salutati besteht dagegen in der Dialogform, die ihm bei der Behandlung des Stoffes einen weiten Spielraum läßt. Er kann sich mit Philosophie, Jura, Mathematik, Naturwissenschaft, Astronomie usw. beschäftigen. Die großen Scholastiker wußten vielleicht auch einiges über diese Dinge, aber die strenge Summa- und Kommentarform gestattete ihnen lediglich eine periphere Behandlung dieser Disziplinen[140]. Rüegg meint, daß sich Salutati der freien Dialogform bediente, um mit den vielbeschäftigten Geschäftsleuten und Beamten seiner Zeit, deren Interesse nicht so leicht zu fangen ist, in Kontakt kommen zu können[141]. Nur auf diese Weise konnte er hoffen, das materialistische Bürgertum, das von averroistischem Kausaldenken und Zwecküberlegungen durchdrungen war, zu treffen[142]. Rüegg will somit, ebenso wie Garin, das entscheidende Gewicht auf die neue Form legen, aber er ist wesentlich zurückhaltender als dieser, wenn es darum geht, davon auf ein neues Denken oder auf eine Nicht-Philosophie zu schließen. Salutati ist seiner Meinung nach völlig orthodox. Die Entdeckung der Antike hat keine anderen Konsequenzen als die, daß neue künstlerische Mittel in Gebrauch genommen werden[143].

Matteo Iannizzotto will sich damit nicht begnügen[144]. Von Gentile und Garin inspiriert, will er nachweisen, daß Salutati eine philosophische Auseinandersetzung mit dem Universaldenken der Scholastik vollzieht. Salutatis Subjektivismus, in dem die Erkenntnis nicht von vornherein gültig ist, steht im Gegensatz zur thomistischen Identitätsphilosophie, in der der Intellekt eine tabula rasa ist, die demütig Eindrücke entgegennimmt und sie glaubwürdig wiedergibt[145]. Alle Philosophie und Wissenschaft ist doch nur unsicheres Menschenwerk. Eines jedoch wird für Salutati stets apriorische Gültigkeit bewahren: die Gesetze. Diese sind den Menschen nämlich direkt gegeben und brauchen nicht durch Sinne oder Verstand erkannt zu werden[146]. Salutati hätte aber kein Recht dazu, Wissenschaften und Erkenntnis zu verwerfen, wenn er nicht etwas Positives, eine Synthese an deren Stelle setzen könnte. An die Stelle des Was der Erkenntnis setzt Salutati das Was des Menschen (das vom Menschen hervorgebracht ist), das aber eigentlich kein Was, sondern eine Handlung ist[147]. Es handelt sich dabei also nicht um eine intellektuelle Lösung, sondern um eine Synthese[148], deren eine Glied die Handlung ist. Deren Grundlage wird durch die Behauptung gesichert, daß die Gesetze ein allgemeingültiges und erkennbares Universalium sind, das nicht von Skeptizismus untergraben werden kann[149]. Iannozzetto beschäftigt sich nicht eingehend mit der Bedeutung des Christentums für Salutati, aber er ist doch nicht der Meinung, daß es bei ihm in Widerspruch zu den humanistischen Idealen steht. Möglicherweise ist das Ideal der vita activa sogar von religiösem Eifer bestimmt[150]. Gott hat den Menschen erschaffen und ihm einen freien Willen gegeben[151], was jedoch ein wenig problematisch ist, weil Salutati an einer strengen Prädestination festhält. Salutatis Versuche das Problem zu lösen sind für ein »moderne Bewußtsein, speziell wenn es nicht religiös ist«[152], unakzeptabel, aber Iannizzotto meint, daß Salutati dem Problem teilweise dadurch entgehe, daß er auf die Handlung Gewicht lege und in ihr seinen Ausgangspunkt nehme. Salutatis Ansicht sei »nicht nur die Frucht einer alogischen Intuition, sondern auch eines Handelns«[153]. Als Laie war er nicht in der Lage, theologische Probleme zu durchdenken, konnte sich aber auch nicht von ihnen freimachen[154].

Iannizzottis Schlüssel zu Salutati ist die Schrift De nobilitate legum et medicine, die er für Salutatis bedeutendste ansieht. Hier finden wir Iannizzottis Meinung nach den *eigentlichen* Salutati, dessen übrige Verfasserschaft auf der Grundlage dieses Werkes gedeutet wird. De seculo wird als kulturell und modern aufgefaßt, wie es auch bei Borghi und Garin (Trattati morali ..., s. oben) geschieht. Intellektuelle Gegensätze oder Unklarheiten, die sich nicht auf diese Weise deuten lassen, relativiert Iannizzotto indem er behauptet, daß es doch die Handlung sei, auf die es ankomme, ja, daß zwischen Denken und Handlung eine Synthese bestehe. Dazu ist zu sagen, daß Salutatis Hauptinteresse in Richtung des Ethischen geht – was Iannizzotto glänzend ausführt – aber man darf noch nicht übersehen, daß gedankliche Schwierigkeiten nicht dadurch gelöst werden, daß man sie »pratici« oder »esistenziali« macht. Das ist nur eine camouflierte Lösung, in Wirklichkeit wendet man sich damit von den Problemen ab.

Während Iannizzotto meint, daß Salutati bei seiner Auseinandersetzung mit dem Mittelalter die philosophischen Probleme praktisch löse, geht *G. M. Sciacca* einen Schritt weiter, indem er bei Salutati gern eine existenzialistische Philosophie sehen möchte, insoweit es eine solche im 14. Jahrhundert geben konnte. Sciacca meint nicht, daß der gedankliche Inhalt bei Salutati sich von dem des Mittelalters wesentlich unterscheide. Die Humanisten griffen nicht die Transzendenz an, wohl aber scholastische Intellektualisierung. Man suchte keine neuen Ideen, sondern Verinnerlichung[155]. Die Methode der Summaer wird verneint, nicht deren Wahrheit[156]. Auch die Beschäftigung mit der Antike führte zu keiner entscheidenden Neuerung, denn es war nicht die Rede davon, daß man zur Antike zurückkehrte, sondern davon, daß die Antike zurückkehrte[157]. Sciacca will damit sagen, daß man sich von der antiken Weltanschauung nicht beeinflussen ließ, sondern lediglich historische Exempel zur Nachahmung anführte. Das gilt im übrigen für die gesamte Geschichte, die nicht nur erforscht werden soll, sondern auch in ein existenzielles Verhältnis zum eigenen Dasein gesetzt wird. Die Geschichte soll uns nicht nur Formeln bieten, sondern Beispiele, denen wir in unserem eigenen Leben folgen können[158]. Auf diese Weise hat der Humanismus »den Wert des Beispiels« dem Wissen hinzugefügt, das als Erbe der Antike und des Mittelalters übernommen worden war[159].

Für Salutati ist das Wollen der wahre Inhalt des Lebens[160] Für den Intellekt ist das zwar ein unlösbares Rätsel, weil an der Prädestination Gottes festgehalten wird, aber in der Praxis gibt es keine Schwierigkeiten, weil die Freiheit dazu dient, die Disposition der Vorsehung zu verwirklichen. Wir sind nicht frei gegenüber Gott, sondern gegenüber den Dingen, die wir beherrschen können[161]. Im übrigen interessiert sich Salutati nicht für die Freiheit von den natürlichen Gesetzen, sondern nur für die Freiheit auf moralischem Gebiet: die Freiheit das Gute zu tun[162].

Der Wille ist somit für Salutati das alles Entscheidende, aber der Wille steht nicht allein; Ratio, die Vernunft, ist der Helfer, der in der Lage ist zu bestimmen, was das Gute ist. Die wesentlichsten Wissenschaften sind in dieser Verbindung Philologie und Grammatik, und zur Verwirklichung des Guten eloquentia[163]. Alle intellektuelle Arbeit muß zur vita activa hinführen.

Unter Ablehnung der Auffassung von Martins von einer unüberwindlichen Kluft zwischen Wille und Vernunft[164], und Zustimmung zu Garins Gesichtspunkt in I trattari morali di C. S., wird die Meinung vertreten, daß Salutatis Philosophie eine Synthese zwischen Vernunft und Willen ist, eine »voluntarismo razionalistico«[165]. Salutati denkt praktisch, auch dann, wenn das theoretisch zu Widersprüchen führt[166], ohne daß man ihn deswegen »un eretico della ragione«[167] nennen kann. Für Salutati ist der Wille rationell, eine Synthese von Wissen und Wollen, die sich in der schaffenden Dynamik offenbart, die die Bedingung für ein geistiges Leben ist[168], in dem sich der Mensch über das Naturgegebene erhebt. Wissen, Wollen und Tun sind die drei Begriffe, die für Salutati die Wirklichkeit des Menschen charakterisieren, und keiner von ihnen kann allein stehen [169]. Gott ist derjenige, der die Freiheit des Menschen in einem geordneten Kosmos sichert, und Salutati ist nicht dogmatisch: Es gibt andere Wege zu Gott als die Verkündigung des Evangeliums durch die Kirche. Die Frage nach dem Weg zu Gott wird allgemein-menschlich gestellt[170]. Aber das Verhältnis zu Gott ist, Sciacca zufolge, zentral für Salutati, doch faßt er es anders auf als die orthodox-katholische Theologie, sei es, daß er eine andere Auffassung vom Christentum hat, oder sei es, daß er eine andere Auffassung als das Christentum hat. Es ist nicht recht klar, was Sciacca an dieser Stelle meint[171].

Sciaccas Arbeit ist meiner Meinung nach der am besten geglückte Versuch einer Gesamtanalyse Salutatis. Sie hat jedoch die Schwäche, daß die faszinierende und mitreißende Darstellung oftmals auf Kosten der Präzision und Klarheit erreicht wird. Bei eingehender Überlegung melden sich viele Fragen. Wie verhält sich Salutatis Verständnis des Christentums zu seiner Auffassung vom Verhältnis zur Welt und zur vita activa? Meiner Meinung nach ist es nicht ausreichend, zu sagen, daß es in der Renaissance ein intimeres Verhältnis zwischen Gott und dem Menschen als im Mittelalter gab[172]. Im übrigen kann man gegen Sciacca die gleichen Einwendungen vorbringen wie gegen Iannizzotto, daß er nämlich versucht, die Unklarheiten bei Salutati zu überwinden, indem er dessen Gedankangang »dynamisch« und »existenziell« macht.

Garins, Iannizzottos und Sciaccas Versuche, ein zusammenhängendes Bild von Salutati zu vermitteln, konnten auf die Dauer jedoch nicht überzeugen. Das Problem spitzt sich in der Frage zu, inwieweit das Werk De seculo et religione mit seiner scharfen Verurteilung alles Weltlichen und der nachfolgenden Aufforderung ins Kloster zu gehen, ein genuiner Ausdruck der Philosophie Salutatis ist. Garin ändert hier seine Auffassung und meint in Übereinstimmung mit B.L. Ullman, daß er hier verneinend antworten müsse. Die Frage ist nicht neu; von Martin meint, daß das Werk echt sei, Salutati dagegen sei eine gespaltene Persönlichkeit. Sciacca ist sich im klaren darüber, daß »De seculo ein wirkliches Problem für das richtige Verständnis«[173] von Salutati ist, er meint aber zugleich, eine Lösung gefunden zu haben. Die Verdammung der Welt, die De seculo durchgehend kennzeichnet, ist nicht gegen die Welt als von Gott geschaffen gerichtet. Oder richtiger: nicht die Möglichkeiten der Welt, sondern ihre Verhältnisse werden von Salutati verurteilt[174]. Deshalb muß man vor der faktischen Welt fliehen, und das Leben im Kloster kann dazu als Mittel dienen. Aber das ist doch nur die zweitbeste Lösung, weil es lediglich ein Ausweg ist. Die positive und beste Lösung ist vita activa, die Schaffung einer neuen und besseren Welt[175]. Es ist besser, zu bleiben und zu kämpfen, als von vornherein aufzugeben und sich von der Welt zurückzuziehen.

Im Vorwort zu seiner Ausgabe von De seculo et religione behauptet B.L. Ullman, daß der Unterschied zwischen diesem »homo ... mediaevalis«, das diese Schrift verfaßt hat, und dem Anführer der florentinischen Humanisten, »ille amator poetarum antiquorum«, zu groß sei[176]. Das könne nicht der gleiche Mann sein, oder richtiger: Salutati könne nicht gemeint haben, was er in De seculo geschrieben hat. Man müsse allerdings zugeben, daß er so gut argumentiert habe, daß er von Martin überzeugen konnte, der wirklich glaubte, Salutati wäre mittelalterlich. Andererseits blieb er selbst stets ein Laie, und deshalb könne das Buch nicht ein Spiegel der Meinung des Verfassers sein, sondern lediglich ein Beweis für seine Fähigkeit zu disputieren und für seine Kenntnis der heiligen Schriften. Wenn er den entgegengesetzten Standpunkt eingenommen hätte, so hätte er auch dafür, also gegen das Klosterleben, argumentieren können[177].

De seculo et religione ist also eine rhetorische Gelegenheitsschrift, die nicht die Meinung des Verfassers ausdrückt. Ja, natürlich ist sie rhetorisch, antwortet *Étienne Gilson*, indem er Ullman angreift, aber das bedeutet ja nur, daß sie vom Nachfolger des Humanisten Petrarca geschrieben worden ist[178]. Wenn man Ideegeschichte betreibt, so kann man nicht, meint Gilson, ein Werk, das ein Verfasser wirklich geschrieben hat, mit einem vergleichen, das er hätte schreiben sollen, aber niemals geschrieben hat[179]. Im übrigen gibt es keinen Grund dafür, sich wie Ullman all diese Beschwernisse zu machen, denn Salutati war ja völlig mittelalterlich[180], seine Verwendung moralisierender Ethymologien in De laboribus herculis geht nicht über das hinaus, was man im Mittelalter finden kann. Der Fehler liegt darin, daß man Mittelalter und Scholastik vermischt und miteinander identifiziert. Und in seinem Eifer, die Bedeutung der Renaissance zu reduzieren, behauptet Gilson, daß es alles, was man in der Renaissance für neu ansah, bereits im Mittelalter gegeben habe[181]. Außerdem sei das Mittelalter modern, während die Humanisten reaktionär seien. Sie meinten ja selbst, daß sie antimodern seien und wünschten zur verschwundenen Zeit der Antike zurückzukehren[182]! Gilson scheint keine Rücksicht darauf zu nehmen, daß Modernität ein relativer Begriff ist.

E. Garin nimmt diesen Handschuh auf, und indem er seinen früheren Standpunkt von I trattari morali di Coluccio Salutati verleugnet, gibt er Ullman recht[183]. Es ist richtig, meint er, den unüberwindlichen Unterschied zwischen De seculo et religione und den Briefen, die vita activa preisen, festzuhalten, aber es dreht sich dabei nicht um zwei Weltanschauungen, die kollidieren, sondern nur um eine technisch-rhetorische Übung, Argumente aufzustellen. Die gleiche Form wendete man in den politischen Briefen an, wo eine ähnliche technische Tüchtigkeit von großer Bedeutung war, und die Literatur des 15. Jahrhunderts [184] ist voller Überredungs-Rhetorik dieser Art. Als Indizium dafür, daß es sich so verhält, nennt Garin die beiden Abhandlungen: »*Quod melius sit regnum successivum quam electivum* und die entgegengesetzte: »*Quod regnum melius sit electivum quam successivum*«[185], in denen Salutati beide, einander entgegengesetzte, Gesichtspunkte verteidigt.

Auch *Hans Baron*[186] beschäftigt sich mit De seculo's Platz in Salutatis Verfasserschaft, und er kommt mit verschiedenen Erklärungen. Er hatte ja daran gedacht, ein Werk »De vita associabili« zu schreiben, aber seine politischen und menschlichen Erfahrungen, insbesondere mit den Unglücken des Ciompi-Aufstandes 1379, ließen ihn gegenüber den Werten dieser Welt und den menschlichen Möglichkeiten in einem bürgerlichen Dasein skeptischer werden[187]. Zum anderen faßte Salutati das kontemplative Leben stets als das höchste und wertvollste auf. Es gibt jedoch ausnahmsweise Umstände, unter denen vita activa in der gegebenen Situation vorgezogen werden kann[188].

Im nächsten Satz spricht Baron jedoch von »various strands of Salutatis thought«[189]. Barons Darstellung bringt nicht viel Klarheit. Auf nur zwei Seiten vermag er nicht weniger als drei Gesichtspunkte darzulegen: Daß Salutatis Denken eine Entwicklung durchlaufen habe, daß es jedoch möglich sei, einen zusammenhängenden und durchgängigen Gesichtspunkt zu finden, und endlich, daß alles in »various strands« zerfalle. Ein guter Beweis dafür, wie schwierig es ist, Salutatis Gedankengang mit einiger Präzision zu bestimmen.

Mehr Klarheit ist in *Giuseppe Toffanins* Protest gegen Ullmans Bemerken in dessen Einleitung[190]. Seiner Meinung nach war die Inspiration der Humanisten mehr ethisch-religiöser als rhetorischer Art, auch wenn eloquentia untrennbar dazugehört. Im übrigen kann man keinen Gegensatz zwischen Rhetorik und Ernst aufstellen. Damit würde man das Wort Rhetorik in seiner modernen Bedeutung nehmen, und das kann für die Humanisten nicht gelten. Toffanin zeigt den Zusammenhang, indem er Ugolini Verinis Worte über Salutati zitiert: »Si non eloquio gravitate Coluccius omnes exsuperat«[191]. Rhetorik und Ernst (d.h., daß man meint, was man sagt) schließen einander nicht aus.

In seinem Buch *The Humanism of Colluccio Salutati* vertieft und modifiziert *Ullman* seine Bemerkungen in der Einleitung zu De seculo et religione. Zu Toffanin sagt er, daß es sich nicht darum handele, an Salutatis Ernsthaftigkeit zu zweifeln, denn er meinte natürlich, daß man seine Klostergelübde halten müsse, und diesen Gesichtspunkt verteidigte er mit all seiner Überredungskunst[192]. Aber daraus könne man nicht schließen, daß das Klosterleben für Salutati das beste war. Dort war Platz sowohl für den Laien als auch für den Mönch[193]. Von Martin macht Ullmans Meinung nach Salutati allzu mittelalterlich. Die Renaissance wurde nicht an einem Tage geschaffen, sondern entwickelte sich langsam, und besonders für eine Gestalt wie Salutati gilt, daß viel Mittelalterliches an ihm klebte, ohne daß man deshalb bestreiten kann, daß er Humanist war[194]. Deswegen darf man nicht, wie von Martin, Salutatis Aussage zum Vorteil des Klosterlebens allzu wörtlich nehmen[195]. Ullman kann daher mit Garin »fast völlig einig« darin sein, daß De seculo et religione eine rhetorische Abhandlung ist[196].

Charles Trinkaus faßt auf ähnliche Weise Salutati als eine Übergangserscheinung auf, als ein Zwischenglied zwischen scholastischer Tradition und der Renaissance[197]. Er weist nach, auf welche Weise Salutati eine gründliche Kenntnis der Scholastik hat, u.a. in De seculo, in dem eine thomistische Werthierarchie, mit Mönchen und dem Klerus über dem Laien stehend (der doch seinen berechtigen Platz hat), aufgezeigt ist[198].

Salutatis Front ist gegen die Verselbständigung der Wissenschaft bei Averroes, Avicenna und Occam gerichtet. Hierüber gebraucht er den negativ geladenen Ausdruck »speculatio«, während die wahre, »fromme« Wissenschaft durch »contemplatio«[199] charakterisiert worden ist.

Aber zu allererst wendet sich Salutati Augustin zu. Bei ihm wird er von der Betonung der Bedeutung des Willens und von seinem Interesse für Literatur und Rhetorik angesprochen[200]. Das letztere interessiert Trinkaus nicht besonders, es interessiert ihn auch nicht, ob Salutati selber »rhetorisch« sein sollte. Das Problem von De seculos Verhältnis zu den übrigen Schriften will Trinkaus lösen, oder auf jeden Fall durch die Behauptung verringern, daß Salutati sich nicht so sehr mit christlichen Gedanken, sondern vielmehr mit stoisch-inspiriertem Puritanismus beschäftigt habe. Dieses Ideal findet Salutati in seiner Zeit in den Klostern realisiert[201].

In seiner Untersuchung der öffentlichen Briefe Salutatis führt *Peter Herde* den rhetorischen Gesichtspunkt mit großer Konsequenz durch[202]. Er stellt Salutati konsequent als einen skruppellosen Verteidiger der florentinischen Politik dar, worauf diese auch hinauslaufen mag, und welche plötzlichen Veränderungen sie auch vornehmen mag. Herde verwendet viel Energie darauf, Salutatis rhetorische Unehrlichkeit zu zeigen. Gleichzeitig damit, daß Salutati an den Mailänder Herrscher Giangaleazzo schmeichelnde Briefe schreibt, verhandelt er auf der anderen Seite um einen Verteidigungspakt gegen die kommende Drohung aus Mailand[203]. Die Verwendung des libertas-Begriffes durch die florentinische Propaganda gegen die »feindlichen Tyrannen« empfindet Herde als hohl, weil es in Florenz infolge großer sozialer Ungleichheit keine wirkliche Freiheit gab[204]. Und Herde schlußfolgert, daß die Phrasen der Propaganda nicht einem idealen Inhalt, sondern nur realpolitischen Machtinteressen entsprechen[205].

Herdes energische Versuche Salutatis Propaganda zu »enthüllen« und die Unehrlichkeit seiner Diplomatie nachzuweisen, scheinen ein unfruchtbarer Ausgangspunkt zur Beurteilung seines politischen Ensatzes zu sein. Absolute Ehrlichkeit und Wahrheitsliebe sind niemals Eigenschaften gewesen, die einen guten Diplomaten kennzeichneten. In der Politik wird es oftmals notwendig sein, seine Absichten zu verschleiern, indem man von etwas anderem spricht, und eben das ist die Aufgabe der Propaganda. Daß Salutatis Briefe »rhetorisch« sind, in der Bedeutung, daß man nicht immer das klare Licht der Wahrheit in ihnen findet, das ist eine Banalität. Herde gibt sich in allzu hohen Maße mit seiner »Enthüllung« zufrieden, anstatt Wirkungsmittel, Motive und Themen in Salutatis außenpolitischer Korrespondenz zu analysieren und zu beurteilen. Ansätze dazu enden stets in dem Nachweis, daß die Propaganda nicht mit der Wirklichkeit übereinstimmt. Die Auffassung, daß nichts ernst genommen werden kann, verhindert eine eingehende Arbeit mit dem Stoff[206]. Auch Herde nennt Salutatis oben besprochene entgegengesetzte Abhandlungen über die Monarchie, von denen die eine für die erbliche und die andere für die elektive Monarchie eintritt. Hier haben wir, infolge Herder, Salutati in einer Nußschale. Es sind nur literäre Stilübungen, in denen wir Salutatis wirkliche Meinung ebensowenig finden können, wie in anderen Fragen – es wird auf den Streit um De seculo et religione hingewiesen[207], in dem sich Herde der Meinung Ullmans und Garins anschließt.

Von diesen Bemerkungen und einer Erwähnung von De tyranno abgesehen, beschäftigt sich Herde nur mit den öffentlichen Briefen und nicht mit der privaten Verfasserschaft. Aber es ist deutlich, daß es für ihn keine scharfe Grenze zwischen diesen beiden Teilen der Verfasserschaft Salutatis gibt. Zwar zitiert er einen Brief, in dem Salutati unterstreicht, daß er nichts auf eigene Hand schreiben kann (aus den öffentlichen Briefen)[208], aber trotzdem meint er, daß Novatis scharfes Unterscheiden zwischen Staats- und Privatbriefen problematisch ist, obwohl man sich hier auf Salutati selbst berufen kann[209].

Auch Garin bestreitet, daß man wirklich zwischen diesen beiden Briefarten unterscheiden kann. Die Privatbriefe schrieb er abends, und diese Arbeit war nur eine Fortsetzung der Tagesarbeit im Palazzo della signoria[210]. Man kann den Mann nicht in zwei Teile zerlegen, weil Erfahrung und Reflexion untrennbar sind. Die gleichen Sätze und Argumente kann man in den Werken und in den privaten und öffentlichen Briefen wiederfinden[211]. Garin nennt Beispiele dafür, daß man private Briefe zwischen den öffentlichen finden kann, und umgekehrt[212]. Speziell in Bezug auf Salutatis politische Anschauung ist eine Untersuchung der öffentlichen Briefe sehr wichtig.

Garin argumentiert auf die gleiche Weise wie Herde, legt jedoch größeres Gewicht auf die Einbeziehung der öffentlichen Briefe bei der Beurteilung Salutatis. Dagegen meint er im Gegensatz zu Herde, daß man in den Staatsbriefen keine leere Rhetorik findet. Es handelt sich um einen kämpfenden Humanismus, der sich nicht an Höfen oder Universitäten, sondern im politischen Kampf für Freiheit und Menschlichkeit entfaltet. Deshalb ist nichts »Literarisches« an ihnen, obwohl sie voller Zitate klassischer Verfasser sind[213].

Demgegenüber möchte ich behaupten, daß die beiden Briefarten sehr verschiedene Bedeutungen für die Beurteilung der Gedankenwelt Salutatis haben. Meiner Meinung nach ist es in hohem Masse notwendig, sich deren unterschiedlichen Wert als Quellen klarzumachen. Die Unterscheidung geht, wie bereits genannt, auf Salutati selbst zurück, der seine Briefe ausdrücklich in öffentliche und private einteilt. Über die ersteren sagt er, daß er in ihnen maßlos überströmend (exundantissimus) sei, während er sich in den letzteren, und das gilt speziell für die Werke, wesentlich kürzer fasse[214]. So schickte es sich für das »heimische Tun« – d.h. für die Schriften, die nicht öffentlich für eine bestimmte Sache propagandieren sollen[215]. Es besteht also ein Stilunterschied, und es ist sicherlich nicht sehr verkehrt, diesen Unterschied auf den Inhalt zu übertragen und »überströmend« mit »übertreibend« gleichzusetzen. Die öffentlichen Briefe waren die Lösungen bestimmter Aufgaben. Inwieweit Salutati seine Direktiven immer von den Herrschenden erhalten hat[216], oder ob er sich nur mit ihnen beriet oder vielleicht sogar auf eigene Hand die Initiative zur Abfassung vieler florentinischer Staatsbriefe ergriff, ist eigentlich von zweitrangiger Bedeutung. Wesentlich ist, daß Hauptinhalt und Zweck immer von vornherein gegeben waren, und daß sich Salutatis Aufgabe darauf beschränkte, den Briefen die richtige Form zu geben und die richtigen Argumente zu finden. Diese können interessant sein, sagen aber nichts Direktes über Salutatis Meinung aus. Dazu sind sie in viel zu hohem Maße auf den Zweck abgestimmt. Garin hat recht darin, daß sie nicht »literarisch« sind, indem sie kein unverbindliches Spiel mit Worten sind; sondern harte politische Realitäten; aber sie dienen primär Florenz und nur sekundär der Wahrheit.

In einige Fällen kann es schwierig sein, festzustellen, zu welcher Kategorie ein Brief gehört, und es ist ein Faktum, daß viele private Briefe mit dem gleichen Ausgangspunkt und der gleichen Absicht wie die öffentlichen geschrieben worden sind. Wenn Salutati an Fr. Novello da Carrara schreibt[217], alle guten Eigenschaften des Herrschers aufzählt, daneben auf andere Dinge, z.B. Gottes Vorsehung, eingeht und zum Schluß liebenswürdig, aber unmißverständlich sagt, daß Seine Hoheit, falls sie ihre aggressive Politik nicht bald moderiere, einen Freund in Florenz verlieren werde, so ist es natürlich klar, daß der Brief einem politischen Zweck dient. Aber das tut er eben als *Privat*brief vom Privatmann Salutati, der sich erlaubt, einen guten Rat zu geben, und auf diese Weise Dinge sagen kann, die nicht in einem offiziellen Schreiben stehen könnten[218]. Die Methode ist ja auch in der modernen staatsmännischen Kunst nicht unbekannt.

Soweit ich es beurteilen kann, braucht die Verbindung zwischen den beiden Arten von Briefen also nicht so eng zu sein, wie Garin meint. Man kann ohne weiteres tagsüber in der Kanzlei sitzen und deren Sprache schreiben und abends seinen eigenen Interessen und Ideen nachgehen und diese mit den in der Stadt Ansässigen mündlich und mit den entfernt Wohnenden schriftlich diskutieren, ohne notwendigerweise die gleiche Form und die gleichen Argumente benutzen zu müssen. In Bezug auf die Form haben wir Salutatis Bemerkung über den Unterschied[219], und was den Inhalt betrifft, so kann man zahlreiche Unterschiede zwischen seinen Auffassungen als Beamter und als Privatmann finden. In der Propaganda ist er z.B. gezwungen, den libertas-Begriff eindeutig und absolut in Gegensatz zur tyrannischen Alleinherrschaft zu setzen, während er in der Abhandlung De tyranno die Berechtigung der Monarchie unter gewissen Umständen durchaus anerkennen kann[220].

Die Behauptung, daß Salutati nicht in vollen Umfange für seine öffentlichen Briefe verantwortlich sein könne, führt es deshalb nicht mit sich, daß man ihn selbst als eine gespaltene, schizophrene Persönlichkeit ansehen muß. Anders verhält es sich in Bezug auf seine private Produktion. Wenn man diese aufteilt, in einen Teil, der seine eigentliche Meinung ausdrücken soll, und in einen anderen, der nur »rhetorisch« ist, so befindet man sich meiner Meinung nach auf schwankendem Grund. Ein solches methodisches Prinzip versetzt den einzelnen Forscher in die Lage, ganz willkürlich das auswählen zu können, was ihm recht ist. Er braucht dabei nicht einmal besonders gründlich zu argumentieren, sondern kann sich damit begnügen, darauf hinzuweisen, daß der Rest »rhetorisch« sei. Gleichzeitig nimmt man sich selbst die Möglichkeit, das Thema wirklich zu debattieren. Forscher mit einer anderen Auffassung werden nur als Beweis dafür angesehen, wie tüchtig Salutati in der Kunst der Überredung und Rhetorik gewesen ist[221]. Auch wird es schwer, seinen eigenen Standpunkt zu verteidigen, denn wenn Salutati »rhetorisch« ist, d.h. sein Wort nicht glaubwürdig und er selbst eine Art Schwindler ist, wie kann man dann wissen, was er meinte, und wie kann man dann begründen, daß man selbst die richtige Vorstellung von ihm hat? Das wird allzusehr zu einer Glaubenssache. Es wäre besser, die Gegensätze bestehen zu lassen, wenn man sie nicht lösen kann, ob man nun wie von Martin Salutati einen »zerrissenen« Menschen nennen will, oder wie Baron eine historisch-genetische Entwicklung versucht oder es einfach wie Ullman macht, der neben seinem rhetorischen Gesichtspunkt Salutati auch als eine Übergangsfigur zwischen Renaissance und Mittelalter mit all den Widersprüchen, die das mit sich führt, sieht. Diese Gesichtspunkte können richtig oder verkehrt sein, aber man kann sie unter allen Umständen diskutieren, was nicht der Fall ist, wenn man von vornherein von der Unredlichkeit des Mannes ausgeht. Es ist ja durchaus denkbar, daß man letzten Endes zum »rhetorischen« (in der schlechten Meinung des Wortes) Gesichtspunkt kommt, aber das muß der letzte Ausweg sein, zu dem man greift.

Ich meine nicht, daß Salutati notwendigerweise »rhetorisch« aufzufassen ist, jedenfalls nicht so radikal, wie Garin, Herde und Ullman das tun. Bei allen dreien findet man als Indizium für ihr Urteil einen Hinweis auf die beiden Schriften: Quod melius sit regnum successivum quam electivum und das entgegengesetzte: Quod regnum melius sit electivum quam successivum[222]. Diese zwei Schriften sind nicht gut dazu geeignet als Indizium, oder gar »Beweis« zu dienen – und nicht einmal als illustrierende Beispiele. Selbst wenn man aus den beiden Schriften nicht ersehen könnte, was Salutatis Meinung war, so sagt das an sich gar nichts. Weil man in der Lage ist, die Argumente in einer Sache pro et contra aufzuzählen und die Angelegenheit von zwei Seiten zu sehen, so ist damit noch nicht gegeben, daß man selbst keine Meinung zu diesen Dingen hat, auch wenn diese beim Aufzählen der Argumente noch nicht zum Ausdruck kommt. Das einzige, was man in diesem Falle sagen könnte, wäre, daß hier eine deutliche Stellungnahme fehlt.

Das Interessante an diesen beiden Schriften ist nun in dieser Verbindung, daß eine solche Stellungnahme nicht fehlt, wodurch die Grundlage für die Anwendung der Schriften durch die drei Forscher entfällt. Ullman vermutet, daß einige wohl trotz allem der Versuchung unterliegen könnten, Salutatis Meinung in einer der Abhandlungen zu suchen[223]. Das wäre nicht so merkwürdig, denn tatsächlich ist es so, daß die andere Abhandlung, die für das Wahlkönigtum eintritt, Punkt für Punkt die Argumente zurückweist, die in der ersten Abhandlung zugunsten der Erbmonarchie aufgestellt worden waren. In dieser wird z.B. gesagt, daß man einen Bürgerkrieg vermeidet, wenn die Macht vom Vater auf den Sohn vererbt wird, während Kandidaten, die gewählt werden müssen, versuchen können, die Wahl mit Machtanwendung zu entscheiden[224]. In der anderen Abhandlung wird darauf geantwortet, daß man oftmals gesehen habe, daß Königssöhne miteinander um die Königswürde Bürgerkrieg führten, usw.[225].

Die Frage, inwieweit diese beiden Abhandlungen ernst genommen werden sollen, ist jedoch recht klein im Verhältnis zum Problem des De seculo et religione, ein Buch von 167 Druckseiten. Man muß gewichtige Argumente haben, um behaupten zu können, daß ein Werk dieses Umfangs zur Belustigung geschrieben wurde, um den Leuten Sand in die Augen zu streuen. Man könnte sich vielleicht denken, daß Salutati aus Gründen der Karriere mit diesen anscheinend sehr frommen Meinungen renommieren wollte, aber darauf deutet nichts hin; Salutati war politischer Beamter, der seiner Stellung wegen ein so gewaltiges Glaubensbekenntnis nicht abzulegen brauchte. Es gibt auch kein Anzeichen dafür, daß er in den siebziger Jahren (das Buch wurde 1381 beendet) einer[226] Anklage wegen Ketzerei ausgesetzt gewesen wäre, auf die er hätte antworten müssen. Als er später wirklich derartigen Anklagen ausgesetzt wird, u.a. seitens Giovanni di Samminiato und Dominicis, antwortet er auf eine ganz andere Weise – indem er nämlich, anstatt sich zu verteidigen und seine Rechtgläubigkeit zu beteuern, die Gegner angreift und sie beschuldigt, die Bedeutung der antiken Wissenschaften für das Verständnis der heiligen Schrift mißverstanden und unterschätzt zu haben. Es gibt also keinen Grund anzunehmen, daß die Haltung, die Salutati in De seculo an den Tag legt, ihm von außen auf die eine oder andere Weise aufgezwungen worden wäre. Hierzu kommt, daß De seculo nicht die einzige Schrift ist, in der Salutati eine der Welt entsagende Lebensanschauung ausdrückt. Wenn man von diesem Buch absieht, muß man in Wirklichkeit auch auf z.B. große Teile von De fato et fortuna und eine lange Reihe von Briefen verzichten, ja, in Wirklichkeit gibt es wenige Schriften, in denen dieses »mittelalterliche« Christentum nicht sein Haupt erhebt, und es wäre mit unmäßigen Schwierigkeiten verbunden, den auf das Diesseits gerichteten Renaissance-Menschen aus Salutati herauszukrystallisieren, wie es auch sehr zweifelhaft wäre, ob ein auf diese Weise gezeichnetes Bild überhaupt ihm ähnlich wäre.

Unten werde ich später versuchen, zu begründen, weshalb ich der Ansicht bin, daß die Meinungen von De seculo ein integrierter Teil von Salutatis Denken sind; zunächst muß jedoch festgestellt werden, daß dieses Buch wie auch Salutatis übrige Produktion in einem gewissen äußeren Verstand

»rhetorisch« ist. Nicht in der Weise, daß wir Salutatis Meinung nicht finden können, sondern so, daß diese in der Regel ihre Durchschlagskraft erhält, indem sie auf die Spitze getrieben wird. Das hängt damit zusammen, daß Salutati praktisch niemals etwas an alle oder im allgemeinen geschrieben hat, sondern sich fast immer an genannte Personen oder bestimmte Kreise wendete. Wir haben fast nichts von Salutatis Hand, das nicht eine Antwort auf Fragen oder ein Kommentar zu bestimmten Ereignissen wäre. Seine gesamte Verfasserschaft – die großen Werke nicht ausgenommen – entstand aus bestimmten Anlässen. Das führt natürlich mit sich, daß die Ansichten von den Situationen, in denen sie ausgesprochen wurden, und von den Menschen, denen gegenüber sie geäußert wurden, gefärbt sein können. In einer Reihe von Briefen heißt es z.B., daß der Tod die Sorge nicht wert sei. Mit Hilfe der Vernuft und der Tugend könne man die Schwäche überwinden, die einen über die Toten trauen läßt[227]. Indem man die Dinge in der richtigen Perspektive sehe, werde die Sorge zur Freude gewendet[228]. In verbindung mit einem derartigen, stoisch inspiriertem Versuch, sich mit dem Todesgedanken zu versöhnen, muß man wissen, daß dies stets in Kondolenzbriefen steht, in denen sich Salutati die größten Anstrengungen macht, die Trauer des Empfängers über die Toten, die er beklagen muß, zu lindern. Und umgekehrt: Wenn Salutati in zwei prächtigen, ergreifenden Briefen[230] mit der stoischen Verleugnung der Grauen des Todes abrechnet und im übrigen jeglichen menschlichen Versuch, den Tod bewältigen zu wollen, zurückweist, so ist es von Bedeutung, daß dies aus Anlaß seiner untröstlichen Trauber über den Tod des Sohnes Piero geschieht; Piero, sein Augenstern, den er als Nachfolger auf dem Kanzlerposten zu sehen gehofft hatte. Viele andere Beispiele könnten dafür angeführt werden, daß der Anlaß für die Argumentation mitbestimmend ist, und in jedem einzelnen Falle muß man dazu Stellung nehmen, ob strittige Gesichtspunkte vereint werden können, und wenn nicht, auf welchen man dann das größte Gewicht legen muß, falls man es nicht vorziehen will, beide stehen zu lassen. Aber eine solche Doppelhaltung als »rhetorisch« in der Bedeutung unernst zu bestimmen, um damit anzudeuten, daß Salutati genausogut das eine wie das andere gesagt haben könnte, wäre doch eine große Übertreibung. Weil etwas von der Situation bestimmt ist, muß es nicht gleichgültig sein. Inwieweit hinter dieser Doppelhaltung eine prinzipielle Überlegung liegen sollte, werden wir später untersuchen[231]. Aber Toffanin hat Recht darin, daß es für Salutati keinen Widerspruch zwischen *sinceritas* und *eloquentia,* sondern vielmehr einen engen Zusammenhang gibt [232]. Wenn man die persönlichen Briefe mit den Staatsbriefen vergleicht, kann man sagen, daß zwar beide Arten von Briefen in bestimmten Situationen geschrieben sind, aber für die privaten Briefe gilt, daß Salutati selbst entscheiden kann, wie er eingreifen will, und was in dem entsprechenden Fall gesagt werden soll, während er in der öffentlichen Korrespondenz nur als Advokat der florentinischen Interessen handelt.

Zwei Werke über Salutati müssen noch erwähnt werden, weil sie den Wechsel, der sich im Verständnis der Renaissance geltend macht, zentral widerspiegeln. Das steigende rhetorische Interesse der 60er und 70er Jahre ist auch der Renaissanceforschung zugute gekommen. Man hat entdeckt, daß die Rhetorik einen wesentlichen Teil zum Verständnis der menschlichen Kommunikation und zur Entscheidung dessen, was wahr ist, beiträgt. Wir sind im Begriff, eine positivistische Epoche zu überwinden, in der man zwischen der Erkenntnis, in der das Objekt allein das Verständnis des erkennenden Subjekts bestimmte und dem Gefühl, das andererseits ganz und gar die Sache des Subjektes war, unterschied. Wir haben gelernt, daß Erkenntnis nie ohne »Interesse« (J. Habermas) ist, aber wir haben auch gelernt, daß Interesse oder Gefühl eine adäquate Auffassung der Wirklichkeit beinhalten kann[233].

Diese Entdeckung hat im Laufe der Zeit Einfluß auf das Verständnis der Rhetorik genommen, so daß man die Rhetorik nicht länger als eine Kunst der Falschmünzerei ansieht, sondern als etwas, mit dem sich auch honette Menschen beschäftigen können. Es gilt nicht länger als minderwertig, die Rhetorik zu pflegen, und wirft keinen Schatten von Unredlichkeit mehr auf die an der Rhetorik interessierten Personen. Die Rhetorik ist mit anderen Worten kein spezielles Problem für einige besonders empfängliche Personen oder eventuell für Epochen.

Das Verständnis der Renaissance betreffend, wird diese Neuorientierung in Zukunft ganz sicher große Bedeutung erlangen, und sie hat schon wenige, aber wichtige Spuren hinterlassen. Was Salutati betrifft, sollte man besonders *Nancy Struever,* The Language of History in the Renaissance. Rhetoric and historical Consciousness in florentine Humanism. Princeton 1970, beachten. Als Auftakt zu ihrer Abhandlung über die Renaissance schildert sie kurz die Geschichte der Rhetorik in der Antike und im Mittelalter. Einen konsequent rhetorischen Standpunkt findet sie bei den griechischen Sophisten, was ein wirklich geschichtliches Verständnis hervorruft: »the strand in the rhetorical tradition, which had as its core the Protagorean metaphor of »man the measure«, contains some essentially historicist insights. ... they (the rhetors) cling to their assumption that form and meaning cannot exist apart from the particular event and person. Here there is a clear antinomy between rhetoric and the dominant stand of classical philosophy: philosophy aims to find the truth beyond events, to discover occult relations between the visible happening and an invisible purpose, while rhetoric deals only with truth of events, the manifest (*phenomena*). Rhetorical concepts of discourse emphasize change, not permanence, the many, not the one, the particular, not the universal – emphases which are essential in a serious commitment to historical understanding, i.e., historicism« (S. 37). Das Verdienst der Renaissance besteht darin, die religiöse oder philosphische Flucht aus der sichtbaren Wirklichkeit zu bekämpfen, indem »a methodic« »saving of the phenomema« und »thus a saving of history« ermöglicht wird (S. 39).

Die Rhetorik ist also der Hintergrund dafür, daß ein neues Interesse für die Geschichte entsteht. Normalerweise wird ihr von den Forschern nicht diese positive Rolle zuerkannt. Schon seit *Fueter, Geschichte der neueren Historiographie* von 1911, hat man das rhetorische Element für eine sehr bedauerliche Begleiterscheinung einer ansonsten verdienstvollen humanistischen Geschichtsschreibung angesehen. Die Rhetorik droht damit, die Darstellung unsachlich zu machen. Im Gegensatz hierzu steht Struever auf dem Standpunkt, daß gerade die Rhetorik hinter dem Wiederaufleben der Historiographie steht – und man kann hinzufügen, daß die Geschichtsschreibung degeneriert und unsachlich wird, wenn man die Rhetorik verdrängt. Die Sache ist die: was geht das den Zuhörer, den Leser an? Struever greift nach Heidegger: »authentische« Geschichtsschreibung gibt dem Leser die Möglichkeit, sich in die Möglichkeiten der Geschichte hineinzuversetzen (S. 82ff). Man erzählt nicht nur etwas, weil es wahr ist, sondern weil es von Wichtigkeit für den Zuhörer ist. Man bemüht sich um das »Wahrscheinliche«, d.h., was dem Empfänger als wahr erscheint (S. 75ff). Das rhetorische Stichwort ist decorum oder convenientia, das Passende (S. 67). Das bedeutet, daß die Wahrheit auf eine überzeugende Art und Weise zur rechten Zeit und am rechten Ort zur richtigen Person gesagt wird. Wenn man mit dem Maß der abstrakten Wahrheit mißt, muß das natürlich zweideutig erscheinen, und Salutati ist auch »ambiguous even in his ambiguity« (S. 72). Anrüchig ist aber nicht sein persönlicher Charakter. Struever charakterisiert hier eine Form der Erkenntnis.

Eckhard Kessler behandelt in seiner Salutati-Monographie, *Das Problem des frühen Humanismus,* 1968, auch das rhetorische Problem. Er beschäftigt sich mit einem anderen der Grundbegriffe in der Rhetorik, dem exemplum. Im Mittelalter unterschied man zwischen *doctrina* und *exemplum,* wobei das erstere die Lehre oder Theologie ist, während das letztere die pädagogische Illustration dieser Lehre oder Theologie einem volkstümlichen Publikum gegenüber darstellt. Petrarca und Salutati protestieren gegen diese Aufteilung. Es gibt in Wirklichkeit keine doctrina ohne exemplum. Weisheit ist nie nur theoretisch, sondern immer in einer konkreten Handlung oder Begebenheit »illustriert« (Kap. IX. Die Vermittlung der virtus durch das exemplum, S. 182ff). Um so mehr, als das »Verstehen« der Tugend (virtus) identisch ist mit der Ingangsetzung und Handlungsförderung. »Littere« hat gerade seine Bedeutung in der Konkretisierung der Wahrheit und in einer überzeugenden Form, diese Wahrheit anziehend zu machen, weil nicht nur der Intellekt, sondern auch die Leidenschaften angesprochen werden (S. 195). Die Wahrheit erfährt man auf diese Weise. »Denn Rhetorik ist für den Humanismus Salutatis nicht virtuose, ästhetische Formvollendung, sondern die Gestalt der Wirklichkeit, die nicht nur eine intellektuelle Wirklichkeit, sondern eine leidenschaftliche Erfahrung dessen, was den Menschen angeht, ermöglicht« (S. 205).

Hiermit kommen wir zum Abschluß unseres Überblicks über Salutatis Wege durch die Geschichte. Dieser ist natürlich nicht abgeschlossen. Auch in Zukunft wird man Salutati und die Renaissance aufsuchen – um die Geschichte zu verstehen, um sich darin zu spiegeln. Die Renaissance als Begriff war bisher ein unentbehrliches Glied im Selbstverständnis der nachfolgenden Zeit: Die Epoche, in der sich die Menschen als Schöpfer ihrer eigenen Zukunft selbst ins Zentrum stellten. Die wechselnden Zeiten haben dieses Bild mit verschiedenen Nuancen versehen. Daß das rhetorische Element das Motiv dieses Bildes sein sollte, ist erst seit kurzem hervorgetreten. Ich hoffe, mit vorliegender Salutati-Studie mit dazu beitragen zu können, dieses anschaulich zu machen.

KAPITEL 2

Abstand von der Welt

Wie aus obigem hervorgeht, meine ich weder, daß De seculo et religione aus Salutatis Verfasserschaft als nicht dazugehörig ausgesondert werden kann, noch daß die Schrift zu dem vita activa-Ideal, das wir bei Salutatis auch finden, im Gegensatz steht. Das Christentumsverständnis in De seculo ist ganz im Gegenteil die Grundlage für Salutatis Eintreten für vita activa. Allerdings scheint die Schrift beim ersten Blick von einer humanistischen Weltoffenheit weit entfernt zu sein, und man ist geneigt, von Martin recht zu geben, wenn er sagt, daß das Buch »nichts anderes ist als ein einziger Hymnus auf das Mönchtum«[1]. Die Überschriften der einzelnen Kapitel sind in dieser Verbindung vielsagend: »Quod mundus est campus diaboli« (cap. II), »Quod mundus sit officina malorum« (cap. IV), »Quod mundus est tristis leticia, falsum gaudium, et exulatio ianis« (cap. VIII), »Quod mundus sit naufragium virtutum« (cap. XI), »Quod mundus sit theatrum inhonestum« usw. De seculo er religione fällt in zwei Teile, Liber I und II, der erste Teil besteht aus 36 Kapiteln, die alle mit »Quod mundus ...« beginnen, worauf irgendetwas Herabsetzendes oder Abschreckendes folgt, das begründen soll, weshalb man der Welt entfliehen soll. Die von den Überschriften erweckten Erwartungen werden durch den Inhalt der Kapitel durchaus erfüllt; Salutati läßt einen wahren Überfluß an Schimpfwörtern auf die sündige Welt hinabregnen[2]. Der zweite Teil des Buches enthält das positive Gegenstück zum ersten Teil, und wie es oftmals geht, so findet sich in der Schilderung der Herrlichkeit des Christenlebens nicht die gleiche Einfühlung und die fesselnde Kraft wie in der Beschreibung der Sünden dieser Welt, die mit aller wünschenswerten Saftigkeit dargestellt sind. Der zweite Teil gibt die Begründung dafür, warum man die drei Mönchsgelübde ablegen und ins Kloster gehen soll[3].

Hiermit hatte Salutati das Versprechen eingelöst, das er Nicholaus de Uzano gegeben hatte[4]. Dieser hatte beschlossen, seine Stellung als Priester aufzugeben, um als Mönch zu leben, und Salutati hatte ihn im Kamaldulenserkloster in Florenz besucht, kurze Zeit nachdem er dort eingetreten war[5], und Nicholaus versprochen, seine Entscheidung für das Leben im Kloster zu unterstützen, indem er ihm eine Reihe guter Gründe hierfür zuschicken werde. Es ist nicht das einzige Mal, daß sich Salutati mit Klosterproblemen beschäftigt. Er war auch unter den Mönchen geachtet, und es geschah, daß sie ihn um Rat fragten oder baten, zwischen streitenden Parteien zu vermitteln. So wurde er einmal ersucht zu entscheiden, was am besten sei: bereits als Kind ins Kloster zu gehen oder zu warten, bis man erwachsen ist und die Schlechtigkeit dieser Welt erfahren hat[6]. Salutati antwortet, daß nur letzterer ein wahrer »religiosus« genannt werden könne. Derjenige, der nicht in der Sünde der Welt gelebt hat, weiß nicht, wovor er flüchtet[7], und er wird leichter der Versuchung erliegen als der, der die Freuden dieser Welt kennt[8]. Salutati meint, daß nur diejenigen, die der Welt freiwillig den Rücken gekehrt haben, als wirklich religiös bezeichnet werden können, nicht aber diejenigen, die schon als Kinder ins Kloster geschickt und damit von der Welt abgesondert wurden[9]. Das Klosterdasein ist daher nicht etwas absolut Gutes an sich, sondern wird erst dadurch, daß man es wählt, zum qualifizierten Guten, und damit es sich dabei um eine wirkliche Wahl handeln kann, muß man wissen, zwischen welchen Dingen man wählt.

Im Frühjahr 1399 bittet eine junge Dame, Caterina, Salutari schriftlich um Rat[10]. Sie ist aus einem Nonnenkloster geflohen, weil sie lieber einen Mann heiraten wollte, in den sie sich verliebt hatte. Sie schreibt, daß sie eine gebildete Dame sei, die die Klassiker lese[11] – offenbar um Salutati zu verstehen zu geben, daß es sich für sie nicht passe, im Kloster zu sein. Salutati weist dies mit Veracht als schlechte Entschuldigung zurück[12]. Das Entscheidende ist für Salutati, daß sie ihr Gelübde gebrochen hat, und dies kann sie nur wieder gutmachen, indem sie ins Kloster zurückkehrt. Salutati weist Caterina nicht so sehr auf die Segnungen des Klosterlebens hin als vielmehr auf die Pflicht, das einzuhalten, was man gelobt hat. Hat man sich entschieden, so muß man zu seiner Entscheidung stehen[13], insbesondere dann, wenn man sich Gott gegenüber verpflichtet hat. Genau die gleiche Einstellung zeigt Salutati dem Mönch Rafaello gegenüber, der zusammen mit anderen Mönchen aus einem florentinischen Benediktinerkloster ausgebrochen ist[14]. Die Gründe, die sie dazu haben mögen, können in Anbetracht des Vergehens, dessen sie sich schuldig gemacht haben – nämlich dem Bruch ihres Gehorsamkeitsgelübdes, nicht als ausreichend angesehen werden[15]. Im übrigen haben die schismatischen Mönche sich eine gute Gelegenheit entgehen lassen, ihre Liebe und Duldsamkeit zu zeigen, die ja doch erst bei Schwierigkeiten, Streitereien und Beleidigungen auf die Probe gestellt werden[16].

Wir werden uns später eingehender mit Salutatis Beurteilung des Mönchtums beschäftigen – hier wollen wir uns damit begnügen, festzustellen, daß aus diesen Beispielen hervorzugehen scheint, daß der Inhalt des Klosterlebens für Salutati weniger wichtig ist als der Entschluß und die Wahl, die den Eintritt ins Kloster bestimmen.

Genau das gleiche macht sich in De seculo et religione geltend[17]. Nicholaus hat sich an Gott gebunden, und es ist eine Entweihung, wenn er sich wieder dem Weltlichen zuwendet[13]. Weshalb nun diese ständige Betonung der Bedeutung eines Gelübdes? Es liegt nahe, den Grund darin zu vermuten, daß der einzige oder zumindest wesentlichste Wert der mönchlichen Lebensform Salutatis Meinung nach in diesem Punkte liegt. An jeden Menschen wird die Forderung gestellt, die Welt zu verlassen und dem Himmel zuzustreben, alle sind dieser Forderung unterworfen[19]. Unserem Willen ist es gegeben, sie zu erfüllen, aber der Wille ist schwach und läßt sich leicht überwinden. Für uns schwache Menschen kann es daher eine Hilfe sein, Gott ein öffentliches Gelübde abzulegen[20]. Es ist leichter, keusch zu sein, wenn man es von vornherein gelobt hat. Das Gelübde des Gehorsams ist natürlich das wichtigste, weil wir damit ein für alle Male unseren Willen Gott und unseren Vorgesetzten übertragen haben[21]. Salutati weist den – anscheinend naheliegenden – Einwand ab, daß bei guten Taten das Verdienst gemindert werde, wenn man sie auf Befehl statt aus eigenem freien

Willen vollbringe[22]. Es ist ganz im Gegeteil besser so, denn wir sollten nichts der Welt willen tun, z.B. weil wir daran Freude haben, sondern die Welt fliehen Tat vollbringen, weil sie uns befohlen worden ist[23]. Auch die Heiden haben sich das Ziel gesetzt, das Gute zu tun – Salutati hebt besonders die Stoiker hervor – und darum unterscheidet sich der Christ von ihnen nicht in dem, was er tut, sondern in dem *Warum* seines Tuns. »Auf welche Weise, würden wir meinen, unterscheidet sich ein Christ von diesen Heiden, wenn er – indem er Gottes Gebote vergißt und die Fähigkeit zu dieser Tugend verliert (gehorsam zu sein) – handelt, nicht um Gott zu gefallen oder zu gehorchen, sondern nur um Gutes zu tun? ... er versucht, entgegen der Vernuft, Freude an diesen Tugenden selbst zu finden und indem er das tut, kann man es eher als einen Mißbrauch von ihnen bezeichnen[24].«) Hierbei handelt es sich jedoch nicht um die besondere Forderung nach Gehorsam, der sich die Bewohner eines Kloster zu fügen haben, sondern um den Gehorsam, den Gott fordert, und der von allen Menschen und unter allen Umständen verlangt wird. Das Gehorsamkeitsgelübde des Mönches ist lediglich dadurch konkretisiert, daß er sich einem bestimmten Menschen gegenüber verantworten muß[25].

Die radikale Forderung nach Flucht vor der Welt wird allen Menschen gestellt. Indem man die Mönchsgelübde ablegt, zeigt man, daß man diese Forderung akzeptiert und sie erfüllen will. Dazu kommt, daß insbesondere das Gelübde des Gehorsams es leichter werden läßt, dem Weg zu folgen, den man gewählt hat[26]. Aber was ist das für eine Welt, vor der man flüchten soll? Salutati verwendet das Wort »mundus«, das bekanntlich in allen Kapitelüberschriften des 1. Buches enthalten ist, aber er spricht hierbei nicht von der äußeren Welt als solcher. Ein Dutzend Jahre nachdem er De seculo geschrieben hatte, warf ihm seine Kollege, der Kanzler von Bologna, vor, daß es sich nicht zieme, die Welt so hart anzuklagen, da diese doch von Gott, der nur das Gute tue, erschaffen sei[27]. Salutati antwortet, daß sein Buch nicht von der Welt als Schöpfung Gottes oder der Welt an sich handelt, sondern daß er über die Welt der Menschen geschrieben hat, und darüber, wie Menschen sich ihrer bedienen[28].

Wenn geschrieben steht, daß Gott seinen Sohn nicht zur Erde gesandt hat, um diese zu richten, sondern um sie durch ihn zu erlösen, so handelt es sich hierbei doch nicht um den Himmel, die Sterne oder die Elemente, sondern um das Menschengeschlecht[29]. Es geht nicht um die Welt als solche, sondern um das Verhältnis der Menschen zu ihr. Es ist die Welt, in der und durch die wir Gott gegenüberstehen und das ewige Gebot übertreten[30]. Das gleiche hätte Zonarini De seculo entnehmen können, wo anfangs gesagt wird, daß Salutati nicht die Welt an sich angreifen will, sondern daß er sie in ihrer Eigenschaft als »via mortalium« betrachtet[31]. Wir müßten die Welt verlassen, weil all under Handeln und Hoffen in ihr vergebens ist, wenn auch die Dinge an sich – unabhängig von unserem Verhältnis zu ihnen – gut sind[32]. Die Dinge sind ihrem Ursprung nach gut[33], werden jedoch für uns böse wegen der Begierde. Er spricht niemals von der Welt als etwas Naturgegebenem und Neutralem, sondern strets von der *Welt des Menschen*. Er betrachtet sie »sub specie hominis«.

Salutatis zornige Predigt in De seculo et religione ist daher gegen zwei Erscheinungen gerichtet, die seiner Meinung nach eng miteinander verbunden sind: Die schlechten Eigenschaften der Menschen und ihre Abhängigkeit von der Welt, dem Weltlichen – anstatt die Erlösung bei Gott zu suchen. Überall finden wir Neid, Zorn, Betrügerei und Verlogenheit. Weder König, noch Papst noch Volk sind frei davon[34]. Gegen jede Tugend steht zumindest *ein* Laster, das sie bekämpft und vernichtet. Obendrein ist die Grenze zwischen Laster und Tugend nur haarfein, die letztere gleitet leicht in das erstere hinüber. Klugheit kann leicht durch weltliche Kümmernisse überwunden werden, Gerechtigkeit wird zu Strenge, Charakterstärke zu Starrsinn, Großmütigkeit zu Ambition und Suchem nach leerer Ehre[35], überall gedeiht die Verleumdung, ein jeder schwärzt den anderen an und zieht über ihn her[36]. Mit Freude berichtet man von den Lastern der anderen, damit diese nicht als besser erscheinen als man selbst. Noch schlimmer ist es jedoch, wenn man mit seinen eigenen Lastern prahlt. Die eigene Ehe zu brechen, ist eine Sache; allen davon zu erzählen, ist eine andere[37]. Um die Vielzahl der Sünden zu verbergen, spielen wir eine verlogene Komödie, die zugleich den Zweck hat, uns mit einem Schein leerer Ehre zu versehen[38]. In dieser Welt kommt es darauf an, als gut zu erscheinen, nicht es zu sein[39]. Natürlich kann auch unser Verhältnis zu den Gütern dieser Welt nicht gut sein, wenn wir selbst schlecht sind. Salutatis Verurteilung eines jeden Genusses hat etwas stark Asketisches an sich. Wir müssen uns vom Körper und dem Sinnlichen oder den Sinnen unabhängig machen, denn alles, was von ihnen kommt, ist gefährlich. Zwar kann man mit den Augen eine göttliche Erscheinung erleben und mit den Ohren eine himmlische Musik genießen, aber trotzdem greifen die Versuchungen durch die Sinne an. Einige Sinne sind neutral, wie z.B. der Geruchssinn, dagegen sind Gesicht und Gehör sowohl zu Gutem als auch zu Bösem zu gebrauchen. Vom Geschmackssinn kann beinahe nur Schlechtes kommen[40]. Salutati schimpft auf die Schlemmerei; durch Essen werden mehr Menschen getötet als durch das Schwert[41]. Er preist die spartanische Genügsamkeit und verweist auf die strengen Sitten und Gebräuche der Römer zur Zeit der Republik, als die Frauen keinen Wein tranken, und die Männer keine Leckereien aßen[42]. Er träumt von der Zeit, da die Menschen von Eicheln lebten. Damals brauchte man nicht zu arbeiten, war frei von Sorgen und Überfluß an Essen und hatte Zeit, sich mit geistigen Dingen zu beschäftigen[43]. Obgleich ein derartiges Zeitalter nicht historisch ist, sondern lediglich eine »poetische oder moralische Fiktion«, so solle man sich doch auch in der Gegenwart damit begnügen, die Kleidungsstücke anzufertigen, die streng notwendig sind, und solle nur so viel Essen zubereiten, wie zur Aufrechterhaltung des Lebens notwendig ist[44]. Als Beispiel führt er die Bergbewohner in Carinthia (Kärnten) an, die nur grobes Brot aßen und Wasser dazu tranken und ihre Kinder in die Kälte hinaus setzten, um sie abzuhärten[45]. Auch die Seeleute werden genannt, weil sie an Bord gesalzenen Fisch und steinhartes Brot essen müssen[46].

Habsucht ist beim Streben nach dem wahren Leben ein ernsthaftes Hindernis, sie ist nicht allein unchristlich, sondern auch unnatürlich. Alles ist für alle geschaffen, und wir zerstören den natürlichen Zustand, wenn wir uns die Dinge gierig persönlich aneignen, denn dadurch machen wir sie zu Mitteln der »Schamlosigkeiten, Gelüste und aller Arten von Grausamkeiten«[47];. Im Naturzustand lebte man in kommunistischer Gemeinschaftlichkeit, in der die Worte mein und dein unbekannt waren[48]. Daher sollen wir die weltlichen Güter liegen lassen und uns mit leeren Händen auf den Weg zum (himmlischen) Vaterland begeben[49]).

Natürlich ist auch der Geschlechtstrieb im höchsten Grade suspekt. Zambeccari, der Kanzler von Bologna und Freund Salutatis, hatte sich trotz seines fortgeschrittenen Alters eine Geliebte genommen und damit Salutati zu einer Reihe moralisierender Briefe veranlaßt[50]. Damit kommt es zu einer merkwürdigen Polemik; Zambeccari verteidigt sich damit, daß er Giovanna nicht der Lust wegen liebe, sondern weil sie ein so kluges Mädchen sei, in ihr liebe er faktisch Gottes »imago« – und außerdem solle Salutati nicht zu viel sagen, denn er sei sowohl geistig als auch körperlich impotent[51]. Das stimme nicht, schreibt Salutati, und das sei auch gar nicht die Frage[52], es drehe sich vielmehr darum, ob es richtig sei, so zu handeln, und hierbei könnten theologische, moralische und philosophische Argumente angeführt werden[53]. Das Glück sei nun einmal nicht in sinnlicher Lust zu finden, zum ersten, weil diese schnell vorübergehe und zum zweiten, weil sie uns von Gott wegführte. Das erste Argument wendet Salutati sehr oft an. Seiner Meinung nach kann man nicht etwas lieben, das nicht ewig währt. Menschen und Dinge werden älter, und deshalb kann man seine Liebe nicht an sie verschwenden[54]. Diese beinahe stoische apatheia führt Salutati direkt zur christlichen Liebe, deren einziger Gegenstand im Grunde Gott ist. Und umgekehrt – alles, was von Gott entfernt, ist von Übel. Die fleischliche Liebe ist doch gerade dadurch charakterisiert, daß sie ihre Opfer blind macht[55]. Zambeccari muß als »non amens, sed amens« angesehen werden, weil er nicht klarsehen kann, sondern sich in etwas anderes als Gott, nämlich das Sinnliche, vertieft und sich darin verliert[56].

In De seculo wird nicht nur mit der Liebe abgerechnet, sondern auch der Wert der Ehe in Zweifel gezogen. Man kann nicht sicher sein, daß die Ehefrau einem ausschließlich eine Stütze ist, auch durch sie kann der Versucher seinen Weg finden, wie es Job und Tobias geschah, deren Frauen versuchten, sie dazu zu überreden, Unrecht zu tun[57]. Auch die Zeugung von Kindern bringt nicht mit Sicherheit Freude. Entartete Nachkommenschaft kann den eigenen guten Namen beschmutzen, und man soll nicht damit rechnen, in den Kindern im Alter eine Stütze zu haben[58]. Weder Frau noch Kinder können einem Sicherheit geben. Und in De seculo wird Nicholaus aufgefordert, keusch zu sein und die Frauen zu meiden, ja sogar jedem ehrbaren Gespräch mit ihnen auszuweichen und sich vor ihren Blicken zu hüten[59].

Aber nicht nur von übermäßigem Essen, Frauen oder anderen bestimmten Dingen soll man Abstand nehmen, dies gilt für alles – alle weltlichen Güter und all das, was man gern haben möchte. Und es gilt nicht nur für materielle, sondern auch für geistige Güter[60]. Unser Wunsch nach etwas Eigenem, der Drang zu haben anstatt zu geben[61], die Suche nach Befriedigung unserer Gelüste und Triebe anstelle der guten Tat, all das ist schlecht. Wir suchen das Geschöpf anstatt des Schöpfers. Der Mensch ist wirklich in harter Bedrängnis, die Sünde greift uns immer und überall an, während wir ruhen, schlafen, beten oder denken, gleichgültig ob wir allein sind oder zusammen mit anderen[62]. Wir haben einen unsichtbaren Feind, der nicht nur unsere Handlungen, sondern auch unsere Gedanken bedrängt, damit er uns fangen und töten kann[63]– Dieser Feind ist unser Eigenwille, der uns verleitet, sich mit uns selbst zu beschäftigen anstatt mit Gott. Und wir können uns nicht damit entschuldigen, daß wir den Versuchungen erlagen, weil wir es nicht besser wußten. Wir kennen ja doch den Unterschied zwischen Gut und Böse und tragen das Gesetz in unserem Herzen geschrieben[64].

Wenn man sich in die Welt und ihre Güter verliert, dann kommen Melancholie und Angst. Wir freuen uns, wenn unsere Gelüste befriedigt werden, aber det Trübsinn meldet sich, sobald wir einsehen, wie inhaltslos diese Freude ist. Die klare Vernuft läßt uns dann sorgen und weinen[65], weil wir verstehen, daß die Freude nicht ewig wahren kann. Alles ist vergänglich in dieser Welt, auch die Freude vergeht[66]. Außer dem Trübsinn kommen die Furcht und die Angst davor, das zu verlieren, was man lieb hat. Hat man sich an den Reichtum gebunden, so fürchtet man, ihn zu verlieren, und wird niemals zufrieden sein, weil man stets mehr haben möchte. Hat man Kinder, so fürchtet man, sie zu verlieren, und hat man Ambitionen, so fürchtet man, daß sie sich nicht realisieren lassen[67].

Was soll man da tun? Man soll sich von der Welt frei machen, indem man es unterläßt, sich ihr hinzugeben. Salutati gebraucht das Bild eines Gasthauses[68]. Einige beschließen, in ihm zu bleiben, während andere einsehen, daß es nur ein Ort ist, wo sich die Wege kreuzen, und daß es darauf ankommt, weiter zu ziehen. Es wäre töricht, es mit einem Heim zu verwechseln, und unsere Hoffnung darauf zu richten[69]. Eine andere, viel gebrauchte Umschreibung ist patria, das Vaterland, das wir hier auf Erden nicht finden. Wir sind im Bilde Gottes erschaffen, und es ist unsere Aufgabe, sein »imago« zu verwirklichen, und nicht in dieser Welt zu Hause zu sein, indem wir uns mit ihr identifizieren. Wir haben keine Bleibe in dieser Welt, denn sie ist nur der Weg, den wir gehen müssen, um in unser Vaterland zu gelangen[70]. Es gilt, nicht als Bürger, sondern als Pilger und Fremder auf dieser Erde zu leben[71]. In den Briefen finden wir den gleichen Gedanken beinahe gleichlautend ausgedrückt. Bernardo da Moglio wird daran erinnert, daß er »ein Pilger ist, nicht für den Weg geboren, sondern für das Vaterland«[72], und in welchem Stand wir auch immer leben mögen, so sollten wir Gottes Reich zustreben, in dem die Seligkeit keine Grenzen hat[73].

Weder unser eigentliches Vaterland noch die Hölle finden wir in diesem Dasein. Die Heiden meinten, die Hölle sei unser Körper, in dem die Seele gestraft und gefangengehalten werde, wir Christen dagegen meinen, daß sie ein ganz bestimmter Ort ist[74]. Die Hölle kann sich aber auch auf der Erde befinden, wenn wir die Welt lieben. In diesem Falle leben wir nämlich »temporaliter« in der Hölle[75]. In gleicher Weise haben wir teil an der Seligkeit, wenn wir Gott lieben. Unter allen Umständen fällt die bindende Entscheidung in diesem Erdenleben. Beide Wege stehen dem Menschen offen – die Hölle auf Erden und der Vorgeschmack auf die Seligkeit, den man erhält, wenn man seinen Sinn Gott zuwendet.

Was heißt das nun, Gott zu lieben? Verhält es sich so, daß Gott und die Welt zwei Alternativen sind, von denen man nur die eine wählen kann?

»Die Welt« ist, wie gesagt, Salutatis Auffassung nach nicht schlecht an sich. Er spricht niemals von ihr als solcher – die Erkenntnis der Welt interessiert ihn nicht – sondern stets von der Welt im Verhältnis zum Menschen. Oder richtiger gesagt, vom Verhältnis des Menschen zu ihr, denn es kommt dabei auf die Tugend, virtus, an. Sie ist für dieses Verhältnis ausschlaggebend, und daher sind die Gegenstände, auf die die Liebe des Menschen gerichtet sind, untergeordnet im Vergleich zur Qualität dieser Liebe. Daher ist es nicht von vornherein wertvoller, Menschen zu lieben anstelle von toten Dingen. Zambeccari hat sich damit entschuldigt und damit geprahlt, daß er einen Menschen (Giovanna) und nicht Gold geliebt habe, aber Salutati weist dies zurück. »Was die Tugend betrifft«, so gibt es keinen Unterschied[76]. Nur die gut angewandten Mittel sind gut, die schlecht angewandten dagegen schlecht[77]. Salutatis Gedanken laufen parallel mit *Augustins* Unterscheidung zwischen einer uti- und einer frui-Liebe. Uti besagt, daß man etwas nicht um seiner selbst, sondern um einer anderen Sache willen liebt. Frui bedeutet dagegen, daß man etwas um seiner selbst willen liebt. Nur Gott ist der frui-Liebe würdig. Nicht einmal der Nächste kann das eigentliche Ziel der Liebe sein[78]. Salutati meint ganz in Übereinstimmung hiermit, daß man sich nicht an die Menschen um ihrer selbst willen binden solle[79]. Tut man dies, so hat man sich nicht für Gott entschieden, denn ihn kann man nur um seiner selbst willen wählen, weil er das höchste Gut ist, summum bonum, das alle anderen Güter bedingt. Wir wissen nicht, wer Gott ist, denn seine Größe ist für den menschlichen Verstand unfaßbar, aber es ist auch genug, für uns zu wissen, daß es Gott gibt[80], und um dies zu beweisen, führt Salutati den thomistischen Nachweis von der Notwendigkeit Gottes an[81]. Wir sind erschaffen, und er ist der Schöpfer; es wäre falsch und eine Beleidigung Gottes, das Erschaffene anstelle des Schöpfers zu lieben[82].

Aber – und das ist das Entscheidende – die Forderung den Schöpfer zu lieben schließt nicht aus, daß man auch das Geschöpf lieben kann. Ganz im Gegenteil verlangt Gott von uns, den Nächsten zu lieben[83], das gleiche gilt für all die anderen Güter, die uns Gott freigebig zur Verfügung gestellt hat. Es ist nicht verboten, diese anzuwenden, wenn es zum Nutzen des Nächsten geschieht, und wenn wir verstehen, daß es sich nur um geliehenes Gut handelt, das wir zurückgeben müssen, und das niemals das Bild des Schöpfers verdrängen darf. Das Nachdenken über die Nächstenliebe spielt jedoch eine äußerst bescheidene Rolle in De seculo.

Der Ausdruck, den Salutati für das wahrhaft christliche Leben hier auf Erden verwendet, ist das Leben »propter deum«, wegen Gott oder von Gott ausgehend. »Wir sollen nicht glauben, daß wir mit Gott zugleich die Welt lieben können, wenn wir uns nicht Gottes wegen (»nisi propter deum«) entschlossen haben, die Welt zu lieben«[84]. was wir auch immer tun, so müssen wir es »seinetwegen« tun, ihm zu Ehren[85]. Es kommt für Salutati also nicht darauf an, ob man die Welt liebt, sondern *weshalb* man sie liebt. Was auch immer das Motiv ist, ob es zum Vergnügen geschieht oder aus anderen Gründen, so ist es beleidigend für Gott, den wir nur respektieren können, wenn wir uns in ihm der Welt zuwenden. Es ist ungehörig, das Geschöpf um seiner selbst willen und nicht des Schöpfers wegen zu lieben[86].

Es kann uns sehr schwerfallen, uns vom Irdischen zu lösen und Abstand von der Welt zu gewinnen[87], aber dies ist die einzige Möglichkeit für uns, wenn wir erlöst werden wollen.

Diese Distanz zu Menschen und Dingen, zur ganzen Welt, finden wir überall in Salutatis Werken und ganz besonders in De seculo et religione, wo sie zusammenhängend dargestellt ist. Die Forderung nach Respekt vor dem transzendentalen Ausgangspunkt des Menschen und das Abstandnehmen von der Behauptung, daß sich die Verantwortlichkeit des Menschen in der Immanenz begründen lasse, machte Salutati während seines ganzen Lebens geltend. De seculo steht daher in seiner Verfasserschaft nicht für sich allein, und man kann nicht sagen, daß dieses Werk nicht recht dazu gehöre. Ganz im Gegenteil kann man sagen, daß gerade in dieser Schrift der Schlüssel zum Verständnis von Salutati liegt.

Hiermit könnten wir eigentlich unsere Analyse von De seculo et religione abschließen. Wir haben gezeigt, daß die Grundhaltung des Werkes darin besteht, daß es die Aufgabe des Christen sei, der Welt zu entsagen, darauf zu verzichten, in sie zu investieren oder sich an sie zu verlieren, und daß es darauf ankomme, »propter deum« zu leben. Die Schrift drückt mit anderen Worter einen üblichen mittelalterlich-katholischen Gedankengang aus, der ja darin resultierte, daß Mönche und Priester dem – christlich gesehen – wertvollsten Stande angehörten. Ihre Art zu leben geziemte sich für wahre Christen. Infolge dieser theologischen und moralischen Konzeption ist das Mönchtum das ideale Dasein. In De seculo et religione zieht Salutati selbst diese Konsequenz, indem er Nicholaus dazu auffordert, an seinem Entschluß, ins Kloster zu gehen, festzuhalten; und er begründet es positiv damit, daß dieser Schritt den höchsten Lohn verspreche, den ein Mensch bekommen könne. Dreimal weist er darauf hin, daß die »religiosi«, womit hier Ordensbrüder gemeint sind, hundertfach Frucht tragen werden, die »clerici« dagegen nur sechzigfach. Gewöhnliche Säkular-Christen können nur ein Dreißigfaches erreichen[88].

Insoweit muß man von Martin darin recht geben, daß De seculo et religione nichts anderes ist als »ein einziger Hymnus auf das Mönchtum«. Damit sei jedoch nicht gesagt, daß diese Schrift in der Verfasserschaft isoliert dasteht, wie Ullmann und Garin meinen. Ich bin mit diesen Forschern nicht einig darin, daß De seculo et religione eine rhetorische Übung ist. *Eher will ich behaupten, daß man die Schrift als Schlüssel für das Verständnis Salutatis benutzen kann.* Die Grundgedanken, nämlich die Lebenseinstellung »propter Deum« und die Liebe zu Gott und dem Nächsten, sind, wie ich später exemplifizieren werde, Hauptelemente in der übrigen Verfasserschaft.

Ohne allzuviel dem folgenden vorzugreifen, kann gesagt werden, daß Salutatis Gottesvorstellung garantiert, daß das Leben Richtung und Meinung hat. Wir sind außerstande, die Weltordnung und den tieferen Zusammenhang zwischen den Dingen zu durchschauen, welches Gott vorbehalten ist. Aber das bedeutet nicht so viel für uns, weil die Grenzen unseres Lebens von Gott durch Christi Offenbarung gesetzt sind: Wir sollen Gott und den Nächsten lieben. Das steht fest, ungeachtet dessen, was wir selbst herausfinden, oder welche Bedürfnisse wir bekommen sollten. Das Gehorsamkeitsgelübde – so wie es ein jeder Christ in seinem Sinn ablegen soll, als auch dasjenige, welches der Mönch seinem Vorgesetzten gegenüber ablegt – ist eine Konkretisierung dessen: Hiermit gibt man zu erkennen, daß diese fundamentalen Aufgaben nicht von uns selber gestellt worden sind, sondern, daß wir nur einem Ziel entgegenstreben, das schon gegeben ist. De seculo kann als eine einzige eindringliche Warnung gelesen werden, sich nicht hiervon ablenken zu lassen. Alles andere sind eigentlich nur Mittel zum Zweck, dieses Ziel zu erreichen.

Auf der anderen Seite bekommt die Gottesvorstellung eine befreiende Wirkung in Salutatis Denken. Nur das doppelte Liebesgebot steht fest. Im übrigen ist es uns selbst überlassen, den Zusammenhang im Dasein herzustellen. Es gibt viele Wege zu Gott: »Ich weiß, daß verschiedene Menschen auf verschiedenen Wegen zu Gott gewandert sind. Einige wählen das verborgene und einsame Leben – wir lesen über Eremiten und Anachoreten und auch über Mönche. Aber ich kenne auch viele, die ein aktives Leben in der menschlichen Gemeinschaft Gott zu Ehren gelebt haben[89].«

Gleichzeitig zeigen die vielen leidenschaftlichen Analysen der Kehrseite des menschlichen Gemüts, dessen zahlreicher Winkelzüge und Doppelmotive, daß Salutati bestimmt nicht naiv in seiner Ansicht über die Menschen ist. Seine Freude über vita activa, studia humanitatis, Kunst und Poesie bekommt eine weitere Perspektive durch De seculos Menschenbild.

Während die Prämissen in dieser Schrift denen der späteren Schriften gleichen, so gilt das nicht der Schlußfolgerung: daß man ins Kloster gehen soll. Dass Salutati nicht bei der Behauptung stehen bleiben kann, die mönchische Lebensform sei die höchste Lebensform, hat seinen Grund darin, daß er später sein Verständnis für die Nächstenliebe weiter ausbaut. Die Begrenzung und Formalität des Nächstenliebebegriffes in De seculo et religione kann vielleicht durch einen Vergleich mit *Augustins* monastischem Denken illustriert werden.

Hier finden wir in höherem Maße als bei späteren Theologen eine Verknüpfung des Gemeinchristlichen mit dem speziell Klösterlichen. Ein Christ zu sein, bedeutet für Augustin u.a., durch Gelübde gebunden zu sein. Für jeden Christen erhebt sich die Forderung, verpflichtet zu sein, aber von einem gewissen Minimum abgesehen, soll man nicht mehr versprechen, als man halten kann. So sind z.B. alle verpflichtet, keinen Ehebruch zu begehen, während das Gelübde der Besitzlosigkeit oder das der Keuschheit Verpflichtungen sind, die man nur dann eingehen kann, wenn man meint, sie einhalten zu können[90]. Es ist schlimmer, ein Gelübde zu brechen, als es nicht abgegeben zu haben[91].

Was speziell die drei Klostergelübde angeht, so gilt ebenso wie bei *Thomas*, daß sie inhaltlich nicht absolutiert werden. Ihr Wert besteht teils darin, daß sie bereits durch ihre Ablegung verpflichten – was bekanntlich auch Salutati behauptet, und teils darin, daß sie die Grundlage des wahren Klosterlebens schaffen. Der Kern darin ist die Liebe zwischen den Brüdern, weil man mit dieser Liebe Gott liebt[92]. Augustins Auffassung von der Liebe ist konkreter und mehr auf den Nächsten bezogen als der thomistisch kontemplative Liebesbegriff, bei dem Gott der direkte Gegenstand ist[93]. Augustin ist der Meinung, daß »monachus« von »monos« kommt, und er legt dies so aus, daß im Kloster zwar viele Leiber sind, aber nur eine Seele sein darf, weil alle in Liebe zueinander und damit zu Gott vereint sind[94]. Indem er von »caritas« als dem Lebensgesetz des Klosters ausgeht, gelangt Augustin zu den drei Mönchsgelübden. Man muß arm sein, weil Begehr und Unzufriedenheit sich der Liebe in den Weg stellen. So, wie man im Kloster nicht im Überfluß leben soll, so soll man sich auch nicht einer strengen Askese befleißigen, weil auch das die Gedanken ablenken würde. Die Keuschheit ist ein Schutz gegen eine andere Form der concupiscentia[95].

Der Gehorsam ist auch etwas Zentrales, obwohl Augustin kein eigentliches Gehorsamsgelübde forderte[96]. Die Liebe ist auch hier das Primäre und zugleich die Begründung für die Autorität selbst. Die Vorgesetzten sollen »non tam praeesse quam prodesse«[97] und gleichzeitig ein gutes Beispiel sein.

Auch bei Salutati finden wir die starke Betonung der Forderung, daß die Gelübde nicht gebrochen werden dürfen. So wie Augustin verabsolutiert er die Bedeutung der Mönchsgelübde nicht. Auch für ihn sind sie nur Mittel, die angewendet werden können, um die folgende absolute Forderung zu realisieren: So, wie Abel das Erstgeborene seiner Herde opferte, so müssen wir Gott die ersten unserer Gedanken und unserer Handlungen weihen[98], d.h. daß wir nichts für uns selbst tun sollen, sondern alles für Gott. Aber bei Salutati fehlt, soweit ich es überblicken kann, eine wesentliche Seite des augustinischen Caritas-Begriffes. Die Flucht vor der Welt, die Zuflucht zu Gott und die Bestimmung von Gott und Christus als Wesen der Liebe hat er mit Augustin gemeinsam[99]. Dagegen spielt die *Nächstenliebe* eine bedeutend geringere Rolle bei Salutati. Formell ist sie enthalten: Wir haben zwei Gebote über die Liebe, die besagen, daß wir Gott und den Nächsten lieben sollen[100], und insofern kann man behaupten, daß schon in De seculo et religione ein herausragendes Motiv der späteren Verfasserschaft zu finden ist. Aber in dieser Schrift ist die Liebe kurz und abstrakt erwähnt. Es fehlt eine *konkrete* Adresse im Unterschied zu Augustin, der ausdrücklich die Ordensgemeinschaft als Möglichkeit ansah, mit den Brüdern als Objekt, die Liebe zu realisieren.

Es besteht die Möglichkeit, daß Salutati etwas Ähnliches im Sinn gehabt hat, aber es kommt nicht zum Ausdruck. Die Nächstenliebe erhält bei Salutati keine konkrete Adresse im Mönchtum, sondern in seiner Beschreibung der vita activa, wie wir es im nächsten Kapitel sehen werden. In der späteren Verfasserschaft ist ein Ausbau der Gedanken, die schon in De seculo et religione konzipiert waren, festzustellen, was meiner Meinung nach die Erklärung dafür ist, daß er nicht länger für seine Konklusion in dieser Schrift einstehen kann.

KAPITEL 3

Vita activa

Bisher haben wir uns mit De seculo et religione und damit verwandten Briefen beschäftigt, um uns ein klares Bild davon zu machen, wie radikal Salutati die Lebensaufgabe des Menschen als eine Distanz zum Dasein bestimmt, und wir haben gesehen, wie die Prämissen: Distanz zum Dasein, die »propter Deum«-Haltung, die Liebe zu Gott und dem Nächsten zur Konklusion führt: Man soll ins Kloster gehen.

Jedoch ist es nicht das monastische Denken, das Salutati bekanntgemacht hat, und er vertritt auch eine andere Auffassung in vielen Briefen und in der Schrift De nobilitate legum et medicine. Hier werden andere Konsequenzen seiner Auffassung vom Christentum gezogen. Das Gewicht wird nun auf praktische Nächstenliebe gelegt, wodurch die Bewegung weg von der Welt durch eine neue Bewegung hin zu ihr komplettiert wird; und das Mönchtum als höchste Lebensform interessiert Salutati nicht mehr. Bereits in De seculo hören wir, daß es nicht ausreichend ist, Gott lediglich mit Sinn und Gefühlen zu lieben, sondern daß dies auch in vollbrachten Handlungen geschehen muß.

Weshalb muß man diese Handlungen ausführen, und um welche Handlungen geht es hierbei? Salutati antwortet, daß es in unserem eigenen, wohlverstandenen Interesse ist, wenn uns an unserer Erlösung gelegen ist. Diese Form oder dieser Ausdruck der Eigenliebe ist Liebe und Fürsorge für den Nächsten, den Gott uns zu lieben befohlen hat[2]. Weil alle Menschen zur gleichen Art gehören, und weil wir alle Brüder in Christus sind, haben wir die Pflicht, unserem Nächsten zu helfen und ihm den Weg zu weisen, damit er zu Gott gelangt[3]. Die Nächstenliebe ist das große Gebot im Gesetz, und nur indem wir es verwirklichen, können wir hoffen, daß Gott uns erlösen wird. Nun ist es ja aber keinesfalls so, daß sich der Mensch die Gnade verdienen kann, sozusagen von Gott die Erlösung mit Recht fordern kann. Das Höchste, was man erreichen kann, ist seine Schuldigkeit getan zu haben, aber auch das wird niemals der Fall sein. Daher muß Gott immer mit seiner »helfenden Gnade« (gratia adiuvans) eingreifen[4]. Auf der anderen Seite ist es aber selbstverständlich, daß die Gnade nicht einem jeden Sünder erwiesen wird, sondern nur den Sündern, die sich aktiv für die praktische Nächstenliebe einsetzen. In Übereinstimmung mit der katholischen Theologie behauptet Salutati, daß es sich hierbei um einen sich selbst verstärkenden Prozeß handelt, da die Gnade dem zuteil wird, der gute Taten ausführt und daraufhin zu weiteren guten Taten befähigt wird, was ihn wiederum in noch reicherem Maße an der Gnade teilhaben läßt[5]. Entscheidend ist jedoch, daß der Mensch von sich aus diesen guten Kreislauf einleitet, der zu Erlösung und Seligkeit führt[6].

Es besteht kein Zweifel, daß diese Handlungen mit aktiver, nach außen gerichteter Nächstenliebe identisch sind und nicht allein mit der Befolgung »evangelischer Ratschläge« oder mit dem Eintritt in ein Kloster[7]. Der Eintritt ins Kloster kann oftmals geradezu eine Flucht vor der Verantwortung und den Verpflichtungen sein, die Gott dem Menschen auferlegt hat[8]. Zambeccari, der nach Liebe so begehrliche Kanzler von Bologna, bekam nach seinem Abenteuer mit Giovanna moralische Skrupel und wollte ins Kloster gehen, um dort Buße zu tun und Besserung zu finden. Salutati bezweifelte, das es sich dabei um eine tatsächliche Gesinnungsänderung Zambeccaris handele; falls Giovanna zu ihm zurückkehren würde, würde er seine Liebe zur Jungfrau Maria wohl bald wieder aufgeben und wieder Giovanna lieben[9]. Natürlich sei es richtig, daß man seine Liebe den himmlischen Dingen zuwenden solle, aber deshalb sei es nicht sicher, daß man die irdischen Dinge aufgeben müsse. Er solle an seine Pflichten als Staatsbürger und an seine Verpflichtungen der Familie und dem Nächsten gegenüber denken[10]. Gott hat ihn zum Vater einer großen Familie und zur Stütze vieler Freunde werden lassen. Wenn er sie verläßt, wird Gott ihn dann nicht zur Rechenschaft ziehen, weil er das Talent verriet, das ihm gegeben worden ist?[11] Er solle vielmehr ein nützlicher Diener an dem sein, was ihm anvertraut worden ist. Es sei gut und ehrenhaft, Maria zu lieben, aber es sei besser ihr nachzueifern[12].

Bevor wir untersuchen, worin Salutatis Ideal vom »vita activa« besteht, müssen wir jedoch zugeben, daß Salutatis Handlungsgerechtigkeit nicht so bastant und konstant ist, wie es beim ersten Blick aussehen mag. Zwar meint Salutati, daß Gnade und Erlösung nur als Lohn für Taten der Nächstenliebe gegeben werden, aber inwieweit dies für die einzelnen Menschen tatsächlich geschieht, können wir Menschen gar nicht entscheiden, das weiß nur Gott allein. Der christliche Glauben kann nämlich eigentlich nicht nachgewiesen werden, er ist verborgen, und alle Zeichen und »Beweise« für ihn sind zweideutig. Von Augustin übernimmt er den Gedanken, daß es zweierlei Menschen gibt, solche, die dem Himmel zugewandt sind, und solche, die dem Irdischen zugewandt sind[13]. Die Pointe ist, daß man zwischen ihnen keinen Unterschied sehen kann, man hat nicht bewiesen, daß man zu den ersteren gehört, wenn man »himmlische Worte« gebraucht; man kann ebensogut mit irdischer Arbeit leben und trotzdem den Sinn dem Himmel zuwenden. Und gerade auf den Sinn kommt es an, nicht auf äußerliche Taten. Z.B. ist ja der, der eigener Ehre wegen für das Vaterland kämpft, nicht vaterslandsliebend (III, 415). Salutati zitiert die Psalme, weil er zeigen will, daß der Eintritt ins Kloster nichts besonders Heiliges an sich hat. »Unser Seele, unser Herz und unsere Seele – das ist Gottes ewiger Tempel«[14]. Daher kommt es vor allem darauf an, unseren Sinn von allen Lastern zu reinigen[15]. Wenn dies nicht geschehen ist, so nützt es auch nichts, daß wir auf eine bestimmte Weise leben und gute Taten tun. Der Gedankengang ist der gleiche wie in De seculo; hier wird er aber direkt gegen das Klosterleben angewandt, um zu zeigen, daß dieses nichts Wertvolles an sich ist. Hier ist, wie in vielen anderen Fällen, das Motiv das Entscheidende für Salutati. Der Wert einer Handlung wird von der Absicht bestimmt, die der Handlung zugrunde liegt, und daher wird es für eine äußere, menschliche Betrachtung immer unmöglich sein, zu entscheiden, ob eine Handlung gut ist oder nicht, denn wir sind nun einmal nicht in der

Lage, hinter die Fassade zu schauen[16]. Dieses Unterscheiden zwischen den zwei Seiten des Menschen, der nach innen und nach außen gewandten, kann Salutati mit den Begriffen nobilitas und virtus ausdrücken. Er meint, daß Aristoteles in seiner Annahme unrecht hat, daß die Sklaven eine Sklavennatur haben, und daß z.B. Kriegsfangene, die zu Sklaven gemacht werden, dies auch wirklich von Natur werden. Es kann nicht richtig sein, daß ein edler saranzenischer Fürst, der in christliche Gefangenschaft gerät, dadurch, daß er »servus« wird, zugleich auch »ignobilis« (un-edel) wird[17]. Nicht Umstände oder Handlungen prägen den Sinn, sondern umgekehrt. Nicht das Einüben der Tugend ist entscheidend, sondern der gute Wille; oder mit anderen Worten: gute Taten machen keinen guten Mann, sondern ein guter Mann tut gute Taten. Die nobilitas des Sinnes ist also von den Handlungen unabhängig und kann bewahrt bleiben, obwohl man niemals eine Handlung ausführt, weil sie auf einer »natürlichen Disposition« beruht[18]. Wenn diese Disposition unglücklich, z.B. vom Laster geprägt, ist, wird es beinahe unmöglich sein, sie auf natürlichem Wege zu überwinden, aber es kann gelingen, wenn der Wille eingesetzt wird. Das ist schwierig, aber um so verdienstvoller[19]. Neben nobilitas steht virtus, die Tugend, die sich notwendigerweise in Handlungen ausdrücken muß[20], und nach dem Gesagten besteht kein notwendiger Zusammenhang zwischen virtus und nobilitas, so daß virtus theoretisch entbehrlich wäre. Um Seligkeit und Erlösung zu erlangen, müßte es ausreichend sein, die Seele zu reinigen und sie Gott zuzuwenden.

Dies scheint die Konsequenz zu sein; und es sieht so aus, als hätte Salutati keinen Beleg dafür, die Bedeutung von »vita activa« so stark zu unterstreichen. Im Gegenteil scheint dieser Gedanke auf ein isoliertes Dasein hinzuweisen, in dem man sich auf sich selbst konzentrieren und durch »comtemplatio«, Gott zu erreichen, versuchen kann.

So verhält es sich aber nicht; zumindest zieht Salutati nicht diese Konsequenz. Er meint vielmehr, daß der äußere dem inneren Menschen »nahe« sein muß[21]. Daß man rein faktisch nicht vom Äußeren auf das Innere schließen kann, rüttelt nicht an der moralischen Forderung, daß zwischen den beiden Dingen Übereinstimmung bestehen muß. Die Lösung liegt auf der Hand: Die Liebe zu Gott ist unlösbar mit der Liebe zum Nächsten verknüpft. Die Nächstenliebe ist sowohl die höchste Form der Selbstentfaltung als auch die Erfüllung des Gebotes Gottes. Der Mensch ist von Natur aus ein Gesellschaftswesen[22] und er ist so von Gott erschaffen, der ja doch meinte, daß es für den Menschen nicht gut ist, allein zu sein[23]. Daher liegt es im menschlichen Wesen, den Nächsten zu lieben. Der Mensch ist dazu geboren, dem Mitmenschen zu helfen[24]. Alles ist um des Menschen wegen erschaffen, nicht allein die Tiere, sondern auch die Menschen, und nur durch den Mit-Menschen können wir uns selbst realisieren[25]. Wir stehen nicht nur in Gottes Schuld, sondern auch in der Schuld unseres Mitmenschen, der Gottes Ebenbild ist[26]. Die Nächstenliebe beruht aber nicht nur auf diesem natürlichen Erschaffensein, sondern trifft den Menschen auch in Gottes Forderung, die erfüllt werden muß, wenn man Erlösung und Seligkeit erreichen will.

Hieraus ist zu ersehen, daß es notwendig ist, daß sich nobilitas in virtus ausdrückt. Ob die tugendhaften Handlungen sichtbar sind, oder ob sie nur von Gott im Verborgenen erkannt werden können, ist gleichgültig, denn auf jeden Fall ist das Urteil Gottes und nicht das der Menschen entscheidend[27]. Aber es scheint unumgänglich zu sein, daß nobilitas in Handlungen zum Nutzen des Nächsten ihren Ausdruck findet. Salutatis Meinung nach ist eine propter-deum-Haltung allein nicht ausreichend; sie muß sich in propter-deum-Handlung zu erkennen geben. Hierbei handelt es sich um ein Ursache-Wirkungs Verhältnis. Die Wirkung, die gute Handlung, kann ohne die richtige Ursache nicht entstehen; und umgekehrt wäre es sinnlos, von einer Ursache ohne Wirkung zu sprechen. Wenn Salutati nobilitas, die Integrität und Unabhängigkeit der Gesinnung von allen äußerlichen Ausdrucksformen, hervorhebt, so will er damit jeden menschlichen Versuch, Gott in die Karten zu sehen und seinem Urteil vorzugreifen, zurückweisen. Gottes Urteil kennen wir nicht, aber wir kennen seine Forderung, ihn und unseren Nächsten unter Entfaltung von wahrer virtus zu lieben.

Es verdient Beachtung, daß Salutati, sowohl vom Gesichtspunkt der nobilitas als auch dem der virtus ausgehend, das Leben als Mönch ablehnt, wenngleich dies mit verschiedenen Begründungen und unterschiedlichem Gewicht geschieht.

Wo der Mensch von innen heraus betrachtet und die Läuterung des Sinnes hervorgehoben wird, wird die asketische Lebensweise zu einer äußeren Handlung reduziert, die – obgleich sie an sich gut ist – eben doch nur ein Sympton und nicht der Beweis für innere Qualitäten ist. Die Klosterbrüder haben keine besonderen Möglichkeiten sich Gott zu nähern, denn Gott ist allgegenwärtig, und es ist daher unmöglich, zu behaupten, daß einige ihm näher und andere ihm ferner seien[28]. Diejenigen, die »die Religion wählen«, stehen ihm nicht selten ferner als diejenigen, die ein weltliches Leben zu führen scheinen[29]. Die Seele kann sich unter allen Lebensumständen (»de quocunque statu vite«) mit Gott vereinen[30]. Keine bestimmte Lebensform ist eine Garantie dafür, zu Gott zu gelangen. Ob wir in einsamer Kontemplation leben oder in der Gemeinschaft vita activa entfalten, so werden wir vieles erleiden müssen. Dahinter steht Gott, der uns zeigen will, daß wir nur bei ihm Gnade und Erlösung finden können[31]. Die mittelalterliche Standeshierarchie ist, vom christlichen Standpunkt aus gesehen, außer Kraft gesetzt, wenn man von einem jeden Platz aus zu Gott gelangen kann. Es kommt nicht darauf an, wo man steht, sondern in welche Richtung man geht. Aber das bedeutet eben, daß man Ihm dadurch dienen kann, daß man in der Stellung und dem Beruf verbleibt, in denen man sich befindet, und daß man sich mit den Dingen beschäftigt, die einem anvertraut worden sind[32].

Betrachtet man dagegen die Sache von einem virtus-Gesichtspunkt aus, so ist es nicht gleichgültig, auf welchem Platz man steht. Die Nächstenliebe kann ja doch nicht im luftleeren Raum ausgeübt werden, sondern sich nur an Objekten, an Mitmenschen entfalten. Und hier bietet das Leben als Mönch, vita solitaria, nicht viele Möglichkeiten, weil die natürlichen Bindungen an den Nächsten durchschnitten sind – z.B. durch das Zölibat, daß in hohem

Maße unnatürlich ist. Gott erschuf dem Menschen ja doch eine Mithelferin, damit er sie lieben und sich auf der Erde vermehren solle[33]. Da Gott uns mit so sinnreichen Geschlechtsorganen ausgestattet hat, wäre es beinahe eine Unverschämtheit Ihm gegenüber, sie nicht zur Bewahrung und Weiterführung des Menschengeschlechtes zu gebrauchen, wie es der Herrgott gewünscht hat[34]. Paulus' Stellungnahme zur Ehe im 1. Kor 7 wird nicht als allgemeingültig aufgefaßt, sondern als auf wenige und seltene Ausnahmen – Leute, die sich ganz der Religion widmen wollen – bezogen verstanden[35]. Diese wenigen Menschen können aber der Ehe als Istitution nichts anhaben[36]. Die Vereinigung von Mann und Frau ist das grundlegende Band zwischen den Menschen[37], und kein normaler Mensch kann dagegen argumentieren. Aber auch in einem weiteren Sinne stellen sich die Klosterbewohner außerhalb der menschlichen Gemeinschaft. Indem sie sich von der Umwelt abkapseln, sind sie nicht länger imstande, die Sprache der Zeit zu sprechen[38], und können daher nicht mehr auf andere Menschen einwirken. In einem Brief an Giovanni da Samminiato wird der Streit um die Pflege von Wissenschaft und Kunst zu einer Frage der Nächstenliebe gemacht[39]. Salutati liest Bücher nicht, um selbst berühmt zu werden, sondern um mit dem zu kommunizieren, was Gott überliefert hat. Was er sich durch seine Studien aneignet, kann er weitervermitteln[40]. Giovanni nützt in seiner »heiligen Bäurischkeit« nur sich selbst oder höchstens seinen Mitbrüdern[41], während Salutati versucht, weiterzukommen und seinen Mitmenschen dabei zu helfen, schlechte Gewohnheiten abzulegen und sich vor Verweichlichung zu hüten[42]. Salutati will sich nicht darüber äußern (er ist jedoch nicht im Zweifel darüber), was Gott gegenüber am verdienstvollsten ist, aber er bereut nicht, seine eigene Lebensform gewählt zu haben, obwohl er sich darüber im klaren ist, daß ein Leben im Kloster ihn vor den Beschwerlichkeiten der Welt verschont hätte[43].

Im übrigen ist diese Argumentation nicht ausschließlich gegen das Leben der Mönche gerichtet; Salutati scheint die einzelnen Stellungen und Berufe ganz allgemein danach zu beurteilen, inwieweit sie ihre Inhaber in die Lage versetzen, mit vielen Menschen in Kontakt zu kommen, um dadurch den größtmöglichen Einfluß ausüben zu können. So ist z.B. die Landwirtschaft zwar ein sehr achtbares Gewerbe, gibt aber doch nur sehr begrenzte Kontaktmöglichkeiten[44]. Die politische Arbeit scheint Salutati, der sich auf diesem Betätigungsfeld sehr wohlfühlte, die ideale Beschäftigung zu sein. In einer öffentlichen Stellung hat man die Möglichkeit zu helfen und zu beraten und kann vielen Menschen ein Beispiel sein[45]. Man soll nicht nur für sich selbst, sondern für Vaterland, Verwandte und Freunde leben[46]. Man soll nicht danach streben, Geld zu verdienen, aber wenn man Geld ehrlich verdient hat, soll man es auch nicht zurückweisen, damit es zu Almosen werden kann[47]. Auf gleiche Weise soll man auch Ehre, Macht und Einfluß nicht abweisen. Platon hat recht damit, daß die Weisen den Staat regieren müssen, und Salutati selbst ist es gelungen, böse Anschläge zu vereiteln und Wünsche guter Bürger zu fördern[48]. Als Staatsmann ist man nicht Herr, sondern Diener, und Amtshandlungen sind in hohem Maße gute Taten, die, wenn sie auf Gott gerichtet sind, nicht ohne Verdienst sind[49].

Vita activa entfaltet sich auf diese Weise im bürgerlichen Milieu, unter Verwandten, Freunden und im Vaterland, und wird zugleich christlich fundiert. Nicht so, daß das Christentum mit dem bürgerlichen Dasein identifiziert wird, De seculos Distanz zur Welt verleugnet sich nirgends; wir sind nicht hier auf Erden zu Hause, und nichts von dem, was sich auf der Erde befindet, hat mehr als eine relative Bedeutung. Aber Abstand zur Welt bedeutet nicht Flucht vor ihr; im Gegenteil muß das Christentum gerade in dieser Welt seine Probe bestehen. Gott wird uns zur Rechenschaft dafür ziehen, wie wir unsere Talente für die Menschen angewandt haben, die er uns anvertraut hat. »Ich will nicht, daß Du Dich lebendigen Leibes begräbst«, schreibt Salutati an ser Andrea, der sich in die Einsamkeit zurückzuziehen wünscht[50]. Es ist kein Ausweg, sein Talent zu begraben, es muß vielmehr so genutzt werden, daß es bei Gott Zinsen abwirft[51]. Er hat sich zwischen uns und die Welt gestellt, und indem wir von der Welt befreit wurden, haben wir die Freiheit bekommen, in sie hineinzugehen und die Handlungen der Nächstenliebe auszuführen. Wir können alles Irdische ernst nehmen, denn für uns verbindet sich damit kein immanenter Zweck mehr. Die Forderung der Liebe ist absolut, aber nicht abstrakt. Sie bezieht sich zwar auf alle Menschen, kann sich aber doch nur denen gegenüber entfalten, an die wir bereits gebunden sind: Verwandte, Freunde und Mitbürger[52]. Man soll auf dem Platz arbeiten, auf den man gestellt ist. Dies kann Salutati mit der Liebe zum Vaterland illustrieren, dem man alles schuldet, weil man ihn ihm und von ihm erzogen worden ist. Es kann daher nichts nützen, daß man, obwohl man Florentiner ist, nicht in Florenz leben will, weil es dort so viele böse Menschen gibt. Man muß die Guten mit den Bösen nehmen, und die Solidarität der Liebe zeigt sich gerade darin, daß man sich mit den Guten freut und der Bösen wegen leidet, hieraus die Konsequenzen zieht und bleibt, wohin man gestellt wurde, und dort nützt[53]. Der Mensch ist an einen historischen und sozialen Zusammenhang gebunden und soll nicht versuchen, sich davon freizumachen, sondern soll die Forderung Gottes unter den gegebenen Lebensumständen erfüllen.

Versucht man, das Denken Salutatis von außen zu betrachten, z.B. von dem Gesichtspunkt aus, daß die Ideen der ideologische Überbau über die materiellen und ökonomischen Verhältnisse sind, so könnte man fragen, in welchem Ausmaß Salutati eine ideologische Grundlage für die italienischen Matadorstaaten liefert, speziell für Florenz, dessen ökonomischer Aufschwung ja gerade ins 14. Jahrhundert fällt. Wie bereits ausgeführt wurde, so beurteilt er die politische Betätigung in der Republik als sehr positiv, ja er macht sie geradezu christlich relevant. Aber wie wird die Arbeit der Kaufleute und der Bankiers beurteilt? Sie sind es doch, die die ökonomische Grundlage für den politischen und kulturellen Erfolg der Republik schaffen. Die Frage ist schwer zu beantworten, da wir nur sich teilweise widersprechende Aussagen haben, und uns eine klare Stellungnahme Salutatis fehlt. In seiner Eigenschaft als Kanzler mußte er viele Briefe schreiben, um den Kaufleuten zu helfen und ihnen bessere Bedingungen zu sichern[54]. Sie waren unzählige Male in Schwierigkeiten und wurden leicht zum Opfer politischer oder ökonomischer Repressalien gegen Florenz[55]. Diese Bestrebungen, dem florentinischen Handel Hindernisse aus dem Weg zu räumen, sagen an sich nichts über Salutatis Einstellung zum Kaufmannsgewerbe aus. E. Garin zitiert zwei öffentliche Briefe, in denen Salutati seiner Meinung nach die Arbeit der Kaufleute preist. Salutati schreibt z.B.: »diese Art von Leuten (nämlich die Kaufleute) sind in der menschlichen Gesellschaft wahrhaftig notwendig, und wir können nicht ohne sie leben«[56]. Das kann man wohl nur als ein zweifelhaftes Lob bezeichnen; notwendig zu sein ist doch nicht das gleiche wie geschätzt zu sein. Jedenfalls gibt es keinen Grund dafür, von einer »ständigen Lobpreisung« (continuo elogio) der »mercatores« bei Salutati zu sprechen[57]. Dazu wäre eine andre Äußerung vielleicht besser geeignet; Salutati sagt nämlich, daß die Florentiner ein Volk sind, das sich nur mit dem Handel beschäftigt, daß man sie aber haßt, weil sie frei sind. Die Florentiner pflegen nicht nur die Freiheit in ihrem eigenen Land, sondern auch außerhalb von dessen Grenzen, und sie wünschen Frieden, um die Wohltaten der Freiheit bewahren zu können[58]. Die Freiheit ist das Banner, unter dem Florenz zur Zeit der Kanzlerschaft Salutatis seine Kriege gegen Mailand und den Papst führt, und der Begriff libertas hat daher natürlich einen sehr positiven Wert, der vielleicht auch mit auf die Kaufleute übertragen wird, deren Arbeit ja eben Frieden und Freiheit zu ihrem Gelingen benötigt. Aber hieraus auf Salutatis persönliche Beurteilung des Standes zu schließen, ist doch zu gewagt. Man muß sich wohl damit begnügen, zu konstatieren, daß sich Salutati über die Bedeutung der Kaufleute für das Gedeihen von Florenz völlig im klaren war: »Mercatores sunt fortitudo publica«. Die Interessen der Kaufleute und des Staates waren miteinander identisch; Außenpolitik und Handel waren nicht voneinander zu trennen[59].

Während die Verhältnisse der Kaufleute in der öffentlichen Korrespondenz viel Platz einnehmen, werden sie in den privaten Briefen fast gar nicht erwähnt. Aus der privaten Briefsammlung geht hervor, daß sich Salutati seinen Umgangskreis unter Politikern, Gelehrten und Klerikern gewählt hat, und soweit zu sehen ist, sind keine Kaufleute darunter; auch deren Arbeit interessiert ihn augenscheinlich nicht[60]. Man kann jedoch einen gewissen Unwillen dagegen spüren, sich ständig größeren Reichtum zu sammeln[61]. Zambeccari hat sich darüber beklagt, daß er seine Reichtümer schlecht verwaltet habe, aber Salutati tröstet ihn damit, daß Geld im Vergleich zu Tugend und Weisheit doch unwesentlich sein. Außerdem sei es besser, Geld zu erben oder es von Verwandten, Freuden oder dem Öffentlichen zu erhalten, als sich selbst unübersehbare Reichtümer zu sammeln[62]. Letzteres muß auf Bank- und Handelstätigkeit verweisen. Interesse an Reichtum und Geld ist in moralischer und christlicher Hinsicht gefährlich[63]. Aber man muß davon ausgehen, daß hier wie in allen anderen Dingen das Motiv für Salutati das Entscheidende ist, d.h., daß es eine ehrliche Sache ist, Geld zu verdienen, wenn dies anständig und »propter deum« geschieht, welches sich beispielsweise daran zeigen kann, daß man Almosen gibt[64].

Wir finden also bei Salutati nicht die gleiche Legitimierung und ideologische Fundamentierung der ökonomischen Tätigkeit, wie dies für die politische der Fall war. Andererseits stoßen wir auch nicht auf eine völlige Ablehnung einer jeglicher Form, sich Reichtum zu verschaffen. Für Salutati ist ganz einfach das mangelnde Interesse an diesem Problem charakteristisch[65]. Man könnte vielleicht eine Parallele zu den späteren calvinistischen Milieus erwartet haben, wo Religion und ökonomische Geschäftstüchtigkeit, Weber und Tawney zufolge, Hand in Hand gehen[66], so daß der äußere, finanzielle Erfolg ein Zeichen dafür wird, ob man für die Seligkeit prädestiniert ist: Gottes Gnade ist mit mir[67]. Nicht allein das äußere Milieu in den kleinen, selbstbewußten und finanzkräftigen Kommunen, sondern auch die starke Prädestinationslehre ergibt schlagende Parallelen. Wenn es sich bei Salutati und seinen Zeitgenossen trotzdem anders verhält, so mag das u.a. daran liegen, daß sie gebildete Menschen mit Sinn für klassische Studien und *studia humanitatis* im allgemeinen waren; sie konnten sich Gottes Gnade nicht in barem Gelde ausgezahlt vorstellen.

KAPITEL 4

Wissen

Im vorhergehenden haben wir uns mit dem Zusammenhang beschäftigt, der zwischen Salutatis Auffassung von Gott und seiner Auffassung von der Welt, zwischen »religio« und »seculum« besteht, und dies von einem theologischen und einem moralischen Gesichtspunkt aus betrachtet. Die Vorstellung, daß der Mensch in dieser Welt nur ein Pilger und Fremder ist, zugleich aber die Pflicht hat, sich der Welt zuzuwenden und ihre Forderungen und Herausforderungen ernst zu nehmen, ist auch für Salutatis Denken auf anderen Gebieten von Bedeutung; ich will nämlich behaupten, daß es in Salutatis Denken einen Zusammenhang gibt – er ist kein geistig »zerissener« Mensch. Ob er es psychisch ist, ist schwer zu entscheiden – ich will es nicht glauben – aber diese Frage geht über den Rahmen der vorliegenden Untersuchung hinaus.

Im Bezug auf die Erkenntnis ist es, ebenso wie in anderen Fragen, schwierig, Salutatis Stellung in einer historischen Perspektive zu bestimmen, weil er sowohl das mittelalterliche spekulative Universaldenken als auch die sich entwickelnde empirische Wissenschaft ablehnt. *L. Borghi* faßt ihn als einen sokratischen Skeptiker auf, der das Alte einreißt, um für etwas Neues Platz zu schaffen, und er vergleicht ihn mit Montaigne, der mit seiner Skepsis dem cartesianischen Rationalismus den Weg bahnte[1]. Wie bereits in der Einleitung erläutert wurde, so gelang es Salutati nicht, das Denken seiner Nachwelt zu prägen, und daher ist es in einem strengeren historischen Sinne nicht möglich, die Bedeutung seines skeptischen Denkens für die Entwicklung einer neuen Erkenntnis nachzuweisen. Trotzdem kann man ihn wohl in einem umfassenden Überblick über den Übergang vom Mittelalter zu modernen Zeit als Symbol oder Symptom für die Auflösung des Alten und das Hereinbrechen des Neuen ansehen.

Bevor man so weit gelangt, wird es allerdings notwendig sein, seine Auffassung von der Erkenntnis, die anscheinend etwas widersprüchlich ist, eingehender zu untersuchen. Er unterscheidet zwischen (Natur-)wissenschaftlichkeit (habitus scientificus) und dem Studium der Menschlichkeit (humanitatis studia); beiden Formen wird großer Wert zuerkannt[2]. Aber nicht gleich großer, die menschlichen Studien haben absolut den Vorrang vor den naturwissenschaftlichen; ja, Salutati hat den Naturwissenschaften gegenüber so viele Bedenken und Argumente, daß es den Anschein haben kann, als sehe er sie am ehesten für schädlich an.

So ist es aber nicht, weil er die Naturwissenschaft seiner Zeit etwa nicht kennt. In De nobilitate legum et medicine verrät er eine eingehende Kenntnis der Krankheitsbehandlung, und in De fato et fortuna und in zahlreichen Briefen diskutiert er sachverständig mit Astronomen und Astrologen. De laboribus Herculis enthält ein sehr gelehrtes Kapitel über die Mysterien der Fortpflanzung[3]. Und in verschiedenen Briefen werden viele Einzelfragen behandelt, auf die Salutati gestoßen oder um deres Beantwortung er gebeten worden ist. Z.B. über den Unterschied zwischen dem Samenausstoß des Stieres und dem des Mannes[4], oder um die Ursache dafür, daß rechts zu links und links zu rechts wird, wenn man in einen Spiegel sieht; es hat ihn offenbar lange geärgert, daß er, wenn er in den Spiegel schaut, mit der linken Hand zu schreiben scheint, während er in Wirklichkeit die Feder in der rechten Hand hält[5]. Ein Freund hat ihn danach gefragt, weshalb man ergraut, und Salutati hat die Angelegenheit sehr genau untersucht und versucht herauszufinden, was darüber geschrieben worden ist. Man kann nichts Sicheres darüber sagen, aber Salutati weist auf Aristoteles' Theorie von der Austrocknung der Haare hin[6].

Seine skeptische Einstellung zur Naturwissenschaft ist also nicht in mangelndem Wissen oder mangelndem Interesse begründet. Für damalige Verhältnisse war er in diesen Themen ungewöhnlich gut bewandert und hatte ein waches Interesse an der Natur. Sonst hätte er auch keine so umfassende Orientierung gehabt, denn seine Ausbildung zum Notar und seine Tätigkeit als Politiker und Beamter haben ihm unmittelbar kein naturwissenschaftliches Wissen oder Interesse eingebracht. Was läßt ihn dann gegenüber der Physik, der Heilkunst, der Astronomie etc. – allen den Wissenschaften, die die Natur zu erforschen versuchen, so skeptisch werden? Die Bedenken ergeben sich für Salutati sowohl im Hinblick auf die Form als auch das Ziel dieser Wissenschaften.

Bevor Salutati damit begann, die Frage nach den grauen Haaren zu beantworten, schickte er die Bemerkung voraus, daß wir, indem wir von den Wirkungen auf die Ursachen schließen, nur zu Vermutungen gelangen können. »Wer kann nämlich die Geheimnisse der Natur kennen?«[7] Das kann niemand, denn wir verfügen nicht über die Methode zu ihrer Entschleierung. Wenn die Astronomen mit allen ihren Instrumenten nicht einmal in der Lage sind, die Höhe eines Turmes genau zu messen, wie können wir dann glauben, daß sie imstande seien, den Umfang, den Abstand und die Größe der Erde und der Himmel zu bestimmen[8]. Wir haben den Umkreis in 360 Grade aufgeteilt, und selbst dann, wenn wir die Grade in Minuten einteilen, wird diese Einteilung im Verhältnis zur Vielfalt des Universums allzu grob sein[9]. »So ist es unmöglich, unter Zuhilfenahme von Instrumenten zu einer wahren Erkenntnis zu gelangen«[10].

Die gleiche Einschränkung gilt für die Heilkunde. Die Ärzte waren ebenso wie die Astronomen das ganze Leben hindurch Salutatis geistige Gegner. Seine Aversion gegen sie kann er von Petrarca übernommen haben, der eine sehr heftige Bannbulle gegen die Ausüber der Heilkunst schrieb, deren unerträgliche Selbstsicherheit ihm zuwider war[11]. Salutati hat Petrarcas Schrift Inspiration und Argumente entnehmen können, aber seine Haltung ist sicherlich auch von persönlichen Erfahrungen bestimmt. In der 2. Hälfte des 14. Jahrhunderts wurde Florenz ständig vom umfangreichen Pestepidemien heimgesucht. Salutati selbst blieb von der Krankheit glücklicherweise verschont, aber viele seiner Familienangehörigen und Freunde wurden von ihr betroffen[12]. Viele, die die Möglichkeit dazu hatten, flüchteten aus der von der Pest befallenen Stadt und hielten sich in ihren Landhäusern auf, und in mehreren von Salutatis Briefen können wir seinen Zorn über diese Feigheit und seinen Versuch, die Geflüchteten zurückzurufen, sehen[13]. Selbst blieb er eigensinnig auf seinem Posten und warf den Abgereisten ihren Mangel an Vaterlandsliebe und Glauben an Gott vor. Es liegt ja doch in Gottes Hand, wann jeder einzelne sterben muß; die Gründe, die die Ärzte dafür gegeben haben, andere Orte aufzusuchen, werden zurückgewiesen. Wenn man diese Briefe in ihrer Gesamtheit und in ihrem Zusammenhang betrachtet, kann man ihnen wesentliche Bestandteile des Denkens Salutatis entnehmen: Vita activa und Liebe zum Vaterland, die starke Prädestinationslehre, die später in De fato ausgearbeitet wurde, und den Angriff auf die Ärzte, der sich in erweiterter Form in De nobilitate legum et medicine wiederfindet.

Die Ärzte hatten u.a. behauptet, daß die Luft in den von der Pest befallenen Gebieten verunreinigt sei, und daß man sich deshalb der Gefahr entziehen könne, indem man sich an Orte mit reiner Luft begebe. Diese Erklärung kann Salutati nicht überzeugen – wenn sie richtig wäre, dann müßten ja alle sterben und nicht nur ein Teil, wie in Viterbo, wo nur die leitenden Personen von der Pest befallen wurden[14].

Die Idee ist aus der Luft gegriffen, ohne daß es für sie nur den Schatten eines Beweise gäbe, und die Tatsache, daß die Ärzte sie aufgebracht haben, ist keine Garantie dafür, daß sie wahr ist, eher für das Gegenteil. Nicht verwunderlich, daß viele Gemeinwesen mit ihnen nichts zu tun haben wollten, denn sie töten mehr Leute als sie heilen[15]. Den meisten Kranken wäre besser geholfen, wenn die Ärzte sie in Ruhe gelassen hätten, damit die Natur die Krankheit selbst hätte überwinden können[16].

In *De nobilitate legum et medicine* treffen wir auf die gleichen und viele andere ähnliche Anklagen[17]. Und ganz parallel zur Astronomie wird die Heilkunde abgelehnt, weil sie empirisch ist. Die Ärzte sind gezwungen, sich mit verschiedenen Behandlungsmethoden zu versuchen, und mit den Medikamenten zu experimentieren[18]. Das Resultat kann niemals ein sicheres Wissen sein, sondern wie bei der Astronomie lediglich Vermutungen und Annahmen[19]. In De nobilitate wird die prinzipielle Begründung für die Unsicherheit der empirischen Wissenschaften gegeben. Diese müssen nämlich eine Doppelbewegung vornehmen, indem sie vom Phänomen auf ein allgemeingültiges Gesetz schließen müssen, und anschließend vom Gesetz wieder zurück auf das Phänomen. Es ist klar, daß man dabei nicht die gleiche Sicherheit erreichen kann wie in der Rechtswissenschaft, wo die Erkenntnis direkt von allgemeinverständlichen und allgemeingültigen Prinzipien deduziert wird. Diese Form des Wissens nennt Salutati in Übereinstimmung mit der gebräuchlichen scholastischen Terminologie »scientia *propter quid*«, weil sie sich direkt auf klare Voraussetzungen gründet, während eine empirische Wissenschaft »*scientia quia*« ist, weil sie von der Wirkung auf die Ursache schließt, was immer eine unsichere Methode sein muß[20]. Auf diese Weise will Salutati zeigen, daß jegliche Wissenschaft, die auf »perceptiones« oder Experimenten beruht, unhaltbar ist. Wenn die Wissenschaft dagegen wirklich scientia wäre, d.h. auf ratio beruhte, dann könnte er sie anerkennen. Man dürfe durchaus nicht glauben, so versichert er seinem Freund, dem Astronomen Francesco di Marano da Camerino, daß er es nicht wünsche, daß die Astronomie eine Wissenschaft sein solle, oder daß er sie etwa nicht als solche betrachte. Er könne nur nicht daran glauben, daß man durch Observationen zu einem Wissen über die Sterne oder deren Bewegungen gelangen könne[21]. Diesem Gedanken gegenüber »habe ich den Fuß zurückgezogen und mich entschlossen, nicht dahin zu gehen, wohin mich die Vernunft nicht zieht, die Vernunft, die die Wurzel aller Wissenschaften und Wahrheiten ist«[22]. Der Arzt Bernardus, Salutatis Gegner in De nobilitate legum et medicine, hat offenbar versucht, die Heilkunde zu einer rationellen Wissenschaft zu machen. Mit Avicennas Hilfe[23] hat er behauptet, daß die Heilkunde in einen theoretischen und einen praktischen Teil aufgeteilt werden könne, von denen der erstere dann wirkliche, rationelle Wissenschaft sei. Das nützt nichts, antwortet Salutati, denn die Ärzte sind nicht dazu imstande, zwischen den beiden Teilen eine Verbindung herzustellen, weil sie vom theoretischen Wissen keine praktische Behandlung deduzieren können, sondern immer gezwungen sind, diese auf der Grundlage von Erfahrungen und Experimenten vorzunehmen. Wenn die Verbindung zwischen Ratio und Praxis nicht hergestellt werden kann, kann man nicht von wahrer scientia sprechen.

Der Wissenschaftsbegriff, nach dem Salutati hier die sich entwickelnde »moderne« Experimentalwissenschaft beurteilt, ist der alte, den das Mittelalter aus der Antike übernahm. Man kann von einzelnen und individuellen Dingen Kenntnisse besitzen, aber dieses Wissen hat nichts mit Wisenschaft (scientia) zu tun. Scientia kann nur aus Wissen über die allgemeinen Begriffe bestehen, sagt Salutati und schließt sich damit der Meinung Aristoteles' an[24].

Ein derartiges Wissen wird nicht auf der Grundlage von Erfahrungen oder Experimenten erworben, sondern nur unter Zuhilfenahme von »eterna ratio«[25]. Im Gegensatz zur modernen Wissenschaft versucht Salutati in guter Übereinstimmung mit dem Mittelalter nicht herauszufinden, *wie* die Dinge funktionieren, sondern *weshalb*, und dieses warum erfordert eine logische, rationelle Erklärung. Wenn eine solche nicht gegeben werden kann, ist Salutati nicht an der Wissenschaft interessiert. Es ist typisch, daß er die Medizin als Wissenschaft ablehnt, weil diese im Laufe der Zeit einen immer größeren Umfang angenommen hat. Eine Wissenschaft, die auf diese Weise ständig Fortschritte erzielt und sich selbst modifiziert, kann Salutati nicht akzeptieren. Wahres Wissen muß sich jederzeit sofort logisch deduzieren lassen[26].

Hiermit ist empirische Wissenschaft für Salutati zu einer Unmöglichkeit geworden, aber ist »logisches« Wissen denn möglich? Er betont auf der einen Seite, daß die logische Struktur oder Notwendigkeit der Objekte den Wert einer Wissenschaft nicht in sich selbst begründen kann. Kenntnis von der unveränderlichen Sonne ist nicht sicherer oder von größerem Wert als Wissen über den vergänglichen Menschen. Es kommt ausschließlich darauf an, ob unser Wissen in den allgemeinen Begriffen von Sonne oder Mensch logisch fundiert ist[27]. Das Gleiche gilt für das Verhältnis zwischen natürlichen Dingen, und Dingen oder Handlungen, die vom Menschen hervorgebracht wurden. Die ersteren sind zwar beständiger (certiora), aber die Erkenntnis von ihnen braucht deshalb nicht sicherer zu sein – und ist es tatsächlich keineswegs[28]. Auf der anderen Seite ist es aber so, daß einige Dinge leichter erkennbar sind als andere. Der Mensch kann die Natur ebenso wenig verstehen, wie einer, dessen Augen an Dunkelheit gewöhnt sind, die Sonne sehen kann[29]. Dinge, die mit menschlichen Relationen zu tun haben, sind dagegen leichter zu erkennen. Ob etwas schwer oder leicht verständlich ist, das sagt nichts über dieses Etwas an sich aus, sondern nur über die Fähigkeit des Menschen, es zu erkennen. Es nützt z.B. nichts, daß die Natur äußerst rationell eingerichtet ist[30]. In diesem Falle ist sie ohne Interesse oder Bedeutung für den Menschen, dem es ja nicht gegeben ist, die Welt »sub specie eternitatis« zu betrachten. Es ist notwendig zuzugeben, daß ein derartiges Verständnis nur Gott gegeben ist, und wir haben daran nur so viel Anteil, wie er uns durch seine Offenbarung zukommen läßt[31]. Das bedeutet nicht, daß man sich der Forschung enthalten soll, man muß sich nur darüber im klaren werden, daß man die Wahrheit nicht in der Astronomie findet[32]. Es ist ein ganz übertriebener Glauben an die eigenen Fähigkeiten, zu meinen, daß man imstande sei, die Gesetze und Zusammenhänge des Daseins zu verstehen. Die »Physiker« können niemals zu einem Resultat gelangen, weil das Dasein ihrer Meinung nach unendlich ist[33]. Ihre Arbeit muß immer weitergehen, weil sie prinzipiell nicht abgeschlossen ist. Mit dieser Art von Wissenschaft kann Salutati sich nicht abgeben, weil sie nutzlos ist. Wissen muß die Seele erbauen können und in Handlung verwandelt werden können, wenn es zu etwas taugen soll[34]. Das kann die Physik nicht, und selbst wenn sie deshalb nicht direkt schädlich ist, so ist sie doch in einem solchen Grade adiaphoron, daß es eine fast unverantwortliche Zeitvergeudung ist, sich mit ihr zu beschäftigen.

Wärend die »reine« Wissenschaft so im besten Falle gleichgültig ist, so verhält es sich anders mit dem praktischen Wissen, das die Konsequenz der theoretischen Wissenschaft ist. Es ist nämlich keineswegs unschädlich. Zwar kann Salutati die Astronomen und Physiker nachsichtlig behandeln, Astrologen und Ärzte aber bekämpft er heftig, denn sie leben in dem vermessenen Irrglauben, daß sie ihr Wissen dazu verwenden könnten, den Kräften der Natur Herr zu werden. Die großen Anstrengungen, die er sich macht, um in allen Details nachzuweisen, daß sie sich irren, zeigen, daß er in ihnen den eigentlichen Hauptfeind sieht. Man sollte meinen, er hätte seine Arbeit gut genug verrichtet, wenn er sowohl die Unmöglichkeit der Erlangung wahren Wissens auf experimentellem Wege als auch die Gleichgültigkeit der theoretischen Wissenschaft und Philosophie nachgewiesen hat. Aber die Sache ist Salutati offenbar so wichtig, daß er sich damit nicht begnügen kann. So verwendet er z.B. in De fato et fortuna viele Seiten darauf, die Behauptungen der Astrologen in allen Einzelheiten zurückzuweisen. Ihre Bestrebungen gehen dahin, das astronomische Wissen zur Voraussage der Zukunft auszunutzen. Um bei seinen Gegnern wirklich Gehör finden zu können, begnügt sich Salutati nicht damit, seinen eigenen Gegenstandpunkt darzulegen, sondern geht auf den Gedankengang der Astrologen ein, weist – indem er von deren eigenen Voraussetzungen ausgeht – Widersprüchlichkeiten und Unklarheiten nach. Auf die Behauptung, daß die Himmelskörper beseelt seien und den Willen und die Macht dazu hätten, die irdischen Phänomene zu beeinflussen, antwortet Salutati, daß es selbst wenn dies richtig wäre, trotzdem unmöglich sei, daraus irgendwelche Schlußfolgerungen zu ziehen. Ein jeder Stern hätte in diesem Falle seinen eigenen Willen, es wäre dann nicht zu vermeiden, daß sie uneinig sind und gegen einander arbeiten, weshalb man dann niemals wissen könnte, wessen Wille ein bestimmtes Resultat verursacht hat oder sich in Zukunft durchsetzen wird[35].

Ein anderer ernsthafter Einwand ist der, daß die Astrologen mit einem allzu begrenzten Material arbeiten. Es nützt nichts, sich mit der Kenntnis von sieben Planeten zu schmeicheln, denn diese stehen ja doch unter den Fixsternen und zahlreichen anderen Sternen[36]. Überhaupt muß es bedenklich stimmen, daß man damit rechnet, daß nur die sichtbaren Himmelskörper Einfluß haben; es gibt Tausende von Sternen, die der Mensch niemals erkennen wird, denen man deshalb aber nicht Einfluß absprechen darf[37]. Und wie verhält es sich mit den Sphären? Sie befinden sich über dem Sternenhimmel und sind nicht zu sehen, aber sollten sie deshalb etwa keine Macht haben? Dann würde Gott sie ja vergeblich erschaffen haben[38]. Im gleichen Kapitel wird eine große Zahl anderer Einwände vorgebracht, und die Konklusion ist daher die, daß es ein Zufall ist, wenn die astrologischen Prophezeiungen in Erfüllung gehen. Man muß zugeben, daß sie dies in einigen Fällen tun, in den meisten Fällen tun sie es aber nicht. Außer den bereits genannten Ursachen ist insbesondere noch ein Punkt zu erwähnen. Die Astrologen nehmen nämlich keine Rücksicht darauf, daß die Sterne unter keinen Umständen die gesamte Macht besitzen können, sondern sie mit den niedrigeren, irdischen Dingen teilen müssen. Zu diesen ist nicht zuletzt der menschliche Wille zu rechnen: Wenn weder Völker noch Fürsten Krieg wünschen, können die Himmel rasen wie sie wollen, dann kommt es zu keinem Krieg[39].

Salutatis Meinung nach treffen die Astrologen eine ganz und gar zufällige Auswahl zwischen den Umständen, die das Dasein des Menschen bestimmen; eine solche Grundlage ist aber allzu unzureichend für Konklusionen.

So ist Salutati einer jeglichen Form der Naturwissenschaft, ja dem Wissen überhaupt gegenüber skeptisch. Sein Skeptizismus ist aber nicht modern in dem Sinne, daß er sich kühl und abwartend verhält oder vielleicht zugibt, daß sich seine Skepsis als unbegründet erweisen könnte. Es ist nicht so, daß er etwa nur die Resultate der zeitgenössischen Wissenschaft als verkehrt und unbrauchbar zurückweist, zugleich aber die Möglichkeit anerkennt, daß andere Wissenschaftler zu anderen Zeiten überzeugendere Resultate vorlegen könnten. Er betrachtet die Fakten und Resultate nicht ohne Interesse und zieht aus ihnen seine Schlußfolgerungen. In Wirklichkeit steht er der Wissenschaft nicht skeptisch gegenüber, sondern verleugnet sie. Er verleugnet nicht nur die Resultate der Wissenschaft, sondern deren prinzipielle Gültigkeit. Für ihn steht dabei wirklich etwas auf dem Spiel. Er lehnt die Behauptungen der Astrologen und Ärzte nicht aus einem Einverständnis mit deren Wissenschaft heraus ab, auch nicht, weil er seine wissenschaftlichen Freunde belehren und ihnen in ihrer Arbeit helfen will, er tut es vielmehr, weil er ihre Wissenschaft mitten ins Herz treffen will – mit Argumenten, die auch sie verstehen können müssen, weil sie auf ihrer Ebene liegen.

Die Ursache dafür, daß Salutati die Wissenschaft ablehnt, liegt darin, daß er sie als eine Beleidigung Gottes ansieht. Es wird an Gottes Souveränität gerüttelt, wenn der Mensch imstande ist, sein Werk zu verstehen und auszunutzen. Das Verhältnis zwischen Gott und Mensch wird zerrüttet, wenn der Mensch glaubt, daß er sich Ihm mit Hilfe der Erkenntnis nähern kann; und die Freiheit geht verloren: *Gott verliert seine Freiheit, wenn sein Handeln von Naturgesetzen bestimmt wird, und der Mensch verliert die seine, wenn er diesen Naturgesetzen unterworfen ist und von ihnen dirigiert wird.* Die Verantwortung und die Möglichkeit zur Qualifikation der menschlichen Existenz fallen weg, wenn nicht länger gefragt wird, ob ich das Gute *will*, sondern ob ich es *verstehen* kann. Um dieses näher zu erläutern, müssen wir untersuchen, wie Salutati das Verhältnis zwischen Prädestination und freiem Willen auffaßt.

KAPITEL 5

Gott und Mensch

Salutati meint nicht daß man mit menschlichen Worten sehr viel über Gott aussagen könne[1] und ließ sich deshalb auch gar nicht darauf ein, ihn näher zu beschreiben oder zu bestimmen. Ihn interessiert das Verhältnis zwischen Gott und Mensch, und in seiner Auffassung und seiner Terminologie stützt er sich auf Augustin und die scholastische Theologie. So nennt er – ohne die Quelle anzugeben – die thomistischen Beweise für die Existenz Gottes[2]. Die Notwendigkeit Gottes wird immer wieder betont, im Gegensatz zu allen anderen Dingen, die nur kontingent, zufällig sind[3]. Sie ist so einleuchtend, daß bereits die Heiden beim Betrachten der Natur und Umwelt sie anerkennen mußten[4]. Selbst wenn wir nichts anderes über Gott wissen, so müssen wir ihn doch auf jeden Fall für die letzte notwendige Ursache ansehen, wenn wir eine unendliche Ursachenkette vermeiden wollen[5]. Als Ursache und Grund aller Dinge ist Gott der unbedingte Herrscher über sowohl die Natur als auch die Geschichte. Er erschuf die Dinge aus den vier einander entgegengesetzten Elementen, und der ständige Prozeß, in dessen Verlaufe alles vergeht und ständig neu aufersteht, ist von ihm bis in die kleinste Einzelheit gesteuert[6].

Salutati hat eines seiner Bücher De fato et fortuna genannt weil es u.a. seine Absicht mit diesem Buch ist, zu erklären, was diese Begriffe bedeuten, und vor allem was sie nicht bedeuten. Was fatum angeht, so ist dies ja doch ein heidnischer Begriff, und die heidnische Bedeutung kann leicht irreführend sein. Christen können das Wort aber korrekt verwenden, wenn sie damit die Vorsehung Gottes, »Dei dispositio«, bezeichnen wollen[7]. Das Glück (fortuna), das Schicksal (fatum) und der Zufall (casus) sind auf verschiedene Weise Instrumente in Gottes Hand. Für Salutatis humanistische Methode ist es charakteristisch, daß er nicht abstrakt darüber spekuliert, was in den verschiedenen Begriffen liegen kann, sondern zu den klassischen Verfassern geht und untersucht, wie die Wörter dort im Kontext gebraucht worden sind. Indem er sieht, wie das Wort in der Bibel, bei Seneca, Ovid, Horaz und Vergil verwendet wird, findet er heraus, daß es mehrere verschiedene Bedeutungen hat[8] und bei weitem nicht immer mit Gottes Vorsehung (providentia) identisch ist. Es kann für den Tod verwendet werden oder ausdrücken, daß unsere Tage gezählt sind, oder es kann den Verlauf eines ganzen Lebens bezeichnen. Man spricht sowohl von einem bösen als auch einem guten oder einem indifferenten Schicksal[9]. Das Wort konnte viele voneinander abweichende Bedeutungen haben, u.a. deshalb, weil es mit vielen verschiedenen Göttern in Verbindung gebracht wurde[10]. Für Salutati ist aber entscheidend, daß es immer – auf die eine oder andere Weise – eine Notwendigkeit ausdrückt[11]. Es bezeichnet in Wirklichkeit das Gleiche wie die Vorsehung Gottes, aber von einem anderen Aspekt aus. Während die Vorsehung der Wille Gottes, von ihm selbst aus betrachtet, ist, wird fatum, mit Ausgangspunkt i den Dingen, als die feste Ordnung und Gesetzmäßigkeit verstanden, die Gott den Dingen gegeben hat[12].

Gesetzmäßigkeit und Notwendigkeit sind aneinander gebunden – die erstere ist ohne die letztere sinnlos. Das Problem ist nun, wie die Notwendigkeit zu verstehen ist. In Wirklichkeit ist nur einer notwendig, nämlich Gott. Falls etwas anderes notwendig sein sollte, so könnte er es ja nicht erschaffen haben, weil es dann ja nicht erschaffen, sondern notwendig wäre. Alles das, was Gott »extra se« erschafft, kann niemals mehr als teilweise notwendig werden, weil es in Bezug auf »Ort, Zeit und sogar Gottes Wille selbst« zufällig und gewollt ist[13]. Nur Gott ist absolut notwendig, nichts anderes kann man »pura necessitas« zuschreiben, aber man kann wohl zwischen größerer und geringerer Notwendigkeit graduieren: So ist es beispielsweise notwendiger, daß die erschaffenen Dinge sind, als daß sie etwas Bestimmtes sind. Esse kommt vor einer bestimmten essentia. Salutati meint, daß das erstere direkt von Gottes Vorsehung aufrechterhalten wird, die dagegen das letztere mit Hilfe vermittelnder Ursachen (mediantes causae) hervorbringt[14]. Am notwendigsten ist natürlich Gottes Vorsehung oder fatum, weil das ja in Wirklichkeit mit Gottes Wille identisch ist. Doch auch hier wird keine absolute Notwendigkeit erlangt, weil Salutati zufolge alles, was vom Willen bestimmt ist, auch zufällig ist. Die absolute Notwendigkeit gilt nur für Gottes Existenz, nicht für das, was er will[15]. Aber hier muß man sich wiederum darüber klar werden, daß diese bedingte Notwendigkeit nur im Verhältnis zu Gott Gültigkeit hat. Man kann fatum nicht losreißen und es zu einer Notwendigkeit an sich machen. Daher findet man auch in der Natur keine unabhängige und in sich selbst gültige Gesetzmäßigkeit[16]. Die Phänomene der Natur sind nicht von einer absoluten Notwendigkeit aneinander gebunden. Dies muß für die Wissenschaft ernste Konsequenzen haben, da sie nicht imstande ist, mit einer gesetzmäßigen Notwendigkeit zu operieren, weil sich von einem menschlichen Gesichtspunkt aus alles zufällig ausnehmen muß[17]. Daher kann man in Verbindung mit dem Schicksal gut von Blindheit sprechen, aber nicht das Schicksal ist blind, sondern die Menschen[18]. An sich ist alles notwendig, was notwendige Ursachen hat[19], aber das kann man nur »sub specie dei« sehen. Dies ist in Wirklichkeit Salutatis Auffassung nach die Voraussetzung für Wissenschaft, und man versteht, daß er die Wissenschaft als einen Versuch ansehen muß, sich an die Stelle Gottes zu setzen, und das ist Blasphemie. Besonders verwerflich ist es natürlich, wenn man nicht nur Wissen (scientia), sondern auch Vorauswissen (prescientia) sucht, weil man mit diesem Versuch, sein Dasein zu beherrschen, mit Gottes schöpferischer Wirksamkeit konkurriert.

In Wirklichkeit vernichtet man damit Gott oder reduziert ihn zumindest. Salutati sagt, daß die Astrologen Gott ein untätiges Leben (»ociosa vita«) führen lassen[20], da dieser die Welt nicht selbst regiert, sondern alles dem Himmel überläßt. Zu dieser Unwahrheit ist es gekommen, weil man den Fortunabgriff abgeschafft hat; das ist dadurch geschehen, daß man das Schicksal mit bestimmten Planeten identifiziert hat, wodurch es mit bestimmten Wirkungen sichtbar geworden ist[21]. Aber der Fortuna-Begriff hat einen Inhalt, obschon dieser Inhalt negativ oder privativ ist[22]: Das Unberechenbare und Zufällige, das immer außerhalb der Reichweite der menschlichen Vernuft und des menschlichen Willens sein wird[23]. Obwohl man nur negativ davon sprechen kann, so liegt seine positive Bedeutung doch in den Wirkungen, die dem menschlichen Dasein die Grenzen setzen[24]. Dem Menschen ist ein geordnetes Univers, in dem er sein Dasein sichern und überschauen kann, für immer verschlossen[25]. Sobald man das eingesehen hat, versteht man auch, daß die Aufgabe nicht hier, sondern an einer ganz anderen Stelle liegt.

Die Unberechenbarkeit und Unsicherheit sind also Bedingungen, unter denen der Mensch leben muß aber sie sind es nur scheinbar: Gott sieht alles und bestimmt alles; kein Spatz fällt zur Erde, ohne das Gott es so will. Aber welchen Platz nimmt der Mensch in diesem von Gott durchdrungenem Univers ein, wie kann er seinen freien Willen entfalten? Die Antwort, die Salutati hierauf gibt, ist mehrdeutig und kann unklar erscheinen, weil er sich auf die theologische Tradition stützt und deren Terminologie und Argumente verwendet, ohne daß sein Anliegen ganz das gleiche ist. Das Resultat ist ein Konglomerat, aber es dürfte doch möglich sein, diesem den wichtigsten Bestandteil, nämlich Salutatis eigene Auffassung, zu entnehmen.

Es ist klar, daß der Wille keinen entscheidenden Einfluß auf die faktischen Resultate seiner Handlungen hat. Der Physik Aristoteles' entnimmt Salutati die Definitionen von casus und fortuna, die auf natürliche und auf vom Willen bestimmte Vorfälle appliziert werden[26].

Wenn etwas gegen den gewöhnlichen Handlungsverlauf in der Natur verstößt, so sagt man, es sei zufällig (causalis), während eine gewollte Handlung, die anders als beabsichtigt ausfällt, schicksalsbestimmt (fortunatus) ist[27]. Das müssen Handlungen sein, die der Wille bestimmen kann. Wenn man aber z.B. sich Sonne wünscht und Regen bekommt, dann kann man nicht von einer schicksalhaften Handlung sprechen, weil man keine Möglichkeit gehabt hat, das Resultat zu beeinflussen[28]. In den Fällen, in denen der Mensch die Möglichkeit hat, einen Einfluß auszuüben, entscheidet nicht die Handlung an sich, sondern die Absicht, die damit verfolgt wird, ob die Handlung schicksalsbestimmt ist. Daß der Beischlaf zwischen Mann und Frau in einer Geburt resultiert, kann »fortuiter« sein, wenn mit dem Beischlaf die Absicht verfolgt wurde, die Gelüste zu befriedigen, nicht aber Kinder zu zeugen[29]. Die Tatsache, daß einige Vorfälle und Handlungen zufällig und vom Schicksal bestimmt sind, bedeutet in Wirklichkeit, daß sie es alle sind. Man kann ja doch niemals mit Sicherheit wissen, wie sich die Natur aufführen wird, oder wie die eigenen Handlungen ausfallen werden. In dieser Beziehung sind Vernunft oder Erkenntnis, die untersuchen, wie die Natur eingerichtet ist, und der menschliche Wille gleich schlecht gestellt; beide unterliegen der gleichen Unsicherheit.

Aber der Wille scheint doch den Vorzug zu haben, daß er nicht wie Ratio von äußeren Dingen abhängig ist. Er muß sich nämlich nicht realisieren, sondern kann sich damit begnügen »zu wollen oder nicht zu wollen« (velle vel nolle). Gott hat in aller Ewigkeit alles bestimmt, und der Mensch hat daher keinen Einfluß auf die Entwicklung, sondern kann sie höchstens bejahen oder ablehnen[30]. Der Mensch mag wollen, was er will, es wird sich daran nicht das mindeste ändern. Man kann das mit einem Gefangenen vergleichen, der sein Leben im Gefängnis auch nicht selbst gewählt hat, aber nichts daran ändern kann. Er kann aber selbst entscheiden, ob er sein Dasein akzeptieren will oder nicht[31]. Auf diese Weise hat die Willensfreiheit zwar nicht viel Spielraum, trotzdem ist aber ihre Existenzmöglichkeit vorhanden.

Salutati formuliert es so, daß man die Handlungen, in die sowohl Gott als Mensch als »coefficentes cause« impliziert sind, »voluntarii« nennen muß[32].

Diese Position kann Salutati jedoch nicht aufrechterhalten; sie wird bei ihm von mehreren Seiten untergraben. Wie wir gesehen haben, ist es nicht möglich, daß die Gesinnung, der gute Wille vorhanden ist, ohne sich in äußeren Taten zum Nutzen des Nächsten auszudrücken. Salutatis vita-activa-Ideal widerstrebt einer solch formalen und in Wirklichkeit inhaltslosen Bestimmung des Willens. Auch wenn die Absicht und nicht das Resultat für die Taten der Nächstenliebe qualifizierend ist, und nur Gott diese Taten daher richtig einschätzen kann, so ist das Resultat natürlich nicht gleichgültig. Salutati kann zwar sagen, daß das Glück die Verbindung von Wollenden und Wollen ist[33], im gleichen Atemzug aber darauf hinweisen, daß das Glück nicht in der Macht des Menschen liegt, sondern von Gott als »benignitas et gratia« verliehen wird, da er die Verantwortung dafür hat, ob die Absichten des Menschen realisiert werden oder nicht[34].

Vielleicht wird man sich leichter im klaren darüber, was Freiheit bedeutet, wenn man das Problem vom Gesichtspunkt der Verantwortlichkeit anstatt vom Gesichtspunkt der Wahl aus betrachtet. Inwieweit ist der Mensch für seine Taten verantwortlich? Salutati greift die klassische Unterscheidung zwischen Gottes predestinatio und seiner prescientia, die auf Augustin zurückgeht, wieder auf. Einige sind von vornherein durch Gottes Gnade dazu bestimmt, erlöst zu werden (predestinati per gratiam), während Gott im Bezug auf andere von vornherein gewußt hat, daß sie auf Grund ihrer schlechten Handlungen gerechterweiser in Verdammnis geraten werden (presciti per iusticiam)[35]. Der Unterschied zwischen den beiden Gruppen liegt nicht in deren Qualität, sondern darin, ob ihnen die Gnade zuteil wird oder nicht, von Natur aus sind beide Gruppen der Verdammnis ausgesetzt[36]. Während die Prädestinierten an Gottes Gnade teilhaben und somit notwendigerweise erlöst werden, verhält es sich mit den Verdammten anders. Sie gehen nicht mit Notwendigkeit zugrunde, und Gott kan daher für sie auch keine Verantwortung tragen. Es geschieht ja aus zufälligen Ursachen[37]. Ein anderer Grund ist der, daß die Verdammten auf Grund ihrer eigenen bösen Taten fallen (und nicht von Gottes Gnade wieder aufgerichtet werden), an denen Gott keinen Anteil hat, weil das Böse etwas Privatives ist, d.h. es ist ein Nichts. Gott kann nur das Gute und Positive mit Notwendigkeit bestimmen, während er das Böse und Privative nur voraussehen kann[38]. Man kann ihm daher nicht die Verantwortung für die Verdammnis zuschreiben, diese muß der Mensch vielmehr selbst tragen, da er aus eigenem freien Willen gesündigt hat[39].

Mit diesem Versuch, dem Willen gegenüber Gottes Prädestination Platz zu verschaffen, entsteht eine Schwierigkeit, die bewirkt, daß sich Salutati mit dieser Lösung nicht zufriedengeben kann. Er verleugnet sie jedoch nicht, und das macht eine konsequente Interpretation seines Gedankenganges schwierig. Der Grund ist darin zu suchen, daß Salutati – und dies ist für ihn überhaupt charakteristisch – stets mit ungeheurem Glauben an Autoritäten versucht, seine Auffassung mit Elementen zu formen, die er der Tradition entnommen hat, ohne sich darüber im klaren zu sein, daß sie nicht ganz in sein Gedankengebäude hineinpassen.

Die Konsequenz des predestinatio/prescientia-Gedanken ist die, daß der menschliche Wille in sich selbst negativ ist. Dies steht im Gegensatz zur Auffassung Augustins, bei dem der Wille ein »medium bonum« ist, d.h. zu sowohl Bösen als Gutem angewandt werden kann[40]. Für Salutati führt diese Argumentation dazu, daß dem Willen nur das Böse zur Wahl überlassen wird. All das Gute ist nämlich von Gott und geschieht mit Notwendigkeit. Für keine gute Tat kann man sich selbst preisen, sie sind alle mit Hilfe der Gnade Gottes ausgeübt worden, dagegen muß man selbst die Verantwortung übernehmen, wenn man nicht getan hat, was man hätte tun sollen[41].

Dies ist übrigens Salutatis Standardantwort, jedesmal wenn er gelobt wird – und das kommt sehr oft vor. Er weist jedes Lob energisch zurück und fordert dazu auf, Gott für das zu loben, was er durch Salutati getan hat (!) Alle Ehre gebührt Gott[42]. Aber der Eifer, mit dem er bei den Lobesworten verweilt und sie Punkt für Punkt unter Entfaltung großer Beredsamkeit und unter Danksagungen sorgfältig zurückweist, indiziert vielleicht, daß der ganze Gedankengang nicht unkritisch aufgefaßt werden darf. Vor allem da er sich nicht davor scheut, an den guten Willen der anderen zu appellieren, ist es fast unglaublich, daß er diesen nicht für sich selbst in Anspruch nehmen will. Aber natürlich kann es sich auch um ein Element von Aufrichtigkeit handeln, so daß man nicht völlig von dieser demütigen Auffassung von den Möglichkeiten des menschlichen Willens absehen kann[43].

Die predestinatio/prescientia-Theorie war ein Versuch, dem menschlichen Willen einen legitimen Platz zu verschaffen, obwohl er hiermit eine negative Bedeutung erhielt. Gleichzeitig bestritt Salutati damit aber, ebenso wie mit seinem vita activa-Ideal, daß der Wille nur die Möglichkeit zu wählen habe (velle et nolle), aber nichts durchsetzen könne. Auf diese Weise wurde der Wille für die bösen Taten wirklich verantwortlich.

Die velle et nolle-Position ist auch von der entgegengesetzten Seite bedroht, weil Salutati behauptet, daß bereits die Wahl von Gott geleitet und im voraus bestimmt ist. Gott kann nämlich nicht nur voraussehen, sondern auch vorausbestimmen, was der Wille wählt. Er hat im voraus bestimmt, daß Peter Jesus mit Willen verleugnen wird. Salutati illustriert dies mit der Ermordung Cäsars: Gott hatte vorausgesehen, daß Brutus ihn »zufällig« und aus eigenem freien Willen töten wird[44]. Hiergegen kan man einwenden, daß Brutus, hätte er Cäsar freiwillig getötet, die Tat auch hätte unterlassen können. Ja, das hätte er allerdings tun können, antwortet Salutati, insoweit es eine zufällige und vom Willen bestimmte Handlung war, aber in diesem Falle müßte Gott sich also geirrt haben[45]. Aber das ist ja doch unmöglich, denn wenn Cäsar nicht getötet worden wäre, dann hätte Gott dies natürlich auch nicht vorausgesehen. Aber wenn Gott ihn nicht vorausgesehen hätte, dann hätte Brutus den Mord auch nicht begehen *können,* und Salutati muß feststellen, daß Gott nicht nur alles voraussieht, sondern auch jede Handlung in Gegenwart und Zukunft in seiner Macht hat[46]. Die Fähigkeit Gottes, die Dinge im voraus zu sehen, ist identisch mit Notwendigkeit (» necessario futurum ist quod ille providit«), und es war daher notwendig, »daß Brutus Cäsar aus freiem Willen tötete«[47]. Die Formulierung wird im nächsten Satz noch verschärft, wo es heißt, daß es »notwendig war, daß Brutus Cäsar aus freiem Willen tötete, und nicht nur notwendig war, daß Cäsar getötet würde«[48]. Hiermit ist die Distinktion zwischen dem Notwendigen und dem Zufälligen und der sich darasu ergebende Unterschied zwischen Gottes Vorausbestimmen und Voraussehen aufgegeben und die Prädestination völlig durchgeführt. Der menschliche Wille ist bis in sein Innerstes dem Willen Gottes unterworfen[49]. Daher muß es überraschen, wenn Gasperetti feststellt, daß eine gewisse Abschwächung der harten Prädestinationslehre Augustins das einzig Neue in Salutatis De fato et fortuna ist[50]. Man ist vielmehr versucht zu sagen, daß er »plus royale que le roi même« ist.

Das Paradoxe liegt jedoch darin, daß die Freiheit in vollen Umfang behauptet wird, obwohl die Notwendigkeit gleichzeitig bis zur äußersten Konsequenz geführt wird.

Der freie Wille ist nicht »secunda causa« im Verhältnis zu etwas anderem, sondern seine eigene Ursache. Gleichgültig welche Umstände eintreffen mögen, so können sie den Willen nicht bezwingen und ihm die Möglichkeit der freien Wahl entziehen[51]. Wie man die Sache auch immer dreht und wendet, man endet auf jeden Fall im Paradox. Gott handelt durch uns, aber so, »daß er den (menschlichen) Willen nicht zerstört und ihm kein Unrecht zufügt«[52]. An beiden Dingen muß man festhalten; wenn man bestreitet, daß Gott durch unseren Willen handelt, dann ist er ja nicht »causa universalis«. Und wenn dem Willen die Möglichkeit frei zu wählen genommen wird, dann ist er nicht länger Wille[53], denn Wille bedeutet Freiheit[54]. An beiden Dingen muß man festhalten, denn sie sind sowohl in Gottes Vorsehung als auch in den natürlichen Voraussetzungen eine Einheit. »Wenn du daher etwas aufgibst, schaffst du alles ab«[55].

Auch Augustin sagt, daß man beide Teile, sowohl den freien Willen als auch die Prädestination, wählen muß[56], obwohl er sich darüber im klaren ist, daß das zu einem Widerspruch führt. Dieser Widerspruch kann seiner Meinung nach jedoch dadurch überwunden werden, daß man den Willen als von Gott vorausgesehen betrachtet, und da Er niemals etwas voraussieht, was nicht ist, so muß also etwas da sein[57]. Wenn auf diese Weise sowohl die Prädestination als auch der freie Wille ermöglicht wird, entsteht die Tendenz, den Willen zu etwas Bestimmten zu machen, z.B. zu einer Eigenschaft, die man dem Menschen zulegt, anstatt daß er nur das Formale, frei zu wählen, ist. Thomas Aquinas macht in noch höherem Maße den Willen zu einem »Etwas«, indem er sagt, daß es der Zweck des Geschöpfes ist, dem Schöpfer ähnlich zu sein. Da dieser einen freien Willen hat, muß ihn der Mensch daher auch haben[58]. Hier ist der Wille deutlich zu einer Eigenschaft geworden, die man in höherem oder geringerem Grade besitzen kann.

Für Salutati ist die Freiheit aber nicht etwas, das man wie so viele andere Dinge auch hat, entweder *ist* man umbedingt frei, oder auch ist man überhaupt nicht frei. Es gibt keine Zwischenlösung[59]. Daher ist es ihm nicht möglich, den Widerspruch zwischen Gottes Allmacht und dem freien Willen zu überwinden. Er hält ohne Einschränkungen an der strengen Prädestinationslehre Augustins fest, macht die Freiheit des Willens aber gleichzeitig noch radikaler geltend als Augustin. Die Konsequenz hiervon ist, daß die guten Werken für die Erlösung notwendig sind[60].

Ch. Trinkaus vergleicht Salutati mit *Occam*. Der Occamismus versucht, zwischen Gottes freiem Willen und dem freien Willen des Menschen zu unterscheiden. Gott erlöst, wenn er will, ganz unabhängig davon, wie sich der Mensch verhält. Umgekehrt hat der Mensch völlige Freiheit zu tun, was er will, und sein moralisches Verhalten oder das Fehlen eines solchen hat keine Relevanz im Verhältnis zu Gott. Trinkaus spricht darum von einer »demoralization« Gottes. Man erreicht damit, daß das irdische, empirische Dasein einen Eigenwert bekommt, indem es nicht im Glanz eines himmlischen Daseins oder als Vorhof dessen gesehen wird. Hier haben wir unter anderem einen Antrieb zur politischen Befreiung. Der Papst hat z.B. keine besonderen Rechte[61].

Auch Salutati behauptet uneingeschränkt Gottes freien Willen und den freien Willen des Menschen. Aber es ist doch für ihn unbefriedigend, sich diese beiden Dinge getrennt zu denken. Der Mensch muß eine moralische Grundlage haben, die nicht von ihm selber kommt (vgl. ob. Kap. 2 und 3). Dieses Gemeinsame zwischen Gott und dem Menschen ist die Liebe: »Durch diese allein ist das Geschlecht der Sterblichen mit einem natürlichen Band verknüpft; da der Mensch um der Menschen willen erschaffen wurde, sehen wir den Plan und das Gesetz des hohen Schöpfers, wenn wir die Liebe umarmen. Diese allein führt den Menschen, während er sie genießt, zu einer fast göttlichen Hoheit, ebenso wie sie Gott durch das Wunder der Inkarnation zur Bedeutungslosigkeit der Menschen minderte ... Sie allein stützt die Familie, vergrößert die Städte, bewahrt die Königreiche und erhält mit ihrer Kraft das Erschaffene dieser ganzen Welt, die aus entgegensetzten Eigenschaften zusammengesetzt ist ... Und auf diese Weise wird die Liebe bestehen, durch welche wir als Untergebene den Schöpfer um Seiner selbst willen lieben wollen und die Geschöpfe um Seinetwillen, sie lieben wir beschränkt, ebenso wie sie es selbst sind, und Ihn, obwohl begrenzt, doch ewig«[62]

Salutati gibt nicht auf, das Band zwischen der menschlichen Welt und Gott zu knüpfen. Er wählt ganz klar eine augustinisch inspirierte Theologi als Ausgangspunkt[63]. Man hätte sich vielleicht vorstellen können, daß er Zuflucht beim Thomismus gesucht hätte, dessen Werthierarchie auch einen geraden Weg vom Natürlichen zum Übernatürlichen geht. Trinkaus führt mit Recht an, daß diese Möglichkeit am Ende des 14. Jahrhunderts nicht offen stand, weil das theokratische Model in einer Zeit, in der die Kirche keine politische Führung bieten konnte, vollkommen unrealistisch vorkommen mußte[64].

Man könnte hinzufügen, daß das festgefügte thomistische Universum keine Anziehungskraft auf die italienischen Humanisten ausgeübt haben kann, weil es für diese gerade maßgeblich war, daß der freie Wille in der Praxis Spielraum bekam. Ein thomistischer Gedankengang konnte leicht als »speculatio« verdächtigt werden.

Man kann fragen, ob die paradoxale Auffassung vom Verhältnis zwischen dem Menschen und dem Willen Gottes bei Augustinus und Salutati die gleiche Bedeutung hat. Augustinus wünscht, mit der pelagianischen Gnadenlehre abzurechnen, und will behaupten, daß wir nichts haben, was wir nicht bekommen haben. Jedes Verdienst des Menschen, »meritum«, ist Gott, und nicht dem menschlichen Einsatz, zu verdanken. Die Erlösung wird als Belohnung für dieses »meritum« zuteil, und der Mensch hat daher keinen Anteil an seiner Erlösung. Der radikale Ausdruck für diesen Gedanken ist die Ansicht, daß einige von vornherein zur Erlösung auserwählt, prädestiniert, sind. Augustinus läßt diese Konzeption *sowohl* in moralischer *als auch* metaphysischer Hinsicht gelten. Besonders das letztere ist von Interesse, weil sich Salutati hier entscheidend von Augustinus unterscheidet. Dieser meint, daß der Mensch als Inhaber von »imago dei« sich durch vernunftmäßige Kontemplation zu Gott erheben kann[65]. Augustinus findet die göttliche Trinität im Menschen wieder, der die Möglichkeit und den Willen hat, an Gottes Wesen teilhaftig zu werden. Daß dies tatsächlich geschieht, ist jedoch der Gnade zu verdanken. Augustinus spricht davon, daß der Mensch von Gott adoptiert werden kann und auf diese Weise die wahre Freiheit gewinnt. Die Gnade wird somit nicht zum Zerstörer des Willens, sondern zur Bedingung für dessen wahre Freiheit – sie komplettiert ihn[66].

Wenn man sich auf diese Weise auf der metaphysischen Ebene bewegt, so scheint das Paradox weniger radikal zu werden. Es ist die Aufgabe des Menschen, sich direkt zu Gott zu erheben, und die moralische Wahl des Willens wird überflüssig, weil es ja gerade darauf ankommt, daß sich der Mensch Gott angleicht und sich ihm durch Kontemplation nähert.

Dies ist etwas anderes, als dem Gebot Gottes zu gehorchen und unter Verantwortung zu wählen und zu handeln.

Bei Salutati finden wir nicht diese Entfaltung des Willens in sowohl vita activa als auch in Kontemplation, wie es sie bei Augustinus gibt. Er operiert nur mit der ersten Möglichkeit, und daher kann man sagen, daß das Paradox bei ihm deutlicher und radikaler hervortritt.

Aber was ist dann der Zweck von Salutatis Paradox? Meiner Meinung nach ist der Zweck ein anderer als der des augustinischen Paradoxes, bei dem das Hauptgewicht darauf liegt, daß Gott allen Einfluß hat, und daß der Mensch keine anderen Verdienste hat als die, die Gott ihm zuteilen will. Augustinus wendet sich polemisch gegen die Pelagianer, die dem Menschen einen Anteil an seiner Erlösung zuerkennen wollten. Salutatis polemische Situation ist eine andere. Seine Widersacher sind Philosophen und mancherlei »Physiker«, die von einem untrennbaren Kausalzusammenhang sprechen, der sowohl Gott als die Menschen (und die Welt im übrigen) umfaßt, und der es dem Menschen zugleich ermöglicht, sein Dasein zu erforschen und es zu beherrschen. Demgegenüber steht bei Salutati ein Schicksalsbegriff, der mit Gottes frei handelndem Willen identisch ist[67]. *Diese Bestimmung der Prädestination wird bei Salutati zur Voraussetzung für die ethische Verantwortung des Menschen.* Nur wenn Gott in seinem Handeln frei ist, kann der Mensch wahre Freiheit besitzen.

Dies drückt sich in seiner Verwendung von Augustinus-Zitaten in De fato et fortuna aus. Von den insgesamt 19 unter Nennung des Namens angeführten Augustinus-Zitaten werden 13 dazu verwendet, zu zeigen, daß fatum keine selbständige Größe ist, sondern mit Gottes »providentia« oder »voluntas« gleichbedeutend ist[68]. Von den übrigen Zitaten sollen 4 bekräftigen, daß Gottes Wille das gleiche ist wie die allumfassende, aber unerforschliche Notwendigkeit[69]. Demgegenüber bekennt sich Salutati nicht zu seiner Abhängigkeit von Augustinus in seiner Darstellung des predestinatio/prescientia-Gedankens in De fato II, 10 und 11. Man irrt sich wohl kaum in der Annahme, daß seine hauptsächliche polemische Absicht vor allem dort zu suchen ist, wo er sich explizite auf Augustinus stützen muß, und nicht dort, wo er den Rückhalt der Autorität nicht nötig hat. Seine kompromißlose Behauptung der Willensfreiheit wird ebenfalls nicht auf Augustinus zurückgeführt. Hier ist der Grund natürlich der, daß eine entsprechende Schärfe der Formulierungen sich dort nicht wiederfinden läßt, nicht einmal in De libero arbitrio.

Wenn ich mich so gründlich mit dem Problem des freien Willens beschäftigt habe, so geschah dies sowohl deshalb, weil Salutati sich so sehr dafür interessiert hat – so sehr, daß er ein ganzes Buch darüber geschrieben hat, als auch deshalb, weil ich es für nützlich angesehen habe, seiner Argumentation zu folgen, um zu zeigen, wie er alle halben Lösungen zurückweisen muß und sich nicht eher zufriedengeben kann, bis er zur zugespitzten Formulierung des Paradoxes gelangt ist. Er kann sich nicht damit begnügen, das Problem dadurch zu lösen, daß er hier und da Abstriche macht, d.h. entweder die Allmacht Gottes oder die menschliche Freiheit begrenzt, um sie dadurch miteinander vereinen zu können. Er hat sich vielmehr dazu entschlossen, beiden ihren vollen Wert zuzuerkennen, einerseits Gott uneingeschränkt herrschen zu lassen, und andererseits dem Menschen die volle Freiheit zu geben[70]. Nur auf diese Weise kann Klarheit geschaffen werden. Ich bin hier durchaus nicht mit von Martin einig, der meint, Salutati würde zu viel unter den Teppich kehren. Für ihn stellt es sich so dar, als gäbe es bei Salutati im Grunde keinen Platz für die »objektive Realität« des Willens, sondern lediglich für ein subjektives Gefühl[71].

Von Martin meint, Salutati gleite in den »Fatalismus« hinüber, den er so gern vermeiden will. Um den Willen und der Möglichkeit, Gutes zu tun, dennoch Raum zu geben, »sucht Salutati die schwachen Stellen eines metaphysischen Systems mit *ethischen* Argumenten zu verkleistern«[72].

Von Martin läßt den Eindruck entstehen, daß Salutati sich entweder nicht darüber im klaren ist, was er sagt, oder daß er sich nicht zu den Konsequenzen des Gesagten bekennen will, sondern diese vielmehr verbirgt und statt dessen von etwas anderem zu sprechen bemüht ist, indem er u.a. versucht, eine logisch schwache Argumentation mit ethischen Argumenten zu »verkleistern«. Es läßt sich deutlich eine Enttäuschung darüber spüren, daß es

Salutati nicht gelungen ist, das Problem von Freiheit und Notwendigkeit zu lösen. Es wäre aber auch eine verdienstvolle und aufsehenerregende Leistung gewesen, wenn es gelungen wäre, diese beiden Dinge in einem von Widersprüchen freien System zu vereinen; das wäre wohl aber zu viel verlangt, insbesondere von einem Mann der nicht Philosoph von Beruf ist. Salutati hat seine Begrenzungen auch erkannt, und seine »Lösung« ist ein Paradox, in dem die beiden Begriffe ungeschmälert beibehalten werden. Einen derartigen Ausweg kann man natürlich ablehnen, man kann aber kaum behaupten, daß das Problem ungeklärt sei, oder daß es sich dabei um bewußt unterdrückte Konsequenzen handele.

Die Tatsache, daß Salutati im unbedingten Paradox endet, bedeutet nicht, daß alle »Zwischenlösungen« ohne weiteres verworfen werden. Sie haben nur keinen Wahrheitswert mehr, bekommen dafür aber einen Funktionswert, oder man kann sagen, daß sie die Begrenzungen der Willensentfaltung in Bezug auf konkrete Handlungen, nicht aber in Bezug auf die absolute Freiheit ausdrücken. Fortunas Unberechenbarkeit macht es dem Willen unmöglich, immer das zu tun, was er will. Die »velle vel nolle«-Position drückt die Notwendigkeit aus, die die Möglichkeiten des Willens stets begrenzt, und von Martins Behauptung, daß der Wille hierdurch zu »einem subjektiv menschlichem Bewußtsein« reduziert werde, ist verkehrt[73]. Diese Formulierung ist überhaupt äußerst anachronistisch; sie gehört ins 19. Jahrhundert, nicht aber ins 14. Man wird an keiner einzigen Stelle finden können, daß sich Salutati dafür interessiert, was Menschen fühlen oder erleben. Er versucht nicht zu verstehen, wie etwas gefühlt wird, sondern wie es sich tatsächlich verhält. In Salutatis Auffassung von »velle vel nolle« liegt viel eher eine Erkenntnis dessen, daß der Mensch kein frei im Raum schwebendes Wesen ist, sondern als Vater, Freund, Bürger etc. in einem Zusammenhang steht, an den er, ebenso wie an seine Vergangenheit, gebunden ist. Man kann sich von dieser Gebundenheit nicht lösen, aber man kann sein Dasein wählen und es, so wie der Gefangene im Gefängnis, übernehmen[74]. Wann immer man auch wünscht, irgendetwas zu wollen, so *ist* man ja doch bereits etwas, man hat eine Geschichte, auf die man nur mit »velle vel nolle« reagieren kann.

Der predestinatio/prescientia-Gedanke soll verhindern, daß man die Verantwortung und die Schuld von sich weist, und soll daran festhalten, daß die Sünde keine »Erbsünde« ist (jedenfalls keine von Gott ererbte), sondern die Sünde, die der Mensch dadurch auf sich geladen hat, daß er sündigen *wollte*, obwohl er dies hätte lassen können. Man kann sich nicht damit entschuldigen, daß wir in einem Jammertale des Todes und der Leiden leben, wir hätten unter allen Umständen gesündigt, denn die Freiheit des Willens kann man nicht knechten[75]. Und so, wie die Sünde und die Verdammnis von uns selbst kommen, so kommt die Erlösung von Gott. Dies gilt nur teilweise (auch die entgegengesetzte Formulierung kann richtig sein), aber es gilt dann, wenn der Mensch bei seiner eigenen Leistung verweilt und damit prahlt, anstatt sich auf das Sachliche und Wesentliche zu konzentrieren – diese Leistung zu vollbringen. Diese halben Lösungen lassen sich nicht aufrechterhalten, wenn man die äußersten Konsequenzen aus ihnen zieht, aber dies soll man, wie schon gesagt, auch gar nicht tun, weil sie nur Teil-Wahrheiten sind, die in bestimmten Zusammenhängen, und dann, wenn man bestimmte Dinge aussagen will, verwendet werden sollen. In anderen Situationen und zu anderen Zwecken sind sie nicht Wahrheiten, sondern Lügen. Genau das gleiche ist der Fall, wenn man die beiden, einander entgegengesetzten Begriffe, die zusammen das Paradox oder die absolute Wahrheit ausmachen, jeweils für sich allein nimmt. Auch dann werden sie funktionelle, und nicht allgemeingültige Wahrheiten. Man kann das z.B. daran sehen, wie Salutati den Gedanken von Gottes absoluter Allmacht in seinem Versuch anwendet, die Leute dazu zu überreden, trotz der Pestepidemie nicht aus Florenz zu flüchten[76]. Es ist ja doch lächerlich zu glauben, so sagt er, daß man seinem (vorausbestimmten) Wuchs eine Elle hinzufügen könnte, wenn man an einen anderen Ort flüchtete. Man stirbt nun einmal, wenn man sterben soll[77], und der Mensch ist weder mit Hilfe der ärztlichen Kunst noch durch die Flucht vor den mit Pest behafteten Orten dazu imstande, diesen Zeitpunkt hinauszuschieben. Hierbei handelt es sich jedoch nicht um Gottes uneingeschränkte Allmacht, sondern darum, die Leute dazu zu überreden, in Florenz zu bleiben. Gottes Allmacht ist hier nicht als eine absolute Größe behandelt, sondern wird als Mittel zur Erreichung eines, so darf man wohl sagen, weitaus bescheideneren Zieles verwendet. In vielen anderen Situationen würde Salutati die Allmacht natürlich nicht auf eine solch konkrete Weise anwenden können, sondern müßte vielleicht gerade deren Gegensatz, den freien Willen in Anwendung bringen, der damit auf genau die gleiche Weise zu einem Argument, einer Funktionswahrheit geworden wäre. Dies wird dadurch, daß die Prädestination nicht das einzige Argument, sondern nur eines von mehreren ist, ganz deutlich. Eigentlich sollte man ja doch meinen, es sei ausreichend, aber Salutati begnügt sich nicht damit, sondern führt zugleich auf sachlich wissenschaftlicher Grundlage eine Diskussion darüber, inwieweit die Luft wirklich die Ursache dafür sein könnte, daß man von der Pest angesteckt wird; und er versucht nachzuweisen, daß die Erfahrung dieser Theorie widerspricht. Außerdem appelliert er an den Patriotimus der Abgereisten, die er dazu auffordert, das Vaterland nicht im Stich zu lassen. Es ist klar, daß wir es nicht länger mit nur einer Wahrheit zu tun haben, sondern mit mehreren, die aber alle nur relativen Wert haben.

Im Hinblick auf De fato et fortuna bemerkt Rüegg, daß man in Bezug auf den Inhalt, der ganz orthodox sei, bei Salutati nichts Originales finde. Das Neue bei Salutati sei dagegen die Dialogform[78], die Salutati anwende, um die Darstellung lebendiger zu gestalten, um dadurch mit einem breiteren Publikum in Kontakt zu kommen. Zweifellos hat Rüegg Recht darin, daß sich Salutati derartige Überlegungen über seine Form gemacht hat (vgl. den Teil II über Dichtung und Rhetorik unten), aber daß damit alles gesagt wäre, ist wohl zu bescheiden anzunehmen. Man kann selten eine neue Form anwenden, ohne daß die allgemeine Darstellung durch das Gespräch in den Hintergrund gedrängt wird, sei es, daß Salutati in den Briefen mit faktischen Personen diskutiert, oder sei es, wie es z.B. in De fato geschieht, daß er des Zweckes wegen fiktive Gegner erfinden muß, erreicht er, daß die Debatte auf eine solche Weise konkret wird, daß den Argumenten kein absoluter Wahrheitswert zuerkannt werden kann. Die Äußerungen werden immer von der Situation bestimmt. Die Darstellung wird immer wieder von jemandem unterbrochem, der in direkter Rede einige »windige Sophistereien« (ventosa sophistica) anführt, mit denen er die Konsequenzen von Salutatis Behauptungen zieht und zeigt, wie diese Behauptungen einander widersprechen[79]. Hierauf antwortet Salutati, daß man diese Konsequenzen eben nicht ziehen könne. Die Argumente würden verdreht, wenn man sie zu weit führe[80]. Salutatis Teilwahrheiten können dies nicht ertragen, weil sie nicht als das letzte, entscheidende und allgemeingültige Wort gedacht sind, sondern in einer ganz bestimmten Absicht angeführt werden. Salutati gelangt niemals so weit, wie der Verfasser einer gewöhnlichen theologischen Summa, der nachdem er eine Reihe pro et contra-Gesichtspunkte abgehandelt hat, sich über die Gegensätze erheben und seine Konklusion ziehen kann[81]. Er muß sich immer damit begnügen, auf die Einwände einzeln zu antworten, ohne an sich weiter zu kommen, so wie es der Fall ist, wenn die absolute Wahrheit niemals erreicht oder begriffen werden kann, weil sie paradox ist. Es ist daher nicht ausreichend, die Dialogform als ein pädagogisches Wirkungsmittel anzusehen; zwischen Philosophie und Darstellungsweise besteht eine so große Übereinstimmung, daß man gezwungen ist anzunehmen, daß sich dahinter eine prinzipielle Überlegung verbirgt[82]. Die Untersuchung der metapshysischen Betrachtungen Salutatis, wie wir sie in De fato et fortuna und den sich daran anschließenden Briefen finden, hat zwei Dinge gezeigt. Zum ersten, daß Wissen in strengem und rationellen Sinne unmöglich ist. Salutatis, von Gott durchdrängtes Universum schließt sich um den Menschen und gestattet ihm nicht, seine Genzen zu überschreiten. Die menschliche Erkenntnis kann dieses Universum nicht öffnen, es auch nicht begreifen oder sich gar Macht über es verschaffen. Daher ist es ausgeschlossen, daß die Erlangung von Wissen der Zweck des menschlichen Lebens sein könnte, und die Erkenntnis der Welt um uns kann nicht einmal ein Mittel im Dienste irgendeines höheren Zweckes sein. Es ist daher nicht ausreichend, sie als adioforon, als gleichgültigen Zeitvertrieb anzusehen; die Wissenschaft ist eher direkt gefährlich, weil sie den Menschen in die Illusion hüllt, daß er sein Dasein beherrschen kann. In De fato et fortuna hat Salutati versucht, diese Illusion zu zerstören, und gezeigt, daß man sich in der Wissenschaft nicht realisieren kann, man verliert sich buchstäblich in sie. Und dafür hat er zum zweiten auf den Ort verwiesen, an dem der Mensch sein Zuhause hat, wo er imstande ist, sich zu entfalten – und wo er dazu die Pflicht hat. Durch sein unbedingtes und paradoxes Festhalten am freien Willen als dem Adelsbrief des Menschen, ja als dem, was ihn überhaupt zum Menschen macht[83], hat Salutati das *Verhältnis zwischen Menschen, Ethik und Moral als das Entscheidende angegeben*.

KAPITEL 6

Die Welt des Menschen

Das Problem von der Möglichkeit der Erkenntnis wird, wie gesagt, auch in De nobilitate legum et medicine behandelt, aber die Kritik der Wissenschaft ist hier immanent und steht damit im Gegensatz zu der Verleugnung in De fato et fortuna, die beinahe als apriorisch charakterisiert werden kann. Die Ablehnung der Wissenschaft ist formal, und das gleiche gilt für die Behauptung, daß der freie Wille die Möglichkeit habe, sich zu entfalten. Es wird lediglich gesagt, daß der Wille die Möglichkeit habe, sich zu realisieren; es wird aber nicht davon gesprochen, wie das geschehen könne, oder vielmehr geschehen *solle* (abgesehen davon, daß man Gott gehorchen muß). Es fehlt eine *Bestimmung des Inhaltes*. In De nobilitate legum et medicine versucht Salutati dieses Vakuum auszufüllen, indem er – in ständiger Polemik gegen das, was man eine wissenschaftliche Existenz nennen könnte – eine Lebensform gestaltet. Der Ausgangspunkt ist hierbei nicht metaphysisch, sondern liegt im Menschen selbst; der Mensch ist ja doch mit Vernunft und Willen ausgerüstet, und damit ergibt sich die Frage, welches von beiden am wertvollsten ist, und was das Dasein des Menschen im höchsten Grade bestimmt. Salutati wählt den Willen und muß daher gegen die Entfaltung von Ratio in der Erkenntnis polemisieren; und dies geschieht eben dadurch, daß gezeigt wird, daß die Erkenntnis nicht gelingt, daß sie ihre Intentionen nicht erfüllen kann. Die Polemik gegen die Wissenschaft ist ebenso scharf wie in De fato et fortuna, aber sie ist kaum so tiefgehend: Die Möglichkeit der Erkenntnis wird nicht total geleugnet, deren Bedeutung aber relativiert, und es wird gezeigt, wie sie den kategorischen ethischen Forderungen gegenüber irrelevant ist.

Hieraus ergibt sich die Zwiespältigkeit, die De nob. leg. et med. prägt[1], in dem die Diskussion nicht auf einer »reinen« Grundlage geführt wird. Nicht Vernunft und Willen werden primär einander gegenübergestellt, sondern Naturwissenschaft (in casu Heilkunst) und Rechtswissenschaft. Daher handelt es sich um zwei Dinge. Teils darum, inwieweit das eine Fach sich eine Wissenschaft von höherem Range als das andere Fach nennen kann; hierbei wird der Wissenschaftsbegriff untersucht, um herauszufinden, welche Erkenntnisform die größte »Sicherheit« (certitudo) birgt[2]. Und teils gibt es eine andere Argumentationsweise, die davon absieht, was mehr oder weniger wissenschaftlich ist, Medizin oder Jura, und statt dessen fragt: Was ist am wichtigsten, daß der Mensch gesund oder gut ist, eine gute Gesundheit oder Güte hat, und nachdem er das letzte bejaht hat, beurteilt Salutati die Fächer auf dieser Grundlage[3]. Die Grundlage für die letztgenannte, ethische Argumentation ist das Primat des Willens gegenüber dem Intellekt[4], der von sich selbst aus nichts ausführen kann, wenn er nicht vom Willen dazu veranlaßt worden ist, dem er aber keine Befehlt geben kann. Ratio ist lediglich der gehorsame Helfer von voluntas.

Iannizzotto macht mit Recht darauf aufmerksam, daß Salutati den griechisch-mittelalterlichen Wissenschaftsbegriff übernommen hat, nach dem »scientia« nur »de universalibus« sein kann. Zugleich behauptet er aber, daß ein derartiges Wissen, außer auf dem Gebiet der Rechtswissenschaft, die von seinem Skeptizismus nicht betroffen wird, auf keinem Gebiet zu erlangen sei[5]. Wie ist es möglich, daß sich Jura von allen anderen Wissenschaften unterscheidet? Dafür gibt es zwei Gründe, einen formellen und einen reellen. Der erste Grund ist der, daß uns die Gesetze angeboren sind. Wir müssen uns ihnen nicht von außen nähern, sondern können sie sozusagen unserem eigenen Innern entnehmen. Salutati kombiniert mühelos den stoischen Gedanken, daß die natürliche Gesetze dem Menschen angeboren sind, mit der christlichen Auffassung, daß Gott seine Gesetze dem Menschen eingegeben hat[6]. Die Wahrheit soll daher nicht in etwas Äußerem gesucht werden, sondern muß vom Menschen selbst maieutisch entbunden werden. Dies ist keine schwierige Aufgabe, denn der grundlegende Inhalt des Gesetzes ist so selbstverständlich und so klar, daß er von jedem Menschen erkannt werden kann. Salutati formuliert das ewige Gesetz in 3 Prinzipien, die folgendermaßen zusammengefaßt werden können: Man soll selbst nach dem Gesetz behandelt werden, das man für die anderen aufgestellt hat[7].

Indem er das göttliche und das natürliche Gesetz miteinander identifiziert und sie in ein unmittelbares Verhältnis zum Menschen setzt, weicht Salutati nicht vom mittelalterlichen Denken ab. Thomas z.B. denkt in den gleichen Bahnen[8], aber seiner Meinung nach besteht im Hinblick auf die Erkennbarkeit kein prinzipieller Unterschied zwischen der Ratio der Gesetze, des Universums oder der Natur[9]. Daher ist es im Vergleich zu Thomas eine erhebliche Einschränkung, daß Salutati den Menschen nur an dem Teil von Gottes Gesetz teilhaben läßt, der das Verhältnis zwischen den Menschen betrifft. Damit wird Jura, die er stillschweigend mit Ethik identifiziert, zur bedeutendsten Wissenschaft des Menschen. Nicht weil sie eine an sich stringentere oder »sichere« Wissenschaft als andere wäre; alle Wissenschaften erdanken ihr Entstehen ja doch Gott und werden von ihm garantiert, aber Gott hat dem Menschen in den Rechtswissenschaften doch am meisten enthüllt, denn er hat die Gesetze sowohl auf Tafeln geschrieben (Moses) als auch mündlich verkündet[10]. Das Letzte ist hier das Entscheidende: zu dem, was der Mensch nicht versteht, kann er auch kein Verhältnis haben. Der Wert der Phänomene kann groß sein – Salutati gibt zu, daß die Phänomene der Natur »dauerhafter und sicherer« sind als die menschlichen Handlungen und Schöpfungen (De nob. S. 214). Aber was hilft es, wenn sie keine Bedeutung für den Menschen haben können, der sie nicht einmal korrekt erkennen kann, weil er genauso wie die Eule, die von der Sonne geblendet wird, der Natur gegenüber steht[11].

Salutati verweist den Menschen in *seine eigene Welt*, und man kann hier von einer subjektiven Wendung sprechen. In diesem Zusammenhang kann man die Schlagwörter der Renaissance anwenden; der Mensch steht im Zentrum – er schafft sich sein eigenes Universum. Prometheus als Symbol der Auffassung des Menschen in einer Epoche, in der poeta (der Dichter) identisch ist mit creator (der Schöpfer)[12]. Doch muß man sich in diesem

Zusammenhang daran erinnern, daß gerade Salutati enge Grenzen für die Selbstentfaltung des Menschen setzt. Daß der Mensch so beschaffen ist, daß er nur die Jura adäquat erkennen kann, und daß es somit im Menschen selbst begründet ist, daß er zu dieser Wissenschaft ein besonders enges Verhältnis hat, bedeutet jedoch nicht, daß die Gesetzte als auf irgendeine Weise »subjektiv«, d.h. als vom Menschen selbst gegeben, aufgefaßt werden sollen[13]. Für Salutati liegt das ganze Gewicht vielmehr darauf, daß der Mensch auf diesem Gebiet die Möglichkeit eines objektiven Verständnisses hat. Daß der Mensch an etwas Universellem teilhat, berechtigt nicht zu der Schlußfolgerung, daß alles Menschliche universell sei.

Borghi meint, daß Salutati Subjektivist sei, und daß er zwar die Religion noch nicht verworfen habe, daß diese bei ihm aber stark antropologisch sei[14]. Iannizzotto ist zurückhaltender: Zu behaupten, daß alles, was menschlich oder geistig ist, auch universell sei, stünde der Mentalität Salutatis fern. Er würde viel eher sagen, daß alles, was vom Menschen geschaffen ist, auch erkennbar ist[15]. Dies ist an und für sich richtig, kann aber mißverstanden werden und muß in jedem Falle dahingehend präzisiert werden, daß alles, was der Mensch willentlich tut, unter einem ethischen Gesichtspunkt gesehen werden muß. Eine jegliche menschliche Handlung oder Tat ist nämlich entweder gut oder schlecht. Somit bleiben wir innerhalb der Grenzen der Jura oder der Ethik. Es ist immer dieser Gesichtswinkel, unter dem Salutati das »Menschliche« sieht[16].

Dies führt uns zu der reellen Begründung für die Überlegenheit der Rechtswissenschaft. Auf die Frage nach dem Sinn des Lebens und dem Ziel des Menschen antwortet Salutati, daß sie darin bestünden, der Seligkeit (beatitudo) teilhaftig zu werden. Ein höheres Ziel könne man sich nicht denken, denne es sei nicht möglich, die Seligkeit zu begehren, um durch sie etwas anderes zu erlangen[17].

Im beatitudo-Begriff liegt nur eine gewisse Inhaltsbestimmung, so wie die Erhebung zu Gott und die Gemeinschaft mit ihm, dagegen wird nichts darüber ausgesagt, wie diese Seligkeit erlangt wird. Dieses Problem konnte Salutati nicht aus einer theologischen Tradition herauslösen, in der die Verschmelzung griechischer und jüdisch-christlicher Elemente darin resultierte, daß beide Wege zur Seligkeit offengehalten wurden. Die Seligkeit kann dadurch erlangt werden, daß man sich egozentrisch in sich selbst vertieft und sich mit Hilfe des wahren Wissens auf einer göttlichen Ebene sublimiert, kurz gesagt – der griechische Eros-Gedanke. Und der andere Ausweg ist der, daß man sich als demütiger Diener Gottes Forderungen beugt und versucht, sie in Liebe zum Nächsten zu erfüllen[18]. Salutati wählt klar die letzte Möglichkeit u.a. weil der erste Weg für den Menschen nicht gangbar ist. Mit Hilfe von *speculatio* – Salūtatis Sammelbezeichnung für jegliches Streben nach der Wahrheit[19] – kann der Mensch nichts ausrichten[20]. Nur wenn er die Forderung nach guten Taten erfüllt, kann er sich auf einen Anteil an der Seligkeit Hoffnung machen[21]. Und selbst wenn man noch soviel Wissen besäße, so wäre das völlig gleichgültig, denn gegenüber Gott zählt nur Güte, die ethische Qualität.

Es ist nicht sinnvoll, auf Gottes Gebot, Gutes zu tun, damit zu reagieren, daß man sich mehr Wissen verschafft, man muß das Gebot vielmehr befolgen. Aber wie kann man wissen, was verlangt wird? Das wird einem eben durch Gesetze (in der Form von Geboten) eröffnet, und es ist daher klar, daß »iuris prudentia« den Menschen am besten in die Lage versetzen kann, seine Bestimmung zu erfüllen[22]. Theologie und Jura sind sehr intim miteinander verbunden[23].

Der Sinn des menschlichen Lebens besteht also in der Liebe zu Gott und zum Nächsten. Daher muß man bei allem, und also auch bei jeder Wissenschaft, fragen können: *Was kann es nutzen*, worin besteht hier der Beitrag dazu, die Menschen zu bessern? Wenn man darauf keine positive Antwort geben kann, muß man diese Beschäftigung lieber aufgeben. Denn was nutzt es, daß man die ganze Welt gewinnt, wenn man an seiner Seele Schaden erleidet, oder mit anderen Worten: Was hilft es soviel zu wissen, wie nur menschenmöglich ist, von himmlischen und göttlichen Dingen, wenn man nicht dazu in der Lage ist, für sich selbst, seine Familie, Verwandte oder das Vaterland zu sorgen?[24]. Wissen ist nichts wert, wenn es nicht ethisch relevant ist, d.h. in Handlung verwandelt werden kann. »Ihr meint, daß Ziel des menschlichen Denkens und Glück sei, die Wahrheit gefunden zu haben. Wir wollen die gefundene Wahrheit genießen, aber nicht allein genießen, sondern auch handeln, damit der Mensch gut werden kann, damit der Staat bewahrt werden kann, und die Gesellschaft und Gemeinschaft des Menschengeschlechtes nicht zerstört wird«[25]. Der Begriff Weisheit, sapientia, selbst ist ebenfalls ethisch orientiert[26]. Denn man kann ja nicht sagen, ein Mann sei weise, wenn er zwar alles über die göttlichen und alle anderen Dinge, über Substanzen etc. weiß, aber nicht ethisch klug (prudens) ist[27].

Salutatis Ansichten über die Wissenschaft und deren Ausüber sind in gewissem Grade parallel mit seiner Auffassung vom Klosterleben. Beides sieht er als eine Weltflucht an und als den Versuch, der Forderung nach Liebe auszuweichen, die Gott durch den Nächsten gestellt hat. Beide wollen Gott verehren, indem sie sich selbst entwickeln; der eine behauptet sich durch ein besonders untadeliges Leben, der andere durch die Suche nach Wahrheit. Beide suchen zu Gott zu gelangen, ohne sich mit dem Nächsten zu befassen, obwohl dies der einzig gangbare Weg ist. Daher ruft Salutati beide zurück zur Welt der Realitäten, zu einem vita activa, das der Familie, den Freunden und dem Vaterland zum Nutzen gereicht. Daher gibt er seinem Gegner, dem Arzt Bernard, den Rat, nicht seine Wissenschaft in den Himmel zu heben, um dadurch eine – zweifelhafte – Wahrheit möglicherweise erlangen zu können, sondern sie vielmehr in Handlung zum Nutzen der Menschen umzusetzen; sie würde dadurch auch vollkommener werden[28].

Salutati lehnt Erkenntnis und Wissenschaft keineswegs ab, obwohl es dem Angeführten nach so aussehen könnte. Das humanistische Schlagwort, *studia humanitatis*, bezeichnet vielmehr ein sehr umfassendes und ambitiöses Programm, das sowohl Pädagogik als auch Forschung enthält. Salutati ist selbst die Verkörperung dieses Ideals, das mit den Worten »Wissen von den göttlichen und menschlichen Dingen« (noticia rerum divinarum et humanarum) kurz umrissen werden kann. Nicht zu Unrecht wurde er als einer der größten Gelehrten der damaligen Zeit verehrt; er kannte sich in der Gelehrsamkeit seiner Zeit sehr gut aus und besaß ein erschöpfendes Wissen über die heidnischen Klassiker und die christlichen Theologen, was man u.a. an seiner Bibliothek ersehen kann, die mit ihren über 800 Bänden eine der größten dieser Zeit war[29]. Ganz in Übereinstimmung hiermit ist sein Gedanke, öffentliche Bibliotheken einzurichten, in denen jeder lesen kann, was er will[30]. Bis dies verwirklicht ist, muß es die Pflicht eines jeden Gelehrten sein, seine Bücher den Kollegen auszuleihen[31]. Und Salutati forderte alle, mit denen er in Berührung kam, auf, sich auf die Studien zu konzentrieren, weil wir uns dadurch über die Tiere erheben können, denen wir ansonsten natürlich nahe stehen; und Gott wird uns aus dem gleichen Grunde über die Menschen erheben[32].

Wozu dann diese heftige Polemik gegen Wissenschaft und Erkenntnis? Die Antwort findet sich in der Frage, die wie immer in Salutatis Argumentation implizit enthalten ist: Was kann es nützen? Wenn mit dem Bestreben mehr zu wissen keine ethische Absicht verknüpft ist, wird Salutati dies ablehnen. Er lehnt sowohl die Wissenschaft ab, die sich direkt zu Gott erheben will und sich damit der Verantwortung für den Nächsten entzieht, als auch die säkularisierende Erkenntnis, die den Menschen von Gott unabhängig machen will und ihn in die Lage versetzen will, sein Dasein selbst zu formen. Es wird stets darauf verwiesen, daß die Wahrheitssuche kein Ziel in sich selbst sein kann, sondern nur ein Mittel im Dienste des Guten.

Diese Haltung führt nicht, wie man aus historischer Erfahrung heraus vielleicht annehmen könnte, zu einer Enge. Salutati ist keineswegs eine Parallele zu calvinistischer Theokrati oder lutherischem Pietismus, für die es bei Glauben und Wissen nur ein Entweder-oder gibt. Der Konflikt zwischen Heiligem und Weltlichem wird bei ihm nicht dadurch gelöst, daß die beiden Dinge voneinander getrennt werden und jedes in seiner eigenen Welt plaziert wird, von denen man dann die auswählen kann, in der man am liebsten leben will. Das menschliche Dasein ist für Salutati vielmehr ein Ganzes und steht als solches unter der Forderung Gottes. Daher kann keine menschliche Aktivität dieser Forderung gegenüber indifferent oder gleichgültig sein. Im Prinzip existiert der Begriff »adiaphoron« nicht, weil jede Handlung oder jedes menschliche Phänomen gut oder schlecht ist. Man kann das auch umgekehrt ausdrücken und sagen, daß alles in sich selbst »adiaphoron« ist, weil die ehtische Qualität niemals durch die Handlung oder das Ding selbst bestimmt wird, sondern stets durch das Verhältnis zum Menschen, d.h. durch das Motiv, das sich dahinter verbirgt. Daher enthält Salutatis Denken auch nichts die Kultur Einschränkendes; alles ist erlaubt, und alles nützt, wenn es in die richtige Perspektive gesetzt wird und der rechten Absicht entspringt. Salutati hebt die allumfassende Bedeutung des Juristen hervor, das führt aber nicht dazu, daß das menschliche Dasein im Hinblick auf Moral bestimmt wird oder im Detail von Gesetzen reguliert wird, die aus göttlichen Prinzipien deduziert worden sind. So etwas ist nicht möglich. Dagegen kann man in der konkreten Situation entscheiden, was richtig ist.

Ein ethisches System entsteht nicht dadurch, daß sich die einzelnen Entscheidungen oft gegenseitig widersprechen – abhängig von Zeit, Ort und Person, sondern das Entscheidende sind die göttlichen Gesetze, die dem Menschen eingeflößt sind – und das Verständnis davon, das in einer »propter deum« – Haltung zum Ausdruck kommt, kann und muß zum Nutzen für den Nächsten und die Gesellschaft ausgewertet werden.

Man kann vielleicht sagen, daß er nicht »oben« beginnt und fragt, welches Dasein das beste ist, sondern von dem Leben ausgeht, wie es sich in Familie und Staat faktisch formt, und fragt, wie dieses Leben christlich werden kann. Und es zeigt sich, daß die Antwort hierauf auch für die erste Frage befriedigend ist. Die Legitimation geschieht durch eine »propter deum« – Haltung, die zugleich jede Überschätzung oder Vergötterung des eigenen Daseins ausschließt. Die Gefahr beim Erwählen der sublimsten Lebensweise, sei es als Mönch im Kloster oder als Wissenschaftler im Elfenbeinturm, besteht ja eben darin, daß man leicht die Distanz zu seiner Lebensform verliert und vergißt, daß man nur unterwegs ist und auf dieser Welt kein Zuhause hat.

Das Christlichwerden geschieht paradoxalerweise nicht mit Hilfe eines besonders christlichen Einsatzes, sondern dadurch, daß man den Platz ausfüllt, auf den man gestellt worden ist, und dort die Forderung nach Nächstenliebe und guten Taten verwirklicht. Auf diese Weise wird vita activa zur einzigen Lebensform, in der sich das Christentum überhaupt verwirklichen läßt, weil man hier an den Nächsten gebunden ist und nicht, isoliert von ihm, in der einen oder anderen speziellen Sphäre lebt. Auf der einen Seite wird die ethische Forderung dem Menschen von außerhalb gestellt, nämlich von Gott, dem man auch Rechenschaft ablegen muß, aber auf der anderen Seite ist sie auch »natürlich«[33], d.h. kein Fremdkörper, der dem Menschen von außen aufgedrängt wird, sondern sie liegt im Menschen selbst. Die Realisierung dieser Forderung bedeutet daher in Wirklichkeit nur, daß sich der Mensch selbst realisiert und echte »humanitas« entwickelt. Der wahre Mensch ist daher auch ein wahrer Christ. Humanismus und Christentum sind eine Einheit. Der augustinische Gedanke vom Schlechten als etwas Negativem oder Privativem harmonisiert gut mit Salutatis Vorstellung. Wenn die Bosheit das Verhältnis zwischen den Menschen zerstört, in welchem sozialen Zusammenhang das auch immer geschehen mag, haben wir es mit einer »deformitas« des wirklichen menschlichen Lebens zu tun[34], durch die es in seiner Entfaltung gehindert wird. Die ursprüngliche Grundlage ist in Ordnung, aber sie kann durch das Schlechte zerstört werden.

Die natürliche Grundlage ist aber allein nicht ausreichend, sondern nur der gute Anfang. Die latenten Tugenden müssen sich im Kampf gegen all das Zerstörende entfalten, und daher werden wir »nicht tugendhaft aus Natur, sondern durch Taten und Gelehrsamkeit«[35].

Hierzu trägt die reine Wissenschaft, speculatio, nicht bei, sondern lediglich studia humanitatis, die ethisch- und gesellschaftsrelevante Wissenschaft, die den Menschen dazu befähigen soll, beständig weiter vorwärts zu der Verwirklichung seiner Aufgabe zu gelangen. Das darf nicht im platonischen Sinne verstanden werden, als ob ein endliches Ziel bestehe, zu dem wir uns hinkämpfen müssen, nachdem wir diese Schattenwelt verlassen haben. Salutatis christliche Welt-Distanz verhindert nicht, daß er auf humanistische Weise meint, das diesseitige, irdische Dasein habe große Möglichkeiten in sich, und daß es unsere Pflicht sei, sie zu realisieren.

KAPITEL 7

Die praktischen Konsequenzen

Oben (S. 83) wurde angeführt, daß Salutati kein zusammenhängendes ethisches System formuliert. Augenscheinlich begnügt er sich mit dem Gebot, seinen Nächsten zu lieben und gute Taten für ihn zu vollbringen. Aber angesichts dessen, daß er bei jeder Beschäftigung und jeder Erkenntnis die Frage stellt, was sie nutzen kann, d.h. wie sie ethisch relevant werden kann, muß man sich doch darüber wundern, daß es nicht möglich sein sollte, das Gebot der Nächstenliebe etwas näher zu konkretisieren. Diese Forderung, die an die Erkenntnis gestellt wird, indiziert ja doch selbst auch, daß Wissen und Einsicht dazu benutzt werden können, Gutes zu tun. Obwohl der Mensch von Natur aus gut ist, so können wir selbst aber nicht von vornherein wissen, worin das Gute besteht, sondern müssen auf »die Dokumente der Alten« zurückgreifen, um das verstehen zu können[1]. Infolge Salutati findet sich die christliche ethische Wahrheit außer in der eigentlichen Offenbarung, dem Alten und Neuen Testament, auch in den heidnischen Schriften; aber obwohl ihm dieser große Fond an Wissen zur Verfügung steht, weigert sich Salutati, die Bestimmungen des Gesetzes, daß man den anderen so behandeln solle, wie man selbst wünscht behandelt zu werden, und daß man den Nächsten lieben solle, in konkreteren Lebensregeln zu formulieren. Eigentlich führt er nur den Rahmen an, in dem sich vita activa entfalten kann, nämlich in der Familie, bei Freunden und im Vaterland, aber wie das geschehen soll, sagt er nicht, nur daß es in Liebe geschehen soll.

Eine Erklärung für dieses Phänomen muß sicherlich in der *Dialogform* gesucht werden, wie ich es früher schon erwähnt habe (S. 70). Sie erlaubt schwerlich, allgemeingültige aussagen ohne Relation zu bestimmten Menschen oder Situationen aufzustellen. Und Salutati fühlt sich nicht dazu verpflichtet, den gleichen Gesichtspunkt in verschiedenen Situationen zu haben. Als Beispiel kann man die Auffassung vom Tod nehmen, ein Thema, das Salutati in vielen Briefen variiert. Der Hauptpunkt geht darauf hinaus, daß es recht besehen keinen Grund zur Trauer gibt, weil der Tod – wenn man die Sache genau betrachtet – nichts Böses ist. Der heidnische Sokrates, der mit stoischer Ruhe im Gefängnis blieb und seine Hinrichtung abwartete, müsse die Christen dazu inspirieren können, dem Tod ohne Furcht zu begegnen (I, 11).

In seinen frühen Briefen spricht Salutati mehr von der Philosophie (»Seelen, die von den Vorschriften der Philosophie erbaut sind«)[2], denn von Gott als Stütze bei der Überwindung der Todesangst. Aber darauf sollte man kaum großes Gewicht legen, denn der Inhalt ist der gleiche, gleichgültig ob er sich philosophisch oder – wie in späteren Briefen – religiös ausdrückt. Die Trauer über unsere lieben Verstorbenen ist eine Schwäche, die wir zwar alle haben, die wir aber mit »den Flammen der brennenden Tugend« (ardentes virtutis ignes II, 447) überwinden müssen. Wenn wir unsere Augen Gott zuwenden und seine Allmacht sehen, werden alle unsere törichten Fragen verstummen, und wir werden alles akzeptieren[3], und wir werden einsehen, daß alles geschieht, wie es geschehen soll, denn Gottes Wille ist ja nicht allein »die Notwendigkeit der Dinge, sondern auch, was niemand bestreiten wird, Ursache, Sinn, Ordnung und Vollendung aller Dinge«[4]. Daher ist Trauer nicht allein töricht, sondern zugleich eine Sünde gegen Gott, weil man auf diese Weise seinen Willen nicht akzeptiert[5]. Außerdem ist der Tod nicht nur unvermeidlich, sondern auch eine Freude, weil wir zu Gott kommen. Es gibt keinen Grund, seine Toten zu beweinen, denn sie haben es gut, wo sie sind, und würden sich gar nicht zurück wünschen[6]. Mit diesen Beispielen ist gezeigt worden, wie man sich Salutatis Auffassung zufolge mit einer propter deum-Haltung u.a. dem Tod gegenüber zurechtfinden kann. Das Leben wird leichter, wenn man im Vertrauen auf Gott lebt und sich seinem Willen beugt. Dies gibt die Kraft und die Unabhängigkeit, die notwendig sind, um Tod und Elend aushalten zu können. Amor fati und amor dei sind nicht weit voneinander entfernt.

Aber die vielen guten Gründe, mit denen Salutati seine Freunde tröstet, können ihn selbst nicht überzeugen[7]. Nicht genug damit, daß er in der entscheidenden Situation nicht am stoischen Seelenfrieden festzuhalten vermag, er zieht auch die Konsequenz und verwirft alle diese tröstenden Worte als hohl und falsch. Er sagt an einer Stelle, daß man zwar den Verstand überzeugen könne, nicht aber den Willen[8]. Hiermit ist in Wirklichkeit alles gesagt, wenn man weiß, wie Salutati das Verhältnis zwischen Vernunft und Willen sieht. Auf die Abrechnung mit dem Stoizismus treffen wir jedoch erst in den zwei langen Briefen, die er an den Gelehrten Zabarella schrieb, nachdem sein Sohn Piero an der Pest gestorben war[9]. Dieser Dialog mit Zabarella ist in Wirklichkeit eine Auseinandersetzung mit dem, was er früher selbst gesagt hatte, das gilt auch formell, da Zabarella ihn zitiert, um gegen ihn zu argumentieren[10]. Salutati schreibt, daß er bei den Heiden Trost suche, und bekam darauf die Anwort, daß man nicht über das weinen solle, was geschehen mußte[11]. Salutati aber protestiert – niemand sei wohl so abgestumpft, daß er keine Trauer empfinde[12]. Die Versuche der Stoiker zu trösten seien »scrupulosa ... atque sophistica«[13]. Zu dem stoischen Gedanken, daß der Tod moralisch weder gut noch schlecht sei, stellt Salutati fest, daß der Tod schlecht ist, weil er eine Strafe ist, infolge der menschlichen Gesetze sogar die höchste Strafe, was auch durch die göttlichen Gesetze bestätigt wird[14]. Adam wurde so bestraft, weil er vom Baum des Lebens gegessen hatte[15]. Behauptet man, der Tod sei etwas Gutes, dann ist es sinnlos zu meinen, Gott habe den Menschen anfangs als unsterbliches Geschöpf erschaffen[16]. Der Tod ist einfach schlecht, weil er uns das Gut des Lebens raubt[17] und weil er die Existenz und Harmonie des Menschen zerstört[18]. Auch seine Unvermeidlichkeit ist kein Trost. Man ermuntert einen Kranken nicht, indem man ihm erzählt, daß seine Krankheit unheilbar ist[19]. Den Tod kann man nicht verschmerzen, indem man sich an ihn gewöhnt, denn es schmerzt ja jedesmal, wenn man verwundet wird[20]. Und obgleich die Zeit nach und nach die Wunden heilt und die Trauer über den Tod anderer mildert, so wird man deshalb doch nicht getröstet, wenn man dem Tod wieder gegenübersteht[21]. Dem Tod gegenüber sind Weisheit und Wissen machtlos. Man kann das daran sehen, daß Christus, der doch beides in reicherem Maße als andere besaß, trotzdem darum bat, daß dieser Kelch an ihm vorübergehen möge; er wußte nämlich, daß der Tod »gravissimum esse malum«[22]. Daher warnt Salutati Zabarella vor den Stoikern, deren Weisheit nicht von dieser Welt ist[23].

Was bleibt dann übrig an Trost und Aufmunterung gegenüber dem Tod, der »furchtbar ist, wenn er kommt?«[24]. Der wahre Trost ist Gott, der alles regiert und ordnet[25], und es steht uns nicht an, seine Handlungen zu beurteilen, wir müssen sowohl das Gute als auch das Schlechte von ihm entgegennehmen[26]. Auch wenn wir es nicht begreifen, müssen wir akzeptieren, daß alles gut ist, weil Gott es tut[27]. Dies muß unser Trost sein, aber laß uns die Trostgründe des Teufels fürchten, die uns »einfangen und erfreuen«[28].

Der Tod ist nur eines von vielen Themen, die bei Salutati eine Doppelbehandlung erhalten. Weiter unten (S. 88) wird die politische Freiheit genannt, die auch insgesamt betrachtet ein ambivalenter Begriff in Salutatis Werken ist. Der Grund dafür, daß es besonders interessant ist, die Todes-Argumentation zu beleuchten, liegt darin, daß Salutati selber für beide Haltungen einsteht – den Tröstenden und den Verzweifelten. Er hat einen allgemeinmenschlichen Widerspruch thematisiert, in dem beide Haltungen wahr sind – *jedoch jede an ihrem Ort*. Oder mit anderen Worten gesagt: Die Aussagen sind vom persönlichen »Interesse« (Habermas) abhängig – außerdem selbstverständlich von den Umständen überhaupt. Als Salutati den Versuch, sich selbst mit Hilfe der stoischen Argumentation zu überzeugen, aufgeben mußte, beklagte er sich charakteristischer Weise darüber, daß der Wille sich nicht überzeugen ließe. Er hätte genausogut sagen können: das Gefühl. Wie soll man den Willen überzeugen? Vielleicht kann man sich einer Antwort auf diese Weise nähern: Eine Bewertung besteht aus vielen Komponenten, wie z.B. ein Beschluß abgefaßt oder ein Rat formuliert werden soll. Das Verständnis wie auch die Kommunikation sind sehr von der Situation abhängig. Aber das setzt wieder voraus, daß man der Situation gewachsen ist, daß man genug Erfahrung und Wissen besitzt, um die Verhältnisse zu beurteilen. Das kommt ganz deutlich in der Art und Weise zum Ausdruck, wie Salutati die Stellung des Juristen (und damit seine eigene) auffaßt. Dem Advokaten sind selten so große Aufgaben zugeteilt worden, und selten wurde von ihm so großes Wissen verlangt, wie in De nobilitate legum et medicine. Jura ist nämlich nichts anderes als »rerum divinarum humanarumque scientia« und daher ist es unbegrenzt, was der Jurist wissen und worin er Erfahrung haben sollte[29]. Er muß sich in allen Wissenschaften auskennen, die Kunstarten kennen, Quadrivium und Trivium meistern[30]. Der Grund hierfür ist der, daß die Gesetze die universelle Grundlage des Menschenlebens, das sie auch durchdrängen, angeben; es gibt nichts was die Gesetze nicht angeht, oder richtiger, wenn es ihnen nicht unterliegt, dann hat es auch nichts mit dem Sinn des Lebens zu tun[31].

Nun verhält es sich ja doch so, daß die menschlichen Gesetze, wenn sie wahr sind, nicht erfunden sind, sondern nur gottgegebene und natürliche Gesetze formulieren, die Kraft ihrer ewigen Ratio selbverständlich sind[32]. Die Aufgabe des Juristen ist es daher nicht, etwas Neues zu finden, sondern die ewigen Wahrheiten adäquat auszudrücken. Die Pointe ist, daß der Mensch diese Wahrheiten von vornherein kennt, oder sie zumindest leicht verstehen kann, und die Aufgabe des Juristen besteht daher nicht in der Arbeit als Lehrer, sondern vielmehr darin, die Menschen so zu beraten und zu belehren, daß die Gesetze eingehalten werden, ja, er hat sogar einen großen Teil der Verantwortung dafür, daß die Gesetze zur Wirkung kommen können. Daher erteilt Salutati ihm eine Aufgabe, die an Umfang und Bedeutung hinter der des Priesters nicht zurücksteht, und daher ist es notwendig, daß der Jurist den menschlichen Sinn und alle menschlichen Vorhaben kennt, denn sonst hat er gar nicht die Möglichkeit, die Gesetze das Menschenleben in konkreten Dingen durchdringen zu lassen[33]. »Scientia rerum humanarum« ist daher eine Voraussetzung dafür, daß er sein Wissen über die göttlichen Dinge nutzbar machen kann. Seine Aufgabe hat somit einen pädagogisch erziehenden Charakter und ist nicht nur rein aufklärend.

Es ist jedoch nicht ausreichend, Pädagogik zu sagen, denn diese muß infolge der salutatianischen Philosophie von einer ganz besonderen Beschaffenheit sein. Die Vorzugsstellung, die er voluntas gegenüber ratio zuteilt, muß Konsequenzen bekommen. Daher nützt es nicht viel, den Verstand von etwas zu überzeugen, wenn der Wille dies nicht will. Eben das hatte er ja gegen all die tröstenden Argumente gegen den Grauen des Todes eingewandt. Obwohl er deren Richtigkeit mit »ratione clarissima« einsehen konnte, wählte er die Trauer[34]. Wenn man nicht in der Situation steht (procul existente periculo), dann ist es leicht genug, sich selbst davon zu überzeugen, daß man Mut und Tugend besitzt, aber all das ist doch nichts wert, wenn es sich nicht in der Praxis zeigt[35]. Die echte pädagogische Aufgabe besteht daher darin, die Leute dazu zu bringen, zu wollen und nicht nur zu verstehen. Dies gilt auch von einem anderen Gesichtspunkt aus. Wie wir gesehen haben, legt Salutati weit größeres Gewicht auf das Motiv als auf die äußeren Resultate. Es ist aber daher ohne Wert, wenn man die Gesetze dem Buchstaben nach befolgt, ohne mit Herz und Willen dabeizusein. Das erstere kann man den Menschen befehlen oder es sie lehren, aber die Beteiligung des Willens kann man nicht beherrschen oder beeinflussen – zumindest nicht direkt. Den Willen muß man auf andere Weise ansprechen, hier kann man nicht befehlen, sondern nur appellieren. Indem man die Freiheit respektiert, muß man darauf verzichten, jemandem eine bestimmte Auffassung aufzudrängen, und muß statt dessen versuchen, das gewünschte Resultat hervorzulocken oder freizulegen. Hierzu will Salutati »littere« d.h. Rhetorik und Poesie, anwenden; und wie dies geschieht, will ich im zweiten Teil dieser Darstellung zu analysieren versuchen.

Nachtrag: Die politische Freiheit

Eben weil sich vita activa in allen mitmenschlichen Relationen entfaltet, ist klar, daß auch hier Freiheit herrschen muß und das bedeutet nicht zuletzt politische Freiheit. Libertas war, wie gesagt (S. 94), das Warenzeichen der florentinischen Politik, und Salutati hat auch selbst mehrere Beiträge zum Verständnis und zur Begründung dieser Freiheit gegeben, besonders in Invectiva contra A. Luscum und in De Tyranno. In der ersten Abhandlung, die gegen den Mailänder Kanzler A. Loschi gerichtet ist, begründet Salutati die florentinische Freiheit mit der Gründung von Florenz zur Zeit der römischen Republik. Die Besten der römischen Bevölkerung verließen Rom und gründeten Florenz, nachdem sie die Etrusker in Fiesole überwunden hatten[36]. »Was bedeutet, ein Florentiner zu sein, anderes, als sowohl von Geburt als durch Gesetz ein römischer Bürger zu sein, d.h. frei und kein Sklave zu sein?«[37]. Dies ist nicht nur eine historische Betrachtung, sondern auch ein politisches Programm[38].

Der Freiheitsbegriff hat für Salutati keinen bestimmten Inhalt und ist nicht im modernen Sinne als soziale, ökonomische oder verfassungsrechtliche Freiheit definiert. Daher ist es auch kein Argument gegen Salutati, daß es in Florenz, das ebenso wie andere italienische Stadtstaaten von einigen wenigen führenden Familien dominiert wurde, keine soziale Gleichheit gab[39], ebensowenig wie man es als wesentlichen Einwand gegen seinen florentinischen Freiheitsgedanken ansehen kann, daß nachgewiesen werden kann, daß die Regierungsform im damaligen Florenz in Wirklichkeit oligarchisch war[40].

Das Verständnis für den Zusammenhang zwischen ökonomischer und persönlicher Freiheit findet man erst in viel späteren Zeiten und was die Verfassung betrifft, so ist Salutati sehr liberal. Er zieht eine republikanische Regierung vor, wie u.a. aus Inv. c. Luscum, hervorgeht[41], aber das ist für ihn kein Dogma. Wenn eine republikanische Regierung nicht imstande ist, die innere Ruhe aufrechtzuerhalten, so möchte Salutati sie gern von einem absoluten Herrscher abgelöst sehen. Deshalb gibt er in De tyranno Dante recht, als dieser Cäsars Mörder in der Hölle anbringt. Sie haben sich nämlich des Mordes an einem guten Herrscher schuldig gemacht, und es nützt ihnen nichts, darauf hinzuweisen, daß er die republikanische Freiheit beseitigt hatte, denn in der letzten Zeit der Republik war das römische Reich von innerer Unruhe und Auflösung geprägt, und aus diesem Grunde mußte ein starker Mann die Dinge wieder in Ordnung bringen[42].

Hans Baron charakterisiert Salutatis Auffassung in De tyranno als »an outstanding political quietism«[43]. Verblüffend, weil man, wie gesagt, in Invectiva contra A. Luscum und in den öffentlichen Briefen eine ganz andere, eindeutige Haltung vorfindet. Baron kann dies nicht anders erklären denn als »die Trennung der humanistischen literarischen Arbeit von den Realitäten des politischen Lebens«[44]. Die entgegengesetzte Erklärung ist vielleicht die wahrscheinlichere; eben wegen seiner intimen Kenntnis der »realities of political life« ist er sich darüber im klaren gewesen, daß Freiheit in Form einer republikanischen Regierung nicht immer unbedingt gut war. Das hat er in den öffentlichen Schriften nicht sagen können, wohl aber in der halbprivaten Schrift De tyranno, in der er auf die harten Tatsachen Rücksicht nehmen und sie als Argumente in einer »literarischen« Darstellung verwenden konnte. Salutati ist kein Utopist; er zieht eine begrenzte reelle Freiheit einer ideellen, aber theoretischen Freiheit vor[45].

Ob die Verfassung mehr oder weniger frei ist, das ist für Salutati nicht so bedeutungsvoll; entscheidend ist vielmehr, ob die Gesellschaft und die Regierungsmacht auf Gesetze gegründet sind. Es ist völlig verkehrt, zu glauben, daß die Gesetze die Freiheit einschränkten, ganz im Gegenteil sind sie die Voraussetzung für die wahre Freiheit, indem sie die Leidenschaften eindämmen[46].

Salutati preist Sokrates, der es ablehnte, aus dem Gefängnis und vor dem Todesurteil zu fliehen, weil er freier war, wenn er die Gesetze einhielt, auch wenn es ihm das Leben kosten sollte[47]. Wenn einige die absolute Freiheit bekommen, werden andere in Sklaverei leben[48]. Das gilt daher auch für den absoluten Herrscher, der allerdings im Prinzip von den Gesetzen befreit ist (legibus solutus), aber man muß hoffen, daß sich alle Machthaber den Gesetzen unterordnen und nicht ohne Gesetze regieren werden[49]. Welches Gewicht Salutati auf die Legalität legt, kann man daran ersehen, daß er zwischen zwei verschiedenen Arten von Tyrannen unterscheidet. Gegen den, der unrechtmässig zur Macht gelangt ist (»tyrannus ex defectu tituli«), darf ein jeder mit Recht rebellieren, während derjenige, der die Macht auf legale Weise erlangt hat, sie aber tyrannisch ausübt (»tyrannus ex parte exercitii«), nur von höheren Mächten oder von einem einigen volk abgesetzt werden kann[50].

Das ist kein Formalismus, sondern Ausdruk der festen Überzeugung Salutatis, daß eine beständige und Gott wohlgefällige »civitas« nur auf Gesetzen errichtet werden kann[51].

Und mit den Gesetzen sind nicht nur die zeitlichen sondern auch die ewigen gemeint. König Karl von Neapel wird ermahnt, in Übereinstimmung mit Wahrheit und Recht gute Gesetze zu geben, und diese sollen sich nicht nur auf »temporalia« beziehen, sondern auch »zur Erlösung erbauen«[52]. Und immer soll der König daran denken, daß er nicht über Sklaven herrscht, sondern über freie Menschen[53]. Auf diese Weise erhalten die Gesetze eine doppelte Funktion. Zum ersten, die Grundlage für die Freiheit zu schaffen, und zum zweiten – und dies ist vom ersteren bedingt – die Menschen zur Erlösung zu erziehen. Keiner wird nämlich erlöst, ohne gute Taten vollbracht zu haben; und die Gesetze geben an, worin diese bestehen[54].

Teil II

KAPITEL 8

Poesie und Jura vor Salutati

Bevor wir uns mit Salutatis Gedanken über Poesie und Pädagogik beschäftigen, wollen wir kurz versuchen, die Entwicklung in Italien zu betrachten, die den Hintergrund für Salutatis Denken auf diesem Gebiet bildet. Es kann vielleicht verwundern, daß dies nicht früher geschehen ist, denn im allgemeinen wird man ja die Hintergründe untersuchen, *bevor* man mit der Behandlung des zentralen Themas beginnt. In diesem Falle ist das jedoch nicht möglich gewesen, denn Salutatis philosophisches und metaphysisches Denken hat so viele verschiedene Wurzeln, daß es nicht möglich ist, sie alle freizulegen, und es kann leicht zu Einseitigkeit führen, einigen von ihnen besondere Bedeutung zuzuschreiben.

Durch *Ullmans* Versuch, seine Bibliothek zu rekonstruieren, bekommt man einen glänzenden Eindruck von der Allseitigkeit der Interessen und Studien, die Salutatis geistigen Hintergrund gebildet haben. Er war ein ausgesprochener Eklektiker[1]. Platon, Aristoteles, Stoizismus, Patristik und Scholastik – überall hat er ohne kleinliches Unterscheiden entnommen, was er gebrauchen konnte, und man kann ihn nicht in einer bestimmten Gruppe plazieren, auch wenn ihm einige Denker natürlich näher stehen als andere. Einen großen Teil seines theologischen und philosophischen Ballasts hat er beispielsweise von Augustin übernommen.

Dem Versuch, Salutati in eine bestimmte philosophische Richtung einzuordnen, muß man deshalb von vornherein bedenklich gegenüberstehen. Es scheint mir z.B., daß von Martin auf das stoische Element bei ihm allzu großes Gewicht legt[2].

Es ist richtig, daß dies bei ihm einen großen Platz einnimmt, aber es steht niemals gänzlich allein, sondern stets in Zusammenhang mit anderen Motiven. Im übrigen ist es eine der Schwierigkeiten bei Salutati, daß seine Argumente und Formulierungen oftmals anscheinend leicht im Koordinatensystem der Philosophiegeschichte einzuordnen sind; aber bei näherer Betrachtung kann eine geringfügige Akzentverschiebung das Bild verändern. Man kann sich auf viele Weisen zu den Denkern der Vorzeit verhalten. Wie er es in Bezug auf sein Verhältnis zu Cicero selbst sagt: »aliud est referre, aliud imitari«[3]; »referre« gibt seine eigene Haltung an.

Rüegg sagt im Hinblick auf De fato, daß im Voluntarismus Salutatis und an seinem Festhalten an vita activa gegenüber der Spekulation« ... höchstens eine Parteinahme für eine bestehende Richtung, die franziskanische Philosophie, nicht eine eigene Philosophie zum Ausdruck« kommt[4].

Eine solche Bestimmung sagt nicht so viel, dazu ist sie zu vage und zu breit; und will man versuchen, sie einzuengen, dann trifft sie auf Salutati nicht zu. Er bekannte sich nicht zum Mönchtum, sicherlich auch nicht zu dessen franziskanischer Ausgabe, und hat von einigen der führenden Repräsentanten dieser Richtung, Scotus und Occam, direkt Abstand genommen, obwohl diese, ebenso kompromißlos wie er selbst, die absolute Freiheit des

Willens verfechten[5]. Man muß konkludieren, daß sich die philosophischen Ahnen Salutatis nur sehr schwer eindeutig bestimmen lassen; seine kompilierende Arbeitsmethode und sein Geistestypus stellen sich dem in den Weg.

Anders verhält es sich, wenn wir seine Auffassung von der Dichtung und seine Anwendung von ihr betrachten. Hier kann man von seiner Jugend ausgehen und an seinem Wirken zeigen, wie er zum Glied einer italienischen Entwicklung wird, die 150 Jahre vor seiner Zeit begonnen hatte. Motive und Methoden haben erkennbare historische Voraussetzungen in diesem Milieu. In aller Kürze sollen deshalb die beiden Hauptlinien aufgezeigt werden, die sich in Salutati vereinen.

Poesie ist ein Grundbegriff im italienischen Humanismus, in dem die Auffassung vertreten wurde, daß sich etwas Wesentliches darüber, was der Mensch sei, am besten in der dichterischen Form ausdrücken lasse. Poesie ist der Inbegriff von studia humanitatis, weil sie kein bestimmtes Thema oder Objekt hat, wie die realen Wissenschaften, sondern allen Dingen gegenüber universell offen ist[6]. Dementsprechend wird auch vom Dichter verlangt, daß er sich auf alles Mögliche versteht und in allen Fächern wohlbewandert ist. Sehr oft diskutiert er mit seinen Anhängern, was den vollkommenen Dichter charakterisiert.

Diese Bestrebung, eine möglichst allgemeine und systematisch durchdachte Definition der Poesie und ihrer Ausüber zu erreichen, ist wohl charakteristischer für den Kritiker als für den, der selbst Poesie schafft. Die Kritikerhaltung ist charakteristisch für sowohl die Persönlichkeit Salutatis als auch seine Mitwelt. Zwar hat der jüngere Salutati selbst Gedichte geschrieben, aber dabei handelt es sich nur selten um Poesie, viel eher um versifizierte Prosa oder Lehrgedichte[7]. Salutati wurde nach seinem Tode von der florentinischen regierung zwar zum »poeta« ernannt[8], und eine Münze mit seinem Porträt wurde geprägt[9], aber es kann kein Zweifel daran bestehen, daß er das als eine zu große Ehre zurückgewiesen hätte, wie er es auch dem gegenüber tat, der ihm auf diese Weise schmeichelte. Darin hat er zweifellos recht, auch wenn man Poesie nicht in der modernen Bedeutung dieses Wortes auffassen darf. Sowohl die Dichtung als auch deren kritische Untersuchung waren nicht das gleiche wie heute. Der Unterschied zwischen Dichtern und Literaten war auch wesentlich kleiner, ja in der Praxis war die Grenze oftmals ganz unscharf, so daß es nicht so merkwürdig ist, daß man Salutati einen Poet nannte.

Die Zeit unterstrich auch das kritische Gepräge. Von Petrarcas und Boccaccios dichterischem Durchbruch zu Beginn des trecento war es zu einer Verschiebung gekommen. Sowohl Petrarca als auch Boccaccio hatten im übrigen diese Entwicklung durchlaufen. In ihren späteren Jahren gaben sie die Dichtung auf und widmeten sich der historischen oder der essayistischen Tätigkeit. Petrarcas De viris illustribus ist eine historische Schilderung hervorragender Persönlichkeiten der Antike, die eine moralisch erbauliche Zielsetzung hat, und seine zahlreichen Briefe (Le familiari und le Senili) sind ebenso wie seine invectivae Essays oder Abhandlungen, mit denen er an der Debatte seiner Zeit teilnimmt. Auch Boccaccio verließ die fiktiven Erzählungen des Dekameron der Jugendzeit und beschäftigte sich mit historischen und geographischen Werken. Er bewahrt sein Interesse für die Poesie, aber dies drückt sich nicht länger in aktivem Schaffen aus. Dagegen entfaltet es sich in kritischer Tätigkeit u.a. in den Werken Genealogie deorum gentilium libri und Vita de Dante, in welchem er mit seiner Verteidigung der Poesie eine Theorie der Dichtung formt und Ansätze zu einer Poetik gibt[10]. Salutatis größte Arbeit De laboribus Herculis ist ebenso wie Genealogie deorum gentilium eine Art Handbuch in der griechisch-römischen Mythologie, und im übrigen ist sie als ein Supplement zu Boccaccios Buch gedacht[11].

Diese Entwicklung von der Poesie zur non-fiktiven Prosa kann bei Petrarca und Boccaccio vielleicht als ein Altersphänomen erklärt werden – die poetischen Jahre der Jugend werden im reiferen Alter von nüchterner intellektueller Arbeit abgelöst. In diesem Fall muß man sagen, daß die zwei »gekrönten Häupter« das Glück hatten, daß ihre persönliche Entwicklung mit der ihrer Zeit zusammenfiel. Zu Ende des trecento wird die humanistische Bewegung so stark, daß sie auf die zeitgenössische Dichtung, die in hohem Maße die Ideen und Gedanken der Humanisten widerspiegelt, einen entscheidenden Einfluß ausübt. »Il Paradiso degli Alberti«[12] ist dafür in mancher Hinsicht charakteristisch. Es handelt sich hierbei um eine Reihe von Erzählungen, die ebenso wie Dekameron und Canterbury Tales von einer Rahmenhandlung zusammengehalten werden, die teilweise, ganz wie bei Chaucer, aus einer Pilgrimsreise zu den heiligen Stätten besteht und sich zum anderen zu Hause bei verschiedenen Teilnehmern, u.a. Salutati abspielt, aber insbesondere auf Albertis Landgut »Paradiso«, von dem das Buch seinen Namen erhalten hat. Giov. da Prato, den Wesselofsky als Verfasser ausgemacht hat[13] läßt die Teilnehmer namentlich genannte historische Personen sein, die alle im Jahre 1389, dem Jahre der Handlung des Buches, gelebt haben[14]; es sind bekannte Politiker, Ärzte, Philosophen, Kaufleute und andere – Salutati spielt z.B. eine hervorragende Rolle; die Handlung besteht u.a. aus gelehrten Diskussionen der Mitwirkenden über ein vom Wortführer angesprochenes Thema. Die Damen der Gesellschaft sind bei diesen Pickwick-Diskussionen, die das gelehrte Gespräch von Männer sind, nicht dabei, aber die Frauen nehmen teil, wenn man sich damit divertiert, einander Geschichten zu erzählen. Diese Erzählungen sind in der Regel dergestalt, daß sie einen moralischen Gedanken oder eine Idee enthalten, die durch allegorische Deutungen, die restlos in die Erzählung aufgehen, entschleiert werden können[15]. Man erzählt eine Geschichte nicht nur um zu unterhalten, sondern um den Zuhörern etwas Wertvolles mit auf den Heimweg zu geben[16]. Das entspricht genau der Auffassung Salutatis von der Bedeutung der Poesie.

Um Salutatis Platz in der Entwicklung verstehen zu können, ist es jedoch notwendig, einen Schritt länger zurückzugehen. Seine Auffassung von der Poesie ist in Übereinstimmung mit der italienischen Tradition, oder richtiger, mit den Traditionen, denn es gibt zwei, aus denen er schöpft und die er in seiner Person vereinigt.

Die italienische Dichtung beginnt erst spät, im 13. Jah. – lange nachdem andere europäische Länder eine nationale Literatur entwickelt haben. Die europäische Heldendichtung findet somit niemals richtige Ressonanz in Italien, die Gründe dafür können zahlreich sein. Das Land war ja in eine Reihe kleiner selbständiger Gebiete ohne Sammelpunkt aufgeteilt, und deshalb fehlten sowohl ein Hof als auch ein Ritterstand, die ja das Milieu ausmachten, aus dem die Heldendichtung ihre natürlichen Impulse erhielt. Die italienischen Kommunen, in denen nüchterne Bürgerlichkeit den ersten Platz einnahm, bildeten keinen rechten Hintergrund für diese Dichtung oder vielleicht für die Poesie überhaupt. Praktische Fächer wie Medizin und Jura hatten in Italien größere Fortschritte aufzuweisen. Darum geschieht es auch verhältnismäßig spät, daß man an die patristische und mittelalterliche Poesie anknüpft. Die antiken Schriftsteller waren abgeschrieben und gelesen worden, nicht nur in den sogenannten mittelalterlichen Renaissancen und in dem 8. und dem 12. Jahrhundert, sondern es herrschte besonders in Frankreich eine ungebrochene Tradition dafür, sich mit der Dichtung zu beschäftigen und sie allegorisch zu deuten. Besonders Fulgentius' Mythologiae (6. Jh.) war ausschlaggebend dafür, daß Vergil der beliebteste Dichter im Mittelalter wurde, das ihn als »Philosoph und Prophet«[17] auffaßte. Mit Hilfe von allegorischen Interpretationen meinte man, sehen zu können, wie Vergil alle Verhältnisse des menschlichen Lebens enzyklopädisch beschrieben und das Kommen des Christentums vorausgesagt hatte.

Man dichtete auch selber, und als poetische Sprache wählte man Bilder aus der heidnischen Mythologie. Hierbei meinte man nicht, daß man in Konflikt mit der christlichen Theologie geraten könne, weil es eine Voraussetzung war, daß die äußere Sprache der Dichtung falsch war – erst durch eine allegorische Auslegung konnte man die Wahrheit erfassen: »... In superficiali litterae cortice falsum resonat lyra poetica, sed interius auditoribus secretum intelligentiae altioris eloquitur«[18]. Darum galt es, unter die »Rinde« (cortex) zu gelangen[19].

Aber als Italien endlich den Anschluß erreicht, geschieht das mit einer Gewalt und Plötzlichkeit, die in Erstaunen setzen muß.

Die humanistische Bewegung nimmt am Anfang des 13. Jh. zu. Zu diesem Zeitpunkt kann man noch nicht von bestimmten Schulen oder Orten, an die die neuen Studien besonders gebunden waren, sprechen, sondern in ganz Italien handelt es sich dabei sozusagen um eine spontane Bewegung. Aber recht bald konzentriert sich das Interesse auf führende Zentren der Gelehrsamkeit, u.a. Verona, das von altersher eine hervorragende Bibliothek hatte[20], und auf Padua, wo die berühmteste Schule unter der Leitung Lovatis ihr Zuhause hatte. Sein Schüler, *Albertino Mussato* ist der bekannteste Name aus dieser Schule[21]. Er wurde im Jahre 1315 – als der erste seit der Antike – zum Dichter gekrönt, und man kann in dieser Jahreszahl ausgezeichnet einen humanistischen Durchbruch sehen[22]. Es war ein Ereignis, daß in ganz Italien große Aufsicht hervorrief, und Mussato sollte bald Nachfolger finden. Petrarca wurde z.B. im Jahre 1332 gekrönt, während Dante, der die gleiche Anerkennung brennend ersehnte, sie niemals erhielt.

Durch seine historischen Werke über Heinrich VII und durch »De gestis Italicorum post mortem Henrici VII« versuchte Mussato, die römische Form der Geschichtsschreibung (Livius) wieder zum Leben zu erwecken, und er war der erste Humanist, der nach dem Vorbild Senecas Tragödien schrieb. Er war zugleich der erste auf italienischem Boden, der eine Theorie der Dichtkunst, einschließlich einer Verteidigung der antiken Literatur, entwarf[23].

Ob Salutati die Briefe kannte, in denen Mussato seine Auffassung von der Bedeutung der Dichtung darlegt, kann nicht mit Sicherheit gesagt werden, aber er spricht sich sehr lobend über Mussato aus und nennt ihn u.a. einen »hervorragenden Juristen«[24]. Aber das ist auch eine untergeordnete Frage; die Linie geht von Mussato zu Petrarca und Boccacio, und von diesen beiden ist es nicht weit zu Salutati.

Mussato und seine Nachfolger behaupten übereinstimmend, daß die Poesie göttlich sei, und Mussato tut das mit einer Stärke, zu der sich später schwerlich eine Parallele finden läßt.

Infolge Mussato ist der Dichter göttlich inspiriert. Indem er mit den beiden Wörtern vas (Gefäß) und vates (Wahrsager) spielt, sagt er, daß der Dichter ein Gefäß sei, das von Gott gefüllt werde, und auf diese Weise wird die Poesie zu einer neuen Form von Theologie:

Quisquit erat vates, vas erat ille dei.
Illa igitur nobis stat contemplanda Poesis,
Altera quae quandam Theologia fuit[25].

In der Urzeit gab es keinen Unterschied zwischen Theologen und Dichtern, was man bei Aristoteles nachlesen kann (Metaphys. 983B), auf den sich Mussato beruft[26]. Giovanni antwortet hierzu[27], daß es richtig ist, daß die ersten Theologen Dichter waren, aber sie berichteten allerdings auch nicht die Wahrheit, sondern lediglich Fabeln und Mythen. Mussato meint jedoch nicht, daß man es in der Antike so ernst nahm, wenn man z.B. von den Göttern des Meeres sprach – jedenfalls war es wohl nicht anders gemeint, als wenn wir Christen sagen, daß Gott im Wasser der Taufe ist[28].

Die Poesie erhebt sich durch sublime Mystik zum Göttlichen und
»Quae Genesis planis memorat primordia verbis,
Nigmante maiori mystica Musa docet«[29].

Die Poesie beschreibt also das gleiche wie die Offenbarung, im übrigen ist auch die Bibel voller Poesie. Jesus sprach in Gleichnissen, die nur seinen Jüngern verständlich waren[30]. Und genau genommen ist die Apokalypse ein einziges großes Dichterwerk[31]. Und als Israel dem mächtigen ägyptischen Heer gegenüberstand und in äußerster Gefahr schwebte, schrieb Moses einen Hexametergesang[32]. Giovanni gbt zu, daß das richtig ist, sagt aber, daß dieser Gesang nur dazu berechnet war, von den Frauen gesungen zu werden[33]. Aber im übrigens ist es interessant zu sehen, wie er auf den Gedankengang eingeht und (unter Hinweis auf Isidor) sagt, daß alle Formen der Rhetorik in der Bibel repräsentiert sind und in ihr ihren Ursprung haben. Es ist nicht die formelle Frage, die die beiden trennt; beide akzeptieren an sich, daß es sich dabei um Poesie handelt, aber während Giovanni behaupten will, daß es der Unterschied im Inhalt ist, der heidnische und christliche Poesie entscheidend voneinander trennt – Fabeln können niemals wahr werden, wie schön sie auch ausgedrückt sein mögen[34] – so meint Mussato, daß Poesie eben Poesie ist, und daß die Dichtung immer einen Wahrheitskern haben wird.

Ein anderes wichtiges Argument, von dem auch Salutati häufig Gebrauch macht, ist dies, daß die Form der Poesie den Sinn für die zu bringende Botschaft offener und empfänglicher macht.

Allicit attentas magis admiratio mentes,
Et iuvat insertis fabula ficta iocis[35].

Und es ist ja eine völlig unschädliche Form, wie wenn die Kirche von Christus als dem Lamm Gottes spricht. In beiden Fällen handelt es sich um eine poetische Umschreibung für ein historisches Faktum.

Als Beweis dafür, daß auch die antiken Dichter von Gott kommen, werden eine Reihe von Stellen genannt, die als Voraussagungen des Erscheinens Christi gedeutet werden können, vor allem bei Vergil, dessen sich auch Salutati zum gleichen Zwecke bedient, aber auch bei einer langen Reihe anderer Verfasser, u.a. Seneca[36], der in seiner Tragödie Hercules furens davon spricht, daß ein Sohn geboren werden soll.

Mussato steht mit seiner Verteidigung der antiken Literatur nicht allein, sondern hat eine tausendjährige Tradition hinter sich. Seine Argumente kann man in der Patristik und im frühen Mittelalter finden, und die Tradition lebt auch im scholastischen Hochmittelalter ungebrochen, obgleich geschwächt, weiter.

Curtius[37] zählt folgende Charakteristiken bei Mussato auf, die dieser aus der mittelalterlichen Tradition übernommen hat: 1) Ausgehend von u.a. Cicero, Varro, Isidor und Papias setzte man ein Gleichheitszeichen zwischen Poesie und Theologie: »theologi poetas ideo dicebantur quoniam de diis carmina faciebunt« (Papias). Diese ursprüngliche Einheit sollte also immer noch in Kraft sein. 2) Die Identifizierung von Poesie und Philosophie. Das letzte Wort bedeutet kein philosophisches System oder eine Grunderkenntnis, sondern einfach »gelehrtes Wissen«. Der Dichter und sein Interpret sind darum allseitig gebildete, wissende Menschen, im Gegensatz zum ungebildeten, unwissenden Volk. 3) Die Harmonisierung: In der heidnischen Mythologie und Philosophie findet man Parallelen zum biblischen Stoff. Besonders Clemens von Alexandria hat folgendes dargelegt: Platon hat von der Sintflut gesprochen, Solon von Gottes Gesetz usw. 4) »Die Bibelpoetik«: die Auffassung, daß große Teile der Bibel in Versen geschrieben sind und darum als Poesie bezeichnet werden müssen. Dieses führt auch eine allegorische Auslegung mit sich, bei der man nicht bei der äußeren Form stehen bleibt, sondern dahinter eine tiefere Meinung sucht. 5) Der Gedanke, daß alle Kunstarten ihren Ursprung in Gott haben (u.a. Augustin). Weil Er selbst direkt die Poetik gebraucht hat, muß die Poesie die höchste Kunstart sein.

Von diesen Punkten ausgehend will Curtius behaupten, daß nichts bei Mussato original oder neu ist, vielleicht abgesehen von seiner Geschichtsschreibung oder der Tragödie Ecerinis, in der er versucht, Senecas Tragödienform zu erneuern. Seine Poetik »hat mit dem Humanismus des Trecentos wenig zu tun«. Im Vergleich mit dem Dominikaner, Giovanni, der zu diesem Zeitpunkt eine moderne Anschauung repräsentierte, nämlich die thomistische Wissenschafts- und Kunstlehre, ist Mussato reaktionär[38].

Hierzu ist als erstes zu sagen, daß es rein formal eine fragwürdige Sache ist, Mussato im Vergleich mit dem Thomismus als reaktionär zu bezeichnen, da es doch seine Auffassung war, die auf ihre Weise den Sieg davon trug und auf jeden Fall einen entscheidenden Einfluß auf die italienische Renaissance bekam.

Ebenso könnte man auch von Luther behaupten, daß er reaktionär sei, weil er auf Augustin zurückgreift. Auf der anderen Seite ist die Tradition, aus der Mussato schöpft, keineswegs die tonangebende im Mittelalter. Nicht nur bei Thomas ist es so, daß die Poesie auf einen sehr zurückgezogenen Platz verwiesen wird, weil sie teils verlogen und teils längst durch die wahre Philosophie und Theologie ersetzt worden ist[38a]. Die ganze theologische Hauptlinie im Mittelalter, von Augustin bis Occam, verhält sich skeptisch oder geradezu verurteilend zur Poesie.

Endlich – und das ist das Wichtigste in dieser Verbindung – muß man die historische Situation in Betracht ziehen. Nur weil die Argumente die gleichen sind, ist es ja nicht sicher, daß für die gleiche Sache argumentiert wird. Zum Beispiel ähneln Mussato und *Hieronymus* einander sehr in ihren Ansichten und in der Art, sie darzubringen. Aber der eigentliche Endzweck ist verschieden. Hieronymus will wie seine Vorgänger Christentum und antike Bildung vereinen, und er behauptet[39], daß weder Paulus noch Johannes ungelehrte Leuten waren (sonst hätte Joh. ja sein Evangelium nicht schreiben können), und daß die Bibel deshalb kein einfaches Buch ist, das man ohne weiteres verstehen kann. Um sie zu verstehen, muß man gebildet sein, und es ist notwendig, ein guter Philolog zu sein und eine umfassende Kenntnis von der Literatur zu besitzen, damit man klärende Parallellen ziehen und zu einem wirklichen Verständnis des Textes gelangen kann.

Für Hieronymus ist sowohl der formelle als auch der reelle Ausgangspunkt ein Streben nach Erhellung und Klarlegung der Bibel. Mussato dagegen macht sich um die Bibel keine Sorgen, sondern gebraucht vielmehr ihre Autorität dazu, die Stellung der Poesie zu verteidigen und auszubauen. In Wirklichkeit ist es also der genau entgegengesetzte Ausgangspunkt. Die Bibel ist für ihn nicht Ziel, sondern Mittel, und man sieht somit, daß die gleichen Argumente für eine völlig andere Sache verwendet werden. Daß es sich so verhielt, sahen die Humanisten ein, und auch ihre Gegner – zumindest indirekt. Salutati ist oftmals vor die Anklage gestellt worden, daß seine Beschäftigung mit den Dichtern den Glauben in Gefahr bringe, und eine seiner Antworten ist die, daß es doch jetzt nicht mehr gefährlich ist, weil wir alle Christen sind und deshalb für die Wahnvorstellungen dieser Dichter nicht empfänglich sind, und das Gute an ihnen kann man noch immer gebrauchen[40]. Die allegorische Deutung, die die Kirchenväter von der Spätantike übernahmen und die sie selbst in hohem Maße anwandten, erhält bei den frühen Humanisten eine neue Blütezeit. Aber wie schon früher, so zeigt es sich auch jetzt, daß sie lediglich ein Übergangsphänomen ist. Im scholastischen Hochmittelalter treten die Verwendung klassischer Verfasser und die allegorische Deutungsmethode zurück, weil die Position der Kirche und des Christentums gesichert sind, und man ihrer nicht länger bedarf, um sich dem tonangebenden Geistesleben anzupassen. Der Streit mit dem antiken Heidentum ist beendet, weil dieses überwunden und vernichtet ist. Es ist nicht länger notwendig, die antiken Verfasser umzudeuten, um sie zur Unterstützung der christlichen Tradition gebrauchen zu können[41]. Besonders deutlich wird dies, nachdem Aristoteles einen entscheidenden Einfluß auf die mittelalterliche Philosophie und Theologie gewonnen hat. Eine parallele Entwicklung finden wir in der Renaissance, wo die Generation der Humanisten nach Salutati die spitzfindingen Auslegungen von z.B. Vergil und Seneca – um diese für das Christentum akzeptabel zu machen – aufgibt. Diese Auslegungen sind nicht mehr notwendig, weil die Verfasser und ihre Werke jetzt für sich selbst sprechen können. Die Beschäftigung mit der Antike, studia humanitatis, ist eine anerkannte Tatsache, die nicht länger verteidigt werden muß.

Die Bedeutung Mussatos (und anderer) besteht darin, daß er im 13. Jahrhundert und auf italienischem Boden, neues Leben in eine damals verdrängte mittelalterliche Pflege der Poesie brachte. Und jetzt gelang das, was weder in der karolingischen noch in der Renaissance des 12. Jahrhunderts gelungen war: diesmal kam Gang in die Entwicklung und sie endete in der Renaissance, deren Humanismus durch studia litterarum und studia humanitatis gekennzeichnet ist. Es können natürlich viele Ursachen mit dazu beigetragen haben, daß es gerade jetzt passierte: allgemeine geistige Auflösung und kirchlicher Verfall, ein neues Laienbewußtsein durch die veränderten wirtschaftlichen Verhältnisse, in denen sich das feudale System oft in der Defensive gegenüber dem entstehenden Kapitalismus befand, die Änderung von wirtschaftlichen und politischen Machtverhältnissen durch die Pest usw.

Die italienischen Kommunen sind in diesen Jahren ein europäisches Kraftzentrum. Und die blühende Wirtschaft zieht künstlerische Entfaltung auf vielen Gebieten nach sich. Hier interessiert uns aber nur ein einziges dieser »Handwerke«, nämlich der *Notar-Beruf*. Er hat eine entscheidende Bedeutung für die Entwicklung des Renaissancehumanismus und speziell für Salutati, der selber als Notar ausgebildet worden war, gehabt.

Die italienischen Notare wurden recht frühzeitig zu einem angesehenen Stand. Es war ihre Aufgabe, sich zivilrechtlicher Fragen anzunehmen, und sie spielten eine bedeutende Rolle als Beamte in der Administration der Kommunen[42].

Es zeigte sich bald, daß die Notare eine gründliche Ausbildung haben mußten, nicht allein in Jura, sondern auch in den formalen Fächern, um sich in Dokumenten eindeutig und klar ausdrücken zu können und um in der Lage zu sein, den diplomatischen Briefwechsel mit so großem Effekt wie möglich führen zu können. Besonders im Hinblick auf letzteres interessierte man sich stark für die richtige Art und Weise, die Briefe zu formen, so daß sie so überzeugend wurden, daß sich das rechte Resultat erreichen ließ. Durch eine beredte und kunstfertige Sprache sollte der Empfänger freundlich gestimmt werden und dazu überredet werden, den Inhalt und das Anliegen des Briefes zu akzeptieren.

Diese Briefkunst oder ars dictaminis wurde zu einer richtigen kleinen Wissenschaft, die die Notare über ihre eigene Tätigkeit hinausführte. Die Vorbilder der Beredsamkeit holte man sich nämlich aus den Reihen der antiken Verfasser; insbesondere Cicero und Quintillian und nacheinander die klassischen Verfasser überhaupt, und es konnte nicht ausbleiben, daß nicht nur deren Form, sondern auch der Inhalt ihrer Schriften Interesse erweckte[43]. Mit dem gesteigerten Interesse für die Antike folgt auch ein vermehrtes Abschreiben und Verbreiten der Handschriften, was seinerseits wieder eine größere Kenntnis und ein intensiveres Studium der römischen Verfasser mit sich führt. Dieser sich selbst verstärkende Prozeß setzt sich mit steigendem Tempo bis zur Renaissance fort[44].

Robert Weiss zählt alle italienischen Humanisten dieser Periode auf, und es ist charakteristisch, daß die überwältigende Mehrheit von ihnen Juristen oder Notare sind[45]. Auch wenn man auf einige Mönche und Kleriker stößt, so ist es doch deutlich, daß die Ausüber der Jurisprudenz in der humanistischen Bewegung anführen, über deren Entstehung man im übrigen nicht viel mehr weiß, als daß sie zu Beginn des dugento einsetze.

Bei Salutati, der selbst Notar war und diesen Beruf wie kein anderer sein ganzes Leben lang ausübte, wird die Verbindung wiederhergestellt. Von seiner frühen Jugend an hat er sich sowohl mit Jura als auch Dichtkunst beschäftigt. Als Fünfzehnjähriger wurde er im Jahre 1346 an der berühmten Notarschule in Bologna immatrikuliert. Salutati überteilte sich nicht mit seinem Studium (der Unterricht wurde mehrere Male von Pestepidemien unterbrochen), sondern nahm sich Zeit, um andere Interessen, insbesondere das Lesen antiker Verfasser, in denen ihn Pietro Moglio unterrichtete, pflegen zu können; er lernte zugleich, sich in einem dem klassischen ähnlichen Latein auszudrücken[46].

Die Notarausbildung hinterläßt ihre Spuren in seiner hohen Würdigung der Gesetze, mit deren theoretischem Fundament er sich in De nobilitate legum et medicine eingehend beschäftigt, und in seiner Hervorhebung der Bedeutung des politischen Lebens und des Menschen als »civis«, Bürger, dessen höchste Lebensform vita activa ist. Daneben hat er tiefgehendes Interesse für Dichtung und Literatur. Diese beiden Dinge sind unabhängig von einander, aber werden in dem Bestreben, den Menschen zu befreien und zu erhöhen, vereinigt. Und sie bestimmen einander gegenseitig. Der praktische Charakter der juristischen Arbeit färbt auf das Literaturverständnis ab und impliziert die Forderung, daß die Dichtung brauchbar sein muß. Und das Studium der Poesie gibt die Einsicht, wie vita activa mit den am besten geeigneten Mitteln realisiert werden kann. Und die Poesie hilft, in der praktischen Arbeit an dem hohen Ziel festzuhalten: die Menschen zu bessern und sie Gott näher zu bringen.

Ars notariae hatte seine Blütezeit und volle Entfaltung, bevor sich die Wege der Dichter und Juristen trennten, und die Notarkunst entwickelte sich stärker als eine fachliche Ausbildung und wurde mit der Zeit zu einer Lebensanschauung. Der Ausgangspunkt ist die Pflege und Einübung der Form, der Rhetorik, die kein enger oder eindeutiger Begriff war.

Weder in der Antike noch im Mittelalter unterschied man scharf zwischen Poesie und Rhetorik. Beide sind eine Art und Weise Reden zu halten[47], und welche Form man wählt, hängt nicht vom Thema, sondern von eigenem Geschmack und eigener Tüchtigkeit ab (im großen und ganzen ist man sich darüber einig, daß die Poesie die schwierigste Ausdrucksform ist). Besonders für die Römer ist die Grenze zwischen beiden Dingen sehr fließend.

Während die Griechen das Wort *poiå* (tun, schaffen) für die poetische Tätigkeit verwenden, so gebrauchen die Römer *canere* (singen), weil das Kennzeichen dafür, ob es wirklich Poesie ist, die metrische Form ist. Hierein liegt, daß die äußere Form entscheidend ist, und die Poesie nach der Glanzzeit der römischen Dichtung zu einem Teil der Rhetorik wird[48]. Form und Inhalt stehen nicht notwendigerweise im Verhältnis zueinander. Man übte sich darin, Poesie in Prosa zu »übersetzen«, und umgekehrt. Augustin hat während seiner Schulzeit Vergil zu derartigen Stilübungen benutzt[49]. Das Mittelalter übernimmt diese Auffassung von der Form als etwas Selbständigem und vermischt die Stilarten noch mehr durch die Erarbeitung der Lehre vom Schreiben, ars dictaminis, die mit zwei verschiedenen Formen der Poesie, nämlich der metrisch und der rhytmisch akzentuierten, operiert. Außerdem hat man die Prosa, von der es unzählige Formen gibt, und endlich die Reimprosa, eine Mischung von Poesie und Prosa (mixtum sive compositum)[50].

Ars dictaminis wird von den italienischen Notaren weiterentwickelt, die einen wesentlichen Beitrag dazu liefern, indem sie lehren, mit systematischer Kunstfertigkeit geformte Briefe zu schreiben[51]. Besonders auf die Einleitungsformel, salutatio, verwendete man große Aufmerksamkeit, um den Empfänger günstig zu stimmen. Überhaupt war es eine Notwendigkeit, daß die Notare sich überzeugend ausdrücken konnten, besonders als sie nach und nach in die politische und diplomatische Tätigkeit einbezogen wurden. Ars dictaminis wurde daher zu einem ebenso wichtigen Bestandteil von ars notariae wie das juristische Können. Einer der berühmtesten Notare Bolognas, Rolandis Passageri, verfaßte im Jahre 1265 ein Handbuch in der Notarkunst, »Summa artis notariae«, dessen erste Teile sich mit juristischen Problemen beschäftigen, während der vierte Teil die richtige künstlerische Ausdrucksform behandelt[52]. Bereits vorher hatte das Bestreben, die Lateinkenntnisse der Notare zu verbessern, dazu geführt, daß »grammaticus«, mit »advocatus« identisch wurde[53].

Das Gewicht wird stets auf das Rhetorische gelegt, um Eindruck zu machen und damit Nutzen zu erzielen. Es sind immer konkrete Ziele mit der Ausdrucksform der Notare verbunden, die infolge ihrer Natur eine Gebrauchskunst ist. Diese Einstellung hat natürlich Folgen für die Kunstanschauung überhaupt.

Der künstlerische Einsatz ist nicht schöpferisch, und die Kunst kann nicht frei ihre eigenen Wege gehen und sich ihre eigenen Ziele suchen, wie sie sich auch nicht damit begnügen kann, zu unterhalten und zu belustigen.

Humanistische Staatssekretäre und Advokaten lasen eifrig antike Verfasser, aber das war für sie keine unverbindliche Freizeitbeschäftigung. Sie mußten sich stets fragen: Wie kann das für Politik und Geschäft Bedeutung erlangen? Mehr und mehr wird die Bedeutung der Rhetorik für den Staat nach außen und nach innen unterstrichen.

Man interessiert sich nicht nur für den rhetorischen *ornatus*-Begriff: Die wohlklingenden Wortzusammenstellungen, die Alliterationen, die schönen Bilder, der rhytmische Aufbau usw.[54]. Form und Inhalt können nicht getrennt werden, und sehr bald stößt man auf den rhetorischen *inventio*-Begriff. Die Topoi, für die man sich interssiert, sind nicht nur formal bestimmt, sondern bezeichnen auch den Inhalt, den man ausdrücken will. Aristoteles' und besonders Ciceros Rhetorik mit seinem impliziten gesellschaftlichen Denken gewinnt schnell Einlaß. Der *libertas*-Gedanke ist ohne Zweifel ein gutes Beispiel für einen Begriff, der aus dem rhetorischen Interesse stammt. Er existiert in großem Umfang als Topos u.a. bei Cicero und mußte den Anspruch der Rhetorik nach einem sowohl wahren als auch wirkungsvollen Argument zufriedenstellen.[55].

Die Rhetorik im Dienste der Politik führt einen gewissen Konservatismus mit sich. Man liest die Verfasser, um treffende Argumente und gute Formulierungen zu finden – an sich also nicht, weil man sich für die Verfasser selbst interessiert, sondern um effektive rhetorische Waffen bei ihnen zu holen. Man liest nicht die Dichter selbst, sondern findet in den vielen Exempelsammlungen, rhetorischen Handbüchern, Enzyklopädien usw. das heraus, was man gebrauchen will. Auch das Studium der Grammatik wirkt in der gleichen Weise, weil die Lehrbücher in Grammatik sowohl in der Renaissance als auch im Mittelalter vor allem Exempelsammlungen waren.[56].

Die Rhetorik begünstigt auch die allegorische Deutungsmethode, die nicht allein aus der apologetischen Situation, in der sich die Humanisten der Kirche gegenüber befanden, heraus erklärt werden kann.[57].

Aber die Rhetorik kann nicht allein in Jura und Politik, sondern in allen menschlichen Beziehungen verwendet werden[58]. Sie wird zu einem unentbehrlichen Hilfsmittel in der ethischen Erziehung. Ohne die richtige Form kann die Güte nicht zum Vorschein kommen, sondern wäre wie ein Schatz, der unter der Erde liegt, und über den sich keiner freut, weil ihn keiner kennt[59]. Aber der rhetorische Redner kann das Neue natürlich nicht weitervermitteln, wenn er es selbst nicht besitzt[60].

Der bekannteste italienische Notar war ohne Zweifel *Brunetto Latini*, dessen Hauptwerk, Le Livres dou Tresor[61], aus dem Jahre 1266 kein Spezialhandbuch in Notarwissenschaft ist, sondern ein enzyklopädisches Hilfsmittel für den gebildeten Leser – und damit also vor allen den Notar. Es enthält Abschnitte über Philosophie (sehr kurz), Astronomie, Geographie, Naturgeschichte, Ethik und Rhetorik und zuletzt einen kleinen Abschnitt über Politik, den Bruno als den einzigen selbständig verfaßt hat – alles andere hat er von verschiedenen Verfassern kompiliert[52].

Die Politik ist für Latini »la plus noble et la plus haute science et li plus nobles offices ki soit entiere«[63]. Und die Voraussetzung für die Politik ist im allgemeinen die Ethik, die auf der Grundlage von Aristoteles ausführlich behandelt wird, und im besonderen die Rhetorik, die im III. Teil des Buches gemeinsam mit der Politik abgehandelt wird. »Et Tuilles dist que la plus haut science de cité governer si est rectorique, c'est a dire la science du parler; car se parleure ne fust cites ne seroit, ne nus establissemens de justice ne de humaine compaignie«[64].

Latinis Meinung von der Rhetorik ist von seinen Erfahrungen in den republikanischen Stadtstaaten Italiens bestimmt[65], in denen die politische Beredsamkeit gut gedeihen konnte – ebenso wie im demokratischen Athen und im republikanischen Rom, wo diese Form der Rhetorik ihre Rolle während der mazedonischen Herrschaft bzw. der Kaiserzeit ausgespielt hatte.

Eine ähnliche Entwicklung finden wir in Florenz wieder, wo die politische Debatte und die Rhetorik beim Anwachsen der Macht der Medici verschwinden. Unter einer Diktatur hat man für diese Form, die Leute zu überzeugen, keine Verwendung – man hat andere und effektivere Methoden.

Das politische Interesse führte, wie erwähnt, dazu, daß man sich der Moralphilosophie und der Ethik zuwandte, und eine der wesentlichsten Bestrebungen der Humanisten geht gerade darauf hinaus, einen Zusammenhang zwischen diesen Dingen zu schaffen. Ihrer Auffassung nach waren die politische und moralische Bildung zwei Seiten der gleichen Sache, nämlich Erziehung im allgemeinen.

Diese Einheit war etwas äußerst Zentrales für Salutati und seine Mitwelt, und sie ist der tragende Gedanke bei vielen Denkern der Renaissance, bis hin zu Machiavelli, der diese Linie jäh beendet. Die Politik hat eine moralische Grundlage, und deshalb ist eine ethische Verkündigung notwendig. Zu diesem Zweck entnimmt man der Literatur Beispiele zur Nachahmung, und wo sich dies nicht unmittelbar tun läßt, greift man zum Mittel der allegorischen Deutung, wodurch man in die Lage versetzt wird, fast jedem Dichterwerk eine moralische Fabel entnehmen zu können. Mit der Allegorisierung ist man auf dem Wege über die Formalia der Rhetorik hinaus, hin zum selbständigen Inhalt der Poesie. Und trotzdem wird die Poesie nicht autonom gemacht, sondern es wird daran festgehalten, daß sie im Dienste der Pädagogik verwendet werden muß. Die Angriffe auf die Poesie seitens der Kirche müssen daher als unberechtigt erscheinen. Es ist nicht die Rede davon, daß man das, was die Dichter sagen für wahr hält, sie werden aber auch nicht nur als Wirkungsmittel in der ethischen Belehrung verwendet. Der mittelalterliche Unterschied zwischen der äußeren falschen Form und dem inneren Inhalt, der wahr sein kann, wird beibehalten. Aber das Gewicht wird nun auf die Rhetorik gelegt: Ist es eine Wahrheit, die aufbaut, befreit, ethisches Handeln hervorruft, kurz und gut nutzt? Wenn nicht, hat sie keinen Wert, wie sie auch sei.

Darin liegt auch für die Kirche das Gefährliche. Dieser rhetorische Wahrheitsbegriff wird nämlich theologisch relevant gemacht, indem er auch auf biblische Texte angewendet wird.[66].

Die richtigen Dichter, Mussato, Petrarca und Boccacio hatten es in dieser Hinsicht in gewissen Maße leichter. Sie hatten ja keine persönliche Verbindung zu Jura und Politik und fühlten daher nicht die gleiche Verpflichtung, die Dichtung brauchbar zu machen. Auch die Dichter schätzten die moralische Verkündung hoch ein, aber diese hatte trotzdem keine richtige Verbindung zur Wirklichkeit, weil sie nicht mit einem politischen Interesse verknüpft wurde[67]. Wenn vita activa eine Meinung haben soll, muß es nicht nur moralisch, sondern auch politisch verwirklicht werden, sonst endet man trotz allem in »contemplatio« und Weltflucht[68].

Indem wir die Hauptrichtungen oder Milieus aufzeigen, von denen Salutati geprägt ist, müßte es uns möglich sein, zu erkennen, weshalb Salutati im Verhältnis zu den Notaren ein Humanist mit einem größeren Horizont ist, als er den meisten Berufskollegen gegeben war, und daß er sich zugleich von den Humanist-Poeten (Mussato, Petrarca, Boccacio) unterscheidet, indem er sowohl durch seine Ausbildung als auch seine Arbeit in höherem Maße an konkrete pädagogische Probleme gebunden war.

Gleichzeitig kann man sehen, daß der Humanismus in seinem Ursprung keine Protestbewegung gegen die Scholastik ist, sondern sich seinen eigenen Voraussetzungen zufolge entwickelt hat. Die humanistischen Interessen gehen in völlig andere Richtung, und es ist bezeichnend, daß die Humanisten gar nicht versuchen, ein Gegenstück zur Philosophie der Scholastik oder zur Philosophie überhaupt aufzustellen. »... Most of the works of the humanists have nothing to do with philosophy even in the vaguest possible sense of term«[69]. Ein eigentlicher Dialog konnte deshalb niemals in Gang kommen, weil man zum einem von völlig verschiedenen Dingen sprach, und weil es die Humanisten zum anderen als reine Zeitvergeudung ansahen, begriffslogisch im aristotelischen oder scholastischen Sinne zu arbeiten. Aber diese humanistische Haltung ist in Italien sekundär, und das hängt mit dem oftmals übersehenen Faktum zusammen, daß sich die scholastische und aristotelische Philosophie erst im 14. Jahrhundert in Italien überhaupt richtig geltend macht. Zwar waren eine Reihe der großen scholastischen Theologen ihrer Herkunft nach Italiener (z.B. Lanfranc, Anselm, Peter der Lombarder, Bonaventura und Thomas Aquinas), aber sie leisteten ihren Einsatz alle außerhalb Italiens (besonders in Paris und Oxford). Vor allem Kristeller hat nachgewiesen, daß die scholastische Philosophie in Italien ein späteres Phänomen ist als der Humanismus; und als sie in Italien Zutritt erlangte, war das oftmals nicht in ihrer theologischen Form, sondern mit säkulareren Fächern wie Logik und Physik[70]. Kristeller spricht in dieser Verbindung von »a kind of empirism«. Der aristotelische Einfluß setzte sich quer durch die Renaissance bis hinauf ins 17. Jahrhundert fort, wo er vom philosophischen Rationalismus und der modernen Physik (z.B. Descartes und Galilei) überwunden wurde. Der Renaissance-Humanismus konnte das aristotelische Denken an den Universitäten nicht überwinden, weil man nichts an dessen Stelle zu setzen hatte. Aber, wie schon oben angeführt, ist es eigentlich auch niemals die Absicht des Humanismus gewesen, eine Alternative oder Reaktion zu Scholastik und aristotelischem Denken zu entwickeln. Trotzdem sehen wir, wie sich die Gegensätze zwischen diesen beiden Geistesrichtungen auftürmen und in einer Reihe bitterer Fehden resultieren[71].

Bei diesen Streitigkeiten ist es charakteristisch, daß sie selten von den Humanisten begonnen werden. Mussato wurde von theologischer Seite, von Giovanni da Mantova, angegriffen, Petrarca mußte sich aristotelischen Philosophen und Physikern gegenüber verteidigen[72]. In diesen Polemiken sind die Humanisten gezwungen, sich ihre Stellung klarzumachen und prinzipielle Einwände gegen die Fachphilosophen zu formulieren, und Salutati muß in De fato et fortuna, De nobilitate legum et medicine und in einer großen Zahl von Briefen sowohl gegen aristotelische Astrologen und »physici« als auch gegen Theologen, die seine Verwendung klassischer Verfasser angreifen, polemisieren. Die Logiker und Physiker werden beschuldigt, teils sich mit Dingen zu beschäftigen, über die der Mensch nichts wissen kann (das kommt nur Gott zu[73]), und teils durch ihre spitzfindigen und subtilen Diskussionen das Interesse vom Wesentlichen, nämlich der Ethik und der Moralphilosophie, abzulenken. Es ist besser, gut zu sein als weise – hierin besteht alles wahre Christentum, weil Gott alle Weisheit der Welt zu Torheit gemacht hat. Die Angriffe auf die Poesie werden verschiedenartig beantwortet, je nachdem ob sie von philosophischer oder theologischer Seite kommen, indem behauptet wird, daß die Poesie der Philosophie überlegen und der Theologie ebenbürtig sei. Der kirchliche Einwand, daß die Poesie eine Quelle der Ungläubigkeit sei, wird zurückgewiesen, weil gerade die Poesie zu Christus führe, zu dem man auf vielen Wegen gelangen könne – und gerade der Umweg über die Poesie sei nicht der schlechteste.

So wird der frühe Humanismus von seinen Gegnern gezwungen, sich seiner Stellung bewußt zu werden.

KAPITEL 9

Die poetische Erziehung

Wenn man die studia humanitatis bei Salutati untersuchen will, kann man es wie Kessler, mit der Rhetorik als Vorzeichen, vollziehen[1]. Hier habe ich die Poesie als Einfallswinkel gewählt. Ob man das eine oder das andere wählt, ist indessen nicht entscheidend. Die beiden Dinge hängen in der Antike und im Mittelalter zusammen. Beide sind eine Art Reden, und der Unterschied liegt zunächst in der Form. Die Poesie ist vollkommen metrisch, während die Rhetorik es nur teilweise ist, nämlich an dem Ende der Sätze, den sogenannten »clausulae«[2]. Wenn man die drei Hauptdisziplinen der Rhetorik betrachtet, *inventio* (das Finden des Stoffes), *dispositio* (Anordnung der Materials) und *elocutio* (stilistische Ausgestaltung, auch Ausschmückung), tritt nur in der letzten, elocutio, und auch hier nur in einem Teil der Disziplin, der Unterschied zwischen Rhetorik und Poesie hervor. Im Mittelalter fehlten die beiden Elemente, die tatsächlich einen Unterschied zwischen Rhetorik und Poesie beweisen konnten: a) der antike Gedanke über den göttlichen dichterischen Wahnsinn – ein Gedanke, den schon Platon zu unterdrücken versuchte, s.u. S. 130. Das hätte einen Unterschied zur Rhetorik, die ein rein menschliches Phänomen ist, ausmachen können, b) der moderne Gedanke von der Unabhängigkeit der Poesie vom Publikum. Seit der Verselbständigung der Ästhetik im 18. Jh. sollte die Poesie ihre Leser nicht beeinflussen oder erziehen, aber auch nicht aktivieren. Die Leser sollen die Poesie nur genießen. Wenn sie auch das nicht tun, ist das übrigens nicht die Schuld des Dichters. Er ist nur seiner eigenen inneren Erkenntnis gegenüber verpflichtet[3]. Diese Entfernung des Publikums aus dem poetischen Univers hat in unserer Zeit vollständig die Rhetorik von der Poesie getrennt[4].

Salutati übernimmt die mittelalterliche Vorstellung von der Poesie und Rhetorik als Schwestern, deren Aufgabe es ist, die Darstellung lebendig und überzeugend zu gestalten. Gleichzeitig ist jedoch der Ansatz dazu da, den Inspirationsgedanken wieder zu beleben und dadurch die Poesie theologisch relevant zu machen. Den letzten Aspekt werde ich im Kapitel 11 behandeln. Hier halte ich mich vorläufig an die Poesie als Form und an die Bedeutung, die sie als Erzieherin des Menschen hat.

Die Humanisten beschäftigten sich eingehend mit den Kulturproblemen der damaligen Zeit und waren der Auffassung, daß das Verständnis für das freie Studium und für die Poesie allzu gering sei – das war ihrer Meinung nach die Hauptursache dafür, daß es mit diesen Studien so schlecht bestellt war; das Milieu dieser Zeit war ihnen nicht günstig. Salutati beklagt sich häufig darüber und sagt an einer Stelle, daß er beim Gedanken an den Verfall der literarischen Studien in seiner Zeit oftmal ärgerlich werde, die Zeit rechne nur mit Studien, die Gold und Reichtümer abwerfen[5]. Studien, durch die man eine Menge Geld verdienen kann, wie z.B. Jura und Medizin, werden in der Regel bevorzugt, und überhaupt müsse man sagen, daß die materialistische Einstellung der Leute sie daran hindere, sich der Literatur zu nähern, und Salutati beglückwünscht sich jedesmal selbst, wenn er jemanden findet, der ebenso wie er selbst höhere Interessen hat, insbesondere wenn dies ein so tonangebender Mann wie ein Fürst ist. In der Regel lasse der Adel leider die Studien liegen, um sich dem Sport zuzuwenden[6]. Bei Boccaccio finden wir die gleiche Einstellung, nämlich, daß es die Jagd nach dem Gelde sei, die sich literarischen Studien hindernd in den Weg stelle[7]. Auf die Einwendung, daß die Poeten ja doch immer arm seien, antwortet Boccaccio, daß man sie trotzdem achten könne, und Salutati meint, daß nicht ihr Unvermögen in Geldangelegenheiten an ihrer Armut Schuld sei, sondern daß es sich um eine bewußte Lebensform handelte. Wären sie daran interessiert, sich Reichtum zu verschaffen, so wäre nichts leichter für sie, und er nennt eine Reihe historischer Beispiele[8]. Es ist schwer gewesen, der geldfreudigen Aristokratie gegenüber, die im politischen und ökonomischen Leben in Florenz tonangebend war, für die Dichter einzutreten. Sicherlich um eben dieses Publikum zu überzeugen, führt Salutati an, daß in Athen die Dichter im Stadtrat saßen[9].

Bei den Humanisten gibt es eine gewisse moralische Verärgerung, teils darüber, daß die meisten ihre Zeit zu nichts Besserem gebrauchen, als Geld zu verdienen – für die Menge ist Reichtum und virtus das Gleiche – und teils darüber, und das ist in dieser Verbindung wichtiger, daß die Poesie auf Ablehnung stößt, was moralisch verwerflich ist. *Eloquentia* und *poesia* werden nämlich als Erziehung zu einer ethischen Lebensführung angesehen, und die moralischen Früchte müssen das Kriterium für die Dichtung sein. Salutati erkennt überhaupt keine Dichtung an, die nicht einen moralischen Zweck verfolgt. Das gilt nicht allein für die Poesie, sondern für jede Form menschlicher Betätigung. Ein Freund, der aufs Land gefahren ist, um zu fischen und das Leben zu genießen, wird scharf ermahnt, weil er es vorzieht, seine Gelüste zu befriedigen, anstatt sich etwas Nützliches vorzunehmen. Gott hat uns nicht in die Welt gesetzt, damit wir in Luxus und Überfluß leben sollen. Wir müssen in Bescheidenheit leben[10]. »Non ad vitia, sed ad virtutem«[11]. Die sinnlichen Freuden sind neben dem Laster der Gegensatz zur Tugend, weil man sich nicht beherrschen kann, sobald man sich in ihrer Gewalt befindet. Salutati ist so der neuen Musik gegenüber skeptisch, weil sie die Sinne reizt und ihre Ausüber weibisch werden läßt, und er hat mehr Vertrauen zur antiken Auffassung, wonach die Musik »simplex, severa et mascula« sein müsse[12]. Die Poesie darf natürlich auch nicht »libidinosa« sein, und die Schilderung erotischer Triebe ist nur dann statthaft, wenn von ihnen zugleich kräftig Abstand genommen wird. Salutati kann so Ovid akzeptieren, weil er z.B. ars amandi als so grob und abstoßend auffaßt, daß sie eben dadurch ethische Qualität (!) gewinnt[13]. Salutati hat selbst ein Gedicht geschrieben, in dem er von jeder Form des Unernstseins Abstand nimmt, angefangen bei den Liebesnächten (in denen man ja nicht ordentlich schlafen kann (!)) bis hin zu der Gewohnheit der Frauen, das Haar zu bleichen, und den stutzerhafen Modeeinfällen der jungen Männer[14].

Diese etwas begrenzte Einstellung zu einigen der zentralen Themen der Dichtung hat es jedoch nicht verhindert, daß Salutati einer der tüchtigsten und energischsten Verteidiger der Stellung der Poesie gegenüber ihren Gegnern aller Art zu seiner Zeit war. Aus dem Vorherigen hat man vielleicht den Eindruck gewinnen können, daß die Dichtung seiner Meinung nach nicht belustigen, sondern nur nützen solle. In Wirklichkeit ist es jedoch Salutatis Auffassung, daß die Poesie nur nützen kann, wenn sie Freude macht[15]. Das isolierte Vergnügen dagegen ist nicht nur nutzlos, sondern sogar direkt schädlich.

Aber die Poesie ist nicht in der Lage, die schwersten Dinge verständlich zu machen, weil die Form vergnüglich und unterhaltend ist. Das ist eine Frage der Pädagogik, und Salutati meint, daß der rechte Mann jeglichen Stoff in dichterischer Form wiedergeben könne. Salutati zeigt, wie Horaz es verstanden hat, das Rechnen zu einer lustigen und vergnüglichen Beschäftigung zu machen, und schlußfolgert, daß die Poesie jeglichem Unterricht die Freude hinzufügen kann, etwas, was nicht so leicht überschätzt werden kann[16]. Das ist darin begründet, daß die Dichtung im Gegensatz zu den Fachwissenschaften kein abgegrenztes Thema hat. »Est autem materia poesis non determinatum aliquid, ut in realibus scientiis assignatur, sed universalis lateque patens, quale subiectum solet in sermonicinalibus artibus adnotari«[17]. Das bedeutet, daß die Poesie an sich keinen Inhalt hat, sondern nur eine Form ist, die alles mögliche in sich aufnehmen kann[18]. Wenn man die Dinge direkt sagt, wird die Sprache grob[19] und damit unverständlich[20]. Es gibt einen allgemein-menschlichen Drang, sich in gebundener Form (metrisch und melodisch) auszudrücken und in Bildern zu umschreiben. Das können wir bei Kindern beobachten, die sich beruhigen und aufhören zu weinen, wenn man für sie singt[21]. Wie sie es auch lieben, Gespenster zu spielen, obwohl es sie ängstigt. Dieser allgemein-menschliche Drang sich unterhalten zu lassen, muß beim Unterrichten ausgenutzt werden.

Es ist Salutatis Auffassung, daß die Poesie in der Erziehung das beste Mittel ist. Ihm geht es nicht nur darum, eine Lehre oder eine unverbindliche Erkenntnis einzuprägen, sondern darum, Leute in Bewegung zu bringen, ihnen eine persönliche Überzeugung zu vermitteln. Was man letzten Endes erreichen will, ist nicht die Erkenntnis, sondern der ethische Entschluß, nicht Intellekt, sondern Wille. Deshalb soll man bei Salutati und anderen frühen Humanisten nicht nach philosophischen Lehrsätzen suchen, denn sie waren überzeugt, daß es diese in ausreichender Zahl gebe, vor allem in der christlichen Offenbarung, aber auch im Denken und Dichten der Antike. Ihnen kommt es darauf an, der Wahrheit Gehör zu verschaffen und sie in das richtige Verhältnis zum Menschen zu stellen.

Was die Wahrheit an sich ist, kann spannend sein, ist aber prinzipiell uninteressant. Kenntnis vom System der Natur kann natürlich ausgezeichnet sein, hat aber für den Menschen keine entscheidende Bedeutung. Wissen ist, wie erwähnt, kein Ziel in sich selbst, sondern ein Mittel im Dienste der Güte[22]. Die Hauptfrage in De nobilitate ist ja eben, was es einem Menschen nützt, alle Weisheit der Welt zu besitzen, wenn er nicht in der Lage ist, die ethischen Forderungen zu erfüllen, die seine Mitmenschen an ihn stellen. Trotzdem stellt Salutati sehr große Forderungen an die Allgemeinbildung der Juristen und, wie wir sehen werden, der Poeten. Der Gedanke Ciceros von der Kenntnis der göttlichen und menschlichen Dinge enthält für Salutati keinerlei Begrenzungen. Nichts darf in der Theorie fremd und unbekannt sein, man hat prinzipiell die Pflicht, alles zu wissen, was man wissen kann. Deshalb sehen wir auch, daß Salutati auf beinahe alle Fragen antwortet, die ihm gestellt werden, gleichgültig in welche Richtung sie gehen[23]. Oftmals erklärt er, daß er davon nichts verstehe, untersucht aber die Sache und dankt dem Adressaten dafür, daß er ihm die Gelegenheit gegeben habe, sich mit diesem Thema zu beschäftigen[24].

Wenn man fragt, welches der Grund zu dieser allumfassenden Neugier ist, wird Salutati nicht auf die Wißbegierde verweisen, denn genau genommen sind ja nur wenig von diesen Dingen wissenswert an sich. Die elementäre Ursache ist die, daß alle Fächer Verbindung zueinander haben. Wenn man z.B. Grammatik studiert, ist man gezwungen, sich auch mit anderen Wissensgebieten zu beschäftigen, wenn man wirklich ein tiefgreifendes grammatikalisches Wissen erreichen will. »Connexa sunt humanitatis studia«[25]. Andere Ursachen sind in dem pädagogischen Bestreben zu suchen, einen richtigen und effektiven Unterricht zurechtzulegen. Man muß wissen, womit man es zu tun hat. »Recte sapere sit et principium et fons«[26]. Studia humanitatis kann nicht betrieben werden, ohne daß man auf allen Gebieten zu Hause ist, und dafür gibt es zwei Gründe, die beide pädagogischer Art sind. Wer darin unterrichten will, das Leben auf die rechte Art und Weise zu leben, muß natürlich auf allen Gebieten wohlbewandert sein, damit er beurteilen kann, worauf das Hauptgewicht zu legen ist, und damit er dem »Schüler« gegenüber nicht zu kurz kommt. Und er muß mit den Leuten sprechen können, d.h. er muß in der Lage sein, das Thema vom Gesichtswinkel des Gesprächspartners her zu sehen und eben die Argumente und Beispiele zu gebrauchen, die auf den Betreffenden Eindruck machen werden. Es kann daher nicht überraschen, daß der Dichter-Pädagog ebenso wie der Jurist Salutatis Meinung nach beinahe allwissend sein soll[27]. Worin er Erfahrung haben muß, sagen ihm seine neun Musen, die Salutati frei umformt, indem er sieben von ihnen für artes liberales, eine für die angeborene Begabung und eine für Philosophie (sowohl Moral- als Naturphilosophie) und Jura zuständig sein läßt[28]. Wer keine universelle Kenntnis der Dinge besitzt, kann sich nicht Dichter nennen. Die Theologie hat keine Muse, aber sie gehört in besonderem Maße mit dazu, so wahr die Dichter mit dem Göttlichen in Verbindung stehen[29]. An niemanden kann man größere Forderungen stellen, als an den Dichter (nescio si quicquam maius et in humanis inventionibus sive perfectionibus poetica dici possit, imo scio certissime quod non possit)[30].

Auch die moralische Qualität muß vorhanden sein. Die Aufgabe des Dichters ist es ja, zu loben und zu tadeln[31], und das kann er nur tun, wenn er selbst moralisch einwandfrei ist. Wer ohne Sünde ist, kann den ersten Stein werfen, wie im Evangelium steht[32].

Auf den Einwand, daß niemand den Titel poeta verdiene, wenn dies die Forderungen an den Dichter sein sollten, antwortet Salutati, daß es natürlich richtig sei, daß kein Poet vollkommen ist. Nicht einmal Vergil[33], der sowohl in seinem Wissen als auch in seinem moralischen Habitus Mängel hatte[34].

Aber er war der größte aller existierenden Poeten (vielleicht wäre einer jedoch noch größer gewesen, wenn er auf Latein geschrieben hätte statt in seiner Muttersprache – es ist naheliegend, daß Salutati von Dante spricht[35]). Es ist kein Argument gegen die absolute Forderung, daß niemand sie erfüllen kann. Die Anforderungen müssen in vollem Umfange gestellt werden, nur dadurch kann man zu einer gerechten Beurteilung der Poeten gelangen. Das bedeutet natürlich, daß keiner »poeta simpliciter dici potest, sed participatione quadam«[36]. Aber wir nennen sie trotzdem Dichter, wie wir ja auch über einige Menschen sagen, daß sie selig sind, obwohl nur Gott allein selig ist, während die Menschen an der Seligkeit höchstens teilhaben können[37].

Die Forderung nach Allseitigkeit, nach Beherrschung aller Gebiete, scientia rerum divinarum et humanarum, wird in Wirklichkeit an alle gestellt, die mit der Erziehung von Menschen zu tun haben. Der Orator wird in Anlehnung an Cicero mit der gleichen Elle gemessen, was nicht weiter überraschen kann, da Poet und Orator traditionell vieles gemeinsam haben[38]. Dagegen ist Salutati der einzige, der die gleichen Forderungen auch an den Juristen stellt; die Humanisten vor und nach Salutati wollten der Jurisprudenz keine solch große Bedeutung zuerkennen und solch hohe Anforderungen an deren Ausüber stellen. Aber Salutati meint, daß Jurist und Dichter mit ihrer Tätigkeit das gleiche Ziel verfolgen, nämlich zu belehren und zu erziehen. Und bis zu einem gewissen Maße kan man auch von anderen Fachleuten Wissen und eloquentia fordern. Die Ärzte müssen sich mit den Patienten unterhalten und sie in gute Stimmung versetzen können, worin oftmals ein wichtiger Teil der Behandlung besteht. Nichts ist so aufmunternd für einen Kranken wie vergnügliche Diskussionen an der Bettkante[39].

Aber zurück zur Poesie, die mit ihren beiden Aspekten: Erforschung der Wahrheit und Wiedergabe der Wahrheit, damit sie realisiert werden kann, für Salutati der Inbegriff von »studia humanitatis« ist. Kristeller behauptet, daß studia humanitatis zu Beginn des 15. Jahrhunderts für ein eng umrissenes Unterrichtsgebiet mit den Disziplinen Grammatik, Rhetorik, Geschichte, Poesie und Moralphilosophie stand und daß das Wort Humanist (humanista) keineswegs in seiner modernen Breite und Wert-Bedeutung aufgefaßt werden darf, sondern lediglich jemanden bezeichnete, der in diesen Fächern unterrichtete[40] Kristeller fährt fort: »Moreover, the *studia humanitatis* includes one philosophical discipline, that is, morals, but it excludes by definition such fields as logic, natural philosophy, and metaphysics, as well as mathematics and astronomy, medicine, law, and theology, to mention only such fields as had a firmly established place in the university curriculum and in the classification schemes of the period«[41].

Diese Charakteristik trifft vielleicht für einen Teil der Humanisten des 15. Jahrhunderts zu[42], ist aber im Hinblick auf Salutati völlig unzureichend. Es ist ja nicht richtig, daß er sich ein bestimmtes Unterrichtsgebiet begrenzte. Es müßte zumindest Jura mit einbeziehen. Theologische Probleme behandelt er auch, und De fato verrät ein großes Wissen in Metaphysik und Interesse dafür. Was die Naturwissenschaften betrifft, so hatte er sich das Wissen seiner Zeit in Astronomie und Physik angeeignet. Das Interesse für diese und viele andere Fächer fehlt durchaus nicht. Erst bei der Einschätzung ihrer Bedeutung kommt es zu einer Grenzziehung. Wenn Salutati Poesie und Moralphilosophie höher einschätzt als z.B. Physik, so geschieht das nicht, weil er kein Physiker ist, sondern weil er meint, daß die Poesie, die etwas Zentrales über den Menschen aussagt, wertvoller sein müsse als die Physik, die uns etwas über die Dinge sagt. Und wenn er nicht sonderlich auf Logik und Dialektik eingeht, so nicht deshalb, weil er kein Logiker ist, sondern weil er der Auffassung ist, daß Poesie und Eloquenz die Aufgaben besser lösen können als Logik und Dialektik. Im übrigen kann er die anderen Wissenschaften durchaus akzeptieren, wenn sie ihren Platz kennen und nicht höher streben als sie zu reichen vermögen. Die Perspektive des Daseins wird nicht von ihnen, sondern von Poesie, Jura und Theologie gegeben.

Wenn man, wie Kristeller, den Einsatz der Humanisten als ein Stück fachlicher Arbeit innerhalb begrenzter Gebiete ansieht, so kommt man auch dazu, sie als Universitätsangestellte zu betrachten, die in etwas ganz Bestimmtem unterrichten sollen und deren Interessen deshalb nicht über die Grenzen ihres Faches hinausreichen müssen. Aber der italienische Humanismus ist seiner Entstehung und seiner langen Entwicklung nach keine Universitätsbewegung. Die frühen Humanisten haben keine Universitätsausbildung, sondern sind in hohem Maße »selfmade«, und ihre Erfahrungen sind oftmals durch die Arbeit mit politischen und gesellschaftlichen Problemen bestimmt[43]. Hieraus folgt etwas Wichtiges, nämlich daß studia humanitatis nicht nur eine fachliche Arbeit ist, sei es innerhalb eines begrenzten Gebietes oder mit enzyklopädischer Zielsetzung – sondern in erster Linie eine Haltung den Dingen gegenüber, eine Lebensanschauung. Es kommt weniger darauf an, womit man sich beschäftigt, als darauf, wie man das tut. Studien und Wissen können deshalb prinzipiell niemals das Ziel an sich sein, sondern *müssen stets zu etwas verwendet werden*.

Wenn die Poesie daher für Salutati das Zentrale ist, so ist sie das nicht nur, weil er sie am interessantesten oder spannendsten findet, sondern weil besonders sie dazu benutzt werden kann, alles andere für den Menschen anwendbar zu machen. Damit ist die Natur in sich selbst natürlich auch nur ein Mittel[44] (non terminus, sed instrumenta), aber sie ist das wichtigste aller Mittel, weil sie das menschliche Leben mit dem Wesentlichen verbinden und ihm einen Inhalt geben kann. Die Humanisten meinten tatsächlich, daß sie in der Poesie den Schlüssel gefunden hätten, mit dem sie alles erschließen könnten. Die Poesie ist daher weit wichtiger als die Logik, und der Fehler der Logiker bestand eben darin, daß sie glaubten, den Schlüssel zu besitzen.

Salutati wollte sie aus diesem Irrtum herausführen und ihnen ihren rechten Platz anweisen. Auf gleiche Weise können alle anderen Fächer in eine mehr oder weniger feste Hierarchie eingeordnet werden. Die Moralphilosophie steht z.B. höher als die Naturphilosophie, weil sie etwas Zentraleres über den Menschen aussagt, wie auch die Jura wichtiger ist als die Medizin. Die Fächer haben keine selbständige Bedeutung, erst der Mensch, der sich ihrer bedient, verleiht ihnen Meinung. Sie sind nur Instrumente des Menschen und haben als solche, je nach ihrer Verwendungsmöglichkeit, verschiedenen Wert. Aber keines von ihnen ist umbrauchbar, alle haben sie ihre Berechtigung, und der Mensch muß sie alle beherrschen können, damit er alle seine Möglichkeiten auszunutzen vermag. Aber die Poesie ist das wichtigste Fach, als Instrument an sich, und weil sie alle andere Erkenntnis für den Menschen anwendbar macht.

Die erste Forderung, die man an einen effektiven Unterricht stellen muß, ist die, daß er die Aufmerksamkeit fangen können muß, und infolge Salutati hat die Poesie hierfür besondere Voraussetzungen. Es ist nämlich ein Genuß, sie anzuhören. Indem man »suaviter« und »eleganter« spricht, kann man die Zuhörer, die sich über die schöne Form freuen, positiv stimmen[45].

Dies gilt nicht nur für die Poesie, sondern für jede literarische Arbeit. Auch wenn man z.B. übersetzt, ist es wichtig, den richtigen Eindruck auf den Leser zu machen. Selbst hat Salutati versucht, Übersetzungen aus dem Griechischen ins Lateinische zu verbessern, nicht um sie genauer zu machen – dazu war er nicht in der Lage, denn er konnte kein Griechisch[46] – aber er schrieb eine unklare und unschöne Plutarch-Übersetzung um, »zu meinem Nutzen und zu dem anderer und zur Ehre Plutarchs«[47]. Diesem ist ja nicht damit gedient, auf Latein nicht den gleichen Eindruck zu hinterlassen wie auf Griechisch. Deshalb ist es nicht genug, wortgetreu zu übersetzen; noch wichtiger ist es, daß das Dichterwerk seine Fähigkeit bewahrt, die Leute anzusprechen. Salutati meint, daß man sich zu diesem Zweck nicht davor scheuen dürfe, einige Fragen oder Ausrufe einzustreuen, um auf diese Weise eine ansonsten kraftlose Darstellung zu beleben[48].

Salutati setzt also die Poesie auf die mittlere der drei Stilebenen der Rhetorik. Hier soll man unterhalten (delectare), während man in der niedrigen Stilart, dem leichten Stil, belehren (docere) und in der hohen Stilart bewegen (movere), zur Handlung zwingen soll[49]. Die Poesie darf sich aber auch auf der höchsten Stilebene bewegen, weil es nicht ausreichend ist, den Zuhörer in einen Zustand des passiven Genusses zu versetzen. Er muß vielmehr selbst mitarbeiten, wenn er aus dem Unterricht Vorteil ziehen will, und im Hinblick auf diese Mitarbeit ist die Poesie besonders geeignet durch ihre »indirekte Rede«, in der die Dinge nicht direkt gesagt, sondern vielmehr gut verpackt werden, damit der Zuhörer sie wieder auspacken kann und dadurch zu eigenem Mitwirken gezwungen wird, ohne daß er sein Wissen nur auswendiglernen und es sich nicht wirklich aneignen kann[50]. Die Phantasie muß angesprochen werden, es ist nicht genug, an den Verstand zu appellieren. Ja, die Aufgabe des Dichters ist es vor allem »movens et exitans specialiter fantasiam«[51]. Die Technik, die angewandt wird, ist die allegorische Methode im weitesten Sinne, d.h. »per unam rem aliud designare«[52], und man versucht, soweit dies möglich ist, Begriffe zu vermeiden und statt dessen Bilder und Handlungsabläufe zu verwenden. Besonders interessiert sich Salutati für die Illustrierung moralischer Qualitäten[53], und überall in seinen Werken finden wir allegorische Auslegungen von Dichterwerken. Vor allem in De laboribus Herculis, das, vom ersten Buch, in dem die Bedeutung der Poesie behandelt wird, abgesehen, die 31 kraftvollen Taten Hercules' schildert. Die Darstellung ist so angelegt, daß eine allegorische

Deutung mühelos vorgenommen werden kann, was dann in der Regel auch am Schluß eines jeden Kapitels geschieht.

Sowohl Salutati als auch Boccaccio und die Zeit überhaupt verwenden viel mythologischen Stoff bei ihren Auslegungen, und das ist ja nicht so merkwürdig, weil dies ja doch allgemeiner Stoff ist, der nicht an Form oder Absicht eines bestimmten Dichters gebunden ist, ebensowenig wie an historische Faktizität. Wenn sich der mythologische Stoff auch besonders gut zu allegorischen Deutungen eignet, so ist er jedoch nicht der einzige. Sowohl historische Ereignisse als auch Dichterwerke des Altertums werden in reichem Maße interpretiert. Für Salutati scheint insbesondere Vergil eine unerschöpfliche Quelle des Wissens und der guter Formulierungen gewesen zu sein. Beinahe zu jeder Gelegenheit gibt es ein Zitat von Vergil[54]. Vielleicht sind die Zitate oftmals nur als entspannende Pause in der Darstellung gedacht. Aber auch, weil es sich leicht machen läßt, Vergil als Illustration zur christlichen Verkündigung zu gebrauchen, indem sich zentrale christliche Begriffe ohne Schwierigkeiten aus seiner Dichtung heraus deuten lassen.

Eine Reihe anderer Verfasser, insbesondere Seneca, Ovid, Horaz werden auf die gleiche Weise ausgelgt. Vergil ist nur das markanteste Beispiel.

Salutati ist sich völlig im klaren darüber, daß die Dichter mit ihren Werken, denen sie ein persönliches Gepräge gegeben haben, eine bestimmte Absicht verfolgten, und daß dies jede Auslegung problematisch macht. Den mythologischen Stoff kann man leichter ohne Erklärung symbolisieren und allegorisieren, aber die Auslegung der Dichter muß eine Begründung beinhalten.

Es muß eine »Übersetzung« vorgenommen werden, wenn antike Texte aktualisiert werden sollen. Eine der wesentlichsten Entdeckungen des Renaissancehumanismus ist es ja gerade, daß wir uns der »Fremdartigkeit« eines Textes bewußt werden müssen, damit er uns vertraut und bedeutungsvoll erscheinen kann. Wenn man sich eines antiken Verfassers bedienen will, muß man ihn vor dem Hintergrund seiner Zeit beurteilen und für seine eigene Sprache Verständnis aufbringen. Der Partner muß sein eigenes Gesicht zeigen können, wenn der Dialog eine Meinung haben soll. Der ernsthafte Wunsch, von den alten Verfassern etwas lernen zu wollen, führt dazu, daß man sich des Unterschiedes zwischen ihnen und sich selbst bewußt wird. Dieser Unterschied kann nicht überwunden werden, wenn man nicht weiß, worin er besteht.

Salutati belehrt seine kirchliche Gegner über die Bedeutung des korrekten Zitierens. Es nützt nichts, ein losgelöstes Zitat anzuwenden, ohne auf den gesamten Kontext Rücksicht zu nehmen[55].

Man darf die Texte nicht für den eigenen Bedarf zurechtschneiden, sondern muß sie stehen lassen, wie sie sind. Die Aussagen dürfen nicht buchstäblich oder absolut verwendet werden, sie müssen in ihrem relativen Zusammenhang gesehen werden. Deshalb entfalten die Humanisten einen großen philologischen und historischen Scharfsinn, um ein Bild von der Vergangenheit zu zeichnen, wie sie wirklich gewesen ist. Man versucht, ordentliche Textausgaben ohne mittelalterliche »Barbarismen«[56] zu schaffen, und man ist sich darüber im klaren, daß Latein nicht einfach Latein ist, sondern daß es unzählige Möglichkeiten gibt, diese Sprache zu schreiben, und daß jeder Verfasser seine individuelle Eigenart hat[57].

Die philologische Arbeit führt auch ein allgemeines Verständnis für Eigenarten anderer Zeiten mit sich. Als Beispiel für die historische Relativität, mit der Salutati den Menschen der Antike betrachtet, kann die Diskussion genannt werden, die er über den moralischen Wandel Vergils führte, den Astorgio Manfredi in Zweifel gezogen hatte, weil Vergil augenscheinlich Polygamie und freie Liebe zuläßt.

In Wirklichkeit ist dies doch ein kindischer Streit, denn man kann die Toten ja nicht bestrafen, und man kann sie auch nicht mit unserem Maßstab messen. Es dreht sich ja nicht um Begriffe, zu denen man abstrakt Stellung nehmen kann, sondern wirkliche Menschen, und der Streit ist daher nur eine »scolastica controversia« ohne Verbindung zur Wirklichkeit[58]. Die Alten faßten es nicht als eine Schande auf, unverheiratete Vorväter zu haben[59], und die Ehe war keine Institution, wie sie es später wurde. Die Menschen der damaligen Zeit müssen aus ihrer Zeit und der Gesellschaft, in der sie lebten, heraus verstanden werden und nicht von unseren Voraussetzungen aus[60].

Garin weist mit Recht auf die historischen Konsequenzen dieser Haltung hin[61]. Salutatis Zeitgenossen, Rinuccini und Gleichgesinnte, ja man kann ruhig sagen das Mittelalter überhaupt, wollen die Überlieferung ohne Diskussion anerkennen, während die Humanisten die Vorzeit kritisch rekonstruieren wollen. Salutati entfaltet selbst eine umfangreiche philologisch-historische Tätigkeit, u.a. um die Gründung von Florenz aufzuklären, um das sicherste Ergebnis zu erlangen[62], darunter die Sondierung der Quellen nach fast modernen Methoden[63].

Überhaupt hat der Humanismus als Geistesepoche hauptsächlich durch diese philologisch-kritische Tätigkeit Bedeutung gehabt. Jedenfalls sieht man darin am häufigsten seine historische Bedeutung, und man hat es daher als ganz konsequent angesehen, daß es in Pedanterie endete, mit der Montaigne abrechnete[64]. Aber in dieser Verbindung sollte man daran denken, daß die Humanisten keine Lizentiaten waren, die nur forschten, um mehr zu erfahren. Sie wollten nicht allein tüchtiger sein, sondern vor allem weiser, und deshalb hat ihre gesamte Tätigkeit letzten Endes ein pädagogisches Ziel. Für viele Humanisten war es zwar schwierig, an der Verbindung von »Grundforschung« und moralischer Zielsetzung festzuhalten, aber Salutati hatte dies jedenfalls immer vor Augen. Die Funktion der Poesie in der menschlichen Erziehung kommt klar in der Definition, die Salutati bei Aristoteles findet, zum Ausdruck: »omme poema et omnis oratio poetica aut est vituperatio aut laudatio«[65]. *Lob und Tadel* sind effektive Mittel im Unterricht, und es ist natürlich, daß sich Salutati ihrer oft bedient und immer wieder darauf zurückkommt. Der Tadel ist Lasterhaften gegenüber, bei denen er Reue und Scham hervorruft, gut angebracht, und bei den Guten kann er zum Nachdenken darüber anregen, was man vermeiden soll. Auch das Lob ist immer an seinem Platz. Wenn es berechtigt ist, wird es anspornen, und wenn es übertrieben ist, wird es den Gelobten beschämen, weil er die Erwartungen noch nicht erfüllen kann, und der Betreffende wird versuchen, danach zu streben[66]. Der Dichter legt Ehre ein, indem er Lob austeilt, während es recht problematisch ist, das Lob anzunehmen. Salutati hat viel Kummer, wenn die Leute ihn mit Ehrungen bedenken, und die Briefe aus den letzten Jahren werden stets mit einer Zurückweisung der überströmenden Worte eingeleitet. Als Christ meint Salutati nicht, Lob annehmen zu dürfen. Was hat man, was man nicht bekommen hat? Gott gebührt alle Ehre, das Lob soll deshalb an ihn gerichtet werden. Daher kann es akzeptiert werden, daß man Gott dafür lobt, durch Salutati Hervorragendes getan zu haben[67]. Daß dieser Kunstgriff nicht viel ändert, scheint Salutati nicht aufgefallen zu sein[68].

Das Lob kann aber auch dann von Bedeutung sein, wenn ein Dritter damit bedacht wird, der auf diese Weise zum Beispiel für andere wird, und vielleicht hat der Dichter gerade hier seine Aufgabe. Er ist imstande, Menschen unsterblich zu machen, indem er sie in seinen Gedichten verewigt, und er schafft auf diese Weise Ideale für Mitwelt und Nachwelt[69]. *Francesco Fiano*, der etwas jüngere Zeitgenosse Salutatis, verteidigt die Bedeutung der Poesie gegenüber kirchlichen Angreifern indem er darauf hinweist, daß alle Menschen die Unsterblichkeit des Ruhmes erstreben. Generale schlagen Schlachten und Philosophen und Theologen schreiben Bücher, damit die Erinnerung an sie weiterleben kann[70].

Diesen allgemeinmenschlichen Trieb kann der Dichter besser als jeder andere befriedigen[71], und deshalb sollten selbst kirchliche Dignitare verstehen, daß sie der Poesie in hohem Maße bedürfen könnten. Eine solche Argumentationsweise liegt Salutati fern. Zwar erkennt er es an, daß wir alle nach Ehre trachten (quis non optet, si quid commendabiliter scripserit, transire in posteros)[72], aber für einen Christen ist es illigitim, sich damit zu beschäftigen. Die Menschen der Antike taten das in vollem Maße, aber sie wußten auch nicht besser[73]. Für Salutati kann es niemals entscheidend sein, daß es sich hier um allgemeinmenschliche Triebe handelt – für ihn kommt es ja gerade darauf an, die Sensualität zu bekämpfen, (vgl. oben S. 113ff). Lob und Ruhm können daher niemals einen eigentlichen Wahrheitswert besitzen, weil sie, genau genommen, niemals zu etwas Wirklichem rekurrieren, ebenso wie die Fähigkeit der Poeten, zu loben und zu glorifizieren, allein kein Argument für den Wahrheitswert sein kann. Nur als pädagogisches Mittel hat sie ihre Berechtigung. Die Poesie arbeitet in der Regel mit imaginären Heltengestalten[74], während die Geschichtsschreibung wirkliche Personen glorifiziert – der Zweck beider Disziplinen ist der gleiche. Auch Salutatis Geschichtsauffassung ist ausgesprochen moralisch-pädagogisch. Die antiken Geschichtsschreiber haben uns eine Reihe Gestalten von einzigartiger moralischer Qualität gezeichnet, die uns in unserer eigenen Lebensführung inspirieren können. Wie in der Poesie sucht Salutati auch in der Geschichte nach dem Allgemeingültigen – es gibt ja nichts Neues unter der Sonne[75] – das aktuell ausgenutzt werden kann. Natürlich können wir nicht nur das Positive, sondern auch das Negative finden, ja es gibt keine Tugend, kein Laster und keine menschliche Handlung, die in der Geschichte nicht illustriert würde[76]. Salutati zieht es bei weitem vor, historische Werke zu lesen, die man gebrauchen kann, wenn man »denkt, Rat erteilt und schreibt« (ipsis utar meditando, consulendo, scribendo) anstatt sich an leeren philosophischen Diskussionen zu beteiligen, die »die Gewohnheiten der Menschen nicht verbessern«[77]. Salutati verwendet dann auch in reichem Maße historische Beispiele, um seine Gedanken zu illustrieren, obwohl er nicht wie Petrarca eine historische Exempelsammlung mit dem vielsagenden Titel: De viris illustribus geschrieben hat[78].

Poesie und Geschichte sind als Erzieher gut geeignet, weil sie dem Zuhörer freie Hand lassen und es ihm selbst überlassen, das Gute zu verwirklichen. Der Mensch wird keinen Befehlen oder allgemeinen Lehrsätzen ausgesetzt, sondern er wird mit den konkreten Möglichkeiten konfrontiert. Die Wahl muß er selbst treffen.

Zum anderen spricht die Poesie und Geschichte *die Gefühle und damit den Willen an,* welcher ja, Salutati zufolge, der übergeordnete Teil des Menschen ist. Das geschieht dadurch, daß in einer schönen und einschmeichelnden Form gelockt und überredet und durch die konkrete Anschaulichkeit der Personifizierungen, der Metaphern und der Beispiele das unmittelbare Verständnis erleichtert wird. Die Gefühle werden nämlich durch das Konkrete und mit Sinnen erfaßbare motiviert und nicht durch das Abstrakte oder Begriffsmäßige. Nur so kann eine Übereinstimmung zwischen dem inneren, wissenden Menschen und dem äußeren, handelnden zustande kommen.

Salutatis Begriff von der Poesie als der notwendigen pädagogischen Form muß im Zusammenhang mit der ganzen antiken und mittelalterlichen rhetorischen Tradition gesehen werden. Poesie und Rhetorik sind für den Menschen des Mittelalters zwei Seiten der gleichen Sache, und auch Salutati faßt die Dichtung als eine Form der eloquentia auf. Doch soll die Poesie und Rhetorik bei ihm nicht nur die äußere Form sein, die man in Verbindung mit einem im voraus gegebenen Inhalt setzen kann. Im folgenden Kapitel werden wir sehen, wie es bei Salutati um mehr als Pädagogik geht, nämlich auch um das Verständnis selbst. Hierbei berührt er notwendigerweise die Philosophie und die Theologie.

KAPITEL 10

Poesie und Philosophie

Salutatis Auffassung von der Poesie muß unweigerlich für sein Verständnis der Rolle der Philosophie Konsequenzen haben; deren Bedeutung wird um so geringer, je größer die der Poesie wird. Der Zusammenstoß zwischen Humanisten und Fachphilosophen war unvermeidlich, weil der Gegensatz deutlich zum Vorschein kam, und das auch ohne polemische Verschärfung getan hätte. Die Humanisten greifen jedoch nicht alle Philosophie an, sie behandeln die antiken moralphilosophischen Richtungen, speziell den Stoizismus mit großem Respekt, richten ihre Skepsis aber gegen Naturphilosophie, Logik und Metaphysik; im übrigen geht nicht immer klar hervor, von welcher Form der Philosophie gesprochen wird. Dies ist natürlich in klarer Übereinstimmung mit ihrer Arbeit, eine Lebenslehre zu schaffen, und nur das Wissen, das hierzu beiträgt, hat ihr Interesse. Deshalb müssen sie z.B. die Naturwissenschaft als unwesentlich ansehen. Petrarca meinte, daß das Wissen darüber, daß der Elefant zwei Jahre lang trächtig ist, und daß das Krokodil als einziges Tier in der Lage ist, den Oberkiefer zu bewegen, bedeutungslos sei[1]. Höchstwahrscheinlich ist es reiner Aberglauben, und selbst wenn es wahr wäre, hätte es keinerlei Bedeutung für die Erlangung eines tugendhaften oder seligen Lebens. Und Salutatis Einstellung zum Wissen liegt, wie wir gesehen haben, auf der gleichen Linie. Auch er verlangt, daß es ethisch nutzbar gemacht werden kann.

Logik und Dialektik können ebenfalls angeklagt werden, sich nicht mit relevanten Dingen, sondern mit Spitzfindigkeiten (»subtilitates«) zu beschäftigen, und bei Petrarca z.B. kann man einen Unwillen gegen Beschäftigung mit Philosophie beobachten, denn Gott hat nun einmal die Weisheit aller Welt zu Torheit gemacht[2]. Eine solche Haltung wird bei Salutati, der dem Wissen und der Erkenntnis in allen ihren Formen immer positiver gestimmt sein wird, schwieriger zu finden sein[3]. Trotzdem ist sein Verhältnis zur Philosophie etwas zweideutig, was daran zu erkennen ist, wie er sie der Poesie gegenüberstellt[4], während sie sich an anderen Stellen gegenseitig auszuschließen scheinen. Unter Philosophie wird in dieser Verbindung die Erkenntnis der grundlegenden Daseinsformen und nicht nur die Moralphilosophie verstanden, obwohl es Salutati schwerfallen kann, diese beiden Dinge auseinanderzuhalten.

Eines steht jedoch fest: Die Poesie wird der Philosophie immer überlegen sein[5], was auch aus der Tatsache hervorgeht, daß es weit mehr Philosophen gibt als Dichter. Salutati denkt augenscheinlich an sein eigenes theologisch-philosophisches Zeitalter[6]. Die Meinung damit muß die sein, daß ein jeder Philosoph werden kann, während es besonderer Voraussetzungen bedarf, Dichter zu und in seiner umfangreichen Analyse des Wesens der Dichtung im 1. Buch von De lab. stellt Salutati die Poesie über alle anderen Wissenschaften, auch die Philosophie und die Theologie, weil die Poesie sie alle voraussetzt und in sich aufnimmt. Die Philosophie wird für die Dichtung zu einem Material[7].

Aber die Philosophie kann auch in einem anderen Lichte gesehen werden, nämlich als der diamentrale Gegensatz der Poesie. Wieder müssen wir einschränkend darauf hinweisen, daß Salutati nicht von der Philosophie im allgemeinen spricht, sondern deutlich auf die scholastische Begriffsdialektik hinzielt. Welche spezielle Richtung Salutati und die anderen Humanisten hierbei im Auge haben, ob es sich um Occamismus, Scotimus, Thomismus, Averroismus oder andere handelt, ist nicht klar zu erkennen. Man hat sich darüber gestritten, gegen wen Petrarcas De sui et multorum ignorantia gerichtet sei, ohne daß man dabei zu entscheidenden Ergebnissen kam[8], und was Salutati anbelangt, so gibt es keinen Grund anzunehmen, daß man ein sicheres Resultat erreichen wird. Zwar nennt er an einer Stelle die englischen Logiker, gegen die, wie wir wissen, im Florenz der damaligen Zeit eine heftige Polemik geführt wurde[9], aber es besteht kein Grund zur Annahme, daß Salutati seinen Angriff auf sie beschränkt hätte. Er will nicht eine bestimmte Schule, sondern eine ganze Geistesrichtung treffen.

Das Verhältnis der frühen Humanisten zu Aristoteles ist nicht ganz das gleiche. Petrarca nimmt am schärfsten Abstand von ihm und versucht, seine Bedeutung u.a. dadurch zu reduzieren, daß er unterstreicht, daß Aristoteles kein Christ gewesen ist[10]. Boccacio und Salutati sind vorsichtiger, sie greifen Aristoteles nicht generell an, sondern begnügen sich damit, in einzelnen Punkten gegen ihn zu argumentieren. Für Salutati ist er ohne nähere Charakteristik ganz einfach *der* Philosoph, und wo er ihn zur Unterstützung seiner eigenen Gesichtspunkte verwenden kann, tut er das, so zitiert er z.B. die aristotelische Definition der Dichtung[1]. Wo er von ihm Abstand nehmen muß tut er das mit großer Vorsicht. Er kann so sagen, daß auch wenn der Philosoph darin nicht einig ist, es doch die Philosophie ist[12]. Im übrigen interessierte sich die Generation nach Petrarca stark für Aristoteles. Allerdings für andere Schriften als die, die das Mittelalter geprägt hatten. Die Humanisten beschäftigten sich eifrig mit seiner Ethik, Politik und Poetik, die beiden letzteren wurden von Salutatis Schüler, Leonardo Bruni, aus dem Griechischen übersetzt.

Kirchlichen und fachphilosophischen Gegnern, sowie Physikern (Ärzten usw.) gegenüber will man insbesondere zwei Dinge erreichen. Zum ersten will man zwischen ihnen und ihrem Lehrmeister einen Abstand herstellen[13] und damit zeigen, daß Aristoteles für seine modernen Deuter nicht ohne weiteres verantwortlich sein kann, und zu anderen – und das ist vielleicht wichtiger – versucht man, seine beinahe göttliche Autorität zu reduzieren. Petrarca erkennt sein hervorragendes Wissen und seine große Bedeutung an, fügt aber hinzu, daß er trotzdem nur ein Mensch war und sich auch irren konnte[14].

Wenn es notwendig ist, Aristoteles anzugreifen, fährt Petrarca fort, so nicht deshalb, weil er die meisten Fehler macht, sondern weil er die meisten Nachfolger hat[15]. Salutati ist Aristoteles gegenüber nicht so scharf, vor allem in entscheidenden Fragen nicht, während er in weniger wesentlichen Dingen durchaus von ihm Abstand nehmen kann. Vielleicht liegt dem eine taktische Überlegung zugrunde; Salutati handelte überlegter als die impulsiven Dichter Petrarca und Boccaccio, im Vergleich zu denen »The shrewd Florentine used other tactics«[16]. Er meint, daß er seine Gegner effektiver treffen kann, wenn er sie auf ihrem eigenen Felde und mit Hilfe ihres eigenen Lehrmeisters schlägt. Es ist zumindest auffällig, daß er sich, wenn er die Bedeutung der Poesie aufzeigt, besonders häufig auf Aristoteles beruft.

Aber sowohl bei Petrarca als auch bei Salutati finden wir eine entspannte Haltung zu Aristoteles als einem Menschen wie alle anderen. Garin sagt überzeugend, daß die Humanisten Aristoteles säkularisierten[17], indem sie ihn in eine Reihe mit den anderen Menschen der Antike mit ihren Tugenden und Fehlern stellten. Boccaccio drückt das gleiche aus, wenn er fragt, weshalb man nicht Homer, wohl aber Aristoteles akzeptieren könne[18]. Im übrigen wird ja die gesamte Antike, die in ihrer historischen Relativität gesehen wird, säkularisiert. Sie hat in keinem Punkte länger unangreifbare Autorität – und eben deshalb kann man sie in der Pädagogik nur indirekt verwenden. Bei den Alten können wir keine Wahrheiten finden, sondern lediglich Meinungen, zu deren Gültigkeit wir selbst Stellung nehmen müssen. Zugleich wird auch der antichristliche Charakter der Antike und ihre Gefährlichkeit für den Glauben abgeschwächt. Sie ist kein ketzerischer Gegner mehr, gegen den man sich – so wie im Mittelalter – wehren muß, um seinen Glauben verteidigen zu können.

Es ist somit richtig, daß die moderne *Säkularisierung* in der Renaissance ihren Anfang nimmt, aber nicht das Christentum, sondern *die Antike wird davon zuerst betroffen*.

Das Mittelalter hatte auf seine Weise die Antike als ein lebendiges Element in sich, ein Element, das man entweder bekämpfen oder aber akzeptieren und übernehmen konnte. Die Humanisten machten die Antike zu einem außerhalb stehendem Element, wodurch sie wirklich antik wurde[9]. Sie wurde zu etwas Historischem und damit zu etwas von uns selbst entscheidend Verschiedenem. Vermischung oder Identität zwischen uns und den Menschen der Antike ist nicht möglich, weil diese einer anderen historischen Zeit angehören. Die Anklage wegen Ketzerei wird durch einen Versuch abgelöst, die Vorzeit in ihrem historischen Zusammenhang zu verstehen. Man betrachtet die Alten nicht länger als Götter oder als Teufel, die zum Unglauben verführen können, sondern als Menschen, mit denen man ebenbürtig sprechen kann[20] – wohlgemerkt, wenn man sich durch studia littere vorbereitet und seine Kenntnisse in Ordnung hat. Dagegen dachten die frühen Humanisten nicht daran, das Christentum zu relativieren, sie sind vielmehr der Auffassung, daß das Christentum erst dann auftritt, wenn alles andere seinen absoluten Wert verliert, denn nur dann kann das Christentum seine rechte Bedeutung erlangen. Erst ein späteres Zeitalter, die Zeit der Aufklärung, tat den nächsten Schritt im Säkularisierungsprozeß.

Aber die Humanisten greifen nicht nur den falschen Autoritätsbegriff ihrer Gegner an, sondern protestieren auch gegen deren Erkenntnismethode, und Salutati entfaltet und begründet den humanistischen Umwillen gegen die Scholastik klarer und konsequenter als seine großen Vorgänger.

In De laboribus Herculis verwendet er ein sehr aufklärendes Bild, nämlich Hercules' Streit mit der Hydra, der Salutatis Meinung nach eine deutliche Allegorisierung des Kampfes des wahren Philosophen gegen die Sophisten ist. Es ist kein Zufall, daß die Hydra lang, zählebig und gewunden ist. Das sophistische Hinauszögen erreicht die Wahrheit niemals, man legt eine unüberwindliche Zähigkeit an den Tag, wenn es gilt, an der Schwierigkeit von Lösungen festzuhalten, und die Gedankengänge sind gewunden und verwickelt[21]. Die Gewundenheit zeigt sich auch in der Vielfältigkeit; und deshalb ist es natürlich, daß ein neues Haupt zum Vorschein kommt, sobald man ein anderes abgeschlagen hat. Daher kann es nichts nützen, nur Häupter abzuschlagen; man muß seine Pfeile gegen das Herz der Hydra oder seiner sophistischen Gegner abschießen[22] »quod est sapientie domicilium«, damit man die falsche Philosophie vernichten kann. Man kann gegen diese Philosophie nicht argumentieren, sondern muß sie völlig abweisen.

Was meint Salutati eigentlich damit, daß die Sophisten gewunden und verwickelt seien? Liegt darin etwas anderes als ein Unwille gegenüber der sophistischen Neigung, die Dinge komplizierter zu machen, als sie sind? Salutati bemerkt an einer Stelle, daß er diejenigen kenne, die eine gute Antwort nicht verstehen können, und die auf Grund ihres Mißverständnisses zweifeln[23]. Es handele sich hierbei um eine mangelhafte Auffassungsgabe, die mit geistigem Hochmut und dem Wunsch, allwissend zu erscheinen, gepaart sei[24]. Noch schlimmer seien aber diejenigen Akademiker, die meinen, man könne niemals etwas mit Sicherheit feststellen, sondern es lediglich wahrscheinlich machen. Bei seinem Angriff auf diese Leute stützt sich Salutati auf Augustin[25], besonders auf Contra Academicos. Salutati begründet seine Ablehnung des prinzipiellen Zweifels jedoch nicht allein damit, daß wir jetzt das Christentum, und damit die Wahrheit, haben, sondern hat zugleich ein erkenntnistheoretisches Anliegen etwas anderer Natur[26].

Was ist eigentlich verkehrt, weshalb kommen die Gelehrten niemals zu einem Resultat? In De verecundia finden wir eine charakteristische Bemerkung, die zeigt, wo der Fehler Salutatis Meinung nach liegt. Nachdem er zwischen zwei Arten von verecundia (Schamgefühl) unterschieden hat – dem, das auftritt, nachdem die Sünde begangen worden ist, und dem, das sich schon vorher zeigt, sagt er, daß man sehr wohl weitere Unterscheidungen treffen könnte, daß dies der Klarheit aber nicht dienlich wäre. Die Angelegenheit würde dadurch eher verdunkelt als erhellt, und deshalb wolle er sich statt dessen damit begnügen, die Distinktionen zu untersuchen, die er bereits gemacht hat[27]. Etwas vorher hat er sich mit dem wahren und dem falschen Schamgefühl beschäftigt, das erstere beruht auf etwas Reellem, während das letztere keine eigentliche Ursache hat, wie z.B. wenn Kinder erröten, wenn Erwachsene zu ihnen sprechen. Das letztere ist eigentlich nicht verecundia, sondern eine Art pudor. Die Autoren, die sich mit dem Problem beschäftigt haben, haben jedoch nicht zwischen ihnen unterschieden, sondern die Dinge vermischt, und Salutati will sich daher auch nicht bemühen, sie wieder zu trennen[28]. Diese Bemerkung ist charakteristisch.

Salutati meint nicht, daß man durch immer feinere Distinktionen und Definitionen zur Wahrheit gelangen kann. Das meinten seine Gegner zwar auch nicht, weil dieser Verfeinerungsprozeß unendlich ist, sie behaupteten aber, daß man zu größerer Wahrscheinlichkeit kommen könne. Salutati dagegen glaubt, daß ein solches Bemühen umsonst ist, es geht einem dabei, wie wenn man eine Zwiebel immer weiter schält – am Ende bleibt nichts übrig. Wenn die Worte nur menschliche Worte sind, so nutzt es nichts, sie ohne weiteres als Ausgangspunkt der Erkenntnis zu verwenden – sie sind ein allzu unsicherer Ausgangspunkt.

Und das ist der Kardinalfehler der Philosophen. Sie glauben, daß die Worte die Wirklichkeit widerspiegeln. Das führt eigenartigerweise mit sich, daß sie der Sprache zu viel und zu wenig trauen. Zu wenig, weil sie – das gilt im Mittelalter sowohl für die Realisten als auch für die Nominalisten – der konkreten, geschichtlich gesprochenen Sprache keine erkenntnistragende Funktion zuerkennen wollen. Es gilt, hinter dieses unvollkommene sprachliche Medium zu dringen. Die *Realisten* meinen, daß sich das bewerkstelligen lasse, weil das äußere Wort nur eine zufällige und unvollkommene Bezeichnung der höheren und dahinterliegenden Wirklichkeit sei. Auf der anderen Seite, wenn man das Wort kennt, hat man auch eine Art Pfand der Wahrheit – auch wenn man das Pfand nicht vollständig in dieser Welt einlösen kann. Indem man das Wort als solches als wertlos hinstellt, gibt man der Sprache zu wenig Bedeutung; indem man dem Wort eine metaphysische und ontologische Basis zuteilt, gibt man der Sprache zu viel Bedeutung[29].

Die *Nominalisten* behaupten, daß wir Wörter und Begriffe selbst erfunden haben, um uns ein geordnetes Universum zu schaffen. Die Wörter beinhalten also keine andere Erkenntnis, als die, die wir wünschen. Wir erkennen mit unseren Sinnen, und dem Wahrnehmbaren geben wir verschiedene Namen, damit wir uns daran erinnern und es auseinanderhalten können. Hierbei unterschätzt man die Sprache, weil man ihren erkenntnisformenden Charakter eliminiert. Man übersieht u.a., daß die Sprache nicht nur dazu gebraucht wird, um auszudrücken, was wahrgenommen worden ist, sondern daß sie auch vor der sinnlichen Wahrnehmung auftritt und den Charakter dieser Wahrnehmung bestimmt.

Wörter und Begriffe verbindet man mit Hilfe der Logik[30] – hierbei kommt man dazu, einem begrenzten Teil der Grammatik und Syntax der Sprache, nämlich der Logik, viel zuviel zuzugestehen. Ein kleinerer Teil der Sprache wird hiermit unbedingt bindend für die Erkenntnis. Auf diese Weise erhält die Sprache zuviel Bedeutung.

Der Dichter wie auch *der Redner* vermeiden, sich durch allzu großes Vertrauen zur Sprache narren zu lassen – oder sich dazu verleiten zu lassen, der Sprache überhaupt keinen erkenntnistragenden Charakter zuzuteilen. Besonders das erstere beschäftigt Salutati in Verbindung mit der Poesie. Er meint, daß die Dichter die manglende Fähigkeit der Sprache, zwischen ficta und facta zu unterscheiden, eingesehen haben, und sie beachten dieses, indem sie ihre Dichtung als Lüge erscheinen lassen, damit sich niemand irrt und annimmt, daß man eine Sicherheit besitze, die in Wirklichkeit nicht existiert.

Die griechischen Dichter waren klüger als ihre philosophischen Zeitgenossen. Die letzteren nahmen die falschen Vorstellungen von den Göttern ernst, währenddem die ersteren die Götter als so menschlich und so unvollkommen schilderten, daß es jedem klar sein mußte, daß diese Götter nicht ernstgenommen werden sollten. Die Dichter gebrauchten die Lüge, um das Wahre zu sagen, währenddem die Philosophen die Lüge für die Wahrheit ansahen[31]. Daher ist die Philosophie auf Grund der Stärke und Schärfe ihrer Argumente (»propter vehementiam et acumen probationum«) gefährlicher und irreführender als die Poesie, die in ihrer äußeren Erscheinung ohne jede Form der Wahrheit ist (»nullam habere rationem veritatis«), dafür aber unter der Oberfläche »verwunderliche und verborgene Wahrheiten« enthält, die mit der Theologie in Übereinstimmung sind[32].

Indem man bewußt verschleiert, was man sagt, zwingt man den Empfänger in die notwendige Distanz zur Wahrheit. Die Philosophie dagegen zwingt den Empfänger durch ihre logischen Schlüsse zu einem bestimmten Verständnis. Man kann nur Menschen, nicht aber die Wahrheit, auf diese Weise zwingen, und daher wird der Empfänger dazu verleitet zu glauben, er wisse mehr als er in Wirklichkeit weiß und als zu wissen überhaupt möglich ist.

Ebenso wie Salutati die Philosophie ihrer Eindeutigkeit wegen angreifen kann, so kann er sie auch der Zweideutigkeit und Unklarheit beschuldigen, weil sie niemals zu einem sicheren Resultat gelangt. Hier scheint ein Widerspruch zu bestehen. In einem Brief[33] aus dem Jahre 1398 kommentiert er einige Gedichte, die Pietro Alboino Mantovano ihm zugeschickt hat, und die er unklar findet. Dies liefert ihm einen Anlaß dazu, sich über das geistige Klima der Zeit, und darüber, daß der Schwerpunkt der Philosophie sich von Griechenland und Italien nach England verlagert hat, zu beklagen. Daß Italien, das einmal der Beherrscher der Welt gewesen ist, an politischem Einfluß verloren hat, kann zur Not damit erklärt werden, daß Uneinigkeit zwischen Staaten und Städten »fast ein notwendiges Übel« ist; aber daß Italien auch auf dem Gebiete der Literatur besiegt worden ist, ist nicht zu entschuldigen, und Salutati würde es sehr gern haben, wenn »bei uns« einer käme, der den Barbaren die Führung entreißen könnte. Er müßte die Oberflächlichkeit der Sophisterei entlarven und »uns die Kenntnis der Dinge zurückgeben, damit wir nicht immer im Äußeren und in der Zweideutigkeit der Bezeichnungen und Vermutungen arbeiten ... Damit keiner uns einfangen oder verwirren soll«[34]. Dagegen sollte man lehren, was man grammatisch sagen, logisch beweisen und rhetorisch überzeugend verwenden kann, sei es göttlicher oder menschlicher Natur. Man soll sich auf das beschränken, was man ohne Umschweife und Verdrehungen direkt aussagen kann. Den Rest muß man der Poesie überlassen, die als einzige von Gott sprechen kann[35]. Es nützt nichts, den Worten und ihrer Bedeutung immer tiefer nachzuspüren, so wie es eine Illusion ist, daß man weiter vordringen kann, indem man sich eine besondere philosophische Sprache mit Fachausdrücken von spezieller Bedeutung schafft.

Salutati lehnt direkte Darstellung natürlich nicht völlig ab; das tut er nicht in der Theorie und noch viel weniger in der Praxis. Auch über das, was die Erkenntnis der höchsten Dinge betrifft, kann man sich direkt ausdrücken und dabei einiges erreichen. Die wirklich entscheidenden Schritte lassen sich auf diesem Wege aber nicht tun.

Aber ob man nun direkt oder »multiformiter« spricht, so soll man sich klar ausdrücken und nicht »fremdartige, unklare oder selten gebräuchliche Wörter« verwenden[36], weil es für das Verständnis sehr wichtig ist, daß die Wörter etwas Reelles aussagen, daß sie »mit den Dingen geboren sind«[37] und weder »erfunden oder aus dem Dunkel des Alters hervorgeholt« erscheinen[38]. »Viele meinen, daß es erhaben klingt, wenn sie verbergen, was sie verstehen, entweder durch allzu große Kürze oder durch die Dunkelheit fremdartiger Wörter oder durch eine komplizierte Darstellung. Hiergegen sagt Cicero treffend, daß der größte Fehler beim Sprechen gemacht wird, wenn man von gewöhnlicher Ausdrucksweise und gewöhnlichem Sprachgebrauch abgeht. Das gesprochene und geschriebene Wort ist nämlich zur Mitteilung bestimmt, damit wir anderen erklären können, was wir selbst gelernt haben und sie mit dem vertraut machen, was wir in uns haben und was für andere nicht sichtbar ist. Was kann also unpassender sein als dem Gebrauch der Rede und Schift den Zweck zu rauben ...?«[39]. Für künstliche Wörter mit einer besonders definierten Bedeutung besteht daher kein Interesse. Es ist eine Illusion zu glauben, daß man eine tiefere Einsicht gewinnen kann, indem man sich eine besondere philosophische Sprache mit einer speziellen Fachterminologie schafft. Durch »unverständliche und erfundene Wörter« macht man banale Dinge höchstens komplizierter[40], so wie es auch ein Irrtum ist, aus gewöhnlichen Wörtern einen besonderen Sinn herausanalysieren zu wollen. Man lernt die Wörter nicht durch eine logische oder philosophische Analyse kennen, sondern dadurch, daß man sieht, wie sie von Dichtern, Historikern und anderen Verfassern verwendet werden[41]. Rinuccini hat Recht damit, den Humanisten vorzuwerfen, daß sie sich für die eigentliche Bedeutung der Wörter nicht interessieren. Wenn sie z.B. das Wort Mensch gebrauchen, so machen sie sich nicht die Mühe zu erklären, ob sie von einer bestimmten Person, einem beseelten Wesen, oder einfach von der Menschheit allgemein sprechen[42]. Die Humanisten ihrerseits nennen die Scholastiker Sophisten, weil diese glauben, daß man durch Wort- und Begriffsanalyse Einsicht erlangen könne. Dadurch bleibt man an der Form hängen und dringt niemals zu dem Inhalt vor, zu dem die Form hinführen sollte. Es ist gewiß ein Mißverständnis, zu glauben, daß jedes Wort für sich etwas bedeuten könnte. Die rhetorische und poetische Erkenntnis besagt gerade, daß die Wörter durch den *Kontext*, durch die Figuren, Metaphern usw., in deren Verbindung sie stehen, Bedeutung erlangen. Darum ist die gewöhnliche Umgangssprache die Grundlage. Die Poesie und Rhetorik arbeiten mit dieser und nuancieren und präzisieren sie.

Salutati meint, daß man sich lieber daran erfreuen sollte, die Wahrheit hinter den unzulänglichen Wörtern zu erkennen, als in terminologischer Enge zu arbeiten[43]. Im Gegensatz zur Fachsprache hat die Poesie durch ihre zahlreichen Formen für »sermonum impropritas«, die Uneigentlichkeit der

Darlegungen[44], die Möglichkeit, die Wahrheit einzukreisen und sich ihr von vielen verschiedenen Gesichtswinkeln zu nähern. Bei der Analyse versucht man, von einem einzelnen Ausgangspunkt ausgehend die ganze Wahrheit zu erlangen, während die Dichtung versucht, durch immer neue Bilder das gleiche auf neue und immer nuanciertere Weise auszudrücken (quod in plurimas figuras egreditur). Das bedeutet nicht, daß man von verschiedenen Dingen spricht, sondern nur von verschiedenen Aspekten[45]. Man kann das Ganze nicht in einem Bild ausdrücken, und wenn man meint, daß mit einer Allegorie nicht genügend gesagt sei, so soll man nicht damit anfangen, sie auszuweiten – das fördert nicht die Klarheit, sondern schadet der Schönheit und Eleganz. Man soll statt dessen ein neues Bild erschaffen. Auf diese Weise offenbart die Poesie die Wahrheit, indem sie verhüllt, »totum est mysticum, totum reducitur ad allegoricum intellectum,«[46].

Nun könnte man ja fragen, weshalb Salutati, wenn er diesen ausgesprochenen Glauben an die Notwendigkeit der indirekten poetischen Sprache hat, diese nicht selbst praktiziert. In seinen jüngeren Jahren hat Salutati einige wenige Gedichte geschrieben. Die meisten davon sind zwar verlorengegangen[47], aber die übriggebliebenen scheinen nur teilweise zu seiner Theorie der Dichtung zu passen. In einem Brief an Boccaccio aus dem Jahre 1372 teilt er mit, daß er sechs Gedichte geschrieben habe und mit zwei weiteren im Gange sei. Er legt das eine Gedicht bei und gibt in seinem Brief zugleich eine genaue Auslegung, damit Boccaccio nicht darüber im Zweifel sein soll, worum es sich dreht. Leider haben wir keine Antwort von Boccaccio. In der Allegorie ist Pyrgis der Mensch, Caristes Gottes Gnade und der Hirt Silvidia ist Christus; Zweck der Allegorie ist es, die Gnade in ihren verschiedenen Aspekten auszudrücken[48]. In Wirklichkeit ist es ein theologisches Lehrgedicht, dessen dichterische Verkleidung nur sehr dünn ist. Die Begriffe sind notdürftig personifiziert (doch nicht mehr, als daß bereits die Namen ahnen lassen, worum es sich handelt), und in diesem Gedicht ist anscheinend keine Wahrheit enthalten, die man nicht hätte direkt ausdrücken können, die dichterische Form hatte lediglich einen pädagogischen Zweck. Das gleiche kann von dem Gedicht über die Musen gesagt werden, das fast gar keine Verkleidung hat, sondern nur eben gebundene Sprache ist[49].

Salutati war sich im klaren darüber, daß seine Liebe zur Muse der Poesie unglücklich war, er wußte sehr gut, daß er kein Dichter war, obwohl man ihn dies nannte. Aber es gibt so wenig wirkliche Dichter, denn dazu muß man geboren sein, und Salutati hat sich, anscheinend ohne bitter zu sein, damit abgefunden, daß er nicht zu den Auserwählten zählte. Sein Einsatz im Dienste der Poesie liegt auf einem anderen Gebiet. Wenn es richtig ist, daß man, um ein guter Kritiker zu werden, einen schlechten Vers schreiben können muß, so hat er sich durchaus zum Kritiker qualifiziert. In jedem Falle arbeitete er als Kritiker, als ein »interpres« der Dichter. Unermüdlich hält er die Leute dazu an, die Dichter zu studieren, und er zeigt, wie sich die tiefen Wahrheiten hinter ihren Worten verbergen. Der Kritiker hat die Aufgabe, anderen dabei zu helfen, das auszupacken, was die Dichter eingepackt haben. Das wichtige Schlußresultat: Die Menschen können von der

Wahrheit nicht nur dadurch verlockt werden, daß es ihnen Freude bereitet, ihr nachzuspüren, sondern auch dadurch, daß ein anderer ihnen diese Arbeit abnimmt, Man kann die gleiche Freude empfinden, wenn man der Entdeckungen anderer Menschen teilhaftig gemacht wird. Und die Freiheit dem Gesagten gegenüber wird bewahrt, weil man sich ja nicht einem Wahrsager oder einer Autorität beugen muß, sondern sich nur von einem Erklärer leiten läßt, mit dem man einig oder auch uneinig sein kann. Man kann seine Lösung übernehmen oder sich selbst eine andere suchen.

Vielleicht hat Salutati auch auf eine andere Weise als in seiner Eigenschaft als Kritiker der Poesie seinen Gedanken von der Notwendigkeit einer indirekten Ausdrucksform realisiert. Es wurde genannt, wie eklektisch er in seinem Verhältnis zur Tradition war; er übernahm, was er gebrauchen konnte, und es störte ihn nicht, wenn dies sich gegenseitig widersprechenden philosophischen Richtungen entstammte. Auf der Grundlage einzelner Bemerkungen könnte man ihn zum Sokratiker, Peripatetiker, Stoiker usw. ernennen. Folglich kann er nicht umhin, sich selbst zu widersprechen, aber das scheint ihn nicht weiter zu bekümmern. Er kann den Tod sowohl den besten Freund als auch den schlimmsten Feind des Menschen nennen. In De nobilitate legum et medicine haben wir zwei verschiedene Argumentationsweisen aufgezeigt, die sich eigentlich gegenseitig ausschließen müßten. Und in De fato haben wir eine Reihe unvereinbarer Argumente zur Allmacht Gottes und zur Freiheit des Willens. In der Ethik gilt teils, daß Gott auf den Willen sieht, und teils daß wir ohne wirklich ausgeführte gute Taten nicht akzeptiert werden. Auch im Hinblick auf die Poesie können wir zwei Gesichtspunkte finden; erstens, daß sie nur eine Form ist, und zweitens, daß sie mehr als das, nämlich für den Inhalt bestimmend ist. »Einerseits« und »andererseits« – es fällt Salutati augenscheinlich schwer, sich zu entschließen, welche Stellung er einnehmen soll. Alle diese Gegensätze veranlaßten von Martin, von Salutatis »tiefer Zerissenheit« zu sprechen. Ich bin nicht der Meinung, daß dies richtig ist, denn selbst wenn man bei Salutati keine systematische Philosophie oder Ideologie findet, so kann man seine Lebenshaltung in ihren Grundzügen doch sehr gut bestimmen. Trotzdem bleiben viele Widersprüche bestehen, aber ich will hier nur darauf hinweisen, daß ihn dies nicht gehemmt hat oder ihn zur Grübelei über die fehlende Konsequenz in seiner Gedankenwelt getrieben hat.

Diese Unbekümmertheit ist gedankenanregend. Er ist ja doch keine mittelmäßige Begabung, die nicht imstande ist, die Dinge zu durchdenken. Seine Standpunkte sind klar, aber sie harmonieren nicht mit einander. Ist er »rhetorisch« in der abfälligen Bedeutung des Wortes, also ein Mann, der seine Meinungen austauscht, so wie andere Leute das Hemd wechseln; der immer eine hat, die sich für die Gelegenheit am besten eignet?

Die Frage muß mit einem bedingten ja beantwortet werden, Salutati war in einem gewissen Sinne rhetorisch, aber weder er selbst noch seine Mitwelt sahen darin etwas Herabsetzendes. Er war von seiner Zeit hoch geachtet, und nichts deutet darauf hin, daß man an seiner »sinceritas« zweifelte. Der zeitgenössische Historiker Filippo Villani sagt, daß es in ihm keine Begierde gebe, er »ist exemplarisch und lebt ohne den Makel irgendeines Lasters«.

Und die Beschreibung, die Villani uns von dem großen, vornüber gebeugten Manne mit »dem häßlichen und melancholischen Aussehen« gibt[50], läßt uns nicht an einen Mann glauben, der mit charmierender Leichtigkeit von der einen Auffassung zur anderen flatterte. Er war ein Mann des Ernstes, der »sich nur mit Mühe entschließt, sich aus der spekulativen Höhe, in der er sich zu bewegen liebt, hinabzubegeben«[51].

Man kann Salutatis scheinbar rhetorische Haltung auch nicht als Folge eines Dranges, sich bei den Leuten beliebt zu machen, erklären. Ganz im Gegenteil sind seine Standpunkt oftmals konträr. Viele haben sich vergeblich an Salutati gewandt, damit er ihnen Recht geben sollte. Das Mädchen, das aus dem Kloster geflohen ist, bekommt zu wissen, daß sie zurückkehren solle, während Zambeccari, der gern ins Kloster gehen möchte, davon abgeraten wird. Seinen kirchlichen Gegnern gegenüber verteidigt er die Notwendigkeit der Poesie, seinen Schüler Poggio dagegen warnt er vor übertrieben intensiver Beschäftigung mit ihr. Salutati schmeichelt den Leuten nicht, indem er ihnen gibt, was sie gern haben möchten.

Die Erklärung dafür ist eher die, daß Salutati sich weigert, *systematisch* zu denken, d.h., daß man von ganz wenigen Grundsätzen aus zu allen Problemen des Daseins Stellung nimmt, so daß Ordnung und System in die Dinge gebracht werden. An Stelle eines Grundprinzips hat Salutati nur den Widerspruch. Dem Menschen ist es nicht gegeben, die eine, endgültige Wahrheit anders als in der paradoxen Form zu schauen, wie es bei der Besprechung von De fato et fortuna gesehen haben. Aber die Wahrheit als paradoxal hinzustellen, ist in Wirklichkeit das gleiche, wie wenn man behaupten würde, daß man kein zusammenhängendes System zustandebringen könne, das auf alle wesentlichen Probleme eine Antwort gibt. Das Dasein ist widerspruchsvoll, und das wird im Paradox festgehalten, das also nicht wie bei Kierkegaard zerstörend auf die Vernunft wirkt, sondern im Gegenteil bedeutet, daß die Grundlage der *gesamten* Erkenntnis festgehalten wird. Man kann behaupten, daß sowohl A als auch nicht A der Fall ist. Ein *System* dagegen – sei es nun philosophisch oder theologisch – würde die vielfältige Basis der Erkenntnis einschränken. Und das würde die Menschen abgestumpft machen, weil ein logisches System naturgemäß dazu führt, daß es die Existenz von Problemen leugnet, die nicht innerhalb seiner Grenzen gelöst werden können. Eine solche Einschränkung in der Erschließung der Wirklichkeit ist für Salutati nicht akzeptabel. Er verzichtet gern auf ein widerspruchsfreies, absolutes Grundprinzip. Dem Menschen ist anstelle dessen ein großartiger Reichtum von relativen Wahrheiten zugeteilt, die alle Funktionen der Situationen sind, denen sie zugehören. Die rhetorische Erkenntnis, *inventio,* ist gerade das Instrument, mit dem man diesen Reichtum entdecken kann. Hier erwägt man dialektisch oder durch den Dialog, welchen Standpunkt man einnehmen will. Als Hilfsmittel hierfür hat man eine Reihe Topoi, d.h. relevante Fragen, die man bei der Erforschung stellen kann. Je mehr Fragen man hat, desto besser kann man das Gebiet absuchen, und um so differenzierterer und nuancierter wird die Antwort. Die Kenntnis von allen Wissenschaften und Gewerben ist notwendig. »Denn die Rede blüht und gewinnt an Fülle durch die Kenntnis von den Dingen. Wenn das nicht verstanden und begriffen ist, wird die Beredsamkeit leer und beinahe kindlich sein« sagt Cicero, und er wird mit Salutatis Zustimmung zitiert[52]. Mit einem logischen System kann man auf die eine richtige Lösung schließen, ohne sich dem Risiko der Auslegung und Deutung auszusetzen, aber auch ohne an der Reichhaltigkeit teilzuhaben (*copia*). Die Wahrheit ist nicht ein für allemal gesagt, sondern muß sich beständig als Antwort auf eine konkrete Wirklichkeit bilden. Darum hat Salutati das poetische Prinzip, »multiformiter« zu sprechen, auf jedes Gespräch überhaupt übertragen.

»Die Unklarheit« und die Widersprüchlichkeiten entstehen also nicht, weil Salutati »praktisch« denkt, wie Iannizzotto und Sciacca zu meinen scheinen (vergl. o. S 28ff.), und das was in Wirklichkeit nur bedeutet ‚daß Salutati nicht imstande ist, die Konsequenzen seiner situationsbestimmten Äußerungen zu überschauen. Wenn die vorliegende Auslegung richtig ist, handelt es sich um ein intellektuell bewußtes und durchdachtes hermeneutisches Prinzip. Man muß zum Menschen der Situation entsprechend sprechen, und da sich die Situation verändert, müssen auch das Wort und dessen Inhalt wechseln.

Hierdurch entstehen Widersprüche zwischen den verschiedenen Aussagen – und die können schließlich nicht mehr ausgeglichen werden. Der eine Gesichtspunkt kann auch nicht den anderen überwinden, wie es z.B. in der scholastischen Summa geschieht, wo die Argumente einander gegenübergestellt werden, und danach die gewichtigsten Argumente die Konklusion bestimmen (vergl. ob. S. 77). Es kommt nämlich zu keiner Konklusion im eigentlichen Sinne; Salutati begnügt sich damit, in verschiedenen Situationen verschiedene Antworten zu geben, ohne frühere, widersprüchliehe Antworten zu widerrufen, oder zu versuchen, sie in einer harmonischen Auffassung miteinander zu versöhnen. These und Antithese werden nicht in einer Synthese vereinigt. Wenn Salutati begeistert von der Dialogform spricht, was einige Male geschieht[53], so nicht (so sehr) deshalb, weil man im Gespräch einander zur Wahrheit führen kann, sondern weil eine Frage den konkreten Anlaß dazu liefert, eine Sache zu untersuchen (wobei man oftmals mehr entdeckt, als wonach gefragt worden war). Man kann sagen, daß der Dialog Salutatis »Form« ist, (vergl. ob. S. 28), nicht als Erkenntnismethode, sondern hauptsächlich weil er die Möglichkeit bietet, seine Antworten von den Fragen bestimmen zu lassen, die sich aus der tatsächlich vorliegenden Situation ergeben[54]. Es ist daher kein Zufall, daß beinahe alles, was wir von Salutatis Hand besitzen, auch die großen Werke (De laboribus Herculis ausgenommen), formell und zu einem großen Teil auch reell an namentlich genannte Personen geschrieben worden ist. Die Wahrheit kann nicht im allgemeinen, sondern nur im besonderen, an wirklich existierende Menschen gebunden, behandelt werden.

KAPITEL 11

Poesie und Theologi

Im Zusammenhang mit der Frage, wie frei man die Dichter behandeln kann, wenn man sie aus ihrer eigenen Zeit in unsere Zeit »übersetzen« will, kommt Salutati nicht nur auf die geschichtliche Distanz (s. ob. S. 114) zu sprechen, sondern hebt auch einen anderen Aspekt hervor. Man hat die Freiheit als Deuter (interpres), weil der Dichter – oft unbewußt – viel Wahres sagt, das mit dem christlichen Glauben in Übereinstimmung ist. Und weil die ganze Wahrheit von Gott ist, hat der Dichter sie also auch von Ihm erhalten[1]. Darum kann man sagen, daß der Dichter an und für sich eine passive Rolle spielt, in der er nur weitergeben soll, was ihm eingegeben worden ist. Der Poet, »Deo plenus«[2], ist daher nicht in der Lage zu überschauen, was durch ihn gesagt worden ist. Auch für ihn ist die Poesie, wie jede göttliche Sprache, nicht unmittelbar verständlich[3]. Salutati vergleicht die Poesie mit Träumen[4], die einen Traumdeuter verlangen, um verstanden zu werden. Die Intention des Dichters bindet nicht den Leser, der der verkündeten Wahrheit prinzipiell ebenso nahe ist wie der, durch dessen Mund sie verkündet wurde.

An anderen Stellen spricht Salutati davon, daß nur die »heilige Poesie« (die Bibel) direkt von Gott stammt, während die profane Poesie Menschenwerk ist. Aber auch in diesem Falle hat eine weitgehende Auslegung ihre Berechtigung, weil der Autor (z.B. Moses) fast niemals die ganze Tiefe seines Werkes erkennen kann. »Die Sterblichen bestimmen gewiß viele verschiedene Dinge, aber Gott, der Beherrscher aller Dinge, sieht etwas anderes vor«[5].

Der Dichter kann die zukünftige Entwicklung nicht mit in Betracht ziehen, denn die Menschen können die Zukunft, die völlig Gott gehört, nicht planen und beherrschen. Als die Brüder Joseph verkauften, wollten sie ihn nicht wiedersehen, aber bekanntlich kam es anders. Deshalb ist nichts Merkwürdiges dabei, wenn der Deuter »longe commodiorem sensum quam autor cogitaverit«[6] gefunden hat. Aufgrund seines Wissen über die Entwicklung ist der Interpret in der Lage, die Dinge in einer größeren Perspektive zu sehen und sie in Zusammenhang zu bringen. Salutati scheint die historische Entwicklung als Gottes Plan, der mit der Zeit realisiert wird, anzusehen, und je mehr von diesem Plan zum Vorschein kommt, desto besser kann man den Platz bestimmen, der den einzelnen Dingen im Zusammenhang zukommt[7].

Speziell im Hinblick auf die antiken Verfasser hat Salutati eine Begründung dafür, daß es notwendig ist, sie allegorisch zu deuten. Nicht allein sprechen sie in Bildern, auch der eigentliche Inhalt ist falsch. Salutati meint, daß sie in vieler Beziehung die Wahrheit wußten, daß sie aber am heidnischen Götzenkult teilnehmen und ihn mit ihren Liedern ausschmücken mußten. Diesen Konflikt zwischen äußerem Zwang und innerer Überzeugung lösten sie, indem sie sich scheinbar unterwarfen, aber in Wirklichkeit ihre wahre Meinung in hintergründigen Fabeln und Mythen ausdrückten[8].

Die Auslegung hat also eine dobbelte Aufgabe: Teils den Inhalt herauszufinden, und teils die Wahrheit zu finden, die sich hinter dem Inhalt verbirgt. Aber wenn man diese Wahrheit erkannt hat, wird man sehen, daß die Dichter ehrlicher waren als die Philosophen, die das bestehende Heidentum bestätigten und deshalb von ihrer Mitwelt als Lehrer der Wahrheit angesehen wurden.

Aber die Hauptursache ist die, daß das Wesen der Poesie selbst eine allegorische Auslegung verlangt. Salutati scheint zu meinen, dies könne direkt aus der Definition hergeleitet werden. »Exterius unum exhibens, aliud autem intrincesa ratione significans«[9]. Es ist ja gerade die Aufgabe der Poesie, »bilinguis« und »figurativa« zusein und »multiformiter« zu sprechen, und daher ist es die Aufgabe des Interpreten, und im übrigen des Lesers überhaupt, hinter die »Rinde« zur versteckten Wahrheit vorzudringen. Auf diese Weise wird die Allegorisierung nicht nur legitimisiert, sondern auch notwendig gemacht.

In der Poesie gibt es darum keine direkte Verbindung zwischen dem Dichter und seinem Werk und auch nicht zwischen der Form des Werkes und seinem Inhalt. Diese beiden divergierenden Fälle haben die gleiche Ursache, und zwar die, daß der Dichter göttlich inspiriert ist. »Glaube nicht, lieber Bruder, daß die Poesie solcher Art wäre, daß man sie mit menschlicher Vernunft begreifen könnte. Sie wird auf göttliche Weise eingeflößt und stammt von Höchsten her«[10].

Salutati ruft in Wirklichkeit den antiken Begriff vom *göttlichen Wahnsinn*, der jeden wahren Dichter trifft, wieder ins Leben zurück. Um zu verstehen, welche Bedeutung Salutatis Wiederentdeckung hat, müssen wir kurz den Begriff vom Genius des Dichters, wie er sich im Laufe der Zeit entwickelt hat, betrachten.

Bei Homer haben wir den Gedanken vom göttlichen Zorn des Dichters (Den Zorn, Göttin! besinge – Ilias 1,1 vgl. Odysse 1,1). Infolge Heraklit war die Sibylle von Gott gelenkt, als sie mit wütendem Munde ihre fürchterlichen Aussagen hervorbrachte. Solche Phänomene wie Extase und Enthusiasmus folgen der dichterischen Arbeit. *Platon* übernimmt diesen gesamten Gedankenkomplex[11], aber er erstattet den Dichter mit dem Philosophen, d.h. Sokrates, der durch seinen Dämon von der göttlichen Raserei ergriffen ist. In der Apologie scheint Platon sich eher für die rationalistische Analyse mit dem Intuitiven auf einer niedrigeren Ebene zu entscheiden. In anderen Dialogen, z.B. bei Ion oder Phädron, findet man eine positivere Ansicht über das künstlerische Schaffen. *Mania* ist jedoch den Philosophen vorbehalten, während die Inspiration eines jeden anderen nichts wert ist. Die Dichter erhalten darum einen niedrigeren Platz in Platons Staat. Sie sind nicht imstande, irgendeine Erkenntnis vorzuweisen, während sie jedoch moralisch nützen können, wenn ihre Werke wohlgemerkt unter der richtigen Zensur stehen. Die Einstufung der Dichtung hängt auch damit zusammen, daß sie an den niedrigen, psychischen Teil des Menschen, und damit an die Leidenschaften, appelliert. Sie kommt nicht in Berührung mit dem Beherrscher der Seele, der Vernunft (Der Staat, 3. Buch).

Bei Platon können wir sehen, wie der Gedanke von der übermenschlichen Herkunft des künstlerischen Strebens bewahrt und gleichzeitig die Dichtkunst abgewertet wird.

Aristoteles legt dagegen keinen größeren Wert auf den Wahnsinn des Dichters. Platons Enthusiasmus-Theorie interessiert Aristoteles nicht – weder was die Philosophie noch die Poesie betrifft. In bezug auf die Dichtung beschäftigt ihn nicht der Ursprung, sondern die Wirkung, z.B. Katharsis, Erlebnis usw.[12]. Beide haben auf diese Weise die Poesie um ihren transzendenten Ausgangspunkt gebracht: Platon, indem er den göttlichen Wahnsinn unter dem *Schauen* der philosophischen Erkenntnis anbrachte, wonach die Poesie nur eine fragwürdige pädagogische Form ist. Aristoteles, indem er die Dichtung als das bewußte Schaffen der Menschen, über das der Mensch Herr ist, auffaßt. In der Antike lebt jedoch der Gedanke von der dichterischen Inspiration weiter – am deutlichsten durch die Vorstellung von den Musen ausgedrückt. Sie sollen die Dichtung und Musik beschützen und inspirieren[13]. Die Musen sind der Ausdruck für den Enthusiasmus-Gedanken. Die Kunst kommt zum Menschen von außen. Der Mensch ist nur bedingt Herr über seine künstlerische Entfaltung, die immer ein fremdes Element beinhalten wird. Dieses ist mächtiger als der Künstler, der bis zu einer gewissen Grenze nur das Werkzeug der göttlichen Macht ist. Dieser Gedanke wird abgeschwächt, aber stirbt nicht ganz in der römischen Kaiserzeit ab, wo man die Musen allegorisiert und zu bloßen Personifikationen macht. Auch als reine Metaphern sind sie Ausdruck dafür, daß das künstlerische Schaffen einen überirdischen Ausgangspunkt hat. Man kann auch sagen, daß der Mensch nicht in einem geschlossenen Raum lebt, den er selbst einrichtet durch seine Sprache und Kultur, sondern daß das Dasein des Menschen sich gerade nicht systematisieren und bis auf den Grund beherrschen läßt. Es werden immer Kräfte vorhanden sein, die von außen eingreifen.

Gerade dieser Aspekt bei den Musen (und bei den übrigen Schutzgöttern der antiken Welt, die das Handwerk und die Wissenschaft beschützten und inspirierten) macht sie in den Augen des Christentums suspekt. Die Christen wußten ja, wo die Inspiration herkam, nämlich von Gott, und sie mußten darum die Musen als eine Verführung zum Unglauben und zur Vielgötterei auffassen. Der Anruf des Menschen, die *Invokation, wurde vom Heiligen Geist monopolisiert*, der alleiniges Recht darauf hatte, die Menschen anzurufen[14]. Und trotz gewisser Wiederbelebungsversuche, u.a. in der karolingischen Renaissance, fungierten die Musen nicht als lebendige Vorstellungen im Mittelalter. Das ist besonders auffallend, wenn man vergleicht, was mit den übrigen antiken Schutzgöttern geschah. Sie wurden nämlich christlich konfirmiert und zu *Schutzheiligen* umgeformt, die in die himmlische Hierarchie eingehen, wo sie der göttlichen Autorität untergeordnet sind. Das gleiche geschieht nicht mit den Musen. Sie werden einfach verdrängt. Die einzige Wissenschaft, die durch eine Muse repräsentiert wurde, war die Astronomie, deren Verwandtschaft mit der Astrologie große Probleme für die Kirche mit sich brachte. Das ganze Mittelalter hindurch mußte sie die Astrologie bekämpfen. Urania wird darum nicht in eine Schutzheilige verwandelt. In gleicher Weise verbleibt die Dichtung potentiell gefährlich und bekommt darum keinen Schutzheiligen zuerkannt. Das Riskante an der Poesie war ihre Unkontrollierbarkeit: Lockert man die Zügel, kommt sie leicht in Widerspruch zu der wahren christlichen Lehre. Die Kirche hat beinahe die gleiche Ansicht über die Dichter wie Platon in »Der Staat«, 10. Buch: Die Poesie kann pädagogischen Nutzen haben, aber nur, wenn sie unter Zensur steht. Der Poesie freien Lauf zu lassen, müßte fast immer das Eingeständnis mit sich führen, daß es andere Quellen als die christliche Offenbarung zur Erhellung der grundlegenden Verhältnisse des Daseins gibt.

E. R. Curtius meint, daß Dante als erster das musische Denken wiedereinführt. Er läßt die Invokation von Vergil, Apollo und Christus kommen[15]. Das geschieht auch bei Salutati, was wir nun näher untersuchen werden.

Eines der wesentlichsten Argumente zur Legitimierung der Poesie ist, wie oben erwähnt (S. 98ff.), daß auch die Bibel voller Poesie ist. Moses drückte sich metrisch aus und Jesus sprach in Gleichnissen (parabole), und es zeigt sich nun, daß das nicht allein geschieht, um die Aufmerksamkeit gefangen zu halten. Eine wesentliche Ursache dafür ist vielmehr die, daß eine Reihe von Dingen überhaupt nicht direkt, sondern nur durch Bilder ausgedrückt werden kann. Wir sind Menschen und besitzen nur menschliche Wörter, mit denen wir nichts über das Göttliche aussagen können. Wir sind dazu gezwungen, indirekt, d.h. in Bildern zu sprechen, wobei das Unbekannte und Unverständliche durch Bekanntes und Vertrautes umschrieben wird. In der Umgangssprache ist das Wort der Ausdruck für unseren Gedanken, und das Wort ist daher im Verhältnis zum Gedanken sekundär. Man kann nicht sprechen, ohne überlegt zu haben, was man sagen will[16]. Erst danach kann man das, was man sagen will, nach den Regeln der Grammatik formen und logisch argumentieren oder rhetorisch überreden. Unser Gedanke kann Gott nicht erfassen, und deshalb kann unsere Sprache nichts über ihn aussagen Unsere Sprache wird daher »retro«, indem sie auf Gott zurückweist[17]. Es ergibt sich das paradoxe Resultat, daß man nur etwas über Gott aussagen kann, wenn man von den Menschen spricht. Alles, was über ihn gesagt wird, ist »von uns und unseren Handlungen« genommen[18]. Alles muß in übertragener Bedeutung verstanden werden. Die Zweideutigkeit ist das einzige Mittel, um etwas Wirkliches zu sagen. Fabeln und Mythen können nicht endgültig gedeutet werden – könnten sie das, so enthielten sie nicht die Wahrheit. Hier sind wir über die pädagogische Allegorie, die nur als ein kürzerer Weg zur Erkenntnis gemeint ist, hin zur Allegorie oder Fabel als dem einzigen Weg zur Erkenntnis gelangt[19].

Wenn es um die Erkenntnis der höchsten Dinge, nämlich Gottes, geht, gibt es einen Unterschied zwischen der heiligen Poesie (der Bibel) und der profanen Poesie. Die erstere ist immer wahr (illa tota vera est), sowohl in bezug auf die buchstäbliche Formulierung als auch in bezug auf die übertragene Bedeutung[20]. Denn es ist Gott selbst, der in der Bibel spricht, er hat sie sozusagen selbst geschrieben, oder richtiger – der Heilige Geist hat es getan[21]. Die profane Poesie *kann* dagegen wahr sein (possit esse verax), muß es aber nicht notwendigerweise sein und ist es niemals ihrem buchstäblichen

Sinne nach, sondern höchstens als Allegorie verstanden. Da sie Menschenwerk ist (inventum hominis), drückt sie oftmals nur aus, was der Mensch gewollt hat (solum id, quod homo voluit), aber Gott kann doch durch den Dichter auch auf eine solche Weise sprechen, wie es sich dieser vielleicht gar nicht gedacht hatte[22].

Dieser Unterschied zwischen der menschlich und der göttlich garantierten Poesie hat jedoch keine große Bedeutung. Gott ist nämlich gezwungen zum Menschen auf dessem Niveau zu sprechen, wenn er sich verständlich machen will. Er kann sein wahres Gesicht nicht zeigen, sondern muß ebenso wie die Menschen »retro« über sich selbst sprechen. Er ist gezwungen, menschliche Eigenschaften zu übernehmen, um verstanden zu werden, völlig auf gleiche Weise, wie Homer die griechischen Götter menschlich machte[23]. Dies geschieht auch in der Bibel. Wenn in der Genesis steht, daß Gott sagt: Es werde Licht ... etc., so ist das natürlich ein Metapher, denn es ist sinnlos zu sagen, daß Gott spricht, so wie es auch eine anthropomorphe Ausdrucksform ist, zu sagen, daß Gott sieht. Giov. di Samminato wendet dagegen ein, daß man sehr gut davon sprechen könne, mit dem Intellekt zu sehen. Was unsere Augen sehen, sieht auch unser Intellekt (videtur oculis nostris, videtur intellectu). Das räumt Salutati ein, aber hier ist »videre« ja bereits in übertragener Bedeutung gebraucht. In Verbindung mit dem Intellekt kann man korrekter das Wort »cernere« (erkennen) verwenden[24]. Noch weniger buchstäblich darf man Ausdrücke, wie daß Gott strafen werde, oder daß in seinem Herzen Schmerz sei, nehmen, denn die Ausdrücke harmonieren nicht mit Gottes Unbeweglichkeit und Körperlosigkeit[25]. Das bedeutet in Wirklichkeit, daß Salutati nicht daran festhalten kann, daß auch der buchstäbliche Wortlaut der Bibel in einem tatsächlichen Sinne wahr ist (zumindest gibt es eine Reihe Aussagen, die »talis igitur est ut nullo modo de Deo veraciter dici possit«[26], und wo man gezwungen ist, nach einer verborgenen Meinung zu suchen.) Daher ist der Leser biblischen Texten gegenüber in einer ebenso unsicheren Lage wie gegenüber profanen Dichterwerken. Von den ersteren weiß er im Unterschied zu letzteren zwar, daß in ihnen eine Wahrheit verborgen ist, aber diese ist zweideutig ausgedrückt (bilinguis), und in Wirklichkeit muß er deshalb Gottes Wort mit der gleichen Unsicherheit begegnen, wie einer jeden menschlichen Aussage. Der Unterschied, der sich daraus ergibt, daß die Bibel göttlich inspiriert ist, bedeutet so nicht allzu viel, denn das Entscheidende ist, daß es sich in beiden Fällen um Poesie handelt, daß man in beiden Fällen etwas Inneres mit Hilfe von etwas Äußerem ausdrückt (exterius unum exhibens, aliud autem intrinseca ratione significans)[27]. Und Salutati kann daher schlußfolgern, daß die »figmenta« der Dichter und die heilige Schrift keine Gegensätze sind, »sed eadem prorsus subsistere ratione«[28].

Für eine moderne säkularisierte Auffassung würde die Konsequenzen von Salutatis Vorstellung vom Zusammenhang zwischen Poesie und Offenbarung vielleicht die sein, daß die Bibel als von Menschen im Bilde des Menschen geschaffen angesehen würde. Salutatis Meinung nach verhält es sich gerade entgegengesetzt, indem er nämlich zu der Schlußfolgerung kommt, daß alle echte Poesie göttlich ist. Durch alle Dichtung spricht Gott zu uns, und der Dichter kann in Wirklichkeit mit einem Propheten des Alten Testamentes verglichen werden, der das aussagt, was ihm von Gott eingegeben wird, und es ist kein Zufall, daß Vergil mit dem Buch des Predigers verglichen wird. Wenn man seine Lieder hört, erkennt man vieles aus der Bibel wieder[29]. Ebenso wie die Propheten haben die Dichter das Christentum vorausgesagt, und es handelt sich also nicht allein darum, daß man ihre Bilder als pädagogisches Mittel bei Verkündigung und Erziehung ausnutzen kann, sondern auch darum, daß Gott durch sie gesprochen hat, so daß man die Wahrheit in ihren Werken findet.

Salutati ist davon überzeugt, daß man »de Maronis nostri carminibus« nicht die leeren Fabeln des Heidentums findet, sondern die Höhepunkte der wahren Theologie, sei es nun zufällig, daß die Wahrheit zwischen den vielen Lügen auftaucht, oder sei es, weil Gott sich durch das Zeugnis von Nichtchristen offenbaren lassen wollte. In Buccolia (VII, 72-74)[30] wird deutlich von der Dreieinigkeit gesprochen, und Salutati meint, daß in dem Satz »Nate mee vires, mea magna potentia solus« (Æn.I, 664) ausreichend von der Einheit des Vaters und des Sohnes gesprochen worden ist. Die Unsterblichkeit der Seele und die ewige Strafe wurden von Vergil erkannt, indem er über den unglücklichen Theseus im Hades sagt: »sedet eternumque sedebit / Infelix Theseus« (Æn.VI, 616-71). Die Guten kommen ins Paradies (Elysium – Æn.VI, 743-44). Auch daß Jesus von einer Jungfrau geboren werden sollte, hat Vergil vorausgesagt, indem er davon spricht, daß die höchste Gerechtigkeit von einer Jungfrau kommen solle[31].

Deshalb ist es nicht zuviel gesagt, daß Vergil Gott denjenigen offenbart hat, die ihn nicht kannten, und daß er den Schleier von den Geheimnissen der Zukunft gelüftet hat[32].

Es ist klar, daß in Salutatis Behauptung, daß sich Gott durch andere Werke als die Bibel offenbare, Ansätze zu einer natürlichen Theologie liegen. Diesen Gedankengang drückt Salutati auf verschiedene Weise aus, indem er sich ab und zu damit begnügt zu sagen, daß das Licht der Wahrheit durch das unermeßliche Dunkel des Heidentums brach[33]. Oder er kann sagen, daß es sich ja um Gottes Geschöpfe handele, und deshalb zwischen ihnen und uns kein grundsätzlicher Gegensatz (eigl. »offensio«) bestehen könne[34]. Als von Gott Erschaffene sind alle Menschen prinzipiell gleichgestellt, ob sie nun vor oder nach Christus leben. Und in seinem ersten Brief an einen der heftigsten Gegner der Poesie und des Heidentums, Fra Giovanni da Samminiato, gibt Salutati seiner Auffassung die radikalste Form[35]. Er behauptet hier, daß Gott und sein Sohn die Quelle aller Wahrheit sind, und daß eo ipso jeder, der die Wahrheit sucht, Gott sucht. Und umgekehrt: Was nicht von Gott ist, ist daher nicht von der Wahrheit (»quicquid extra eum queritur vanum est et summa stulticia). Zum anderen ist keine Sprache in höherem Grade in Übereinstimmung mit dem Göttlichen als die Sprache der Dichter, was durch Davids Psalmen und dadurch, daß z.B. Job und Jeremias in gebundener Form schrieben, bekräftigt wird. Daher ist es allzu oberflächlich, um nicht zu sagen ungerecht, das Lesen von Poesie zu verbieten.

Nach dieser Einleitung kann Salutati zum Entscheidenden übergehen: Gott ist sowohl das Zentrum aller Dinge als auch allgegenwärtig, weshalb es sinnlos ist, zu sagen, daß ihm etwas ferner ist und etwas anderes näher[36], und daher kann man nicht sagen, daß die eine Art zu leben den Menschen in ein näheres Verhältnis zu ihm bringt, als die andere (non est, ut forte putas, tanta vivendi differentia), und derjenige, der die Religion wählt (d.h. ins Kloster geht), kann sehr gut Gott ferner sein als derjenige, der das weltliche Leben vorzieht. In jedem Stand und jedem Beruf kann man in Beziehung zu Gott kommen, weil es die Seele (mens) ist, die mit Gott vereinigt wird. Diese Argumentation haben wir bereits früher gehört (s.o. 54), aber in dieser Verbindung ist es wichtig, daß sie benutzt wird, um das Lesen heidnischer Dichter zu begründen und zu legitimieren. Man kann den Weg zu Gott sehr gut finden, indem man die Fabeln der Poeten liest und Lüge von Wahrheit trennt. Salutati tut dies eben nicht, um leeren Ruhm zu erlangen (inanis fame gloriam)[37], dessen ihn Giov. beschuldigt, sondern aus Begierde danach, das zu erkennen und mit dem in Kontakt zu kommen, was Gott überliefert hat. Alles, was von Ihm kommt, ist Wahrheit[38], und wer die Wahrheit sucht, sucht Gott[39]. Und die Gabe Gottes kann man nicht liegenlassen, sondern muß sie suchen, wo sie auch zu finden sein mag, nicht aus Neugier, sondern um selbst anderen zum Nutzen sein zu können und ihnen damit das zu geben, was man selbst erhalten hat[40].

Es kann in dieser Verbindung interessant sein, mit *Boccaccio* zu vergleichen, der in hohem Maße die gleichen Argumente gebraucht, der aber trotzdem bei weitem nicht so weit geht wie Salutati, indem er nur bis zur Poesie als pädagogische Form kommt. Boccaccio meint, daß Vergil verehrt werden solle, obwohl er Gott nicht kannte[41]. Sowohl er als auch andere antike Dichter und Theologen haben nämlich viele richtige moralische Dinge gesagt, die auch den Christen zum Nutzen sein können, und in ihren Fabeln haben sie vieles ausgedrückt, was sich mit dem christlichen Glauben vereinbaren läßt[42]. Bei Boccaccio finden wir nur die Haltung, die Salutati Poggio gegenüber zeigt: Wir müssen von ihrer Religion und Theologie scharf Abstand nehmen und uns immer vor Augen halten, daß die Heiden dämonisch waren[43]. Aber zugleich meint Boccaccio, daß es sich einrichten lasse, von ihrer Religion abzusehen und sich damit zu begnügen, sich über ihre Gedichte und ethischen Sitten zu freuen[44].

Boccaccio macht ebenso wie Salutati darauf aufmerksam, daß Bilder und Fabeln kein Kennzeichen der heidnischen Poeten sind, sondern daß sich auch die Bibel weitgehend dieser Erzählform bedient. »la teologia e la poesia convenirsi quanto nella forma dell'operare«[45]. Der Unterschied liegt nicht in der Form, sondern im Inhalt, wo der der Bibel wahr und der der Dichter unwahr ist, auch wenn man dem dichterischen Inhalt durch allegorische Deutung ab und an wertvolle moralische Wahrheiten entnehmen kann. Boccaccios Anliegen ist an und für sich nicht die Verteidigung der antiken Dichtung, sondern der Dichtung überhaupt. Obwohl die Dichter des Altertums unwissend waren und die Wahrheit nicht kannten, und obwohl sie daher oftmals Gedichte schrieben, deren Inhalt dem christlichen Glauben direkt widerspricht, kann man ihre Dichtung nicht in ihrer Gesamtheit ablehnen oder behaupten, daß Fabeln immer verlogen seien. Die Bibel ist ja doch der beste Beweis für das Entgegengesetzte. Die poetische Sprache mit Allegorien und Metaphern ist eine ebenso legitime Ausdrucksform wie eine jede andere. Man verwirft doch auch nicht die Bildhauerkunst, weil Fidias Statuen falscher Götter schuf[46].

Salutati ist in diesem Punkte ambitiöser. Seiner Meinung nach kann man die antike Poesie nicht ablehnen, ohne die Poesie überhaupt zu verleugnen. Zum ersten, weil es, wie gesagt, sinnlos ist, zwischen dem Altertum und uns selbst eine so scharfe Grenze zu ziehen – die Menschen des Altertums waren ebenso von Gott erschaffen, wie wir es sind. Und zum anderen: Wenn man behauptet, daß die Poesie mehr sei als eine Darstellungsform von vielen, so ist man beinahe gezwungen, den Wahrheitswert der antiken Poesie zu akzeptieren. Falls man nämlich nur dann richtig und echt schreiben kann, wenn man Christ ist, so ist das eben deshalb so, weil man Christ ist, und nicht, weil man Dichter ist[47]. So geschieht es, weil man die Wahrheit von vornherein kennt und sie daraufhin je nach künstlerischer Fähigkeit ausschmückt. Man könnte es ebensogut vorgezogen haben, die Dinge ohne Umschweife zu sagen.

Falls Form und Inhalt aber nicht voneinander zu trennen sind, und man gezwungen ist, bei entscheidenden Dingen »bilinguis« zu sein und »multiformiter« zu sprechen, falls die Zweideutigkeit mit anderen Worten eine unumgängliche Notwendigkeit ist, kann man die Quellen der Wahrheit nicht begrenzen, indem man einige autorisiert und andere ausschließt, und auf diese Weise eine Klarheit zu erreichen versucht, die zu erreichen dem Menschen nicht gegeben ist. Wenn man z.B. versucht, die Werke der Dichter auszuschließen, indem man sie der Verlogenheit beschuldigt, so trifft man damit auch die Bibel[48]. Dichtung und Bibel »lügen« nämlich auf gleiche Weise – indem sie sich in Bildern ausdrücken[49].

Auch in diesem Punkte ist Salutati radikaler als Boccaccio, der niemals über Augustinus' Verteidigung der Dunkelheit als Mittel die Texte anziehender zu machen und den kritischen Blick zu schärfen, hinausgeht[50].

KAPITEL 12

Humanismus und Christentum

Wie aus dem vorhergehenden Kapitel zu ersehen ist, war es Salutatis Wunsch, daß sich die Theologen für studia humanitatis und besonders für die Poesie interessieren sollten. Das würde der Theologie von Nutzen sein. Aber Salutati meint nicht, daß das die Priester und Mönche in erwähnenswertem Umfang verwirklichen. Sie werden beschuldigt, sich in ihrer heiligen Einfalt von der Welt und der Einflußnahme auf das Leben außerhalb der Klostermauern abzuschneiden[1]. Was soll ein unwissender Christ antworten, wenn man, von der Schrift oder von der einen oder anderen »debilis ratio« ausgehend, Einwände gegen ihn vorbringt? Wie oft sieht man nicht, daß »Einfalt oder heilige Bäurischkeit« nicht in der Lage sind zu antworten, weil sie keine »littere« haben[2]. Ohne Bildung ist man den Heiden und Ketzern ohne Verteidigungsmöglichkeiten preisgegeben[3]. Wenn man z.B. die Grammatik nicht beherrscht, so versteht man nicht, was man liest, und man ist auch nicht imstande, es anderen weiterzuvermitteln[4]. Und die Folge hiervon ist, daß der Christ beinahe nicht mehr weiß, was er glauben soll[5]. Und im übrigen, so sagt Salutati mit einem Gruß an seinen Hauptgegner in der Polemik um die Stellung der Poesie, Dominici, könnte man wünschen, daß jeder »religiosus« die Sprache beherrschte, damit man Barbarismen, falsche Konstruktionen und Verdrehungen vermeiden könnte[6]. Nach dieser Bemerkung geht Salutati dazu über, die Syntax und die Grammatik in Dominicis Schrift zu korrigieren. Eine recht wirkungsvolle Widerlegung des Standpunktes Dominicis: Artes liberales und Poesie sind überflüssig.

Den Mönchen fehlt eine Allgemeinbildung und ein weiter Horizont. Das gleiche gilt für die Fachtheologen, die von ihrer Theologie so sehr in Anspruch genommen sind, daß sie für alles andere keinen Blick übrig haben und niemals aus ihren kleinen Kreisen ausbrechen. Diese Beschränktheit ist katastrophal, weil sie »die Theologie-Magister unser Zeit« daran hindert, sich mit den wirklich großen alten Theologen, wie Augustin, Hieronymus und Ambrosius, zu beschäftigen[7], so daß sie sich mit den »jungen« begnügen müssen. Dies muß zu einem schlechten Resultat führen, denn jeder, der »Vom Gottesstaat« liest, wird einsehen, daß man Klarheit und Eleganz nicht erreichen kann, ohne mit den Dichtern vertraut zu sein[8]. Augustin hätte seine Rolle als »illuminator atque defensor fidei christiane« nicht spielen können und wäre nicht in der Lage gewesen, das Heidentum zurückzuweisen, wenn er keine so große Kenntnis der Dichter besessen hätte (und sie daher nichtmit ihren eigenen Waffen hätte schlagen können)[9].

Salutati kritisiert also die Theologen, weil sie ihre Verkündigung und Argumentation nicht wirksam genug gestalten. Sie suchen Hilfe nicht dort, wo sie zu finden ist, nämlich bei den Dichtern. Sie können auch kein adäquates Verständnis von der christlichen Offenbarung erlangen, wenn sie keine Philologen sind (im klassischen Verstand; Grammatik, Dialektik und Rhetorik inbegriffen).

Der Grund dafür, daß man die antiken Wissenschaften benutzen kann, besteht darin, daß eine Verwandschaft zwischen der Bibel und den heidnischen Verfassern existiert. In den letzteren liegen Wahrheiten, die ganz mit der christlichen Lehre übereinstimmen. Die Bibel ist, wie gesagt, ein poetisches Buch und muß nach den gleichen Prinzipien studiert werden wie die Dichter. »Die Einbildungen der Dichter und die Heilige Schrift haben genau die gleiche Struktur« was die Doppelzüngigkeit[11] und damit die Art der Verkündigung[12] betrifft.

Das bedeutet nun aber nicht, daß Salutati die Antike über die christliche Epoche stellt und meint, daß die christliche Religion mit dem Heidentum ausgewechselt werden müsse. Salutati wünscht nicht, daß die Uhr zurückgestellt werden soll, die Antike hat für ihn keinen selbständigen Wert – aber sie kann als Geburtshelfer bei der Wiedergeburt wirken, der er entgegensieht und die, wie er meint, schon im Gange ist. Er verweist u.a. auf seinen großen Lehrmeister Petrarca[13], der selbst die Größten der Antike (z.B. Vergil, Cicero und Seneca) übertraf.

Das braucht an und für sich nicht von besonderer Bedeutung zu sein, da es allgemein üblich war, Zeitgenossen mit Vertretern der Antike zu vergleichen – zum Vorteil der ersteren. Es handelt sich hierbei im Grunde um eine Form des Komplimentierens, der man nicht zu große Bedeutung beimessen sollte. Zahlreiche Freunde Salutatis werden auf der Grundlage zugeschickter Schreibübungen als Vergil ebenbürtig oder Cicero überlegen bezeichnet[14] – Komplimente, die im besten Falle nur die pädagogische Berechtigung des Lobes haben (vgl. oben Seite 116). Auch einige der Argumente Salutatis für die Überlegenheit Petrarcas sind schwerlich ernstzunehmen, wie wenn er z.B. behauptet, daß Petrarca Vergil als Prosaverfasser und Cicero als Dichter von Versen überlegen sei[15], und daher beiden überlegen sei. Salutati gibt später seinen Versuch auf, die Überlegenheit Petrarcas auf dem Gebiet der Form zu behaupten und erkennt, daß an der Stellung der Alten nicht zu rütteln ist[16]. Was die Eloquenz (»facultas dicendi«) betrifft, so sind sie nicht zu übertreffen. Aber das ist keineswegs entscheidend, denn ein guter Dichter wird man nicht allein durch die Form. Poesie muß auch mit der Elle der Wahrheit gemessen werden, und hier müssen die Verfasser der Antike unweigerlich zu kurz kommen, denn sie besaßen nicht das Christentum – zumindest nicht in seiner vollen Klarheit. In seinen letzten Lebensjahren führt Salutati eine heftige Polemik gegen seinen Schüler, *Poggio Bracciolini*. Es liegen dazu zwei Briefe von Salutati vor[17], aber keiner von Poggio, und wodurch Poggios Standpunkt gekennzeichnet war, ist nicht völlig klar, denn obwohl Salutati Poggio referiert, so ist er in seiner Polemik so scharf, daß die Konturen des Gegners verwischt werden. Salutatis kräftige Reaktion ist jedoch sicherlich eher auf Poggios Schärfe als auf die Radikalität seiner Meinungen zurückzuführen[18]. Es besteht jedenfalls kein Grund zur Annahme, es wäre ein »durchaus antiker Geist, aus dem heraus Poggio spricht«[19] – verstanden als der rationelle Kampf des klaren Gedankens gegen jede Autorität (»... das nur die strenge logische Deduktion Beweiskraft hat, nicht aber das, was in einem heiligen Buche geschrieben steht«. Wenn man es schon auf diese Art behandeln will, so ist Salutatis Beurteilung sicher der Wahrheit näher. Er meint, daß zwei Autoritäten miteinander kämpfen, und klagt Poggio an, sich unkritisch der Antike zu unterwerfen, wodurch diese eine falsche Macht erhalte[20]. Das Alter dieser Epoche ist keine Garantie für die Wahrheit (pura sit, non temporum, sed scientie concertatio)[21]. Im übrigen sei es sinnlos, die Antike als eine fixierte und homogene Größe aufzufassen. Es verlief dort eine ständige Entwicklung, in ständiger Auseinandersetzung mit der Vergangenheit. Platon kritisierte seine philosophischen Vorgänger, Aristoteles kritisierte Platon, die Römer opponierten gegen die Griechen usw. Es gibt keinen Grund dafür, daß sich diese Entwicklung nicht fortsetzen sollte, und daß wir plötzlich stehenbleiben und uns vor der Antike verbeugen sollten[22]. Und das um so weniger, als Christus die wahre Autorität besitzt[23]. Im übrigen ist es eine schlechte Forschung, die nur wiedergibt, was die Alten wollten, ohne selbst kritisch Stellung zu ihnen zu nehmen. Man muß untersuchen, ob ihre »doctrina« uns etwas angehen. Wir sind ja nicht nur eine »Nachwelt« (simpliciter posteritas), die sich damit begnügen kann, objektiv zu referieren, sondern wir leben in einer Gegenwart, in der wir das anwenden sollen, was wir lernen[24]. Deshalb müssen wir uns über unser Verhältnis zu den Texten im klaren sein.

Poggios Standpunkt ist sicher dem Niccolo Niccolis sehr ähnlich. Niccoli war der Gegner Salutatis in Brunis Dialog (ad Petrum Paulum Histrum Dialogus)[25], der sich darum dreht, inwieweit die drei »gekrönten Häupter« (Dante, Petrarca und Boccaccio) sich mit den antiken Dichtern messen können. Niccoli meint, von recht formellen Kriterien ausgehend, nein. Sie können kein ordentliches Latein schreiben, und deswegen können sie per definitionem auch keine guten Dichter sein. Abgesehen von dem Drange, nur ästhetische Maßstäbe anzulegen, verspürt man bei den jungen radikalen Humanisten einen gewissen Unwillen gegen eine gar zu handfeste pädagogisch-allegorische Verwendung der Antike[26]. Keiner von ihnen scheint jedoch einen konsequenten Standpunkt eingenommen zu haben; Niccoli ist dann auch dazu bereit, den entgegengesetzten Standpunkt zu verteidigen – an Stelle Salutatis, der es ablehnt, die Sache mit ihm zu diskutieren.

Was Salutati betrifft, kann man aber nicht im Zweifel darüber sein, daß er die Sache etwas nuanciert, indem er Eloquenz zwei verschiedene Dinge sein läßt, nämlich teils eine Vereinigung von Form und Inhalt, also die Rede, wie sie in ihrer Gesamtheit hervortritt, und teils das rein Formelle, der Aufbau der Sprache, Sprechfiguren etc. In der ersten Bedeutung kann er von »vera eloquentia« sprechen, und er zitiert Horaz: »Scribendi recte sapere est et principium et fons[27]. Ohne dies wird man nicht zum Dichter. Deshalb kann man, streng genommen, nicht sagen, daß die Antike beredsam gewesen sei, denn wenn die Rede ohne Wahrheit ist, so kommt es zu einem sprachlichen Leerlauf[28].

Aber Salutati gebraucht die Eloquenz auch als formalen Begriff, weil er trotz allem meint, daß Form und Inhalt voneinander getrennt werden können, und in dieser Bedeutung muß man die absolute Überlegenheit der Antike anerkennen (»nolo nostros, quia Christiani sint, in hac disputatione Gentilibus anteferre«)[29]. Was das angeht, so räumt Salutati Poggio gegenüber ein. daß Petrarca in allen diesen Punkten in der Antike seinen Meister finden könne, obwohl er in dieser Gesellschaft keineswegs zu den Geringsten gehört habe. Sein Werk, De viris illustribus, sei hervorragend (»dic, si potes, quid sibi deficiat maiestatis, pulcritudinis vel ornatus«); Salutati möchte ebenso wie Poggio wünschen, daß Petrarca Livius und Sallust übertroffen hätte, aber das wäre eine unbillige Forderung gewesen (nimis difficile)[30]. Von der Antike können wir deutlicher erleben und erkennen lernen. Sie gibt uns nicht nur eine überlegene Sprache, Metrik und Syntax, sondern auch Argumente, Bilder und Beispiele, kurz gesagt alles, was notwendig ist, um besser zu verstehen und zu erleben (Poesie) und sich deutlicher und überzeugender erklären zu können (Rhetorik). Aber die Erkenntnis, Lebensanschauung und Theologie können wir natürlich nicht erben. Die Alten waren sich darüber im klaren, daß sie nicht zu den innersten Wahrheiten vorgedrungen waren. Die vornehme Form wurde oft dazu gebraucht, das Wissen von den eigenen Mängeln zu überdecken. Die Menschen der Antike waren blind und tappten im Dunkeln, denn sie wußten nicht besser und kannten das Licht nicht[31], und Salutati ist immer dazu bereit, viele Entschuldigungen hierfür beizubringen. Aber wir, die wir nicht tüchtiger sind, aber dank dem Christentum klüger sein sollten, wir haben überhaupt keine Entschuldigungen, wenn wir uns ebenso blind machen, wie es die Menschen der Antike waren. Gegen besseres Wissen zu handeln, ist nicht zu entschuldigen, es ist verbrecherisch. Dies ist der Grund für Salutatis scharfe Reaktion auf Poggios Standpunkt, der im übrigen von Salutatis eigenem nicht sehr verschieden sein konnte – Poggio war wohl nicht umsonst sein Schüler. *Oliver* vermutet, daß Salutati in diesen Briefen der Kirche Zugeständnisse macht[32], aber nichts wäre verkehrter anzunehmen. Falls das der Fall gewesen wäre, so hätte es zahlreiche andere Gelegenheiten gegeben, in denen derartige Zugeständnisse weit wirkungsvoller gewesen wären, dann nämlich, wenn er von kirchlicher Seite angegriffen wurde. In eben diesen Monaten (1405-06), in denen er mit Poggio Briefe wechselt, hat er seine große Auseinandersetzung mit Dominici, und hier werden absolut keine Zugeständnisse gemacht.

Salutati ist also weit davon entfernt, mit dem Begriff »Wiedergeburt« die Antike selbst zu meinen. Nicht sie soll wiedererstehen, sondern seine eigene Zeit – mit der Antike als wichtigstem Geburtshelfer. Der Gedanke, daß das Wort »Renaissance« eine Beschreibung des Schicksals der Antike sein sollte, finden wir übrigens nicht in dieser Epoche in konsequenter Form. Man muß bis zu Hegel[33] und dem Neu-Klassizismus an Anfang des 19. Jh.s gehen, um eine solche Einschätzung der Renaissance-Periode zu finden. Salutati bekennt sich zum Christentum als seinem Ausgangspunkt und Ziel, er will darum nicht seine geschichtliche Distanz zur Antike aufgeben, ebensowenig will er die Form vom Inhalt trennen und sie gesondert pflegen[34].

KAPITEL 13

Poeta Theologus und Poeta Rhetor

Im 11. Kapitel beschäftigte ich mich mit der Affinität der Poesie zur Theologie. Die Beschreibung der Poesie als göttlich ist für Salutati bei weitem nicht ausreichend. Oder richtiger – falls sie nur göttlich wäre, dann hätte sie ja für die Menschen kein Interesse. Sie ist somit »divina et humana«, und die oft wiederholte Forderung, daß die Dichter »Kenntnis von menschlichen und göttlichen Dingen« (»scientia rerum divinarum et humanarum«) haben müssen, erlangt eine tiefere Bedeutung als die, auf die wir oben aufmerksam gemacht haben, indem es sich nicht nur um enzyklopädisches Wissen, sondern auch um den existentiellen Ausgangspunkt des Dichters handelt. Oder wir könnten sagen, um die Bedingungen für seine Möglichkeiten, da es seine Aufgabe ist, das Menschliche und das Göttliche in seinem Werk – und in gewissem Maße auch in seiner Person – zu vereinen. Deshalb muß der Dichter alles wissen, was die Menschen. ihn lehren können, und er muß sich vor allem in gut gewählten Worten und Bildern »suaviter« ausdrücken können. Aber das ist noch nicht ausreichend; wenn er nicht von Natur aus dazu geboren ist, ein Dichter zu werden, so wird er auch keiner, denn letzten Endes ist das nicht eigentlich erlernbar. Und hierbei handelt es sich nicht allein um angeborene Fähigkeiten (De lab. p. 18), sondern auch um den Sinn für das Mystische, ja, man kann beinahe sagen, daß er Gott nahestehen muß, damit er von der göttlichen Inspiration erfüllt werden kann[1].

In dieser Verbindung kann es richtig sein, *August Bucks* Untersuchung über die Verteidigung der Poesie durch die Humanisten zu erwähnen[2]. Der wesentlichste Gesichtspunkt ist der, daß es weder Petrarca, Boccaccio noch Salutati (der jedoch nur kurz erörtert wird) gelingt, eine konsequente Theorie der Dichtung zu formen, weil es keinem von ihnen gelingt, einen Zusammenhang zwischen »poeta theologus«, die das Göttliche in allegorischer Form darstellt, und »poeta rhetor«, der Dichtung als selbständige menschliche Form, herzustellen[3]. Zu Salutati heißt es: »Die Verbindung zwischen dem von einem göttlichen Hauch inspirierten »poeta theologus« und dem die Kunst der Eloquenz beherrschenden »poeta rhetor« herzustellen, vermag auch Salutati nicht. Die humanistische Rhetorik und die humanistische Verteidigung der Poesie stehen mehr oder weniger beziehungslos nebeneinander, bis der Renaissanceplatonismus eine neue Lösung des Problems der Dichtungslehre versucht«. Hat Buck darin Recht? Salutati meint, daß nur wenige und nur Auserwählte dazu geboren sind, wirkliche Dichter zu werden, die göttliche Wahrheiten aussagen können. Dies kann man nicht lernen, sondern muß es von vornherein in sich tragen, auch deshalb, weil der wahre Poet nur ein Gefäß ist und nicht Herr darüber, was er sagt. Die Eloquenz dagegen ist von allen gut begabten Menschen zu erlernen. Das erfordert natürlich eine gewisse Fähigkeit, den geeigneten Stoff herauszufinden (inventio)[5], aber es ist augenscheinlich Salutatis Meinung, daß die Beherrschung der Eloquenz nichts Einzigartiges ist, das nur wenigen vergönnt ist.

In De laboribus Herculis[6] werden die beiden Dichtertypen einander gegenübergestellt, und unter Hinweis auf Cicero wird gesagt, daß die Dichtung von der Natur selbst bestimmt ist (ipsa natura), währenddem die anderen Studien sich auf Gelehrsamkeit, Vorschriften und künstlerisches Können stützen (doctrina et preceptis et arte)[7].

So wird Dante dafür gelobt, daß er die Dinge nicht mit Hilfe von »meditatio« oder »doctrina« auffaßt, sondern nur von der Natur her; er ist göttlich inspiriert[8]. Aber das bedeutet natürlich nicht, daß die Dichtung nur Natur ist. Wie jede andere menschliche Ausdrucksform besteht sie aus (constat) kulturellen Erzeugnissen und bedient sich ihrer. Aber ihr Wert, das was sie wirklich als Dichtung qualifiziert (valeat), entspringt einer akulturellen, naturgegebenen Ursprünglichkeit[9]. Das Natürliche und das Menschliche müssen sich somit beim Dichter vereinen, wenn er die in ihn gestellten Erwartungen erfüllen können soll. Es handelt sich nicht um Gegensätze, die einander ausschließen, sondern um zwei Elemente, die notwendigerweise beide vorhanden sein müssen.

Dies gilt auch aus einem anderen Aspekt heraus gesehen. Theoretisch kann man nämlich zwischen der göttlichen Poesie und der menschlichen Eloquenz unterscheiden, wovon die erstere die Wahrheit enthält, und die letztere die Wahrheit mit schönen Worten schmückt, so daß sie beredsam wird, und wir sie dadurch realisieren. Das, was im Göttlichen notwendig war, machen wir im Menschlichen zu Willen[10].

Salutatis Meinung nach ist es sinnlos, zu sagen, daß der Dichter die Wahrheit besitze, aber nicht imstande sei, sie weiterzuvermitteln. Dann ist er einfach kein Dichter. Deshalb müssen der »poeta theologus« und der »poeta rhetor« in der gleichen Person vereinigt sein, wenn diese auf den Titel eines Poeten Anspruch erheben will.

Salutati versucht auf diese Weise, zwei Traditionen der europäischen Zivilisation zu vereinen. Es handelt sich um eine symbolische und eine allegorische Art und Weise, die Dichtkunst zu deuten. In beiden Fällen dringt man in den Text ein und findet eine verborgene Wirklichkeit hinter der äußeren Form[11]. Aber die Rolle und das Werk des Dichters werden ganz verschieden unter der symbolischen und der allegorischen Betrachtungsweise aufgefaßt. Die symbolische Deutung geht auf jeden Fall auf Platon, wenn nicht länger zurück und baut auf dem Unterschied der Ideenlehre zwischen der sichtbaren und der wirklichen Welt. Die empirischen Dinge dieser Welt sind nur Schatten der jenseitigen, idealen Dinge, und haben für den verständigen Betrachter eigentlich nur eine Hinweis-Funktion. Das gleiche gilt für unsere Wörter, die trotz ihrer Unvollkommenheit als eine Art von Symbolen wirken. Hierbei weisen sie auf eine Wirklichkeit hin, die bei weitem das überragt, was die Wörter an sich bedeuten.

Die allegorische Deutung beruht auf der Annahme, daß die poetische oder dramatische Fiktion eine Umschreibung der alltäglichen, bekannten Verhältnisse sei; es handelt sich entweder um Begriffe oder um den Verlauf von Ereignissen. Statt über den *Zorn* zu sprechen, kann man eine Dame namens Ira (Zorn, lat.) als Person in einem Gedicht oder Drama auftreten lassen. In diesem Fall konstruiert man eine Allegorie, während man bei einem vorliegenden Gedicht eine allegorische Deutung anwendet. Das Gedicht enthält keine Hinweise auf etwas Überirdisches oder Unaussprechliches, aber sein Inhalt läßt sich interpretieren und in eine leichtverständliche Sprache übertragen. Die dichterische Form wird darum hauptsächlich wegen der Ausschmückung und des Rhytmus gebraucht. Etwas anderes ist zu bemerken: Der Dichter ist selbst Herr über sein Gedicht – er findet selber das Thema – und wählt selber seine Ausdrucksmittel im Hinblick darauf, die größte Klarheit und Schönheit zu erreichen. Hierbei hat die Poesie einen Berührungspunkt mit der Rhetorik – daher die Bezeichung poeta rhetor. Im Mittelalter unterschied man zwischen der Bibel auf der einen und allen anderen Dichtungen auf der anderen Seite. Nur die Bibel war göttlich inspiriert, während die übrigen Werke mit der Rhetorik zu vergleichen waren, deshalb brauchte man diese beiden auch nicht zu unterscheiden (vgl. o. S. 107). Die symbolische Deutung geht dagegen in der Regel davon aus, daß ein Moment der Inspiration, einer von außen kommenden Erkenntnis, zugegen ist. Ein Gedanke, der oft in der Idee vom göttlichen Wahnsinn des Dichters zum Ausdruck kommt (s. o. S. 130).

Die Distinktionen zwischen der Allegorie und dem Symbol hat in der modernen Zeit eine große Rolle gespielt[12]. *Goethe* definierte das Symbol als die unmittelbare, intuitive Erkenntnis, während die Allegorie die diskursive Erkenntnis repräsentierte. Der wahre Dichter erschafft Symbole, sein Genie erzeugt unmittelbar den äußeren Ausdruck für das innere Erlebnis. Das Symbol ist der Ausdruck für die höhere Wirklichkeit. Die fühlbare und die metaphysische Wirklichkeit schmelzen in diesem zusammen. Aber das Symbol ist keine ausreichende Beschreibung, sondern nur eine unvollkommene Niederschrift einer überirdischen Wirklichkeit. Darum ist es auch nicht eindeutig, viele Deutungsmöglichkeiten sind zugegen.

Die Allegorie dagegen ist die eigene, diskursive Beschreibung des Menschen von dem, was er erkennt. Es kommt etwas Kaltes, Verstandesmäßiges über sie. Der Mensch begegnet nur sich selber und schließt keine Bekanntschaft mit einer höheren Wirklichkeit.

Gegen die menschlichen Schöpfungen wie Mythen, Rhetorik usw. wird die gleiche Anklage erhoben: sie sind vom Menschen ausgedacht und konstruiert und lassen ihn nur in seinem eigenen geschlossenen Raum verbleiben.

Gadamer macht darauf aufmerksam, daß diese Unterscheidung problematisch ist[13]. Das Symbol lebt auch nicht von selbst, sondern durch seine Relation zu einer mythisch-allegorischen Tradition. Nur dadurch kann es verstanden werden. Hiermit wird auch eine rein »ästhetische« Haltung zur Kunst zurückgewiesen. Das Allegorische/Mythische beinhaltet nämlich immer eine Reihe dogmatischer Aussagen, die das Kunstwerk übernimmt oder zu denen es sich auf jeden Fall verhält. Es gibt also nichts, das unmittelbar vom Himmel fällt – alles kommt zu uns durch die Sprache.

Die Symbolauffassung, die Gadamer kritisiert, entstand in der deutschen Romantik, hat aber ihren Ursprung im christlichen Mittelalter. Es lohnt sich, zu überlegen, ob die Renaissancehumanisten nicht – in casu Salutati – wie bei Gadamer, eine Auseinandersetzung mit der Unterscheidung zwischen

Allegorie und Symbol als Ausgangspunkt liefern. Wenn wir das nicht richtig sehen können, liegt die Ursache darin, daß die deutsche Romantik dieses mittelalterliche Unterscheiden wieder belebt und uns dazu gebracht hat, wie August Buck, nach der Verbindung zwischen poeta rhetor und poeta theologus zu fragen. Es könnte sich ja so verhalten, daß es, recht verstanden, keinen Unterschied gab.

Die symbolische Auffassung kann im Mittelalter verschiedene Formen annehmen. Die konsequenteste Form findet man vielleicht bei *Augustin*, der in De magistro darlegt, wie der Heilige Geist sich direkt an den Menschen wendet, ohne Worte zu gebrauchen[14]. Die platonische Skepsis gegenüber der Sprache erhält hier einen radikaleren Ausdruck: Gottes Sprache zum Menschenherzen ist unmittelbar, sprachlos. Ganz im Geiste Augustins sagt Bernhard Silvestris: »non figuratum, sed infusum ... non sonans, sed penetrans, non loquax, sed efficax«. Auf diese Weise ist das WORT über und von Gott. Die menschliche Sprache kommt hier darum erst an zweiter Stelle und soll nur zum Kommentieren, Erklären und Aufklären einer bestehenden Wirklichkeit gebraucht werden, die jedoch zu erhaben ist, um mit unseren Wörtern erfaßt werden zu können. Das wahre Verständnis ist ohne Worte und existiert eigentlich überhaupt nicht in diesem Dasein. Salutati hat mit dieser Sprachauffassung abgerechnet, indem er *contemplatio* in das nächste Dasein verwiesen hat. *Hier* sind wir dazu gezwungen, mit der Sprache auszukommen und wir können nicht mehr sagen oder verstehen, als sie ausdrücken kann.

Im Mittelalter wird die symbolische Erkenntnis auch durch das Begriffspaar *allegoria facti* und *allegoria verbi* ausgedrückt. Mit der zuerst genannten »Allegorie« versucht man die tatsächlichen, geschichtlichen Ereignisse zu deuten. Ihre Bedeutung ist jedoch nicht damit ausgeschöpft, daß etwas geschehen, entstanden ist, sondern sie weist zugleich auf eine andere Wirklichkeit hin. Es ist wahr, daß Christus von den Toten auferstanden ist, aber das ist gleichzeitig ein Bild davon und ein Beweis dafür, daß alle Christen mit ihm auferstehen sollen (Irenäus)[16]. Thomas Aquinas meint (im Gegensatz z.B. zu Origines), daß Gott sich wirklich wie ein Gärtner in seinem Garten bei der Schöpfung und dem Sündenfall im 1. Buch Mose, Kap. 2-3, verhalten habe. Aber das hat natürlich gleichzeitig eine übertragene Bedeutung[17]. Das Kennzeichen der Bibel besteht gerade darin, von tatsächlichen Ereignissen zu berichten, die über sich hinaus weisen. Auf diese Weise wird *allegoria facti* mit dem Symbol identisch: das sichtbare Zeichen einer höheren Wirklichkeit in der empirischen Welt. Indem man ein solches Zeichen wie die Bibel deutet, entwickelt man eine verfeinerte Exegese mit vier »sensi«: 1) Sensus historicus oder literalis, d.h., daß man vom Text in seiner unmittelbaren Meinung ausgeht und die Bedeutung der Wörter erklärt. »Jerusalem« ist in diesem Fall die Hauptstadt in Davids Reich[18]. 2) Sensus tropologicus geht darauf hinaus, den moralischen Inhalt zu extrahieren. Von welchen Tugenden und Lastern wird in »Wirklichkeit« gesprochen? »Jerusalem« kann jetzt ein Sinnbild der treuen Seele sein, die nach himmlischer Seligkeit strebt. 3) Sensus allegoricus, indem man versucht, einen Begriff mit einem anderen zu erklären. Man kann verstehen, was die Kirche ist, indem man sie z.B. mit Jerusalem vergleicht. 4) Sensus anagogicus, indem man mit Hilfe des Testes versucht, die Zuhörer zum Meditieren über die himmlischen Mysterien zu veranlassen. Jerusalem kann in diesem Fall das Bild der Seelen im Himmel sein, die Gott in Zion offenbart sehen.

Die symbolische Deutung ist natürlich besonders deutlich in sensus anagogicus, aber sie setzt zugleich sensus literalis voraus. Die Ewigkeit muß einen konkreten Anknüpfungspunkt in der historischen Wirklichkeit haben. Auch die tropologische und allegorische Deutung kann von symbolischer Art sein, aber das ist nicht notwendig. Diese Deutungen bewegen sich vorzugsweise im Rahmen der Sprache und setzen auch nicht voraus, daß man mit Tatsächlichem zu tun hat. Es braucht sich nur um *allegoria verbi* zu handeln. Hier liegt die Wahrheit nämlich nur auf einer übertragenen Ebene. Heraklits Auslegung von Homer setzt voraus, daß die Ilias geschichtlich gesehen unwahr ist, aber wahr, insofern Entscheidendes über das Schicksal und die Verhältnisse des Lebens ausgesagt wird[19]. Die heidnischen Dichter müssen immer als *allegoria verbi* interpretiert werden, weil die äußere Form nie wahr ist, während die Bibel in der Regel *allegoria facti* ist, weil ihre Ereignisse immer wirkliche, historisch wahre Ereignisse sind – wenn man von denen absieht, die ausdrücklich als Fabeln, Gleichnisse oder eventuell als gewisse geschichtliche Abschnitte gekennzeichnet sind.

Wir sahen weiter oben (S. 132), wie Salutati diesen Unterschied zwischen der Bibel und den Dichtern formal akzeptierte, während er ihn real so sehr problematisierte, daß er nicht länger anwendbar ist.

Obwohl die Aussagen über Christus und Gott im historischen oder faktischen Verstand wahr sind, haben wir keine Freude daran, weil wir sie nur als fictum verstehen können. »Alles, was über Gott gesagt wird, ist fiktiv, und es ist von uns und unseren Handlungen ausgeliehen«[20]. Salutatis Überlegungen lassen sich vielleicht dahin erweitern, daß es in Wirklichkeit leichter ist, die Dichter zu lesen als die Bibel. Bei den ersteren hat man auf jeden Fall nicht mit dem Problem zu tun, daß man auf die eine oder andere Faktizität Rücksicht nehmen muß. Die Dichter bedienen sich ja bewußt der Form der Lüge, um verstanden zu werden. Und was ist verlogener als die Fabeln der Dichter, die weder wahre noch wahrscheinliche Dinge enthalten?[21]. Falls man sie ernst nähme, oder falls man versuchen würde, die Menschen dazu zu überreden, an diese »verderblichen und ungeheuer falschen Dinge« zuglauben, so würde man ungeheuren Schaden anrichten[22]. Aber ein derartiger Wahnsinn ist den Dichtern auch niemals eingefallen, und der beste Schutz dagegen, auf verkehrte Weise ernst genommen zu werden, ist es eben, die Übertreibung und Unwahrscheinlichkeit so groß werden zu lassen, daß es unmöglich wird, sie buchstäblich aufzufassen. Um der Wahrheit zum Durchbruch zu verhelfen, muß man die Lüge verdoppeln. Der Leser soll gezwungen werden, zu verstehen, daß sich unter den kunstfertig geformten Phantasien eine andere Wahrheit verbirgt als die, die direkt zum Ausdruck kommt[23]. Da die Lüge in der Sprache stets enthalten ist, ist es unser einziges Mittel gegen sie, sie so zu übertreiben, daß sie sofort als Lüge erkannt werden muß. Auch dort, wo der Dichter anscheinend einen historischen Hintergrund verwendet, soll man nicht glauben, daß er in Wirklichkeit über ihn schreibt[24]. Der gute Dichter sorgt so auch immer dafür, seinen Leser darauf aufmerksam zu machen, indem er z.B. Dinge einfügt, die historisch einfach nicht korrekt sein können. Vergils Äneide ist nicht wirklich und konnte es auch nicht gewesen sein, schon allein aus dem Grunde, daß er Äneas 143 Jahre alt werden läßt[25].

Man soll nicht glauben, daß die Dichter diese Ausdrucksform gebrauchten, weil es ihnen gefiel, sich schön auszudrücken, oder weil sie die Wahrheit verbergen wollten; sie war für sie ganz einfach notwendig, um von den übernatürlichen Dingen sprechen zu können[26].

Übrigens machen sich ähnliche Verhältnisse bei der geschichtlichen Berichterstattung geltend. Auch hier ist nicht die Faktizität, sondern der Inhalt das Zentrale. Geschichtsbücher sind nicht nur Berichte darüber, was einmal war, sondern diese Berichte müssen eine gegenwärtige Absicht haben, wenn es sich lohnen soll, sie zu erzählen. Salutati meint, daß das nicht allein die Bedingung für die Gegenwärtigkeit der Geschichte ist, sondern daß sie selbst auch so entstanden ist. Wann ist ein Ereignis geschichtlich, fragt er. Es genügt nicht, daß es geschehen ist. Ein Ereignis kann noch so entscheidend sein, geschichtlich wird es erst in dem Augenblick, in dem jemand darüber berichtet.

Ohne Historiker existiert keine Geschichte[27]. Ein Zeuge oder ein Historiker erzählt von einem Ereignis, wenn er meint, daß es sich lohne. Den Wertbegriff deutet Salutati, von der antiken Tradition ausgehend, als etwas Moralisches. Dementsprechend muß die Erzählung auf irgendeine Weise paradigmatischen Charakter besitzen – sie muß als *exemplum* für den Erzähler und seine Zuhörer oder Leser dastehen können. Die Geschichte ist darum ein natürliches Glied der Rhetorik, für welche die erbauende und einflußnehmende Wahrheit viel wichtiger ist als das bloße Faktum, daß etwas passiert.

Wir sehen, daß Salutati große Teile der symbolischen Tradition zurückweist; sowohl die wortlose, vom Heiligen Geist getragene Kommunikation, als auch die scharfe Unterscheidung zwischen facta und ficta.

Salutati ist Rhetoriker und muß darum die Sprache als eine notwendige Voraussetzung zur Erkenntnis und Mitteilung ansehen. Wir erleben nur die Wirklichkeit, die uns durch die Zeichen, Metaphern, Dogmen, Mythen usw. der Sprache erscheint. Sie alle sind aus uns und unter unseren Bedingungen entstanden. Darum ist alles, was wir über Gott sagen, »von uns und unseren Handlungen ausgeliehen«. Für die Sprache entsteht so die Gefahr, eine geschlossene Welt zu werden, in der wir nur eine Sache verstehen und darüber sprechen können, weil wir sie in Wirklichkeit im voraus gut kennen. Wir vergleichen (d.h. metaphorisieren) die Dinge miteinander – nur dadurch können wir sie (er-)kennen. Wenn die Erkenntnis auf diese Weise metaphorisch ist, ist der Mensch im radikalen Verstand Zentrum in seiner Sprache und seiner Erkenntnis. Sein eigenes Wissen entscheidet, was gesagt und gewußt werden kann. Der Begriff vom Unbekannten scheint unmöglich zu sein. Das meinte auch der Sophist *Protagoras*, als er sich davon sprach, daß die Behauptung 'etwas existiert nicht' eigentlich meinungslos sei. Daß etwas nicht existiert, bedeutet, daß wir dafür keine Wörter haben[28]. Aber dann können wir darüber auch nichts aussagen. Eine Variation dieses Problems ist bei Platon so formuliert: »Ein Mensch kann weder nach dem suchen, was er kennt, noch nach dem was er nicht kennt. Er kann nicht nach dem suchen, was er kennt, denn das kennt er ja, und in diesem Falle braucht er nicht danach zu suchen; er kann auch nicht nach dem suchen, was er nicht kennt, denn er kennt ja nicht einmal das, nach dem er sucht«[29].

In dieses geschlossene Sprachuniversum sprengt Salutati eine Öffnung mit seinen Gedanken über die göttliche Inspiration des Dichters, durch die der Mensch eine Erkenntnis erhält, über die er nicht selbst Herr ist und um die er nicht gebeten hat. Eine Erkenntnis, die er nicht begreift, sondern von der er im Gegenteil ergriffen wird. Die Öffnung der Sprache hinaus zur Welt – diese Öffnung muß unter den eigenen Bedingungen der Sprache geschehen und nicht, indem sie zur Seite geschoben wird aufgrund einer direkten Mitteilung der einen oder anderen Art, wie es in einer symbolischen Deutung der Fall ist – entsteht auf verschiedene Weise: 1) Die Gedanken über die Notwendigkeit, »bilinguis« zu sein und »multiformiter« zu sprechen, müssen bei Salutati als ein Versuch verstanden werden, zu erklären, wie die Sprache eine Wirklichkeit entgegennehmen kann, die sie nicht unmittelbar auszudrücken vermag. Wir wissen, daß es nicht genügt, in antropomorphistischen Wendungen über Gott zu sprechen, aber das ist auf der anderen Seite auch nichtssagend. Einen Teil der Wahrheit kann man durch einen umschreibenden Ausdruck, eine Erzählung oder eine Fabel aussprechen. Und man kann sein Verständnis mit neuen Erzählungen ergänzen.

Die Notwendigkeit, mehrdeutig zu sprechen (alienoloqui), führt es natürlich mit sich, daß man das gleiche auf viele verschiedene Weisen sagen kann. Eine Reihe von Fabeln können die gleiche Wahrheit ausdrücken, oder vielleicht besser – verschiedene Seiten von ihr. Denn nichts ist ja eindeutig, und wir haben niemals *die* Wahrheit über einen Gegenstand gesagt. Und umgekehrt kann das einzelne Gedicht viele Wahrheiten enthalten, sowohl menschliche als auch göttliche[30]. »Weil es zwischen den Dingen viele Ähnlichkeiten gibt, können diese – ohne daß es unpassend wäre – auf andere Dinge überführt werden (d.h., sie können auf andere Weise interpretiert werden), und daher sollten diejenigen, die das gleiche auf mehrere Arten ausgedrückt sehen, aufhören, sich zu wundern«[31]. Dann riskiert man auch nicht, sich auf eine einzige Interpretation festzulegen und auf diese Weise das Verständnis einzuengen.

2) Es ist vielleicht wichtig, daß Salutati die neugewonnene Poesie dazu gebrauchte, der Rhetorik ihr eigentliches Wesen zurückzugeben. Im Mittelalter hatte man Gewicht auf die Rhetorik als pädagogische Form gelegt, d.h., daß man in Wirklichkeit nur von vier der fünf klassischen Disziplinen der Rhetorik Gebrauch machte. Besonderes Gewicht legte man natürlich auf elocutio, dem Stil, der Ausschmückung des im voraus gegebenen Inhaltes. Für inventio hatte man dagegen keine Verwendung. Die Theologie und Philosophie hatten von vornherein umrissen, was gesagt werden sollte, und die Aufgabe des Prädikanten bestand darum nur darin, diesen Inhalt in eine so schmückende und ansprechende Form wie möglich zu kleiden. Das Finden des Stoffes, *inventio*, gehörte im Mittelalter nicht zu den Aufgaben der

Rhetorik[32]. Aber ohne Erkenntnisarbeit ist die Rhetorik nur eine pädagogische Form, die in einem vollständig äußeren Verhältnis zum Inhalt steht. Die Metaphern, Bilder, Umschreibungen, phonetischen und syntaktischen Figuren des Stils verbleiben nur Schmuck, die ihr eigenes Leben in der Welt der Klischees leben. Erst wenn der Stil zusammen mit der Erkenntnisarbeit entsteht, wird er notwendig und verantwortbar. Hier ist es kein Zufall, daß das, was gut ausgedrückt ist, auch wahr ist.

»Was kann denn ein Redner sagen und ein Dichter schreiben, wenn sie nicht hervorragend dazu geeignet sind, ihren Stoff zu finden? Diese Kunst kannst du bei Cicero und Quintilian lernen, aber du wirst es bestimmt viel reichhaltiger und eleganter in der eigenen Vorzüglichkeit der Natur, in der Schärfe der Begabung, im Nachdenken und in der Übung im Sprechen lernen. Die Vorschriften der rhetorischen Kunst sind ausgezeichnet und sie geben dem Redner Sicherheit. Aber die Quelle der Entdeckung (inventio) ist die Natur – und wenn die Kraft fehlt, kann man das nicht mit Gelehrsamkeit ausbessern«[33].

Der *Inspirationsgedanke*, der in diesem Zitat liegt, ist weder mystisch noch unbeschreiblich. Der inspirierte Dichter kann nichts, was nicht alle anderen können. Aber er kann es besser. Sein Blick ist klarer, seine Fähigkeit zu verstehen größer, seine Sprache viel nuancierter. Er ist offener der Welt gegenüber, die ihn umgibt, und er versteht es, seine Erfahrungen in einer klaren und bewegenden Sprache darzulegen. Wenn inventio ein wirkliches Stück Arbeit ist und nicht nur ein im voraus gegebener Inhalt, der von höherer Instanz mitgeteilt wird, dann bedeutet das auch etwas für elocutio. Der Stil wird lebendiger, weil er das Publikum mit dem neuen Verständnis vereinigen soll. Im Gegensatz zu der mittelalterlichen Predigerrhetorik, wo die Aufgabe nur darin bestand, das Publikum gegenüber den von vornherein wohlbekannten Lehrsätzen milde zu stimmen. Die Freude entsteht, die ein Kennzeichen der Vertiefung und Nuancierung des Verständnisses ist. »Die Poesie fügt zu all ihrem Besonderen die Freude hinzu; die Freude über die Variation und die poetische Form, deren Bedeutung schwerlich übertrieben werden kann«[34]. Jeder äußere Zwang ist abgeschafft. Die doppeldeutige Ausdrucksform der Poesie und der Umstand, daß sie zu uns »suaviter« und »eleganter« spricht, bewirken, daß voluntas frei gestellt ist. Aber gleichzeitig werden wir gelockt und überredet, das Richtige zu tun, weil wir sehen, wie einleuchtend wahr und gut das neue Verständnis ist. Und darum kann es uns inspirieren und ein Teil des Menschen werden.

Mit der Erneuerung der Poesie durch die Rhetorik geschieht eine Erweiterung des Wahrheitsbegriffes und der Quellen der Wahrheit. Mit der Poesie an der Spitze der studia humanitatis[35] sucht man nicht nur nach der theoretischen Wahrheit, sondern auch nach dem, was »vita atque mores« betrifft[36]. Das ist nicht einfach zu erlernen – es muß verstanden, erlebt und übernommen werden, sowohl mit dem Intellekt als auch mit dem Gefühl.

In gewisser Weise kann man wie *Panofsky* von »the integration of classical themes with classical motives« sprechen[37]. Panofsky meint hiermit, daß man im Mittelalter die Antike in Form und Inhalt aufgespalten hat, die man dann getrennt anwendete. Eine klassische Statue konnte man akzeptieren, wenn sie als Jungfrau Maria präsentiert wurde, und die antike Figur der Thisbe konnte man verstehen, wenn sie in mittelalterlicher Kleidung gemalt worden war. Aber Thisbe in klassischen Gewändern wäre »beyond his (the mediaeval man) possibilities of approach« gewesen. Das Mittelalter unterscheidet in gleicher Weise zwischen inventio der Rhetorik und ihrer elocutio. Das Gebiet der ersteren ist die Offenbarung und ihre ausübenden Kräfte sind die Theologen. Der Heilige Geist ist in letzter Instanz die Quelle der inventio. Die Rhetorik und Poesie sind dagegen nur die äußeren Formen, die man pädagogisch dazu anwendet, einen gegebenen Inhalt in eine pädagogische Form zu kleiden. Der Renaissancehumanismus reintegriert dagegen Form und Inhalt. Dieses Verhältnis, »which seems to be characteristic of the Italian Renaissance as opposed to the numerous sporadic revivals of classical tendencies during the Middle Ages, is not only a humanistic but also a human occurrence. It is a most important element of what Burckhardt and Michelet called »the discovery both of the world and of man««.

Alle Wahrheit kommt von Gott, wo sie auch immer zu finden sein mag, bei Poeten oder in der Bibel[38]. Dieser Ausspruch findet sich in einem Brief an Giovanni da Samminiato, in dem Salutati kurz vorher drei gute Gründe für das Lesen der Dichter angegeben hat: 1) Die besondere Sprache, 2) die Sonderbarkeit der Sätze und die Schönheit der Worte, 3) sie zeigen, wie unser Leben sein sollte, indem sie Tugend loben und Laster tadeln[39]. Damit ist gesagt, worin »die Wahrheit« besteht – richtig zu leben – und wie die Dichtung dieser Wahrheit dient. In Übereinstimmung hiermit steht Salutatis Brief an Lodovico, Fürst von Imola, der danach gefragt hatte, wie man weise werde. Salutati antwortet[40], daß er sich klarmachen müsse, wie wenig man wissen könne, und fordert ihn daraufhin dazu auf, Eloquenz zu studieren, die man von Sokrates lernen könne. Hierzu käme »christiana perfectio«[41], das bedeute aber nicht, daß man vom Menschlichen absehen solle (»humana dimittere«). cicero, Seneca und Aristoteles hätten eine Lehre erstellt, die es ermögliche »dicendum beneque vivendum«.

Die Theologen sind vom Studium der Bibel und der Theologie so sehr in Anspruch genommen, daß sie sich nicht die Zeit nehmen, zu untersuchen, was Eloquenz eigentlich ist, sondern glauben, es handele sich um eine spezielle Technik mit bestimmten Wörtern und einer genau festgelegten Anzahl von Versfüßen[42]. Das ist eine völlig oberflächliche Auffassung, die man nur dann haben kann, wenn man nicht versteht, daß die Theologie nicht bloß eine Lehre ist, sondern erst dann zur Wahrheit wird, wenn sie das Leben der Menschen bestimmt. Studia humanitatis ist das Mittel, dies zu verwirklichen. Und gerade die Poesie ist in besonderem Maße dazu imstande, jegliches Wissen abzurunden und es ins Leben zu übertragen, es in Handlung zu verwandeln, (movet et reducit in actum)[43].

Die Frage, ob die Dichtung nur eine Form ist, oder ob sie auch die Wahrheit enthält, ist daher im Grunde falsch. Wenn die Warheit etwas ist, das weder gelehrt noch ausgesagt werden kann, sondern sich nur in der Haltung eines Menschen und in seiner Art und Weise das Leben zu meistern ausdrückt, so ist es genau genommen sinnlos, die Wahrheit in der Poesie oder in anderen Formen menschlicher Äußerung zu suchen. Deshalb kann man auch nicht behaupten, daß die Poesie eine Form sei, weil der Begriff Form einen Inhalt voraussetzt. Die Poesie ist weder Form noch Inhalt, sondern ein »instrumentum«, das die Wahrheit vielleicht herbeischaffen kann. In seinem langen Brief an Dominici bemerkt Salutati einleitend, daß er mit ihm einig sein und sich auf seine Autorität verlassen könnte, wenn Dominici nicht leugnen würde, daß die Bedeutung des Willens größer ist als die des Intellektes, so wie es Salutati in De nobilitate legum et medicine dargestellt hatte[44]. Novati behauptet, daß diese Bemerkung lediglich Salutatis eigentliche Uneinigkeit mit Dominici vernebeln solle[45]. Es fragt sich aber, ob Salutati nicht vielmehr einen entscheidenden Punkt anspricht. Wenn man in der Beurteilung der Dichter davon ausgeht, ob ihre Darstellung korrekt, geschichtlich oder dogmatisch ist, dann hat Dominici sicher Recht in einem Teil seiner Kritik, weil die Poeten so viel Unwahres geschrieben haben, das sich nicht mit der wahren christlichen doctrina in Übereinstimmung bringen läßt. Aber es existiert ja ein Unterschied zwischen dem bloßen Wissen, scientia, und der Weisheit, sapentia. Das letztere »Verständnis« umfaßt den Willen und das Gefühl. Darum kann eine Dichtung gleichzeitig verlogen und wahr sein, »bilinguis«. Obwohl sie nicht scientia bereichert, kann sie doch zu einem besseren Verständnis, sapientia, beitragen, u.a. durch ihr Vermögen zu bewegen und die Phantasie anzuregen. Die Wahrheit kann darum im Menschenleben sowohl durch göttliche Wahrheiten als auch durch »menschliche Erdichtungen und Erfindungen« realisiert werden[46].

Salutatis Versuch, Poesie und Theologie, Humanismus und Christentum zu vereinen, blieb ohne Bedeutung für die Nachwelt. Die Theologen taten nichts, um den Dialog in Gang zu halten, ihr Widerwille gegen humanistische Bildung wurde vielfach noch verschärft. Trotz gemeinsamer Grundeinstellung besteht in bezug auf allgemeines Wissen und klassische Bildung ein abgrundtiefer Unterschied zwischen Salutatis gelehrtem Widersacher Giovanni Dominici [47] und Girolamo Savonarola, der knapp hundert Jahre später über die florentinischen Platonisten die Peitsche schwang. Auch die Literaten durchschnitten die Verbindungslinien, indem sie die allegorische Auslegung zurückwiesen[48], und damit auch die Bedeutung der Poesie als erziehenden Faktor verneinten. Ganz deutlich kommt dies in ihrer Ablehnung der Bedeutung der Jura und Salutatis Gedanken von der Identität zwischen der Aufgabe des Juristen und der des Dichters zum Ausdruck. Gesetz und Recht sind Poggios Meinung nach für gewöhnliche Menschen geeignet, während wirklich große Persönlichkeiten das Recht haben, sich über sie hinwegzusetzen [49]. Alles Große und Bewunderungswürdige ist gegen die Gesetze geleistet worden[50]. Die poetisch-juristische Erziehung mit ethischer Zielsetzung ist hiermit unter den Tisch gefallen. Die Literatur ist auf dem Wege, ein Spezialgebiet für Literaten zu werden; und obwohl viele der bedeutenden Humanisten, u.a. Bruni, Poggio und Fiano, als päpstliche Sekretäre – und ein einzelner sogar als Papst (Enea Silvio Piccolomini als Pius II) – im Dienste der Kirche standen, und obwohl sich die Kirche in vollem Maße der reichen künstlerischen Entfaltung der Renaissance bediente, befruchteten sich Humanismus und Christentum nicht länger gegenseitig[51].

Konklusion

Zuletzt will ich einige der Resultate zusammenfassen, zu denen diese Darstellung der Gedankenwelt Salutatis kommt. Aus der Übersicht über die Forschung ergibt sich mehr oder weniger die Frage, ob Salutati intellektuell und moralisch ernst genommen werden kann; d.h. ob man ihn als eine Persönlichkeit ansehen kann, die sich auf Grund ihres philosophischen/intellektuellen Einsatzes um einen Platz in der Ideengeschichte verdient gemacht hat. Oder ist er eventuell nur ein Politiker, von dem man keine wohldurchdachten Problemstellungen erwarten kann, weil er selten darüber hinaus kommt, seine politischen Handlungen nachträglich rationell zu erklären? Insbesondere in bezug auf sein Interesse für die Dichtkunst könnte man sich fragen, ob er eigentlich mehr ist als ein Literat, der genötigt ist, sich Gegnern der Dichtkunst gegenüber mit verschiedenen quasi-philosophischen ad-hoc-Argumenten zu verteidigen.

Diese Fragen gelten in Wirklichkeit nicht nur Salutati; man kann sie in bezug auf große Teile des Renaissancehumanismus überhaupt stellen: Enthält dieser eine zusammenhängende Konzeption, die einige der scheinbaren Gegensätze und Unklarheiten überwinden kann? Auf der Grundlage der vorliegenden Salutati-Studie will ich diese Frage mit ja beantworten und das damit begründen, daß die Rhetorik (und damit die Poesie) einen Gesichtswinkel bieten kann, von dem aus viele verschiedene Elemente im Zusammenhang gesehen werden können.

Bei Salutati hat eine solche Lebensanschauung folgende Charakteristika:

1) Ausgangspunkt und Ziel des Menschenlebens sind vom Christentum gegeben. Das doppelte Liebesgebot, Gott und den Nächsten zu lieben, drückt dieses aus. Liebe zu Gott bezeichnet Abstand zur Welt, wogegen Liebe zum Nächsten ein Engagement in der Welt, in einer vita activa (Kap. 2 und 3), ausdrückt. Man muß aus der Welt hinaustreten, um in einer wahren Beziehung zu ihr zu stehen. Das Engagement in dieser Welt setzt auf eigentümliche Weise voraus, daß man hier nicht zu Hause ist.

2) Erkenntnistheoretisch will Salutati die Wissenschaft abgrenzen im Verhältnis zu dem, was der Mensch sinnvoll erkennen kann, und was er benötigt. Was das wissenschaftliche Können des Menschen anbelangt, ist Salutati besonders der Naturwissenschaft gegenüber skeptisch, weil ihm deren Wissen zufällig und unsicher vorkommt. Die Ambition der Naturwissenschaft, das Leben zu »erklären« und es an einen kausalen Zusammenhang zu binden, wird von Salutati befürchtet; und er bekämpft sie mit dem Gedanken von Gottes souveräner Allmacht, die auf diese Weise auch zum Garanten der menschlichen Freiheit wird, ohne die Salutati für den Menschen keine Möglichkeit sieht, sich im Aufbau seines eigenen Daseins zu entfalten (Kap. 4-6).

Ein zweites Kriterium ist, was der Mensch benötigt. Salutati denkt hierbei nicht an das Individuum, sondern an die Gemeinschaft. Die Wissenschaften, die den Staat aufbauen helfen und gute Beziehungen zwischen Menschen schaffen können, sind vorzuziehen. Es handelt sich hier besonders um Jura,

Theologie, Rhetorik und Poesie. Es ist jedoch unmöglich, eine absolute Abgrenzung in Fachbereiche vorzunehmen, weil gerade der Zugang zum Stoff wesentlich ist. Von einem Nützlichkeitsgesichtspunkt aus gesehen kann alles prinzipiell von möglichem Interesse sein. Das Schlüsselwort Wissenschaft, studia humanitatis, bedeutet deshalb im doppelten Sinne die Wissenschaft, in der der Mensch Subjekt ist (Kap. 4-6 und 9-10):

a) Weil es der Mensch selbst ist. der das Produkt herstellt und erschafft, wie es in den erwähnten sprachlichen Wissenschaften der Fall ist.

b) Weil alles darauf zurückgeführt wird, was für den Menschen notwendig ist (Kap. 4-6 und 9-13).

3) Da der Mensch somit das Ziel aller Dinge ist, muß die Form der Erkenntnis notwendigerweise ihrem Charakter nach dialogisch sein. Mit Hilfe der Sprache als Kommunikationsmittel gelangt man zur Klarheit, indem man einander überzeugt. Die Eindeutigkeit und die unumgängliche Beweisführung der Logik sind hier unanwendbar (Kap. 10). Die Sprache ist in ihrem rhetorischen Wesen mehrdeutig, und deshalb muß der Mensch selbst zur Wahrheit vordringen – oder sie noch besser selbst formen (Kap. 5,7,9).

4) Salutatis Konzeption ist theologisch interessant, teils wegen ihrer Betonung der Freiheit und Schaffenskraft Gottes als auch des Menschen, und teils dadurch, daß sie die Theologie mit der Rhetorik und der Poesie verknüpft. Salutati behauptet die enge Verwandtschaft der Poesie mit der Theologie von folgender Überlegung aus: a) Auch Poesie ist göttlich inspiriert. b) Sowohl Poesie als Bibel drücken sich metaphorisch und zweideutig (bilinguis) aus. (Kap. 11). Das bedeutet nicht, daß man zur Antike oder zum Heidentum zurückkehrt (Kap. 12), sondern daß das christliche Verständnis von Gottes Schöpferwerk seine Quellen nicht nur in der Bibel hat. Mit Panofskys Ausdruck findet eine *Reintegration* statt: Der Rhetorik (und damit der eigenen sprachschöpferischen Tätigkeit des Menschen) wird ihre inventio zurückgegeben. Der Mensch kann unter eigenen Bedingungen die Wahrheit verstehen und ausdrücken. (Kap. 13). Hierzu gehört auch, daß die Sprache, wenn sie optimal gebraucht wird (und d.h. rhetorisch/poetisch), sich eine Wirklichkeit erschließt, die nicht ihre eigene ist. Das wird mit der Vorstellung vom Dichter als »Gefäß« (vas), das mit göttlichem Inhalt gefüllt werden kann, ausgedrückt. Dieser Inspirationsgedanke überschreitet jedoch nicht die Grenzen der Sprache, so wie man das oftmals bei den theologischen Vorstellungen vom Heiligen Geist sieht. Für Salutati bedeutet das, daß wir mit unserer Sprache imstande sind, wirklich von »menschlichen und göttlichen Dingen« zu sprechen.

5) Hiermit hat der Wahrheitsbegriff seinen Charakter verändert und richtet sich nun nicht nur auf existierende Verhältnisse, sondern bezieht auch die Plazierung des Menschen im Verhältnis zur Sache mit ein. Salutati meint, daß ein Mensch mit seinem Willen identisch ist. Es ist also nicht ausreichend, sich das richtige Wissen anzueignen; zur Wahrheit wird dieses Wissen erst, wenn es auch das Gefühl mit einbezieht, und wenn doctrina zu actus führt. Zu verstehen bedeutet auch zu wollen und zu fühlen – und deshalb auch zu handeln. Der Gedanke wird u.a. durch die Parallelisierung von Jurist, Redner und Dichter ausgedrückt.

Es scheint mir, daß der Renaissancehumanismus dazu geeignet ist, unsere eigene Zeit zu erhellen. Wenn eine Epoche die Rhetorik nicht versteht, begreift sie auch nicht den Durchbruch im 14.-15. Jahrhundert. Und umgekehrt: Wenn man den Renaissancehumanismus versteht, wird man dazu angeregt, sich mit positivistischer Wissenschaft und anderen modernen Versuchen, die Wirklichkeit einzuengen, auseinanderzusetzen.

ANMERKUNGEN ZU KAPITEL 1

1) Epistolario di Coluccio Salutati, a cura di Fr. Novati I-IV (Fonti per la storia d'Italia), Roma 1891-1911 (hiernach mit römischen und arabischen Ziffern angegeben), III,424: »memoriam ... apud omnem posteritatem sempiternam esse«. Wir haben den Brief des jungen ser Pietro nicht erhalten, aber Salutati referiert ihn gründlich in seinem Antwortbrief vom 9. September 1400, III, 422-33.
Im übrigen bekam Pietro insoweit Recht darin, daß er durch Sal.s Brief unsterblich gemacht werde, denn er hat sich ansonsten keine nennenswerten Spuren hinterlassen. Obwohl er 1406 Sal. auf den Kanzlerposten folgte und außerdem zu dem Kreis junger Humanisten gehörte, die sich um Sal. versammelten – er wird als Teilnehmer in Brunis Dialog P.P. Histrum genannt – so wissen wir streng genommen nichts über ihn.
2) III,424: »in quibus quidem, cum adolescentulus sis, unde tibi venit, ut tam alte de me sentias ferasque de me et epistolis meis tam splendidam et tam gloriosam presertim sine ratione sententiam?«
3) ibid. »infinitum et intransibile mare fit eloquentie si dimiseris veritatem«.
4) III,425: »quis autem tibi revelavit eternitatem epistolarum? an potest eternum aliquid fieri manu mortali?« Und Salutati weist darauf hin, daß viele berühmte Bücher verlorengegangen sind, und er fährt fort (III,426): »non speres ex meis scriptis eternitatem, quam ipsa non habent«.
5) »Bruni war der erste korrekte Neulateiner«, K. Borinski, Die Antike in Poetik und Kunsttheorie, Berlin/Leipzig 1912, p. 181.
6) Ullmann nennt als Beispiel einen Brief an Papst Innocens VII (IV,105), der 1574 »Ciceronianized« wurde. Die Berichtigungen sind charakteristisch, s. Berthold L. Ullmann, The Humanism of Coluccio Salutati, Padua 1963, p. 113-114.
7) S. Giuseppe Billanovich et Gilbert Ouy: La première correspondance échangée entre Jean de Montreuil et Coluccio Salutati. Italia Medioevo et Umanistica, VII, 1964, p. 337-74. Salutati muß in seinem Brief Montreuils übertriebenes Lob zurückgewiesen haben (s. p. 348-49). Der Brief ist der zuerst herausgegebene von sechs bisher unbekannten, aber neuerlich in Mailand entdeckten Briefen, wo eine Biographie von Jean de Montreuil gegeben wird; vgl. III,71.
8) S. III,618.
9) Z.B. der Ciompi-Aufstand im Jahre 1379, s. Schewill: History of Florence from the founding of the city through the Renaissance, N.Y. 1936, p. 275ff.
10) Ullmann, The Humanism, op. cit. p. 14ff. S. im übrigen Demetrio Marzi, La cancelleria delle Republica fiorentina, Rocca S. Casciano, 1910, p. 147: Im Jahre 1400 machte man Salutati, der nicht von Geburt Florentiner war, zum Staatsbürger.
11) ibid. p. 148-50.
12) »Venite a pianger mecho, o gente ytalice; Africha mecho piangha, Asia e Europa«, IV, 480.
13) »... Coluccio sit morum ac virtututum unica phenix in toto orbe, nobilitans non tantum patriam, sed Europam omnem, cum non modo representet sed excedet ingenia cunctorum veterum poetarum«, IV,503.
14) Man pflegt, Petrarca und Boccaccio als die erste Generation des Renaissance-Humanismus zu bezeichnen, während Salutati die zweite, zusammen mit seinen Zeitgenossen, bildet. Auf diese Weise teilt z.B. Garin die Periode ein, s. Umanesimo e Rinascimento, Problemi ed orientamenti critici de lingua a de letteratura italiana, collana diretta da Attilio Momigliano, III,349-404, p. 393. 1949.
15) Bruni an Nicoli: »cum enim pater illorum michi pro parente fuerit, decens est ut filios ipsos pro fratre colam«, IV,470.
16) Poggio an Niccoli »amisismus enim patrem, quem posthac non facile reperiemus«, IV,472.
17) ibid. »... pater comunis erat omnium ...« In seiner Grabschrift über Sal. nennt Poggio ihn: »doctorum virorum quasi comunis parens«, IV, 484.
18) Bruni an Sal.s Sohn: »... monendo castigiando, incendendo ad virtutem prestantiamque direxit. Quod grecas didici litteras, Colucii est opus; quod poetas, oratores, quod scriptores ceteres legerim, didicerim, cognorim, Colucii erat opus«, IV,517.
19) Poggios Grabschrift: »vir fuit etatis sue optimus ac eloquentissimus, qui sui ingenii multa reliquit monumenta laude et gloria digna ad memoriam posteritatis«, IV,484.
20) S. Salutatis Briefe an Poggio, IV,126-145 und IV,158-170.
21) Der Dialog ist zuletzt von E. Garin herausgegeben worden, in Prosatori latini del quattrocento, La letteratura italiana, Storia e testi, vol. 13, p. 44-98.
22) B.L. Ullman, The Humanism ..., »... since he lacked the genius of his two great predecessors, few of his writings left any impression on his contemporaries or successors« (p. 19). Meiner Meinung nach ist es verkehrt zu sagen, daß seine Schriften keinen Eindruck machten, selbst wenn er den Genius Petrarcas und Boccaccios nicht hatte.
23) III,600-01: Die Werke gehen verloren, u.a. auf Grund von »tum corruptibili monumentorum materia tum negligentia posteritatis, tum invidia ...«
24) IV,70: »Quis non optet, si quid commendabiliter scripserit, transire in posteros, non longevitati solum sed posteritati consecratum?«

ANMERKUNGEN ZU KAPITEL 1

25) III,511-515.
26) III,89.
27) III,86: »dic, precor, querendane est gloria in terris que ex celebrantium libidine et voluntate dependeat, an optande pois in celtius mansura perpetuo in illo eternitatis fonte, in quo solo licet homini glorari?«
28) Man darf nicht glauben, daß sich nur Heiden über Berühmtheit freuen: »nec id solum credamus placuisse Gentilibus; plane propemodum omnes sunt, non facundia et non rebus gestis, sed hoc amore glorie vel saltem delectatione«, III,88.
29) III,87.
30) III,89: »nolo tamen me morsibus exponere ... cogitavi tamen relinquere posteris, filiis meis videlicet adoptivis, qui me et mea avidissime colunt, ut de publicis atque privatis epistolis meis quarum orginalia remaneunt, tandem illas colligant quas inter alias viderint eminere«.
31) III,145. Auch hier weist er auf diejenigen hin, die ihn verehren, aber man spürt doch einen leichten Zweifel in seinem Sinn: »hereditarium filiorum meorum, qui me colunt et post fata, sicut arbitror, colent, onus erit illis in volumen redigere quas viderint graviores«.
33) Ullman, Humanism ..., p. 125.
34) Novati hat 340 neu aufgelegt (s. unten, S. 13), B.L. Ullman hat einen herausgegeben in: Studies in the Italien Renaissance, Rom 1955, p. 301ff. Billanovich gibt sieben heraus, wovon der eine bereits erschienen ist (s. oben, S. 3, Anm. 7).
35) A. di Stato, Prima Cancelleria, Reg. 15-26, Missive.
36) Vat. Cappon. 147, s. Ullman, The Humanism ..., p. 205.
37) 1372 hat Sal. Pläne, ein Werk mit dem Titel De vita associabilia zu schreiben, s. I, 186, Brief an Boccaccio; aber da wir später nichts davon hören, ist es wahrscheinlich nicht geschrieben worden.
38) s. IV,75.
39) s. das lange Verzeichnis der Manuskripte in Ullmans Vorwort zu seiner Ausgabe des Werkes.
40) Ullman kennt 13 Handschriften, The Humanism ..., p. 31.
41) Noch in der 5. Ausgabe von G. Voigt, Die Wiederbelebung des class. Alterthums, 1895, steht fälschlich, daß es ein Gedicht in Hexametern sei, s. I,204. Lynn Thorndyke ist bei Ausarbeitung von History of Magic & experimental science, I-IV, N.Y. 1929-34, überhaupt nicht darauf gestoßen.
42) In Venedig (In aedibus Joa Pederzani).
43) s. Einleitung zu Garins Ausgabe des Werkes (XLV-LVI).
44) Die Gesetze dienen dazu, die breite Menge niederzuhalten: »sola plebecula et interiores urbis tenentur legibus«, Poggio Bracchiolini, Opera Argentorati, 1513 f. 19, cit. Garin p. XLVIII.
45) Galateo, de dignitate disciplinarum von ca. 1490. s. Garin, op. cit. LII.
46) Texte über diese Debatte in La disputa delle arti nel Quattrocento, a cura di E. Garin, Edizione Nazionale del Classici del Pensiero Italiano 9, Florenz 1947.
47) Novati erzählt folgende Geschichte. Nachdem die Briefe gedruckt worden waren, warf man die Originalhandschriften weg – für die hatte man nun keine Verwndung mehr! s. Novati, Epistolario di Coluccio Salutati, Bulletino dell' Instituto italiano, n. 4, p. 64-107, Rom 1888.
48) Il Paradiso degli Alberti, Ritrovi e rationamenti del 1389, romanzo di Giovanni da Prato, a cura di Alessandro Wesselofsky, I-III, Bologna 1877.
50) Der Rahmen ist von der gleichen literarischen Type wie in Boccaccios Decameron und Chaucers Canterburyerzählungen, doch mit dem wesentlichen Unterschied, daß es hier namentlich genannte, historische Personen sind, die teilnehmen. Der Verfasser Giovanni da Prato gibt an, daß die Gespräche im Jahre 1389 stattgefunden haben sollen. Zur Datierung und Wahrscheinlichkeit des Zeitbildes s. unten, S. 166, Anm. 16.
51) »Perchè, cosa strana! Colui che se ne prefessara il piu devoto discipulo, gia se ne discostava senza nemmeno avvendersene«. Wess. I,I, p. 78.
52) »Fece alcune coniezione alle epistole famigliari de Cicero«. Damit ist auch alles gesagt. Wess. I,l, p. 79.
53) Wess.: »L'arte della storia incominciava colla negazione delle epiche tradizioni di cronografia«, I,l, p. 99. Wess. weist auf einen Angriff auf die Mittelalter-Geschichtsschreibung hin, den ihm Giov. da Prato in den Mund gelegt hat (Paradiso, III,239). Außerdem wird Sal.'s Argumentation für die Gründung von Florenz unter der römischen Republik hervorgehoben – s. Invectiva contro A. Luschum (ed. Garin, Pros. Latini 9-36).
54) Wess. I,l, 317. Der Brief liegt in prima canc. Reg. 17, 100, 2ff. und ist vom 25. März 1377.
55) Podestà temporale, giudicata da Fr. Petrarca, da Coluccio Salutati e da Giov. de' Mussi, Florenz 1860, s.p. 49-55.
56) La guerra dei fiorentini con papa Gregorio XI, detta la guerra degli otti santi. Memoria compilati sui documenti dell'archivio fiorentine da AlessandroGhererdi, Archivio storico italiano Serie terza, tomo V, parte II 1867, pp. 35-131. Die Dokumentation ist im Tomo VII-VIII, 1867-68.
57) Georg Voigt: Die Wiederbelebung des classischen Alterthums, I-II, 1. Ausg. 1857; 5. Ausg. 1893, hier zitiert.

ANMERKUNGEN ZU KAPITEL 1

58) Ibid. s. Anm. S. 201, die eine ausgezeichnete Übersicht über die bisher erschienene Literatur gibt.
59) De seculo, meint er, sei mehr eine Aufforderung zu dichterischer Einsamkeit als zu mönchischer Frömmigkeit.
60) 5. Ausg. p. 192.
61) Epistolario di Col. Salutati a cura di Francesco Novati, I-IV, Fonti per la storie d'Italia, Roma 1891-1911.
62) F. Novati: Epistolario di Col. Salutati, Bullettino dell'Instituto storico italiano, n.4, p. 64-107. Rom 1888, p. 67.
63) ibid. p. 67. Novati hält Salutatis Briefe für bedeutungsvoller als Petrarcas, weil sie mehr historische Dokumentation enthalten.
64) F. Novati, La giovenezza di C. Salutati, Turin 1888.
65) ibid. p. 49-108.
65a) 1. Ausg. 1857. Viele spätere Ausgaben.
66) A.v. Martin: Col. Sal. und das humanistische Lebensideal, Berlin 1916, p. 8 und 14.
67) Alfred von Martin, Coluccio Salutatis Traktat »Von Tyrannen«. Abhandlungen zur mittleren und neueren Geschichte, Heft 47, Berlin 1913. Im Jahre darauf kam übrigens noch eine Ausgabe der Schrift, Tractatus et Tyranno von Coluccio Salutati. Kritische Ausgabe mit einer historisch-juristischen Einleitung von Francesco Ercole. Quellen der Rechtsphilosophie, herausgegeben von Josef Kohler, Berlin und Leipzig. Ercoles Einleitung liegt auf Italienisch vor in Da Bartolo all'Althusio, Florenz 1932. Ercoles Ausgabe stützt sich auf mehr Handschriften als die von v. Martin.
68) op.cit. p. 81.
69) ibid. p. 79.
70) ibid. p. 81, Anm. 3: »Das tugendhafte tätige Leben verlangt völlige Verschmähung des Vernügens«.
71) s. den Abschnitt: »Von den Möglichkeiten und dem Wert der menschlichen Erkenntnis«, ibid. p. 94-123.
72) ibid. p. 115. Salutatis Einstellung entspringt der »Skepsis des christlichen Metaphysikers, des deduktiven Forschers und des Theologen gegenüber aller Naturwissenschaft«.
73) ibid. p. 142.
74) ibid. p. 150.
75) ibid. p. 160. V. Martin meint, daß das Interesse für die Poesie bedeutete, daß sich die Moral auf Kosten der Theologie ausbreitete, und er fährt fort: »Doch tritt in dem was Salutati hier sagt, die Beziehung auf das Überweltliche durchaus zurück, so daß wir an dieser Stelle, wo uns nur *mittelalterliches* Denken beschäftigt, hierbei nicht zu verweilen brauchen«, vgl. Vorwort, p. IX: »Hier will ich also nur einen ganz bestimmten Ausschnitt aus dem Denken Salutatis geben: Dieses soll nur insoweit geschildert werden als es (wenigstens in seinem Kern) typisch mittelalterlich ist«.
76) V. Martin schließt sein Buch: »Es kündigt sich da schon die beginnende Abkehr vom transzendentalen Ideal des Mittelalters an. Innerweltliche Ideale durchbrechen die Mauern des Gebäudes der religiösen Einheitskultur: – es beginnt eine neue Epoche der Weltgeschichte«. Ibid. p. 160.
77) s. Archiv für Kulturgeschichte 11, 1914, p. 411-454.
78) ibid. p. 437: »Er (Sal.) weiß es selbst, daß das Gedankengebäude nicht in seinem vollen Umfang zu erfassen ist, daß von einem restlosen Beweis ... nicht die Rede ist, daß vielmehr im Hintergrunde stets der Appell an den Glauben steht«. p. 447.
79) »Es ist, als ob in dieser Einheitlichkeit weltanschaulichen Denkens, die auf der Fähigkeit zu glauben beruht, die Geisteskultur des Mittelalters sich selbst noch einmal zusammenfasse, ehe der große Riß kam, der Seit der Epoche der Ren. das Geistesleben immer weiter zerklüftete«. Ibid. p. 433-454.
80) Beiträge zur Kulturgeschichte des Mittelalters und der Renaissance, Berlin/Leipzig 1916. Der Untertitel lautet: Ein Kapitel aus der Genesis der Renaissance.
81) ibid. p. 35ff.
82) ibid. p. 65-74.
83) ibid. p. 78-88.
84) ibid. p. 206.
85) »... Salutati, von Natur ein Verstandesmensch mit wenig Gefühl«. Ibid. p. 159.
86) ibid. p. 160, vgl. p. 272.
87) »Etwas Greisenhaftes ist an ihm längst ehe er das Greisenalter erreicht hat ...«, ibid. p. 90.
88) ibid. p. 282.
89) ibid. p. 147.
90) ibid. p. 143.
91) »Es ist Salutatis Unglück, daß er beim Schreiben seiner Briefe immer zugleich an die ganze Mit- und Nachwelt denkt, die diese Briefe lesen soll: dadurch werden sie so ungenießbar und – so unwahr«. ibid. p. 174.
92) ibid. p. 185.
93) ibid. p. 260, Anm. 7.
94) Besprechung der Verfasserschaft v. Martins in Giornale storico della letteratura italiano, vo. 72, p. 143-148. Es ist nur »il concetto artistico« das verändert wird 144. Vgl.: »Das neue, entscheidende Moment, das Petrarca und seine Jünger hinzubringen und das wie eine Morgenröte von Erkenntnis über die Menschheit heraufzieht, das ist das seelentiefe Empfinden nicht des *Inhalts* der Klassiker, wohl aber ihrer *formalen Schönheit*«. (Hervorhebung durch Walser), Gesammelte Studien zur Geistesgeschichte der Renaissance, Basel 1932, p. 104.

ANMERKUNGEN ZU KAPITEL 1

95) Speziell bei Poggio Bracciolini, über den W. sein Hauptwerk geschrieben hat. Poggius Florentinus, Berlin 1914.
96) S. Abschnitt Ges. Studien, op.cit. p. 22-37: »Col. Salutati, der Typus eines Humanisten der älteren Schule«. Salutatis »starker Hang zum Stoizismus« »frappiert« doch Walser, aber er findet es typisch, daß er ihn mit der orthodoxen kirchlichen Lehre harmonisiert.
97) S. Anm. von v. Martin, op.cit. p. 144.
98) G. Gentile, I problemi della scolastica e il pensiere italiano, 1912. Später hg. in Opere complete di G.G., XI, 1963. Eine Reihe Aufsätze über die Renaissance sind gesammelt in Il pensiero italiano del Rinascimento, Op... compl. XIV-XV.
99) »Il Salutati non fu pro spirito agile né profondo, e i suoi numerosi trattati – De seculo et religione, De fato et fortuna ...ecc. – riboccanti di dottrina per 10 più repetono senza un soffio de vera originalità idee medievali intorno alla vita secolare a religioso, al destino umano, alle scienza, alla politica, all'arte. Anche in lui però s'avverte quel primo straniarsi dall'idea della transcendenza che è della sua età ...« Vittorio Rossi, Il Quattrocento (Storio letteraria d'Italia), Milano 1933. Hier zitiert nach der 6. ed. 1956, p. 18.
100) Lamberto Borghi, La dottrina morale di Coluccio Salutati, Annali della R. Scuola Normale Superiore di Pisa, serie II, vol. III, 1934, p. 75-102.
Der Gl., La concezione umanistica di Coluccio Salutati, ibid. p. 469-92.
101) La dottrina morale, p. 95.
102) La dottrina morale, p. 89: »La virtù, come si è visto,è per Coluccio, cospicua opera umana, che si conquista da noi senza l'influsso né del fato, né Dio né della natura«.
103) La concezione, p. 490.
105) p. 491: »L'ascetismo di Coluccio si rivela cosi fondatore die una moralità superiore, nelle quale i più altri interessi teoretici non vanno disgiunti dai supremi interessi pratici«.
106) S. III, 507. Borghi meint, daß er hier die Möglichkeit angebe »di un amore independente da ogni contenuto etico della persona amata, soltando prodotto di una comunione di ideali culturali« (La concezione p. 491). Borghi findet hier ein Vorgefühl der späteren Renaissance, räumt jedoch ein, daß sich diese sehr von Sal. unterschied. (ibid.)
107) Salutati preist in I,265 das asketische Leben und wünscht sich in dieser Verbindung zurück zu einem Naturzustand, wo man einfach und bescheiden lebt, ohne zu viele Bedürfnisse zu haben. Borgi nennt dies als Beispiel für das mittelalterliche Erbgut, von dem sich der eigentliche Salutati zu befreien hatte. »L'epistola che scrive nel 1377 a Francesco Bruni (I,263) mostra quanto gravemente premesse sul pensiero del Salutati quel mondo che il nucleo vivo della sua speculazione cercava di superare«. Borghi zufolge zeigt es sich jedoch, daß »L'esperienza e la meditazione andarano gradualmente temperando quel primitivo rigorismo etico«, La dottrina, p. 85.
108) La dottrina, p. 82.
109) La dottrina, p. 75-77.
110) La dottrina, p. 97.
111) La dottrina, p. 101.
112) »... Ma la vita mondana è l'unica degna di esser vissuta; e l'amicia ne è elemento essenziale«, La dottrina, p. 96.
113) Luigi Gasperetti: Il »De fato fortuna et caso« di Coluccio Salutati, La Rinascita, 4, 1941, p. 555-582.
114) op.cit. p. 557: »É stato gia giustemente osservato che in tutta la trattatistica dell'Umanesimo si possono cogliere soltanto tenui accenni a nuove posizioni spirituali ...«.
115) Die Bedeutung des Humanismus lag nicht »nell'enunciazione di nuovi concetti, ma più spesso nelle vivificazione di vecchie formule ... quasi fermentino di uno spirito nuovo«. (p. 577)
116) ibid. p. 558.
117) So in bezug auf den Ursachs-Begriff. Gasp. meint, das kann »scandalizzare forse qualche programmatico studioso dell'umanesimo«, ibid. p. 579.
118) »Il Salutati si è fatto poco più che un docile sistematore«, weil er Gott dem Menschen etwas mehr Platz geben läßt, als ihm bei Augustin zugestanden wird. ibid. p. 580.
119) Coloccio Salutati, De Nobilitate legum et medicinae, De veredundia cura di Eugenio Garin. Edizione nazionale dei Classici del pensiero Italiano, Firenze 1947, s. Einleitung p. I-LCIII.

120) E. Garin: I trattati morali di Col. Sal. Atti e Memorie dell'Accademia fiorentina di scienze morali. La colombaria. Nuova serie – vol. 1. Anni 1943-46, Firenze 1947, p. 55-88.
121) op.cit. p. 59.
122) ibid. p. 64.
123) Der Wille ist »non imprigionata mai nel sempre di una successione temporale«, ibid. p. 65.
124) »Dio come bene supremo reale, lungi dall'essere un ostacola alle libera creazione del bene, ne è garanzia: è garanzia dell'azionè, della fecondità dell'azione«, ibid. p. 64.
125) ibid. p. 72ff.
126) ibid. p. 62: »L'agostinismo non è in lui – come pure è stato detto – un residuo o un'impalcatura; è invece la sorgente a cui torna senza posa per ritrovare tutto il senso della novità cristianana, che nelle battaglia terrena addita come salvezza l'ideale della carita«.

ANMERKUNGEN ZU KAPITEL 1

127) Garin: Medioevo e Rinascimento, Bari 1961, p. 104.
128) »La verità è che proprio quella cosiddetta nonfilosofia era la filosofia nuova nel suo nascimento, concezione davvero nuova della realta intesa *sub specie homines,* e cioè in termini di libertà e volontà e attività«. Med. e Rinasc. p. 40.
129) *«Omnia de necessitate eveniunt.* Tutto immoto in un ordine statico, *summun bonum est in cognitione veri.* Il filosofo chiuso in se, *separatim magis diligit seipsum;* e disdegna ogni atto, ogni opera, ogni uomo; e tra uomo e l'uomo, ossia tra il dotto e l'ignorante, trova maggior distanza che tra l'uomo e la scimmia«. Med. e Rinasc. p. 30.
130) Med. e Rinasc. p. 38.
131) All'uomo che non ha da contemplare un ordine dato, da attuare un'essenza eterna, ma che ha dinanzi infinite possibilità; che è infinite possibilità«, ibid.
132) Med. e Rinasc. p. 65.
133) Die Renaissance bedeutet »la fine del casalingo e ordinato sistema tolemaico«, ibid. p. 101.
134) »Ed è troppo facile ironizzare oggi su chi sottolinea con energia la funzione e il peso »filosofico« di un Valla o di un Ramo: ma è un'ironia che non tien conto della finzione esercitata nella storia del pensiero occidentale da quegli innamorati dell'antico, che liquidarono con le loro pagine irriverenti ed iconoclaste le secolari »autorità«, si chiamassero esse Aristotile, o fossero i consacrati dottori della »scuola««, ibid. p. 10 vgl. 105ff.
135) E. Garin, L'educazione in Europa (1400-1600), Bari 1957, p. 84.
136) ibid. p. 100ff.
137) Walter Rüegg: Entstehung, Quellen und Ziel von Salutatis De fato et fortuna, Rinascimento 5, p. 143-90. 1954.
138) ibid. p. 157.
139) ibid. »... so kommt damit höchstens eine Parteinahme für eine bestehende Richtung, die franziskanische Philosophie, nicht eine eigene Philosophie zum Ausdruck«. (p.
188) Es ist jedoch fraglich, ob sich gerade eine franziskanische Inspiration geltend macht. Salutati kannte augenscheinlich nur die logische Seite von Occam und Scotus, von der er sich streng distanzierte. S. Seite 93 unten.
140) ibid. p. 188-89.
141) ibid. p. 189.
142) ibid. p. 182-83.
143) S. Walter Rüegg: Cicero und der Humanismus, p. 11-15. Bei Petrarca verhält es sich jedoch anders – er ist der erste, der den Menschen zum Subjekt, unabhängig von allen Mächten, Staat, Gott usw., macht. Hier spielt die Antike eine Rolle. S. p. 24.

144) Matteo Iannizzotto: Saggio sulla filosofia di Coluccio Salutati, Padova 1959.
145) ibid. p. 52-56. Vgl. p. 66: »Il Nostro ha in comune con gli aristotelico-tomisti la teoria che la vera scienza si dà solo de unviersalibus, ma ... Coluccio, scetticamente, sostiene che codesta conoscenza naturale non è altro che congettura«.
146) ibid. p. 60ff.
147) Das Objekt der anderen Wissenschaften ist »improducibile dall'uomo, quindi estraneo«, aber: »Della legge, invence, nessuno puo dubitare che sia prodotto dell'uomo, ... perchè solo con un altro uomo uno puo dirsi in rapporto giuridico – è un quid veramente prodotto dall'uomo, anzi non e neanche un quid, perchè e un'azione«, p. 62.
148) Iann. spricht von »quel profilo della sinteticità, che io credo fondamentale nella gnoseologia salutatiano«, p. 62.
149) Borghi hat Recht darin, daß Sal. skeptisch ist gegenüber »la verità conceptita oggenttivisticamente e dal pensiero greco e da quello christiano (Borghi, La dottrina, p. 90)« meint Inn., »ma a proposito di Coluccio non è tutta la verità, perchè questi aggiunge alla nota scettica quella positiva della piena conoscibilità delle leggi«. (p. 66)
150) »La stessa esaltazione della vita attiva, che, pure, e il motivo centrale della concezione di Coluccio e che risuona in tutta la sua opera, viene messa in forse o, almene, condizionate dallo slancio religioso ...«. p. 110.
151) ibid. p. 143.
152) p. 111, Anm. 268: »naturalmente, a una coscienza moderna, specie non religiosa, siffato ragionamento può apparie specioso e non capace di risolvere i più ardui probleme pertinenti il libero arbitrio«.
153) p. 114: »... essa non è soltanto il frutto di un alogico intuire, ma anche quello di un agire, poichè di agire si tratta, di azioni morali, di cui è predicabile una certezza-verità di ordine pratico ed esistenziale non inferiore alle verità di ordine razionale«.
154) ibid. p. 113.
155) G.M. Sciacca: L'idea della morte fondamento della vita attiva nel pensiero di Coluccio Salutati, Rassegna di scienze filosofiche, p. 98-113, Anno III, n. 3, Roma 1949. S. p. 102.
156) G.M. Sciacca: La visione della vita nell'Umanesimo. Palumbo 1954, p. 47.
157) G.M. Sciacca: Il valore della storia di Coluccio Salutati. Annali della Facoltà di lettere e filosofia, Università degli Studi di Palermo, 1950, p. 351-366. Der Humanismus »non fu ritorno agli antichi, ma ritorno degli antichi«.
158) La visione, p. 63.
159) »Perche al sapere aggiunsero il valore dell'esempio«, Il valore, p. 353.

160) La visione, p. 54.
161) La visione, p. 55-58.
162) La visione, p. 54.
163) La visione, p. 35-36.
164) La visione, p. 168-69.
165) La visione, p. 167.
166) La visione, p. 177.
167) La visione, p. 179.
168) »Per Coluccio, invece, la volontà è sintesi di coscienza e volizione, di intuizione e ragione, e si palesa nel dinamismo creativo«. »... la volontà naturalisticamento prensente nell'uomo e nella ragione, bensi come un'attività che è peculiare alla vita dello spirito«. La visione, p. 183.
169) »Sapere, volere, fare, sono le tre categorie che definiscono la realtà dell'uomo, ma nessuno di esse, conclude Coluccio, riesce a definire ed essere senze le altre due«. La visione, p. 184.
170) La visione, p. 181: »... la fede non fu intesa e praticata da lui nello spirito del conformismo rituale e dommatico ... Christiana, cattolico, credente, non cerca Dio col solo procedimento deduttivo della dommatica cattolica, ma lo cerca anche e sopratutto con un processo induttivo-regressivo che muovendo dalle realtà umana, risolta nella sua natura spirituale, aggancia ad esse Dio ed essa a Dio come sua prima ed unica fonte d'esistenza«.
171) S. voriges Zitat.
172) La visione, p. 73.
173) La visione, p. 155: »Il De secolo però costituisce un vero problema per l'esatta comprensione del pensiero del Nostro«. Und es kann nicht geleugnet werden, daß man mit dieser Schrift als Ausgangspunkt einen »punto debole« in dem Gedankengebäude finden kann, das er über Salutati aufgebaut hat. S. La visione, p. 157.
174) »Il mondo non è condannato per cio che esso poteva diventare, ma per quel che esso e divenuto«. La visione, p. 161.
175) »... e se invece di continuare a dannarlo lo si trasforma in palestra di virtù anzi che di vizii, esso alora sara pienamente più bello del chiostro e preferibile a qualsiasi forma di vita che si conduce nella mortificazione dello spirito, e nella preghiera e nel pentimento sterile perchè non sequito dall'azione risanatrice«. La visione, p. 161.
176) Ullman: »in hoc tractatu Coluccios homo esse mediaevalis, ut ita dicam, non modernus videtur. Certe pauca vestigia renascentium studiorum ibi cernere possis. Ubi est ille rector circuli Florentini ... ille amator poetarum antiquorum, ille studiorum Graecorum fautor?« S.B.L. Ullmans praefatio zu De sec. ..., p. V.
177) »Hortando monachum ut fidelis votis maneret omnia argumenta tam bene attulit ut non solum Hieronymo sed quodam modo etiam von Martin persuaderetur; ipse tamen in mundo mansit. Liber ergo Coluccio non est speculum mentis auctoris sed demonstrat eius facultatem disputandi et scientiam divinarum scripturarum. Si res postulasset, contra vitam monasticam perinde disputare potuisset«. Praefatio, p. VI.
178) Étienne Gilson, Notes sur une frontière contestée, in Archives d'historie doctrinale et litteraire du moyen âge, 1958, p. 58.
179) p. 76: »On peu pas, en matière d'historie des idées, comparer une æuvre qu'un ecrivain a réllement écrite avec une autre qu'il aurait pu écrire, mais qu'il n'a pas écrite«.
180) ibid. p. 77: »si l'on veut que Salutati soit un humaniste, il faut admettre la possibilité d'un humaniste tel que Salutati«.
181) ibid. p. 78: »Opposer Salutati a *l'homo mediaevalis*, c'est une fois encore confondre le moyen âge avec la scolastique«. Daß es jedoch nicht gänzlich unberechtigt ist, die beiden Dinge zu »confondre«, räumt Gilson ein, indem er sagt, daß Ansätze zu früheren Renaissancen (z.B. im 12. Jh.) durch den scholastischen Intellektualismus erstickt worden waren. S. p. 80.
182) Op. cit. p. 82: »si la Renaissance a vraiment consisté en un effort pour imiter et reproduire le style des Anciens et leur conception de la vie, en quoi ce retour au passé peut-il avoir été quelque chose de moderne?«
183) E. Garin: La cultura fiorentina nella seconda meta del 300 e i »barbari britanni«, Rassegna della letteratura italiana 64 (1960), p. 181-95.
184) Op. cit. »Si che con ogni probilità ha regione l'Ullman contro il Gilson quando sostiene che il contrasto fra l'ascetico de seculo et religione e le epistole in lode della vita activa non significa urto fra concezioni del mondo, o drammatica oscilazione fra antico e moderno, bensi, ancora, esercizio nelle tecnica ..., un importanza essenziale nell'esercizio della vita politica, e, in genere, della arti dell'argomentazione e della persuasione di cui la letteratura del seculo XV ci offre cosi cospicui documenti«, p. 192.
185) ibid. Garin weist auf das Manuskript C. 89 in Biblioteca Marucelliana in Florenz hin. B.L. Ullman hat später die beiden Abhandlungen auf der Grundlage von Vat. Capponi 147 herausgegeben, die autographische Schriften von Salutati enthält. S. B.K. Ullman: Coluccio Salutati on Monarchy, Melanges Eugéne Tisserant. Vol. V, 2, Città del Vaticano 1964, p. 404-11. Ullman vermutet, daß die Abhandlungen etwa 1383-90 verfaßt worden sind. S. p. 406.
186) Hans Baron, The Crisis of the Early Italian Renaissance. Civic Humanism and Republican Liberty in an Age of Classicism

ANMERKUNGEN ZU KAPITEL 1

and Tyranny, Princeton 1955, s. p. 88ff. Hier zitiert nach revised edition 1966, p. 102ff.
187) Baron, revised ed., p. 109.
188) S. p. 109-10: »It was only through a loophole in his reasoning, namely that the true best is not the best every given situation, that Salutati came to rescue of the *vita activa*«, p. 110.
189) p. 110: »The outcome was a perplexing oscillation – non unparalleled in other writers of the late trecento – between the various strands of Salutati's thought«. S. auch Barons Auffassung von De Tyranno, unten Seite 89.
190) Toffanins Artikel liegt vor in Rinascimente 9, 1958, p. 3-10, später veröffentlicht in Ultimi saggi, Bologna 1960, p. 149-59.
191) S. IV, 487, vgl. Toffanin, Rinacimento, p. 7.
192) B.L. Ullman: The Humanism of Coluccio Salutati, Padova 1963, p. 28: »I certainly had no thought of questioning Coluccio's sincerity. He believed that a man should hold to his monastic vows, therefore he brought evry argument end every rhetorical device to bear on his Camaldolese friend«.
193) ibid. »There was a place for the layman and one for the monk.«
194) p. 27: »Martin's thesis has been seized upon those who do not believe in a Renaissance. But the Renaissance did not spring full grown from the head even of Petrarch. Coluccio in particular was a humanist in a state of evolution, with many mediaeval traits still clinging to him«.
195) »Martin goes too far in thinking that Coluccio believed all he said, that he favored monasticism under any circumstances,« p. 27.
196) p. 29: »We are in almost complete accord. Perhaps he (Garin) emphasizes the influence of rhetoric in Coluccio's treatise a little more than I do, though, as he saw, I implied its influence in my edition.«
197) Charles Trinkaus, In Our Image and Likeness. Humanity and Divinity in Italian Humanist Thought, vol. I-II, 1970, vol. I, p. 51.
198) ibid. Humanist Treatises on the Status of the Religious: Petrarch, Salutati, Valla. Studies in the Renaissance XI, 1964, p. 7-45.
199) In Our Image, op cit. pp. 56-61 und 68.
200) ibid. pp. 70-102.
201) ibid. vol. 2, p. 622ff.
202) Peter Herde: Politik und Rhetorik in Florenz am Vorabend der Renaissance. Die ideologische Rechtfertigung der Florentiner Außenpolitik durch Coluccio Salutati. Archiv für Kulturgeschichte 47, 1965, p. 141-220.
203) Herde, ibid. p. 195-96: »So war die Haltung des Kanzlers und der Kommune gegenüber Giangaleazzo voller Inkonsequenz«. (p. 208).
204) ibid. p. 215-16.
205) ibid. p. 167: »*Libertas war*, wie wir sahen, ein altes Propagandaschlagwort von Florenz; immer wenn es auftauchte, waren weniger ideelle als reale machtpolitische Interessen der Kommune im Spiel«. p. 208 werden Beispiele für diese Interessen gegeben: »der Schutz des contado, die Erhaltung und Ausweitung der Herrschaft in der Toscana (wobei die Stadt vor Aggressionen ebensowenig zurückschreckte wie Giaangaleazzo), die Bewahrung des bestehenden Systems innerhalb der Kommune und der Schutz des Handels ...«.
206) Herde (p. 159) räumt Salutati zwar »das Recht des politischen Taktierens und der rhetorischen Unverbindlichkeit« ein, aber wenn es gilt, stellt sich Herders moralische Verärgerung einer weiteren Untersuchung in den Weg. Den Haß auf die französischen Barbaren kann man nicht ernst nehmen, denn Salutati schreibt auch schmeichelnde Briefe an den französischen König. (p. 173ff) Salutati sieht die Verwendung fremder Söldnertruppen für unnational und unwürdig an, schließt aber trotzdem einen Kontakt mit dem englischen Kondottiere, Sir John Hawkwood (p. 184ff). Salutati betrachtet die Florentiner als die Nachfolger der Römer, lehnt es aber ab, sich dem Rom des Papstes unterzuordnen (p. 186ff). Eine wesentlich nuanciertere Diskussion als bei Herde findet sich bei Ronald G. Witt, Coluccio Salutati and his public letters, Travaux d'humanisme et renaissance CLI, Geneve 1976. S. Kap. IV, Missive Themes und Kp. V, The Missive and Florentiane Political Thought. Insbesondere werden Herde und die »Zynismus«-Problemstellung zurückgewiesen, p. 79ff. Witt neigt zu der Ansicht, daß Salutati in seinen öffentlichen Briefen gelegentlich (im Krieg gegen den Papst und Mailand) weiter gehen konnte, als seine mittelalterlich geprägte Auffassung ihm eigentlich gestattete. Erst Bruni zog die vollen Konsequenzen aus der florentinischen Propaganda (p. 87ff).
207) »Wie leicht würde man, wenn nur der eine oder andere Traktat erhalten wäre, Salutati als einen Anhänger der Erbmonarchie oder der Wahlmonarchie in Anspruch nehmen; in Wirklichkeit sind die Abhandlungen literarische Stilübungen, und die wahre Überzeugung des Kanzlers bleibt uns hier ebenso unbekannt wie in anderen Fragen. (Hier folgt eine Anmerkung mit einem Hinweis auf Garins und Ullmans Diskussion über die Stellung De seculos.) ibid. p. 209.
208) Vat. Cap. 147, p. 186, 6.Juli 1406: »Nec credat vestra benignitas id, quod apostolice sanctitati scribitur, solum a prioratus officio

ANMERKUNGEN ZU KAPITEL 2

et actore dictaminis emanare. Summis quidem pontificibus, imperatori vel regibus per nos scribi non potest, nisi deliberatio nostrorum collegiorum accesserit et consensus ...«
209) S. Herde, p. 157: »Die Aufteilung in Staats- und Privatbriefe ist trotz der Berufung auf Salutati selbst problematisch und findet keine Stütze in der Überlieferung«. (Anm. 77).
210) »La sera, a casa, Salutati scriveva le lettere private: ... ma la seperazione fra lettere private è epistole ufficiali, è fra epostole e trattati, non e possibile; e stupisce che gli storici continuino a insistervi ... L'opera diurna a Palazzo e quella serale nello studio di casa si intrecciano nell'attività del grande Cancelliere: nei registri delle missive dei Signori si possono leggere minute di lettere in cui si parla di codici antichi, mentre non poche delle epistole private a principi e a cancellieri continuano il descorso politico«. E. Garin: La cultura filosofica del Rinascimento italiano, 2. ed. 1965, p. 8.
211) »Opere come l'*Invettiva* contro il Loschi o trattati come il *Tiranno* si saldano in modo indissolubile alle missive stese nella lotta contro il Visconti. Tornano lo frasi e gli argomenti. I trattati si fondano sulle esperienze; le esperienze si articolano secondo le linee di una continua riflessione«. ibid. p. 8-9.
212) S. Beisp. ibid. p. 8, Anm. 2.
213) p. 7: Unter Hinweis darauf, daß viele Humanisten die politische Entwicklung in der Renaissance mitbestimmten, schlußfolgert Garin: »L'umanesimo si impose segnato da questo sigillo; il suo insegnamento non scese da cattedre universitarie o da corte raffinate«. Und p. 8: »La cosidetta imitazione degli antichi, o la retorica umanistica, su cui sono scritte tante assurdità, persono ogni sapore letterario quando in una lettera consitata a un capitano di ventura o a un sovrano scopriamo un testo di Cicerone o di Livio, un verso di Virgilio o una frase di Seneca«.

214) IV, 73: »cum enim exundantissimus, multus et multiplex in publicis epistolis fuerim et aliquanto, imo sine comparatione contractior in privatis, ceteris in operibus parum vel nichil expaciatus sum«.
215) ibid. »tum quia per occupationes domesticas minus licet, tum quia consecranda Minerva non calleo«.
216) S. Anm. 203.
217) II, p. 252-64.
218) Es war nicht ungewöhnlich, daß der Kanzler mit Wissen der Signoria private Briefe beilegte, um auf freundschaftliche Weise die Dinge direkter erklären zu können, s. Fr. Ercoles Einleitung, p. XXff, in C. Salutati: Il Trattato »De Tyranno« e lettere scelte a cura di Fr. Ercole, Bologna 1942.
219) S. Anm. 214.
220) De Tyranno, ed. v. Martin, p. 35-37. S. unten Seiten 88ff.
221) Vgl. Ullmans Einleitung zu De seculo, s. Anm. 177.
222) s. Anm. 185.
223) »He (Garin) aptly notes that if only one of these has been preserved, it would be difficult to resist the temptation of attributing the point of view of that one to Coluccio. In fact one might venture to say that there are some who would surely not resist that temptation«. B.L. Ullman, The Humanism, p. 29.
224) Col. Sal. on Monarchy, op. cit. p. 403.
225) ibid. p. 406.
226) s. II, 10.
227) II, 442, 443 und 447, vgl. III, 334. S. unten, wo Salutatis Auffassung des Todes eingehender behandelt wird.
228) II, 448.
229) III, 332, 363 vgl. III, 196.
230) III, 408-21 und 456-78.
231) s. unten Seite 76ff.
232) vlg. Anm. 190-191.
233) vgl. J. Habermas, N. Luckmann, Erkenntnis und Interesse, Frankfurt 1973.

ANMERKUNGEN ZU KAPITEL 2

1) A. v. Martin: Mittelalterliche Welt- und Lebensanschauung, op. cit. p. 31

2) Eine Andeutung erhalten wir durch den Katalog über die Sünden, denen wir in dieser Welt ausgesetzt sind: »Et ut omnia breviloquio comprehendam, hic hereses, infidelitas, apostasis, blasfemia, hebetudo sensus, et cecitas intellectus; hic aggravans illa tristica que deprimit mentes humanas ut bonum nichil facere placeat; hic malicia, rancor, pusillanimitas, torpor, vagatio mentis, desperatio, invidia, odium, susurratio, detractio, exultatio in adversis proximi et afflictio in prosperis; hic pacis, quam cuncta quidem appetunt, inimica contentio, discordie, scismata, bella, rixe, seditiones, scandale, imprudentia, precipitatio, temeritas, inconsideratio, inconstantia, dolus, prudentia carnis, astutia, fraus, sollicitudo temporalium rerum atque futurorum; hic iniustica, personarum acceptio, homicidia, cedes, iniure, sacrilegia, furta, rapine, iniqua iudicia, calumnie, tergiversationes, falsa testimonia, maledicta, derisiones, deceptiones, maleficia, fascinationes, sortilegia, divinationes, superstitiones, ydolatria, auguria, avaricia, proditio, falsitates, mendacia, periuria, violentie, fallacie, fraudes, si-

ANMERKUNGEN ZU KAPITEL 2

mulatio, ypocrisis, iactantia, ironia, adulatio, atque litigia«. De sec. p. 13.

3) Kap. VIII, IX und X handeln jeweils von den Gelübden der Keuschheit, der Armut und des Gehorsams.

4) »... quod tue caritati promiseram aliquid ad te scribere quo alacrius prosequereris incepta ...«, De sec. p. 1.

5) Dieses war im Jahre 1379 geschehen, s. Ullmans Vorwort, p. V und Novatis Anmerkung 4, II,10.

6) Der Brief an Samminiato III, 98-102

7) III, 100-101.

8) »Faciliusque rudis et indocta simplicitas in illa labi posset, quam si et voluptatem et sequacem percepte voluptatis penitentiam aliquando fuisset experta«, III,100.

9) »nobis, videlicet, in hac questione sermonem esse de veris religiosis, quos non mundus expulerit sed qui mundus reliquerint«, ibid.

10) Salutatis Antwort steht in III, 337-41.

11) III,338.

12) »... gloriari potes ex hoc inter mulierculas et eos qui legitime non sunt his studiis initiati«, ibid.

13) »audi, precor, sponsi tui vocem (III, p. 339) ... Redi ad sponsum tuum, dilectuum, regem tuum (p. 340) ... vocat te sponsus tuum, ut ostendas sibi faciem tuam, hoc est opera sua ...« (ibid.).

14) S. den Brief III, 569-84.

15) »promittitis primo verbo professionis vestre constantiam, quam nescio si dici potest, cum claustrum relinquitis, cum prelati iussibus et ordinis institionibus non paretis, imo contrafacitis, vos servare«. Daß der Papst den Bruch sanktioniert hat, hilft nichts: »nunquid generalis Dei vicarius possit gratiose dimittere quod specialiter memineris et solemniter te vovisse«. III,578. Dies zeigt mehr als alles andere, wie stark Salutati das *Gelübde* als etwas absolut Verpflichtendes betont.

16) III,582.

17) S. IV,73, wo gesagt wird, daß es der Zweck von De seculo et religione sei, dazu aufzufordern, an den gegebenen Gelübden festzuhalten.

18) De seculo p. 110: »semel deo consecratus es. Sacrilegium erit si te iterum converteris ad terrena«.

19) De seculo p. 102: »Pudeat quidem quia bestiarum est sensibus trahi, hominis vero, cuius facies in celum erecta conspicitur, proprium est vincere sensus, dimittere mundum, petere celum«.

20) De seculo p. 112.

21) De seculo p. 131.

22) De seculo p. 112.

23) S. p. 131-32. »Unde fit, quantum ad hanc spectat, quod plus nobis mercedis proponatur si iubeamur que secundum se nature suodam horrore fugere debeamus quam si detur de re nobis accepta preceptum«, (p. 132).

24) »Quid igitur ab istis differe dixerimus Christianum qui dei iubentis oblitus et huius virtutis habitum derelinquens, non ut deo placeat vel obediat, sed solum ut bonum aliquod faciat operatur ... imo virtutibus contra rationem nititur frui, quibus sic fruendo verius dicatur abuti.« De sec. p. 135.

25) Dafür interessiert Salutati sich jedoch nicht. Kap. X im zweiten Buch – »De obedientie voto« – handelt, abgesehen von dem Satz am Anfang – »te volutati dei voluntati prelati, et preceptis religionis et ordinis obligasti« – nur vom Gehorsam gegenüber Gott. De sec. p. 131-137.

26) Vielleicht hat Sciacca (S. oben Seite 31) darin Recht, daß die Klöster im allgemeinen laut Salutati als eine Art Refugien für schwache Seelen aufzufassen sind, während die starken Seelen sich durch vita activa entfalten. In De sec. ist die Voraussetzung jedoch anscheinend die, daß alle schwach sind, und es liegt deshalb darin keine Abwertung des Klosterlebens.

27) Salutati antwortet im Brief II, 328-33 vom Sommer 1392.

28) Es handelt sich nicht um die Welt »in eo quod creatura Dei est« oder »in eius naturali essentia«, sondern »secundum varias nostrorum condiciones affectum aut pro ipsa conversatione vel usu mortalium ...«, II, 329.

29) »nam et Veritas inquit: non misit Deus filius suum in mundum, ut iudicet mundum, sed ut salvetur mundus in ipsum. an hic Scriptura locuta est de celo, stellis et elementis, an non potius hominum genus non iudicandum, sed salvendum esse predixit?« II, 329-330.

30) »aliud igitur est mundum prout Dei creatura est, quo sensu tu loqueris; aliud, quod ego prosecutus sum, prout in ipso vel per ipsum Deum offendimus et ab eterne legis ordine deviamus«, II, 330.

31) S. De sec., p. 4. Nach einer langen Aufzählung der Anklagepunkte schließt Kap. I: »Et ne accusandi studio mundum, dei creaturam dimittam penitus illaudatum sed parcendo sibi mitius secum agam, mundus est via mortalium ...«.

32) De sec. p. 57: »Dimittendus igitur mundus iste, calamitatum vallis, cui quicquid operamur vanum, a quo quicquid speramus inane ... quantumlibet virtuosum in se ipso ...«

33) De sec. p. 29: »Bona sunt, fateor, que in mundo cernimus si nos ad ipsorum originem referamus«.

34) S. z.B. De sec. S. 45.

35) De sec. p. 36. Im Kapitel XVII »Quod mundus sit carcer horridus« werden die La-

ANMERKUNGEN ZU KAPITEL 2

ster und die Tugenden paarweise aufgezählt, um zu zeigen, wie die ersteren die letzteren bedrängen.
36) S. De sec. p. 38.
37) S. De sec. p. 39: »... Quoniam corrumpamt mores bonos colloquia prava et ad impellendum animos nil potentius nichilque efficacius sit exemplo« (p. 40).
38) S. das Kapitel »Quod mundus sit theatrum inhonestatum«, De sec. p. 43.
39) ibid.
40) I, 267-68.
41) Nach einer Aufzählung all der Krankheiten, die (verdienterweise) all diejenigen angreifen, die im Überfluß leben, heißt es weiter: »... affirmare possimus plures per cenas quam per gladios occidisse«, I, 270.
42) De sec. p. 38: »Inexpiabile quidem erat moribus illis mulieres vinum bibere virosque aut delicata comedere aut sobrietatem inter convivia non servare«.
43) I, 270-71.
44) S. De sec. p. 42, wo vom Anbau des erforderlichen Getreides und dem Weben der notwendigen Kleidung gesprochen wird. Leider ist der Mensch nicht mit dem Notwendigen zufrieden, sondern sucht zugleich auf jede Weise das Angenehme.
45) De sec. p. 82.
46) De sec. p. 83.
47) De sec. p. 123: »Nec cogitamus miseri mortales contra naturam esse quod illas ad usum omnium procreatas per avariciam in nostre proprietatis dominium vendicemus, cumque vite nostre debeant deservire, facimus nobis flagitiorum, voluptatum, et cunctorum scelerum instrumenta«.
48) De sec. p. 81.
49) De sec. p. 104.
50) III, 4-52.
51) III, 39: »nec de mea impotentia, siut arbitrari videris, ista commoneo; sed ex percepta, multis experientiis, ratione.«
52) ibid.
53) III, 41.
54) III, 29, 34, De sec. p. 69.
55) III, 13: »Amas equidem et qui amant ipsi sibi somnia fingunt«.
56) III, 7.
57) De sec. p. 68.
58) De sec. p. 69.
59) De sec.: »Fuge mulierum honesta etiam secreta colloquia ... Fuge igitur mulieres ... Cave ne oculos homicidas et vagos oculis imprimat tuis« (p. 120). Von Martin weist auf den gleichen Abschnitt hin (C.S. und das humanistische Lebensideal, p. 273) und sagt: »Die Zeit, da »das Weib dem Manne gleich geachtet wurde« (Burckhardt) scheint hier noch recht fern«. Hier wird aber nicht die Gleichberechtigung diskutiert, sondern die Rolle der Frau als etwas, in dem man sich verlieren kann.
60) De sec. p. 34, vgl. die Analyse von Libido III, 611.
61) De sec. p. 34.
62) De sec. p. 118: die Sünde »somni admiscetur, inter orationes irrumpit, contemplationibus se ingerit, solis adest, sociatos invadit ...«.
63) »Habemus hostem invisibilem, non solum actuum sed cogitationum nostrarum, quantum percipere potest ex exterioribus signis, accuratissimum observatorem, ut capiat et occidat«, De sec. p. 33.
64) De sec. p. 71.
65) De sec. p. 17.
66) »... inter hec corruptibilia nos ipsi mortales non possumus constanter ... iocundari«, (ibid.).
67) S. Cap. XXIII, p. 48-51: »Quod mundus sit domus anxietatum«.
68) S. Cap. XXXIV, p. 79. »Quod mundus est peregrinationis nostre diversorium«.
69) »Quam stultum est in diversorio spem et mentem apponere unde mox simus etiam si stare voluerimus recessuri! O quanta dementia tenet in hac mundi dilectione mortales«, De sec. p. 79.
70) De sec. p. 76: »... mundum istum transitorium dimittentes, ... non patriam sed viam fore mortalium cogitemus«.
71) »non sit in hoc mundo corruptibili tanquam civis sed tanquam peregrinus et advena«, De sec. p. 5.
72) II, 182: »... Bernardi mi, peregrinus es, non natus ad viam, sed ad patriam ...«
73) II, 373-74.
74) De sec. p. 73.
75) »Terra igitur ista et mundus in quo sumus et quem tantopere diligimus infernus est ...«, De sec. p. 74 und weiter: »Mortui quidem sunt qui mundum diligentes summum illud bonum deserunt ac sepulti etiam donec secundum carnem vivunt hic temporaliter in inferno«.
76) III, 17. »Quantum ad virtutem autem attinet, nichil (scl. animantia) differunt ab inanimantis«.
77) »Media namque sunt bona, si bene utimur; mala quidem si male«, ibid.
78) S. Rudolf Lorenz, Fruitio Dei bei Augustin, Zeitschr. f. Kirchengesch. 63, 1950, p. 75-132.
79) »Maledictus homo qui confidit in homini«, De sec. p. 69.
80) »Sufficiat enim tibi et michi de deo scire quod sit, et quod nichil sit que intelligimus vel vedemus, et non solum aliquid tale quod maius eo nequeat cogitari sed omnio quantum et quale cum hac mortalitatis nostre sarcina cogitari non potest«, De sec. p. 94.

81) De sec. p. 95. Th. Sum. Theol. I, q. 92, art. 3.

82) De sec. p. 30, jvf. nedenfor note 86.

83) Über Liebe zum Nächsten, s. D. sec. pp. 55, 134, 138-39, (vgl. die genannten Zitate Kap. 3, Anm. 1-3).

84) De sec. p. 27: »Nec cogitemus posse deum simul cum mundo diligere nisi propter deum mundum decreverimus nos amare«.

85) De sec. p. 56: »Oportet enim cuncta que facimus facere propter deum et ad eius gloriam quicquid agimus dicimusve referre«.

86) »Vides ergo etiam te iudice, cum mundum diligis ad delectationem vel propter aliud quam propter deum, te principium omnium offendere, cumque sic creaturam sequeris, te a tui creatoris reverentia deviare«, De sec. p. 85.

87) Schwer, weil »... nichilque carius sit nobis hac essentia qua constamus et vivimus ...« De sec. p. 85.

88) De sec. p. 92, p. 111 u. p. 163.

89) »scio diversos diversimodis etiam ad Deum ambulasse: hi scretam et solitariam vitam eligunt, quales eremitas anachoretasque legimus, quales et cenobitas; nec ignoro multos negociosam et associabilem secutos vitam etiam ad Dei gloriam pervenisse«, Ep. II, 453.

90) S. Ennaratio in Ps. 75,16, Corpus Christianorum S. L. 39 p. 1048: »Omnes communiter quid debemus uouere? Credere in illum, sperare ab illo uitam aeternam, bene uiuere secundum communem modum. Est enim quidam modus communis omnibus«. Das bedeutet u.a., sich Diebstahls, Gewalt, Ehebruches, Übermutes, Bruderhasses usw. zu enthalten. Andere versprechen etwas mehr, z.B. keusch zu leben. Oder: »Alius uouet relinquiere omnia sua distribuenda pauperibus, et ire in communem uitam, in societatem sanctorum: illud attendat ut quod uoueret reddat« (ibid.) Vgl. B. Lohse, Mönchtum und Reformation, Göttingen 1963, p. 70.

91) Lohse, ibid.

92) S. z.B. In epist. Joannis, 9,10, Migne, Patr. Lat 35, 2052: »Quomodo mentiris si dicas, Diligo Deum, quando non diligis fratrem; sic falleris, quando dicis, Diligo fratrem, si putes quia non diligis Deum. Necesse est qui diligis fratrem diligas ipsam dilectionem; *Dilectio* autem *Deus est*: necesse est ergo ut Deum diligat quisquis diligit fratrem. Si autem non diligis fratrem quem vides, Deum quem non vides quomodo potes diligere? Quare non videt Deum? Quia non haben ipsam dilectionem«. S. A. Zumkeller, Das Mönchtum des heiligen Augustinus, Cassiacum 11, Würzburg 1950, p. 127 ff.

93) Dies gilt nicht allein für Thomas. Versucht man, ausgehend von der mittelalterlichen Tradition, den Inhalt des monastischen Daseins systematisch zusammenzufassen, so findet man, daß das Wesentliche eben »contemplatio« ist; siehe J. Leclercq, Etudes sur le vocabulaire monastique du moyen âge, Rom 1961, siehe Kap. III, p. 80-144. Augustin versucht dagegen neben »contemplatio« auch an der praktischen Liebe (vita activa) festzuhalten: »Nec sic esse quisque debet otiosus, ut in eodem otio utilitatem non cogitet proximi, nec sic actuosus, ut contemplationem non requirat Dei«. De civ. Dei, 19,19, Corpus Script. Eccles. Latin. 42, p. 406. Siehe auch Joseph Ratzinger, Die Kirche in der Frömmigkeit des heiligen Augustinus, in Sentire Ecclesiam, herausg. v. J. Danielou u. H. Vorgrimler, Freiburg 1961, p. 152-175. Hier wird u.a. aufgezeigt, wie Augustin im Verhältnis zu Thomas weit größeres Gewicht auf vita activa legt, sowohl was die Nächstenliebe als auch was den Kirchenbegriff angeht.

94) »*mónos* enim unus solus est. Qui ergo sic uiuunt in unum, ut unum hominem faciant, sit illis uere quod scriptum est, *una anima et unum cor*. Multa corpora, sed non multae animae; multa corpora, sed non multa corda;« Ennar. in Ps. 132,6 Corp. Christ. 40, 1931, vgl. Zumkeller op. cit. p. 130.

95) Zumkeller op. cit. p. 132-41, Lohse p. 72.

96) Zumkeller, p. 146-152.

97) Sermo 340,1, Migne. Patr. Lat. 38,1484, zitiert nach Zumkeller p. 149. Zumkeller hat in einem späteren Artikel, der Klösterliche Gehorsam beim heiligen Augustinus, Augustinus Magister, Congres international augustinien, Paris 1954, p. 265-76, die relative Bedeutung des Gehorsams bei Augustinus nochmals unterstrichen »Sicherlich hat Augustinus die praktische Bedeutung des Gehorsams für den Bestand der klösterlichen Gemeinschaft nicht geringgeschätzt. Dagegen hat er ihn als Mittel zur Erlangung der christlichen Vollkommenheit und zur Verwirklichung der restlosen Nachfolge Christi anscheinend wenig, ja fast nicht gesehen und gewertet«, p. 276.

98) De sec. 106: »Sacrificium quidem Abel figura religionis est. Nam sicut in illo rerum omnium principe, deo ex. primogenitis ouium et ipsorum adipibus immolatur, hoc est, ut sepius dixi, primi mentium motus et sensibilis opere consecrantur«. De sec. p. 106.

99) Über Gott und Christus als Liebe siehe u.a. De sec. p. 147, stimmt mit Augustinus ganz überein.

100) De sec. p. 134, vgl. p. 138-39.

ANMERKUNGEN ZU KAPITEL 3

1) De sec. p. 139: Diligendus itaque deus non nudis affectibus mentis sed in effectibus operis«.

2) »Si enim non amaverimus salutem nostram, qui quidem amor, imago, et forma est proximi diligendi, quomodo preceptum implebimus dilectionis ad proximum quem sicut nos ipsos iubemur amare?« De sec. p. 139.

3) »Debemus quidem proximo tam naturali ratione, qua simul omne genus hominum alligamur quam Christiane religionis glutino, qua sumus omnes fratres in Christo, ut correctione subveniamus erranti, lapsum erigamus, moneamus ignarum, et viam salutis per dei gratiam eligentem nostris exhortationibus adiuvemus«. De sec. p. 1.

4) De sec. p. 112-13.

5) De fato, II, 10; f. 26: Die Gnade ist »concurrens« zu unseren Taten.

6) ibid. »Nam licet ex operibus nostris non salvemur, nullus tamen sine operibus salvus fiet«, jvf. De nob. 190; II, 219.

7) De sec. p. 41.

8) »noli credere, mi Peregrine, quod fugere turbam, vitare blandarum rerum aspectum, concludere se in claustro vel in eremo separari perfectionis sit via.« III, 303.

9) III, 296-97.

10) III, 301. »deinde cognita te reipublice tue communitatis obnoxium atque familie tue tuisque filiis ac proximis obligatum. Postquam hec feceris, satis tunc in ultimum illum amorem et Marie caritatem, quo non inflat, sed edificat, liber a ceteris obligationibus, te componas licebit.«

11) »te statuit Deus multorum patrem et multis propter multa refugium et amicum; deditque quod in republica tua possis plus quam communiter quivis alius operari. Si hec relinqueris, nonne ea Deus exiget de manu tua? talentum hoc accepisti; ne defodias illud, exerce labora, fac te servum utilem reddas in his que tibi tradita sunt.« III, 301-302.

12) III, 302: »bonum et honestum est Mariam amare, sed melius imitari«.

13) III,303-04. Se Aug. Enarratio in Psalm. L1, & 6. Corp. Christ. S.L. 39, p. 627.

14) »mens nostra, cor nostrum et anima nostra templum est Dei perpetuum, non manu factum«, III,302, vgl. Acta 17,24.

15) ibid.

16) »tot latebre cecique cuniculi sunt in mentibus hominum, ut non solum difficile, sed impossibile sit per illa que cernimus iudicare quid intus agatur. Quis enim novit quid agit spiritus nisi spiritus qui intus est?« (jvf. 1 Kor. 2,11). III,414.

17) III,646, vgl. Arist. Polit. I,5.

18) »nam tametsi dicant homines a qualitatibus operum res nobiles vel ignobiles, non est in operibus tamen aut operis naturalis ista nobilitas, sed solum in dispositione nature, que quidem rebus inest, etiam si nullus unquam temporibus operentur«, III,650.

19) »difficile quidem est naturaliter incontinenti prestare castitatem vel avaro largitatem; imo cum virtus sit circa difficile, dispositionem naturalem ad vitium certum est posse difficile removeri quod si dispositio foret de facili mobilis, nec tantum esset virtutis meritum nec haberet circa difficile fundamentum«, III,652.

20) Ein wenig verwirrend spricht Salutati vom Adel der Tugend anstatt nur Tugend zu sagen, aber die Meinung ist klar genug: »nobilitas vero virtutis, quoniam virtus in actione consistit, in operatione sine dubitatione versatur«. III,650.

21) De sec. p. 155. Das Gebet soll nicht einfach heruntergeleiert werden, sondern die Worte müssen den Gedanken entsprechen. Man soll beten »ut sic vicissitudine quadam interior homo exteriorem non deserat ...«.

22) p. III,520: »... ipsa docente natura videmus hominem sic animal politicum esse ...«, vgl. Aristoteles.

23) Gen. 2,18 (Diese Stelle wird oft zusammen mit dem obengenannten Aristoteles-Zitat genannt). II,368, vgl. III,167.

24) II,368: »et cum homo ad hominis auxilium natus est«.

25) III,166: »ut, sicut omnis corporalis creatura ab ipso rerum omnium principe Deo propter hominem facta est, sic et humana species propter ipsum hominem in tanta sit multitudine propagata«.

26) III,165-66: »debemus equidem quicquid accepimus non Largitori solum, cuius est celum et terra queve sunt in eis, sed homini, qui quidem plasmatoris imago est.«

27) II,319; III,541-43, vgl. unten.

28) III,541: »Sed Deus centrum est infinitas circumferentiis coexistens, cui, cum ubique sit, nulla proprior nullaque distantior dici potest«.

29) ibid.: »non est, ut forte putas tanta vivendi differentia, quod qui religionem elegit non aliquando, et utinam non multotiens! longinquior sit a Deo quam qui videntur inter hec secularia periclitari«.

30) »mens est que Deo coniungitur et de quocunque statu vite clamaverit, quoniam ipse nusquam abest invenit illum, ad quem solum omnis creatura cognitur suspirare«, ibid.

31) »... et nobiscum sentiant quamcunque vitam, sive temporalem sive spiritualem, sive solitariam et contemplativam sive associabilem et activam elegerimus, multas nos habituros esse torturas: quod quidem optime Deus instituit, ut, cum undique, quocunque nos flexerimus, puncturis acerrimis extrudamur, discamus, imo certi simus, alio properandum, ubi possimus et Dei gratia mereamur

in melioris vite statu immutabilem beatitudinem obtinere« (II,373-74).
32) S. oben Anm. 10.
33) II,368 und 370. Der ganze Brief II,362-74 ist eine einzige Verteidigung der Ehe gegen Petrarcas Anklagen in Remedia utriusque fortunai, vgl. Novati, Anm. 1-5, II,373.
34) II,369.
35) »igitur et qui matrimonio iungit virginem suam, bene facit; et qui non iungit melius facit (1. Kor. 7,38). quod quidem Apostoli verbum intelligere oportet non simpliciter, sed si velis Deo ex toto corde tuo et ex tota anima tua et ex totis viribus tuis, sicut precipimur, inherere«, II,371.
36) II,370.
37) »matrimonium, inquam, Dei preceptum, Ecclesie sacramentum, legitimum generis humani principium, societatisque mortalium unitivum. viri quidem et uxoris copula speciei humane primus nexus et vinculum est«, II,371.
38) Im Streit um die Poesie beklagt Salutati, daß die Mönche bei Giovanni di Samminiato es ablehnen, sich mit den heidnischen Dichtern zu beschäftigen, und er warnt sie davor, sich selbst davon auszuschließen, womit sich die Umwelt trotz ihres Protestes befassen wird. »nec sit cura vobis de his que extra sunt, non est enim hoc vestri iuris vestreque potentis prohibere«. IV,182.
39) III,539-43, s. im übrigen Anm. 129-30.
40) III,542: »... nec me putes unquam ad inanis fame gloriam, ut sentire te video, laborasse, sed cupiditate sciendi communicandique quod Deus tradidit ut aliis et posteris, sicut alii nobis suisque temporibus profuerunt, sic aliquid et ego prodessem«.
41) ibid.: »tu; quod sancte rusticitatis est; solum tibi prodes ... tu forte confratres et socios tuos sanctitate vite mones exemplo«.
42) III,542-43: »ego michi prodesse conor et aliis ... ego proximos meos invito iuvoque quod discant et illis, que flagitiosa sunt, depravata consuetudine non intendant, ut, cum militare didicerint intellectui, fugiant dulcedine corruptibilium irretiri«.
43) »unum audacter affirmam, quod hucusque me propositi mei non piget, licet agnoscam institutionem vite mee potuisse magis extra mundi salebras me fundasse«, (III,543).
44) »laudat et extollit agriculturam Cicero, nec inepte: innocentissimum enim ministerium est; ad privatos tamen privatim spectat. diviniora autem sunt que pro multis fiunt«, II,454-55.
46) »... nec solum tibi vivas, sed patrie, consanguinis et amicis«, II,455, vgl. Cicero, De off. I,7,22.
47) noli de lucrando sollicitus sed si honestum lucrum obvenerit, non declines«, II,449.
48) »potui siquidem sepius obsistere malis conatibus et optimorum civium honestissima desideria favorabiliter adiuvare«. II, 454. Salutati ist sich jedoch auch im klaren darüber, wie schwierig es ist zu regieren – er zitiert Kaiser Tiberius für den Ausspruch, daß es so ist, wie einen Wolf an den Ohren festzuhalten (Sveton. Vita Tb. cases, 25) – und wie leicht die Macht korrumpieren und mißbraucht werden kann. s. I, 193-94.
49) »presertim cum officia non geras presidatus, sed servitutis, in quibus te oporteat humilitatem addiscere et obedientiam profiteri. que, licet homines respiciant et non Deum, habent tamen cum veris illis virtutibus non mediocre commertium nec immeritorii sunt actus, si dirigas ipsos quantum potest in Deum«, II,454.
50) »noli te sepelire cum vivis«, II,449.
51) »talentum hoc accepisti; ne defodias illud, exerce, labora, fac te servum utilem reddas in his que tibi tradita sunt«, III,301-302.
52) Der Nächste ist ein jeder: »... omnes simus fratres in Christo, ita tamen homines sunt equaliter diligendi, quod cunctis salutem et omnen in bonum perfectionem et parem glorias exoptemus«. Aber die Weise, auf die wir an unsere Mitmenschen gebunden sind, entscheidet, welche von ihnen wir vor allen anderen lieben sollen: »... primo nobis, deinde parentibus, tertio filiis, quarto fratribus et ulterius proximinoribus abligemur, et, iunctura sanguinis deficiente, prius concivibus quam extraneis«. s. I,311.
53) »... tantus est enim amor patris, quod in eius bonis amplior sit leticia et in malis pungentior dolor. fateo magnam esse partrie caritatem, et ob id, si recte sentire volueris, non iam patriam fugere debes, sed ad eius animari propensius incolatum, ut, sicut quilibet civis optimus obligatur, tanto magis patrie prosis, quanto magis ultra alios profecisti«. I,310-11. Salutati will mit seinem Brief den gelehrten Mönch Giovanni Giachinotti darauf verweisen, wie unbillig es ist, an allen möglichen anderen Orten als Florenz zu unterrichten, obwohl er aus Florenz kommt.
54) s. Prima Cancelleria, Missive Arch. di Stato, Firenze. U.a. Reg. XVII, 27, 107, 109, 125; Reg. XVIII, 18, 55, 153; Reg. XIX, 115-16. Salutati mußte der Kaufleute wegen oftmals an die »humanitas«, »Menschlichkeit« von Fürsten und Regierungen appellieren.
55) Besonders schlimm war es während des Otto Santi-Krieges gegen den Kirchenstaat in den Jahren 1375-78, als der Papst in einem Edikt die generelle Erlaubnis zur Beschlagnahme von florentinischem Eigentum gegeben hatte; s. Gherardi: La guerra dei fiorentini con papa Gregoria IX ... Archivo storico italiano, Seria terza, Tomo V, parte II, 1867, p. 96-97.

ANMERKUNGEN ZU KAPITEL 4

56) Reg. XIX,203: »hoc genus hominum necessarium profecto societati mortalium, et sine quibus vivere non possumus«. Cit. efter Garin: La cultura filosofica ..., op. cit. p. 14, Anm. 1.
57) Garin, Cultura, ibid.
58) Reg. XXII,67: »Nos popularis civitas, soli dedita mercanture sed, quod ipse tanquam rem inimicissiman destaut, libera, et non solum domi libertatis cultrix, sed etiam extra nostros terminos conservatrix, ut nobis et necessarium et sonsuetum sit pacem querere in qua solum possumus libertatis dulcedinem conservare«, cit. Garin, Cultura ..., op.cit. p. 14, Anm. 2.
59) »Nullo quidem officio magis respublica nostra colitur, quam in favore qui mercatoribus exhibetur. Postquam enim ab armis aliis intenti negociis abstinemus, quid prodesset populo magnitudo, nisi patrie suis divitiis subveniret? Quid autem opulentius, quid fructiosius mercatura? Mercatores sunt fortitudo publica ... Ut qui nostris faverit mercatoribus, nostre rei publice faverat; quique illos offenderit, nos offendat«. Aus einem Brief an Raynaldus de Ursinus, den 4. Januar, 1387. Vat. Capponi f. 123-24.
60) Alberti, in dessen Haus auch Salutati am Kreis in »paradiso degli Alberti« teilnahm, war jedoch Kaufmann, zugleich aber sehr gelehrt, s. Wesselofsky I, 1, p. 142ff.
61) »parum interest finum accumules an thesaurum, si finis utriusque fuerit solummodo conservare«, II,222.
62) »melius est totum quod et parentes hereditarium dimiserunt et coniunctorum vel amicorum liberalitas attulit aut dispositione legum acessit su fortuna dedit vel comparavit industria, honesta ratione consumere quam thesauros inextimabiles congregare«. II, 222. Zambeccari wird damit beruhigt, daß es besser ist, sein Geld in »res honestas« auszugeben, als es zusammenzukratzen.
63) s. De sec. p. 121. Auch die Pflege der Poesie wird versäumt, wenn man zu sehr damit beschäftigt ist, Geld zu verdienen. s. Seite 108 unten.
64) s. Anm. 47.
65) Salutatis eigenes Verhältnis zum Gelde ist sehr rätselhaft. Er konnte über sehr große Gelder verfügen, mit seiner Gage und den Sporteln gehörte er zu den reichsten Männern in Florenz (unter den obersten 2 Prozent). Trotzdem hat er sich bei seinem Tode kein Vermögen hinterlassen, obwohl man vermuten muß, daß er aufgrund seiner Lebenseinstellung recht sparsam gelebt hat. Man hat vermutet, daß seine große Familie (10 Kinder), enorme Bücherkäufe und Almosen für die Armen der Grund sein könnten, aber eine wirklich überzeugende Erklärung steht noch aus. (s. L. Martines, The Social World of the Florentine Humanists, 1390-1460, Princeton 1963, p. 105-108).
56) Max Weber, Die Protestantische Ethik und Der Geist des Kapitalismus, Gesammelte Aufsätze zur Religionssoziologie, I-III, Tübingen 1921. R.H. Tawney, Religion and the Rise of Capitalism, London 1936. »What in Calvin had been a qualified concession to practical exigencies, appeared in some of his later followers as a frank idealization of the life of the trader, as the service of God and the trainingground of the soul«, (Tawney p. 239).
67) Salutati hätte niemals sagen können, daß »the individual succes in business is in itself almost a sign of spiritual grace, for it is a proof that a man has laboured faithfully in his vocation, and that 'God has blessed his trade'.« Der letzte Satz ist ein Zitat aus Richard Steel, The Tradesman's calling etc. 1684, zit. nach Tawney, p. 246. Dagegen ist es völlig in Übereinstimmung mit Salutatis Auffassung, wenn John Bunyan in The Pilgrim's Progress sagt: »At the day of Doom men shall be judged according to their fruits. It will not be said then, Did you believe? but Were you doers, or talkers only?« Zit. nach Tawney, p. 240.

ANMERKUNG ZU KAPITEL 4

1) »Lo scetticismo di Coluccio, che ricorda da presso quello socratio, era un'arma polemica contro il dommatismo delle scolistica«. Ausgehend von einem Zitat darüber, daß man immer zweifeln solle (III, 604) werden die Gedanken Salutatis mit denen Montaignes parallelisiert, »che preludono alle filosofia cartesiana«, Lamberto Borghi: La dottrina morale di Coluccio Salutati, op. cit. p. 82.
2) III,330: »nihcil enim perseverantius nobiscum est quam habitus scientificus et humanitatis studia«.
3) De lab. herc. p. 108 ff. In Paradiso degli Alberti läßt der Verfasser Salutati vor einer Versammlung einen Vortrag über das gleiche Thema halten – nachdem die Damen permittiert worden sind, s. Wesselofsky, op. cit. III, 78 ff.
4) S. III,190. Die Stiere können offenbar selbst, während der Mann »frictiones« braucht.
5) I,128. »sumpsi dexterna manu pennam, et quasi sinister vellem scribere me videbam. quam rem adeo admiratus sum, ut nullo modo huius mutationis causam valeam invenire«.
6) III,450-51.
7) »quis enim scire potest secreta nature? ... coniectura procedimus in causa ab effectu.

non est, crede michi, non est etiam apud sapientes rata secretorum talium certitudo«, III,450.

8) IV,88: »... quis unquam potuit armillis, astrolabiis, quadrante vel alio quovis instrumento turris alicuius vel alterius edificii superam altididinem ad unguem vel verum terminum mensurare? Quod si tantum in parvo corpore parvaque distantia quotidie videmus errorem, qui non possit aliqua ratione vitari, quid putare debemus in illa mundi celorumque circunferentia, distantia et magnitudine provenire?

9) De fato, III, cap. 1, Biblioteca Mediceo-Laurenziana (Firenze), cod. LIII,18 f, 33,2.

10) »Est igitur impossibile ad veram rationem instrumenta perficere« (ibid.)

11) Invective contra medicum. Testo critico a cura di Pier Giorgio Ricci, Edizioni di storia e letteratura, 1950. Buch III, das Wesentliche ist enthalten in F. Petrarca: Prose, La letteratura italiana, Storia e testi, vol. 7, Milano 1955.

12) Z.B. der Sohn Piero, s. unten Seite 86.

13) II,83-98; II,228-38; II,238-44.

14) II,89.

15) II,89-90.

17) S. Jan Lindhardt: En renæssancetænkers syn, 1965, p. 25-27.

18) Ibid. p. 30-32.

19) »coniecturam dixi, nam de veritate rationis, licet videatur esse probabilis, difficile potest per aliquam affirmari«, De nob. p. 84.

20) De nob. p. 84, vgl. En renaissancetænkers syn, p. 34. Die Argumentation findet sich auch in III,589.

21) »cupioque et volo astronomiam, que de motibus celi est, scientiam esse, nec cupio solum, sed fateor atque credo, licet usque nunc arbitrer imperceptam; nec scio si subtilior vel, ut rectius loquar, exilior modernitas in eam poterit pervenire. nec putes ut arbitrari videris me ad defatigationem usque studiis astronomicis operam indulxisse«, IV,89.

22) »... ad iudicia spectant observatione quadam difficili nimis et curiosa pendere nullisque deduci rationibus vel probari, que de motibus traditis si vera videri, quod post paululum certissime videantur errare, retraxi pedem decrevique mecum omnino non sequi quo non traheret me ratio, que radix est omnium scientiarum atque veritatum« (ibid.)

23) Cantica I,1. De nob. p. 78.

24) »... singularium et individuorum noticiam haberi posse, sed artem aut scientiam nullo modo. Post hanc autem, quod Philosophus ubique ponit et affirmat, quod vigesima octava conclusio sit, quod scientia solum de universalibus est«, De nob. p. 132-34, vgl. Eth. Nic. 1094a.

25) De nob. p. 242.

26) De nob. p. 68, vgl. En renæssancetænkers syn, p. 38.

27) De nob. p. 44, vgl. En renæssanietænkers syn, p. 38.

28) »Firmiora sunt, fateor, et certiora que naturalia sunt, quam que humana sunt opera vel operationes, si considerentur singulariter in se ipsis; non secundum essentiam (id utrobilibet certum est), sed ut habent suum esse. Sed prout apprehendi possunt ...«, De nob. p. 114.

29) Aristoteles' Zitat Met. 993b. Salutati zitiert es in De nob. 114 und in III,588.

30) S. De nob. 240. Die Grundlage für sowohl Medizin als auch Jura ist universell und rationell. Aber der Mensch kann besser das erkennen, was die Gesetze betrifft (p. 242).

31) »divinationes vestras et hanc humane curiositatis doctrinam nec recipio nec veram credo, nisi videro Dei revelatione concessam, non illis hominum traditionibus acquisitam«, IV, 89.

32) »nec unquam veritatem astronomicam me nemini contempsisse. veritatis enim studium semper michi fuit nec eam, ubicunque repperi, sicut arbitror, nunquam sprevi. sed fatebor ingenue eam me nunquam per ea vel inter ea que traditis invenisse«, IV,89-90.

33) »omnia quidem hec, ut aiunt, infinita sunt, quasi se, cum ex illo infinitatis acervo devolvuntur, aliqualiter non excedant«, III,589. Auf der vorhergehenden Seite sind eine Reihe (Salutatis Meinung nach gleichgültiger) Themen aufgezählt, mit denen sich die Physiker beschäftigen: Der unendliche leere Raum, die Zeit und der Augenblick; sie behaupten, daß die Welt keinen Anfang habe, und daß die erste Ursache (Gott) nicht mit Willen, sondern aus Notwendigkeit heraus gehandelt habe. Und dazu eine große Zahl anderer Themen, über die »alios deludant vel se prebeant deludendos«, III,588.

34) Petrarca wird dafür gelobt, sich nicht mit der Wissenschaft beschäftigt zu haben, die die modernen scholastischen Sophisten betreiben, sondern mit »ea que animos excolit, virtutes edificiat vitiorum sordes eluit ...«, I,179.

35) »Quod si recursum habeant ad natura proprietatem, quam vim solent specificiam appellare ... Videamus obsecro, cum tot sint stelle totque stellis aggregatis sidera totque planete ... et inter se tum amicabiles, tum hostiles ... cum nullius signi planete vel stelle puro possit operatio fieri tot aliis influentibus de sui natura tum contrarium tum diversum, quis potest ipsorum effectus scire vel ex iam preteritis coniectari?«, De fato, III,1.f. 31,2.

36) De fato III,1.f. 32.1.

37) ibid.

38) ibid. f. 32.2.

39) »frustra quidem celum furorem influet

ANMERKUNGEN ZU KAPITEL 5

Martialem, si nolint principes, nolint et populi beligerare«, De fato f. 34.2.

ANMERKUNGEN ZU KAPITEL 5

1) De fato I,1.
2) ibid.
3) De fato I,1,f.1,2.; II,11,f.28,1; III,8,f.50,2.
4) »Non quod illam intelligere possent (sc. die Heiden) vel mente concipere, sed quia considerantibus eis celum et terram et omnia que videntur in ipsis et omnes operas, mirabiliaque nature, sentiebant hec omnia necessarium esse alicuius omnipotentis cause, que non videatur, ordinatione, nutuque voluntate facta vel creata, fuisse ... quam causam deum dicimus, quo nichil omnino maius valeat cogitari«, De fato I,1,f.2,1.
5) De fato, ibid.
6) De fato I,1,f.2.2.
7) Salutati verweist auf Augustin, der davon abrät, das Wort zu verwenden, auch wenn man etwas Richtiges damit meint (Civ. Dei, 5,1.), De fato Proh. f.1,1.
8) Rüegg, Entstehung und Quellen ... op. cit. p. 185.
9) s. De fato, II Kap. 5: »Quod fatum, tam a philosophis quam poetis varie et multipliciter assummatur«, s. insbesondere f. 9,2-11,1 vgl. Rüegg, Entstehung ... op. cit. p. 165.
10) Ibid. f.11,1.
11) »... si necessitatem abstuleris fatum proculdubio non manebit«, De fato II,6,f.11,1.
12) »Erit ergo fatum se secundum eius initium consideretur, divine providentie dispositio, ordini contextionique causarum superinfusa«, De fato II,1,f.6,2.
13) »Et ipse quidem deus, qui summa pura et absoluta necessitas est, extra se nichil agit nisi voluntarie et contingenter, ut licet grave moveatur ad centrum necessitate nature, contingens tamen sit loco, tempore, materia et ipsa etiam dei voluntate«, De fato II,11,f.28,1.
f.28,2: »potuit enim deus illa (die notwendige Dinge) non facere; potuerunt etiam et de sui natura, postquam a sola dei et prime cause procedunt, omnino non esse. Ut quicquic arguatur de infallibilitate divine providentie vel naturalis necessitate provenientibus effectibus, nullo tamen modo pura necessitas inferatur«.
14) De fato II,7,f.15,2: »Necessitat (sc. providentia) enim cuncta que de nichilo produxit ut sint; sed ut necessaria vel contingentia sint et, qualia fuerint proxime agentia vel qualis effectuum natura requirat, talia sint, non ab ipsa solum provenit sed ab aliis causis etiam cum quibus perficitur, quod illa providit«.
15) s. anderes Zitat in Anmerkung 13.
17) »... fateantur et preter illos orbium circumductus stellarum omnes concursus esse fortuitos et fortuitorum effectum qui incertissimi sint, certam et determinatam haberi posse scientiam, imo prescientiam; quod stultissimum est fateri«. De fato III,8,f.50,2.
18) De fato III,11,f.55,2.
19) De fato II,9,f.21,2.
20) »... plurimi cogitaverunt astrologi deum ociosam vitam ducere cunctaque ministrari per celum«, De fato III,1; f.37,2.
21) Ibid.
22) »Scio quod fortuna prout fortuna est ex multis negationibus oriatur«, De fato III,7; f.49,2.
23) Oportet enim prius quod quicquic fortuitum dicitur, nec exeat ab inclinatione nature nec ab intellectus lumine comprehensum sit nec a determinata secundum effectum qui proveniat voluntate«. Ibid.
24) »nectamen est pura privatio, sicut cecitas que nichil est ..; que quidem, in quantum effectus sunt, aliquid positive sunt ...«, De fato III,7; f.50,1.
25) Von Martin hat recht, wenn er sagt: »Der Vertreter einer durchaus theologisch orientierten Metaphysik weiß recht wohl, welch starkes Bollwerk gegen eine im mechanistischen Sinn kausale Welterklärung der Zufallsbegriff bedeutet«. Die Populärphilosophie, op. cit. p. 430.
26) Aristoteles: Phys. II,5-6. Insbesondere II,6, wo die entsprechenden Begriffe *automation* und *tyche* definiert werden.
27) De fato III, Kap. 6: »Quid sit casus quidque fortuna«, f. 46,1-47,2.
28) De fato III,10; f.54,1.
29) ibid. III,10; f.54,2.
30) II,232. »ut, stante necessitate rerum, quas immutabilis Dei voluntas ante secula decrevit esse futuras, non tollatur omnino libertas arbitrii; cuius est sola potentia velle vel nolle quicquic contingentia rerum exhibet vel necessitas eterna producit. nullus enim rerum exitus, licet omnium mortalium voluntati contrarius sit, impedit hanc, de qua fundamentum facis, arbitrii libertatem«.
31) II,324. »nam ut hoc exemplo clariore demonstrem, fac te esse, alicuius principis iussione, in carceribus alligatum; ... stante vero hac necessitate, dic michi: nonne potes voluntate libera et oportet inevitabili necessitate, sicut habet casus ille quem posui, in vinculis ergastuloque manere«.
32) De fato II,6; f.13,2.
33) »fortunatum est et felix tam virtuosa atque laudabilia perfecisse quam velle«, De fato III,3; f.41,1.
34) ibid. »... imo prorsus asseram nichil posse vel facere, nisi quod in prime cause fuerit voluntate. Nec etiam fortunare quidem cogitationes impetus et actus humanos, quoniam horum secundatrix et felicitas sit, sola

ANMERKUNGEN ZU KAPITEL 5

dei benignitas et gratia; que si desit bona fortuna prorsus esse non possit«.
35) De fato III,10; mit der Überschrift: »De iustorum predestinatione et prescitione damnandorum« f. 25,1ff, vgl. II,321ff. Vgl. Augustin, De prædestinatione sanctorum und De dono perseverantia. Vgl. Gotthard Nygren, Das Prädestinationsproblem in der Theologie Augustins, Lund 1958.
36) De fato II,10; f.25,2: »Tanta quidem gratie, quam preparavit ab eterno deus electis suis, vis est quod qui damnabiles natura sunt indamnabiles gratia fiant«.
37) De fato f.21,2.
38) ibid.
39) II,324: »nec tamen docente seu ducente natura peccabunt presciti, sed libera voluntate: nec, quia Deus peccaturos previderit, peccabunt: Dei enim previdentia entium causa est, non autem non entium, qualia sunt peccata«; vgl. »Peccamus plane, cum agendo legem illam transgredimur et non iubent deo sive rationi quam nobis infudit et sanctissimis iussonibus revelavit, sed illecebris sensuum vel superbie spiritus obtemperamus.« De fato II,9;f.21,2.
40) Der Wille steht mitten zwischen Gutem und Bösem und ist daher selbst medium bonum: »Voluntas ergo adhærens communi atque incommutabili bono, impetrat prima et magna hominis bona, cum ipsa sit medium quoddam bonam. Voluntas autem aversa et incommutabili et communi bono, et conversa ad proprium bonum, aut ad exterius, aut ad inferius, peccat«, Aug. De libero arbitrio II,18,53. Dies ist jedoch nur die formale Bestimmung bei Augustinus. Infolge Nygren, Das Prädestinationsproblem ..., op. cit., operiert er mit zwei Möglichkeiten: 1) Der Wille ist durch den Menschen selbst bestimmt, und da dieser nach Adams Fall der Erbsünde unterliegt, kann der Wille nur das Böse wählen, weil er auf das Sinnliche gerichtet ist (Nygren, p. 263). 2) Der Wille ist durch Christus von der Liebe zu Gott bestimmt und ist nun wirklich frei, weil er von der Sünde befreit ist (p. 80). Inwieweit der Mensch selbst den ersten Schritt tut, und die Gnade somit als ein »adjutorium« gegeben wird (p. 71), oder Gottes Gnade auch beim ersten Schritt mitwirkt, darin stimmt die Auffassung des älteren Augustin nicht mit der des jüngeren überein. In seiner Jugendschrift De libero arbitrio vertritt Augustinus den ersten Standpunkt (p. 29ff), während er in den späteren Werken für den anderen Standpunkt eintritt (p. 49, 263, 271). Salutati scheint somit hier mit dem älteren Augustinus übereinzustimmen.
41) II,186: »omnia siquidem eius sunt, cuius benignitate et gratia sumus quicquic sumus. si minus in aliquid quam debes facis, totum id quod deficit tuum est;« Dies ist auch bei Augustinus zu finden s. z.B. De gratia Christi, 25-26.
42) II,307: »Per me, non a me«.
43) s. unten Seite 112ff über die pädagogische Bedeutung des Lobes.
44) »Providit enim deus fore non simpliciter, quod Brutus interficeret dictatorem, sed quod eum interficeret non necessario sed prorsus contingenter et libera voluntate«, De fato II,7; f.16,2.
45) »Potuit, fateor, postquam deus providerat id futuram esse contingenter. Ergo potuit Deus falli«, De fato II,7; f.17,1.
46) »Cum ergo deus omnia contingentia sine dubitatione conoscat et per solum quicquic fuit, est et erit, sed etiam quicquid se habuit in potentia actum aut se habet in presens vel in posterum se habebit ...«, De fato ibid.
47) »... Sed accipe totum ut dicas 'providit deus quod Brutus occideret Cesarem libera voluntate' moxque subiunge 'quod ille providit non esse non potest' vel etiam expressius 'necessario futurum est quod ille providit'«, De fato II,8; f.18,2.
48) »Sequitur nisi fallor quod necessario Brutus occisurus erat Cesarem libera voluntate, non quod necessario foret simpliciter occisurus«. Ibid.
49) »nec esse potest in nobis vel minimus voluntatis motus, quem ille rerum omnium opifex deus in nobis non efficiat;« De fato f. 21,2-22,1. Vat. lat. 2928 har i marginen tilskrevet: »Deus operatur in nobis velle et perficere«.
50) Gasperetti meint, es sei für Salutati charakteristisch, daß er extreme Richtungen mildert und es unterläßt, die letzten Konsequenzen zu ziehen: »Communque è evidente in lui la ripugnanza ad assumere posizioni estreme, a giungere fino al fondo delle conswguenze e ad accettare quindi in tutto il suo rigore l'implacabile logica di Agusto da un lato, le conclusioni fatalistiche dello stoicismo dall'altro, la tendenza infine ad emancipare l'attività spirituale e pertanto il mondo della storia dal giogo di un rigido determinismo ...« Luigi Gasperetti: Il »De fato« del Salutati, op. cit. p. 580.
51) »... et omnio cogi non posse, quecumque nobis condicio proponatur«, De fato II,6; f.14,2.
52) »Omnes ergo nostre voluntatis actus deus, qui universalis est causa, ... sic tamen quod non destruat nec ullam iniuriam afferat voluntati«. De fato II,6; f.13,1-2.
53) »Si negetur equidem deum in nobis operari, quod volumus, iam universalis causa non erit; et si voluntas in agendo libertatis arbitrio spolietur, voluntas omnino non remanet;« De fato II,6; f.13,2.

ANMERKUNGEN ZU KAPITEL 5

54) »... sine libertate voluntas illud omnino non velit«, De fato II,9; f.22,1.
55) »Coniuncta quidem hec duo sunt in divina providentia et voluntate, connexa sunt et condicione nature ... Si dimittas igitur aliquid, totum tollis«. De fato II,8; f.18,2.
56) »Religiosus autem animus utrumque eligit, utrumque confitetur, et fide pietatis utrumpue confirmat«, Civ. Dei V,9,2.
57) »Non ergo propterea nihil ist in nostra voluntate, quia Deus præscivit quid futurum esset in nostra voluntate: non enim qui hoc præscivit, nihil præscivit«, Civ. Dei V,10,2.
58) »Finis autem ultimus cuiuslibet creaturae est ut consequetur divinam similitudinem ... Esset igitur providentiae repugnans si alicui rei subtraheretur illud per quod assequitur simititudinem divinam. Agens autem voluntarium assequitur divinam similitudinem in hoc libere agit ... Non igitur per providentiam subtrahitur voluntatis libertas«, Thomas, Summa c. Gentiles, III,73.
59) Daher ist der Begriff Zwang unter jeder Form ausgeschlossen: »quod sicubi ponatur compulsio, non possit esse voluntas, et ubi voluntas sit, coactio nequeat inveniri«, De fato II,8; f.18,1.
60) s. oben, Seite 51. Beide Elemente tauchen ständig in überspitzten Formulierungen auf: »Nam licet ex operibus nostris non salvemur, nullus tamen sine operibus salvus fiet.« De fato, f.26,1.
61) Charles Trinkaus, In Our Likeness and Image, op. cit. p. 56ff. Jürgen Miethke, Occams Weg zur Sozialphilosophie, p. 503ff.
62) »Hec sola genus mortalium naturali associatione conglutinat, ut, cum homo hominum gratia sit creatus, hanc amplectando summi illius opificis dispositionem et regulam observamus. Hec sola, que Deum ad parvitatem hominis per incarnationis mysterium minoravit, hominem quasi ad deitatis sublimitatem per eius fruitionem extollit ... Hec sola familiam fovet, urbes amplificat, regna custodit, et ipsum totius orbis ex contrariis conflatum qualitatibus opificium sua virtute conservat ... Sola itaque restabit caritas, qua, ut subditi, creatorem propter se et creaturas propter illum, velut equales, hec finite, ut sunt, illum autem, licet finite, tamen eternaliter diligemus«. I,247-48 zit. bei Trinkaus, p. 75.
63) Trinkaus meint, daß dies durch sine persönlichen Freunde erklärt werden könne, die zum größten Teil aus Augustinermönchen bestanden, u.a. dem Augustinergeneral Gregor aus Rimini, s. oben p. 61ff.
64) op. cit. 70ff.
65) Nygren, op. cit. p. 220ff., p. 284.
66) Nygren, op. cit. p. 286-88.
67) »Augustinum (jvf. Civ. Dei, V,9) enim forte non audiverant, qui librorum de civitate dei quinto contra negantes fortunam scripsit et ab huius opinionis falsitate se simul Christiane religionis professores expurgans ait. »Nos enim causas que sunt fortuite, unde etiam fortuna nomen accepit, non esse dicimus nullas sed latentes, easque tribuimus vel veri dei vel quorumlibet spirituum voluntati«.« De fato III,7, f.49,1.
68) Proh. F.1,1 (3 gange); II,4, f. 8,1; II,6, f. 11,2) III,1 f. 32,1; III,7, f. 49,1; III,7, f. 49,2 (2 gange); III,9, f. 52,2; III,11, f. 56,2; III,11, f. 57,2; III,12, f. 50,1.
69) II,7, f. 15,1; II,7, f. 18,2; III,1, f. 32,1; III,12, f. 60,1.
70) s. oben Anmerkung 53.
71) Von Martin, Die Populärphilosophie, op. cit.: »Das bedeutet nun allerdings, daß der »Freiheit« des Willens objektive Realität gar nicht zukomme: aber dies offen auszusprechen, hütet Salutati sich denn doch ... Und dennoch kein offenes – oder denn mindestens kein konsequent festgehaltenes – Eingeständnis, daß es einen »freien« Willen nur für das subjektive menschliche Bewußtsein gebe, daß man von einer »Willensfreiheit« im Sinne einer objektiven Realität gar nicht sprechen könne! p. 437.
72) ibid. p. 438.
73) s. oben Anm. 71.
74) s. oben Anmerkung 31.
75) »... si cesserimus necessitati sive sit vis tormentorum sive mors omnium dolorum tormentorumque terribilissima tamen sine dubitatione peccamus. Nam omni vi omnique necessitate maior est indita nobis de voluntate libertas«, De fato II,9; f.21,2.
76) s. z.B. II,83-98; 98-103; 104-109; 112-130; 221-227; 228-238; 238-224.
77) II,225: »quod si, ut catholice et verissime tenendum est, fixe et immutabiliter statuit ab eternos Deus, quando quelibet anima de sue carnis corruptibilis sarcina liberari debeat, nec ipsam in hac corporis et anime coniunctione, quam vitam dicimus, ultra prefixum terminum omnino tenere possimus«.
78) s. oben Seite 28.
79) s. De fato II,9;f. 19,2-20,1.
80) De fato, ibid. Der Sophist hat eingewendet, daß Salutati, wenn er frei wäre, es ja unterlassen haben könnte, die vorliegende Abhandlung über De fato et fortuna zu schreiben, weil es von Gott so vorausgesehen gewesen wäre. Der freie Wille ist also trotzdem nicht vorhanden. Salutati kann diese Art und Weise, Konsequenzen zu siehen, nicht akzeptieren: »Cavendum hic est ... Credo namque logyce rationis esse, quod minor prepositio maiorem non destruat vel contra et in hypotheticis sillogismis non stare modum aliquem arguendi, nisi condicio que presupponitur fixe prorsus et immobiliter teneatur«, De fato II,8; f. 19,2. Die einzelnen Argumen-

ANMERKUNGEN ZU KAPITEL 6

te, die ich oben Teilwahrheiten genannt habe, können eben nicht als allgemeine Konklusionsgrundlage verwendet werden.
81) Zur scholastischen Diskussionsform, zu den quaestiones mit den darauffolgenden disputationes, s. M. D. Chenu, Introduction a l'étude de Saint Thomas d'Aquin, Paris 1950, p. 66-83.
82) s. den Abschnitt »Poesie und Philosophie« under S. 118ff.

83) s. De nob. kap. XXIII: »Quod voluntas est nobilior intellectu et activa vita sit speculative preferenda«, p. 182ff. Der Wille ist uns zu eigen, während der Intellekt den Dingen gehört: »Nunc autem actus volendi principium habet ab anima, intelligendi vero est a rebus«, De nob. p. 192, vgl. mein En renaissancetænkers syn, p. 40-42.

ANMERKUNGEN ZU KAPITEL 6

1) S. En renaissancetænkers syn passim
2) ibid. p. 27ff.
3) ibid. p. 42ff.
4) ibid. p. 40ff.
5) »Il nostro ha in commune con gli aristotelico-tomisti la teoria che la vera scienza si da solo de universalibus, ma, mentre questi credevano che anche la conoscenza della natura fosse possibile ... Coluccio, scetticamente, sostiene che codesta conoscenza naturale non é altro che congettura; e aggiunge, costruttivamente, che, sia o non sia da universalibus, la conoscenza delle leggi è ferma e certa ...«, Iann. Saggio sulla Filosfia di C.S., p. 66.
6) En renæssancetænkers syn, p. 24.
7) »Legum principia sunt, ut dixi, tres certissime, quibusque dissentire nullus valeat, equitates: ut quod nobis fieri volumus alteri faciamus; quod nobis fieri nolumus nemini faciamus; et illud tertium, quod quisque iuris in alium statuerit ipse eodem iure utatur«, De nob., p. 44. Auf Grundlage solch klarer Prinzipien kann man von »scientia propter quid« sprechen – im Gegensatz zur unsicheren »scientia quia« der Naturwissenschaften; s. oben Seite 61.
8) Thomas, S. Th., Ia IIae qq 90-97.
9) Etienne Gilson, Le Thomisme, Paris 1944. S. chap. VI og VII.
10) »... quod sicut Deum utraque facultas habet auctorem, quoniam omnium causa sit, sic idem Deus plus ostendit in legibus, quoniam ipsas et scripsit in tabulis et vocaliter promulgavit; quod non contigit medicine«, De nob. 72-74.
11) ibid.
12) s. die Erörterung E. Garins auf Seite 32 oben. Garin hat mehrere starke Ausdrücke: »il mondo non è che l'uomo ingrandito. »Umanesimo e Rinascimento«, in: Problemi ed orientamenti critici di lingua e di letteratura italiana, collana diretta da Attilio Momigliane. Vol. III, p. 349-404, p. 359; vgl. »L'uomo è come un dio terreno, perché del sua mundo e artifice e signore; ma lo è perché fatto a simiglianza di Dio; perché Dio lo ha fatto libero e creatore«, ibid. p. 385.
13) »Non neges igitur nobiliorem ortum esse legum quam meum. Ego de terra creata sum. Lex vero de mente divina«, De nob. p. 264.
14) L. Borghi, La dottrina morale, op.cit. p. 101. Dieser Satz sagt dagegen etwas Treffendes über Salutati aus: »E lo ha posto nel mondo perché nel mondo e nella città degli uomini edificasse la sua chiesa«, ibid.
15) Iannizzotto, Saggio p. 73. Man könnte vielleicht denken, daß »tutto ciò è umono o spirituale è universale, ma simili motivi mi sembrano troppo distanti dalle mentalità di un Coluccio e del suo tempo ...«. Eher könnte man sagen »che per il Nostro (Salutati) è conoscibile generalmente tutto ciò che sia fatto dall'uomo, anche se è particolare ...«.
16) Der Faden kann zu De seculo et religione zurückverfolgt werden, wo »mundus« ja eben auch als die menschlichen Relationen verstanden wird; vgl. p. 48 (im Hinblick auf das Ethische).
17) »Non est ultimum desiderabilium quod potest aut soleat propter aliud concupisci«, De nob., p. 180, vgl. En renaissancetænkers syn p. 45.
18) Sal. weist auf Aug. Civ. Dei VIII,4 hin, wo Aug. die beiden Haltungen auf Pythagoras bzw. Sokrates appliziert; s. De nob. p. 178.
19) En renaissancetænkers syn, p. 44.
20) »bona quidem que remuneranda sunt non ex speculatione, sed actione proveniunt ...«, De nob., p. 204.
21) s. oben, vgl. De nob., p. 204: »Sic observando (scl. die Gesetze) sue mercedis merita cumulabit«.
22) »Nam cum homines ad summam illam beatitudinem nati sint, ad quam nemo possint sine legem observatia pervenire, qouniam, ut sepius dictum est, vitam nostram ordinant atque mores, quorum sunt regula et mensura, cum ex postestate proveniant cui parendum sit, clarum videtur leges necessarias esse«, De nob. p. 158.
23) En renaissancetænkers syn, p. 25 und 48.
24) »Verum, dic michi, Bernarde, sapientem ne dixieris, qui sic celestia illa divinaque cognoverit quod humanus intellectus ulterius altiusque nequeat progredi, si sibi non provide-

ANMERKUNGEN ZU KAPITEL 7

at, si non amicis, non familie, non coniunctis, non denique patris consulere poterit opitulari?« De nob. 178-80.

25) »Vos finem humane speculationis et felicitatis vultis verum invenisse; nos invento vero frui, nec frui solummodo, sed operari ut homo bonus fiat, ut conservetur civitas, et humani generis societas atque sommunitas non turbetur«, De nob. p. 36.

26) En renaissancetænkers syn, p. 42ff.

27) »Non enim est sapientia, sicut te tibi persuasisse video, solummodo speculari. Nam si prudentiam abstuleris, nusquam sapientem aut sapientiam assignabis. Dicesne sapientem qui celum, sidera, separatas substantias et omnes omnium rerum preter humanorum actuum veritates noverit, si prudens non fuerit, etiam si in divine essentie pervenerit notionem? Non te vel aliquem crediderim ita desipere quod hoc sapiat«, De nob. p. 178.

28) »Sed dic michi, Bernarde, tu vis medicinam ab omni practica separare ... Eritque tua facultas ista, quam in celum extollis, dignior in potentia quam si reducatur ad actum, et nobilior imperfecta, quam si receperit complementum«, De nob., p. 248. Aber das ist ja absurd, weil es besser ist zu heilen, als nur zu wissen, wie man heilen kann.

29) Ullman, The Humanism, p. 129. Zum Vergleich kann genannt werden, daß Petrarca und Boccaccio jeweils 200 Bände besaßen.

30) De fato II,6; f.12,2-13,1. Das Stück ist von Ullman, The humanism, abgedruckt worden. Eine Reihe Schreiber sollte die Werke vervielfältigen (die Buchdruckerkunst wurde ja erst später erfunden); sie sollten keinen Lohn erhalten, sondern es aus reiner Liebe zur Arbeit tun, da diese sonst nicht sorgfältig genug ausgeführt würde. Vorher hatte sich Salutati darüber beklagt, daß man mit Seneca nicht diskutieren könne, weil man ja in Wirklichkeit gar nicht wisse, was er selbst geschrieben habe, nachdem so viele Abschreiber im Text korrigiert hätten.

31) II,160.

32) II,204. »quare, cum te Deus ordine nature supra bestias posuerit, extolle super homines, non superbie fastu, sed virtutibus, industria, studio et doctrina«.

33) Das natürliche Gesetz ist mit dem göttlichen Gesetz identisch, soweit dieses in den Menschen gelegt (insita) worden ist; s. En renaissancetænkers syn, p. 24.

34) III,385.

35) I,106: »reddit proculdubio ad virtutes natura nos aptos et ad illas latenter impellit; sed virtuosi non natura sed operibus efficimur et doctrina.«

ANMERKUNGEN ZU KAPITEL 7

1) I,106: »vix enim sufficit ingenii bonitas indulgentia nature, nisi addatur insuper et doctrina ... quis enim obsecro, sine veterum documentis, natura sola duce, sufficienti ratione enucleabit quid honestum, quid utille ac de pugna utilis et honesti?«

2) II,55: »... institutos animos philosophie preceptis«.

3) II,249, vgl. III,426-32.

4) III,385: »fac, obsecro Nicolae, quod hanc stultam occupationem (at sørge) dimittas, cum id doleas, quod non solum ferendum sit, sed volendum, postquam vides illum velle, cuius voluntas non solum, ut inquit Aurelius rerum est necessitas, sed quod nemo negaverit, omnium rerum causa, ratio, regula atque perfectio«, vgl. Gen. ad. litt. VI,14.

5) ibid. »... nichil reprehensibilius et execrabilius esse possit, quam voluntatem sequi suam, cum voluntatem liceat videre divinam; cum nichil culpabilius possit esse, quam ordinationi Dominice contraire?«

6) II, 247; s. auch II,445-48, wo ein Vater getröstet wird, der durch die Pest zwei Söhne verloren hat, und wo u.a. darauf hingewiesen wird, daß er sich jetzt nicht mehr um sie zu sorgen brauche: »non anxius de filiorum periculis, morbis moribusque pendebis: omnia tibi posita sunt in tuto. sani sunt veraque felicitate beati et nedum morbis inaccessibiles, sed immortales ... etc«. (II,448).

7) »difficile tamen est prestare, cum res nos tangit factis, quod lectione nobis persuasimus vel quod nos consolatores alios admonemus«, III,467.

8) »que tamen licet sic esse ratione clarissima videam, non possum sic divine voluntari me conformem reddere, quod hoc valeam omnino non nolle. carnalis sum, fateor, nec possum in spiritualem naturam aut habitum me transferre« (III,352).

9) III,408-22 und III,456-79. Der Sohn starb Ende Mai 1400 (Anm. 1, III,396), und der erste Brief an Zabarella ist vom 30. August. Der erste Brief, in dem der Sohn überhaupt erwähnt wird, ist vom 26. August, und zu diesem Zeitpunkt kann sich Salutati noch selbst mit den Argumenten trösten, die er anderen gegenüber gebraucht hatte; vgl. die Briefe III,392-406. Weder als er den Sohn zum Grab geleitete, noch da er allein zurückgeblieben war, hatte er geweint, weil er wußte, daß Gott gut war. (III,394-95).

10) III,461: »scio Ciceronis et aliorum Stoicidarum hanc perpetuam esse sententiam, cui, sicut vis, me ipsum scribentem pluries inhessisse qui mea legerit poterit reperire«.

11) III,416.

ANMERKUNGEN ZU KAPITEL 7

12) III,417: »quis enim adio tardus et hebetis intellectus est, qui mortem non sentiat esse malum?«
13) ibid.
14) »leges enim humane nunquam mortem in penam gravissimorum scelerum statuissent, nisi mors malum ab amnibus putaretur. nec lex divina fecisset id ipsum (vgl. Gen. 3,19), nisi vere et realiter malum esset«, II,418.
15) III,461.
16) III,460.
17) III,461.
18) »homo tamen desinit esse, cum separetur forma et omnis humani corporis pereat harmonia«, III,418.
19) III,476.
20) III,469.
21) III,467.
22) III,465.
23) III,463. Salutati zieht die peripatetische Ethik der stoischen vor: »qui virtutem invisam et invidendendam talem esse volebant actusque virtutem qualis et quales in hac carne fragilitateque mortalium sit impossibile reperiri«.
24) »... horrenda cum venit et postquam venerit non irrationabiliter lacrimanda ...« (III,463).
25) III,477: »mea vero consolatio, que solum in Deo est, qui cuncta gubernat ...«
26) III,478: »in eo quidem, de cuius manu tot suscepimus bona, patienter suscipere debemus et mala«.
27) ibid.: »... non stulte vel male damnare quod fecerit, sed sapienter at benigne tolerare, quia fecit«.
28) ibid.: »metuenda potius sunt, imo tremenda, si qua permulcent, ne sint esca diaboli neve sic nos capiant atque delectant, quod omnium bonorum auctoris faciant oblivisci«.
29) »Quoniam iuris prudentia est rerum divinarum humanarumque scientia, iuris ergo prudentes oportet ut, quod ipsorum denominatio sonat, prestent humana divinaque callere, sine quibus facultatis huius prudentes esse non possunt«, De nob. 212, vgl. En renaissancetænkers syn, p. 58.
30) ibid. Auch mit den vielen Aspekten der menschlichen Natur muß der Jurist voll vertraut sein; vgl. En renaissancetænkers syn. ibid.
31) En renaissancetænkers syn, p. 59.
32) S. oben Kap. 4.
33) »Quo fit qui considerant hominem ut politicum, sicut leges, habent scrutari de anima et anime partibus, habitibus, passionibus atque potentiis ex quibus regulantur atque precedunt actus humani, quorum leges, ratio et regula sunt«, De nob. p. 94.
34) S. das Zitat Seite 86, Anm. 8. Es klingt vielleicht merkwürdig, zu sagen, daß man die Trauer wählt, aber jede menschliche Handlung ist nach Salutatis Meinung einem Entschluß des Willens entsprungen. Keine äußeren Umstände können den Willen außer Kraft setzen (vgl. oben, Seite 71).
35) III,467. »Respondent in talibus (sc. døden) voluntati cogitationes et procul existente periculo facile cuncta sibi promittit audacia spondetque virtus, que, cum ad rem perventum est, veluti decoquens prestare non potest«.
36) Invectiva i. Luscum p. 20.
37) »Quid enim est Florentinum esse nisi tam natura quam lege civem esse Romanum et per consequens liberum et non servum?« Invectiva i. L. p. 32.
38) V. Martin, Hum. Lebensideal, p. 129.
39) S. die Besprechung von Peter Herde, Seite 33ff.
40) S. Marvin B. Becker, Some Aspects of Oligarchical, Dictatorial and Popular Signorie in Florence. Comparative Studies in Society and History, II, 1959, p. 420-39.
41) F. Ercole behauptet in seiner Ausgabe von De Tyranno (1914), op.cit., p. 11, daß Salutati »in der Tiefe seiner Seele überzeugter Republikaner war«. V. Martin polemisiert hiergegen indem er behauptet, daß Salutati nur darauf sieht, ob gut regiert wird. »Wer regiert, darauf kommt wenig an, wenn nur gut regiert wird«. Das hum. Lebensideal, p. 136; s. auch p. 129-37.
42) De tyranno p. 33ff.
43) Hans Baron, The Crisis ..., rev. ed. op.cit.
44) »The most important suggestion which emerges from the study of De tyranno as an historical source is that the separation of humanistic literary pursuits from the realities of political life, characteristic of the treatise, reveals all at once more general trait of Florentine Trecento Humanism«, ibid. p. 166.
45) Baron gegenüber könnte man behaupten, daß Leonardo Brunis Haltung eher etwas »Literarisches« anhaftet, wenn dieser die Freiheit kompromißlos geltend macht, während die Diktatur der Medici, zur gleichen Zeit in Florenz langsam die Macht ergriff; s. Baron, Crisis ... Kap. 18, Ideas born on the Florentine Crisis: Bruni's Oratio Funebris of 1428, p. 412-440.
46) Inv. in L. p. 16, vgl. »... dulce libertatis frenum, quod est iure vivere legibusque, quibus omnes subiacent ...«, Inv. p. 30-32.
47) De fato II,9; f. 20,2, »Liberior vero morte«.
48) Inv. p. 16, vgl. II,33; III,271.
49) »o beatas respublicas, o felicia regna, quorum reges et principes iusti sunt et sic se legibus subiciunt ...«, II,34.
50) De tyranno, p. 16-22.

ANMERKUNGEN ZU KAPITEL 8

51) Inv. p. 26, vgl. Cicero De republica VI,13.
52) »non solum temporalia dispensent utiliter leges tue, sed edificent ad salutem«, II,26.
53) »semperque in regni dispensatione menineris te non in servos atque mancipia, sed in liberos dominari«, II,38.
54) De nob. p. 164-66: »Et quoniam nemo sine operibus salvus fiet, quibus commensurabitur beatitudinis gradus, propter felicitatem oportet quemlibet operari, cuius rei, sicut sepius dictum est, leges sunt tam regula quam mensura«.

ANMERKUNGEN ZU KAPITEL 8

1) Rüegg drückt das in bezug auf De fato klar aus: »... so zeigen alle unsere bisherigen Untersuchungen, wie wenig er auch in seinem Denken von einem bestimmten Vorbild der christlichen oder heidnischen Antike beeinflußt ist. Nicht in der intensiven Auseinandersetzung mit einem oder mehreren Philosophen, wie Petrarca im Ringen mit Augustin und Cicero, wie die Scholastik in ihren Kommentaren zu Aristoteles, Boethius, Dionysius Areopagati, Augustin, oder dann Pomponazzi in seiner Schrift De fato, ... erringt sich Salutati seine Position. Keine einzige der uns und größtenteils auch dem Humanisten sicher bekannten heidnischen oder christlichen Abhandlungen haben seine Darstellung entscheidend beeinflußt«. Rüegg, Entstehung und Quellen, op.cit. p. 175.
2) V. Martin, Das hum. Lebensideal, s. p. 73-92. Besonders der junge Salutati sei vom Stoizismus beeinflußt gewesen, während dieses Element beim älteren Sal. durch das Christentum abgelöst worden sei. Vielleicht kann man von Nuancen sprechen, aber eine wirkliche Entwicklung erscheint mir völlig unwahrscheinlich. Stoische Formulierungen findet man in der gesamten Verfasserschaft. S. z.B. die in stoischen Wendungen gehaltene Ermahnung an Leonardo Bruni, sich von seiner Krankheit nicht unterkriegen zu lassen. IV, 113ff. Noch zu diesem Zeitpunkt (im November 1405 – ein halbes Jahr vor seinem Tode; müßte er also Stoiker gewesen sein!
3) IV,148.
4) Rüegg, Entstehung ..., op.cit. p. 188.
5) Salutati hat die englischen Philosophen offenbar nur von deren logischen Seite her gekannt: »Nam cum per logices, imo (ut corrupt vocabulo dicunt) loyce, et philosophie cacumina volitare se iactent et de cunctis disputatione garrula discutere sint parati (proh pudor!) ...« De lab. 3. Zu Beginn des 15. Jahrhunderts entstand eine heftige Polemik über die englischen Logiker, s. Wesselofsky, Paradiso I, pars secunda f. 21ff. S. auch Garins La cultura fiorentina nelle seconda meta del 300 e i »barbari britanni«, Rassegna della letterature italiana, 64 (1960), (p. 181-196), wo der Kampf der Humanisten gegen Sophistik und »dyalectica« geschildert wird. In L. Bruni, Ad Petrum Peulum Histrum Dialogus, wo auch Salutati teilnimmt, werden die barbarisch klingenden Namen der englischen Philosophen kräftig verspottet. S. p. 58.
6) S. De lab., p. 18: »Est autem materia poesis non determinatum aliquid, ut realibus scientiis assignatur, sed universalis lateque patens ...« I,345: Alle sieben Musen müssen dem guten Dichter helfen.
7) s. u.a. De fato f. 35,1 und I,231, vgl. Ullman, The Humanism p. 34-36.
8) G. Conti, Fatti ed aneddoti di storia fiorentia, Firenze, p. 129.
9) Sie ist in IV, 169 abgebildet.
10) Vita di Dante, herausgegeben in G. Boccaccio, Il Comento alle Divina Commedia e gli altri scritti intorno a Dante, Bari 1918, vol. I, p. 1-107. Genealogie deorum gentilium libri a cura di Vinc. Romano. Scrittori d'Italia, Bari 1951 (Das Werk ist von ca. 1371, s. Romanos Kommentar p. 797). Petrarca hat sich ebenfalls prinzipiell mit der Poesie beschäftigt, hat aber keine geschlossene Darstellung gegeben, ohne daß man deshalb über seine Auffassung im Zweifel sein wird. S. u.a. De sui ipsius et multorum ignorantia sowie Invectivae contra quendam medicum (beide hrsg. in Petrarca, Prose, op.cit.) und Fam. rerum X,4; XII,3 (per cura di Vittorio Rossi e Umberto Bosci, Edizione nazionale delle opere di Fr. Petrarca, X-XIII, Firenze 1933-42, 4. vol.).
11) s. De herc. p. 456, wo Salutati begründet und verteidigt, daß er ein Thema behandelt, das schon früher, u.a. von Boccaccio, so gründlich besprochen worden ist.
12) Hrsg. von Wesselofsky, op.cit., s. zu Wesselofskys Einleitung oben p. 19.
13) op.cit., s. pars secunda, p. 54-93.
14) Das Werk ist jedoch nicht in dieser Periode, sondern bedeutend später geschrieben. Baron (Crisis, revised, p. 81ff.) gibt einen so späten Zeitpunkt wie ca. 1420 an und beweist im übrigen überzeugend, daß die historisch-politischen Auffassungen anachronistisch plaziert sind, weil sie erst während des Kampfes gegen Mailand in den 90er Jahren des 14. Jahrhunderts ausgeprägt wurden. Und man wird sicherlich andere Anachronismen finden können (worüber sich auch Wesselofsky im klaren ist – s. I pars sec. p. 100ff.), aber es ist doch zweifelhaft, ob man daraus wie Baron die Konsequenz ziehen kann, daß das gesamte vermittelte Zeitbild

ANMERKUNGEN ZU KAPITEL 8

unhistorisch und falsch sei (Crisis, p. 332). Man muß noch immer annehmen, daß der Verfasser als junger Mann dem Kreis angehört hat (Wess. pars sec. p. 101), und daß er trotz Gedächtnisverlagerung den Ton des Milieus recht gut getroffen hat.
15) s. Wess. II, p. 114 über das Mädchen, das von vier jungen Männern aus dem Wasser errettet wurde und sich nun unter ihnen einen zum Manne erwählen soll. Die vier erweisen sich als Repräsentanten der Kriegskunst, des Handels, der Landwirtschaft und der Dichtkunst, s. Wess.s Kommentar, par sec. 238-62.
16) Wesselofsky, pars prima, p. 41: »E una specie del Decamerone o delle Canterbury Tales, una serie di novelle, ma intrecciate di colloquii filosofici, stiamo per dire una transizione da genere boccaccevole e dalla gioconda novella del trecento, che ride per ridere e narra per narrare, alle dotte conversazioni del convento di S. Spirito«. S. Spirito war ein florentinisches Kloster, in dem der angesehene Luigi Marsigli eine Schule betrieb, und zugleich das Zentrum eines gelehrten Diskussionsklubs, an dem auch Salutati Teilnehmer war. (Wess., pars prima, p. 83ff.).
17) S. H. de Lubac, Exégèse médievale, Paris 1959, II,233ff.
18) Alain de Lille, De natura rerum, Migne, PL 200, 451C, zit. nach Lubac Ex. med. II, 206.
19) Neben Lubac, s. C. S. Lewis, The Allegory of Love, London 1836, p. 44ff. D. W. Robertson, A Preface to Chaucer, Princeton 1962, p. 286ff.
20) Weiss, The Dawn of Humanism in Italy, London 1947, p. 6.
21) Alberto Mussato war der markanteste Repräsentant der frühen Humanist-Poeten; deshalb wird er hier genannt. Doch nicht nur in Padua, sondern auch in Florenz kann man zur gleichen Zeit auf ähnliche Persönlichkeiten stoßen, s. R. Weiss, Lineamenti per una storia del primo Umanesimo fiorentino, Rivista storica italiana, no. 6, 1948, p. 347-68.
22) Buck, Italienische Dichtungslehre vom Mittelalter bis zum Ausgang der Renaissance. Beiheft 94 zur Zeitschr. f. rom. Phil., Tübingen 1952, 69ff.; E R. Curtius, Europäische Literatur und lateinisches Mittelalter, Bern, 5. Aufl. p. 222f., G. Saitta: L'Umanesimo, Firenze 1961, p. 5ff.
22) Buck, Ital. Dicht., p. 69ff., E. R. Curtius, Europäische Literatur und lateinisches Mittelalter, Bern, 5. Aufl. p. 222f., G. Saitta: L'Umanesimo, Firenze 1961, p. 5ff.
23) Historia augusta Henrici VII cæsaris et alia quae extant opera ... Venetiis 1636.
24) III,84, vgl. 408-10. S. Weiss, Dawn p. 4ff.
25) Wiedergegeben als Brief in der Mussatoausgabe von 1636. Dem wurde von dem Dominikaner Giovanna da Mantova widersprochen, und die Positionen in dieser Polemik (s. die Literatur bei Curtius, p. 223) erinnern stark an die Salutatis und Dominicis.
26) Epist. 7.
27) Sein Brief ist in die Mussatoausgabe als Epistel 17 aufgenommen.
28) »insit liquidis Deus obtestaris in undis/Lege tua tibi quid si contradixeris ipsi,/Dicens ecce sacra tu concludis in unda/Baptismi nostræ numen consistere vitæ,/Et veterum culpas illo sub fonte relinqui etc.« Epist. 18.
29) Epistel 4.
30) Epist. 7: »Nostra salus etiam demissus ab æthere CHRISTUS/Nigmata Discipulis dixit operta suis«.
31) »Si bene despicias, quod scripsit Apocalis/Per varias formas, tota Poesis erat«, Epist. 4.
32) ibid.: »Numen ad Hebræos per vasta pericula Ductor/Dicitur hexametro conciliasse pede.« (Jf. Ex. kap. 15).
33) Epist. 17, s. »Ad sextam ...«
34) Epist. 17, »ad quintam.« »... non quia describat excellentia, propterve excellentiam admiranda. Delectabilis etiam est, non ratione contentæ veritatis«.
35) Epist. 4.
36) Buck p. 69ff.
37) E. R. Curtius, Theologische Poetik im italienischen Trecento, Zeitschr. f. rom. Phil., 1940, p. 1-15.
38) Curtius, Eur. Lit., op.cit. p. 227. »Seine Dichtungstheorie aber und seine Kontroverse mit Bruder Giovannino haben mit dem Humanismus wenig zu tun. Als Dichter und als Theoretiker der Poesie wandelt M. auf Pfaden, welche die lateinische Poesie des Nordens längst gebahnt hatte. In der Kontroverse vertritt er die Tradition oder, wenn man will, die Reaktion. Der Dominikaner dagegen vertritt dasjenige Denken, das damals modern war: die Wissenschaftslehre und Kunstlehre des Aquinaten«.
38a) S. die aufgezeichnete Beschreibung bei Curtius, Theologische poetik op.cit. 6ff.
39) S. Curtius' Durchgang von Brief 57, Eur. Lit. op.cit. p. 443.
40) I,304-06, vgl. v. Martin, Hum. Lebensideal, p. 230-33.
41) Zahlreiche Gegenströmungen machten sich aber geltend, und das Interesse für die Antike tauchte gelegentlich wieder auf, wovon die verschiedenen »Renaissancen« im Mittelalter Zeugnis ablegen. Man spricht z.B. von der karolingischen Renaissance und der des 11. Jahrhunderts. Zu den allegorischen Werkinterpretationen und zur Ausnutzung der heidnischen Verfasser im Mittelalter s.

ANMERKUNGEN ZU KAPITEL 8

H. Lubac, Exégèse Médiévale. Le quatre sens de L'Ecriture, I-II, Paris 1959.
42) Über die Arbeit und Ausbildung der Notare s. u.a. Bethmann-Hollweg: Der germanisch-romanische Civilprocess im Mittelalter, vol. 6, § 128, De arte notariae, p. 159-97, Bonn 1874. Wie auch Novati, La Giovenezza di Coluccio Salutati, Torino 1888, p. 49ff. und ebenfalls Novati, Il notario nelle vita e nella letteratura italiana in Freschi e Minii del Dugento, Milano 1908. S. auch Ronald Witt, Coluccio Salutati and his public letters ... op.cit., Kap. 2: Style, p. 23ff. Salutatis eigene Tätigkeit als Notar wird beleuchtet durch die Herausgabe seines Notarprotokolls in Stignano und Buggiano (Il protocollo notarile di Colluccio Salutati (1372-73) a cura di Armando Petrucci, Milano 1963).
43) Zu ars dictaminis oder ars dictandi, s. August Buck: Italienische Dichtungslehren vom Mittelalter bis zum Ausgang der Renaissance.
44) »Along with the copying and editing of the Latin authors, the humanists developed the technicques of textual and historical criticism, studied Latin orthography grammar, and rhetoric, ancient history and mythology, as well as archaeology, epigraphy, and antiquarian subjects«. P. O. Kristeller, Renaissance Thought, Harpers Torchbooks, 1961, p. 15.
45) Robert Weiss, The Dawn of Humanism in Italy, London 1947, p. 6.
Novati, La giovenezza, p. 47-69.
46) Wir kennen Salutatis Notarrolle hauptsächlich aus seiner politischen Arbeit als Kanzler in Florenz 1374 und späterhin. Der Zeitraum zwischen der Studienzeit in Bologna und der Kanzlerzeit in Florenz lag bisher im Dunklen. Neuere Untersuchungen, u.a. Armando Petruccis Veröffentlichung der Notarprotokolle in Bugganio von 1372-73, sowie insbesondere Ronals Witt's Coluccio Salutati and the political life of Buggiano (1371-74), Rinascimento VI, 1966, p. 27-55, haben indessen den Schleier über Salutatis Vergangenheit ein wenig gelüftet. Es zeigt sich, daß er beinahe zwanzig Jahre Praxis als gewöhnlicher Advokat gehabt hat, mit all den verschiedenen Aufgaben, die dieser Beruf mit sich führt. Er hat als Grundstücksmakler mitgewirkt, hat Kontrakte und Urkunden aller Art ausgeschrieben, er hat die Wasserversorgung organisiert, Deicharbeiten geleitet und im übrigen die Interessen der kleinen Kommune nach außen und nach innen wahrgenommen. Kraft seiner Ausbildung war er automatisch einer der Leitenden in dieser Kommune. Dies bestätigt, was man eigentlich die ganze Zeit gewußt hat, daß er nicht nur ein geschulter Humanist war, als er den Kanzlerposten in Florenz übernahm, sondern zugleich ein erfahrener Kommunalpolitiker. Witt äußert den Gedanken, daß Salutati erst Interesse für Literatur bekam, als er mitten in den Zwanzigern war, aber das ist mit seinem Verhältnis als Schüler P. Moglios in Bologna nicht zu vereinbaren. In seinem letzten Buch, Col. Sal. and his public Letters, versucht Witt jedoch, dieses noch zu untermauern, indem er behauptet, daß Salutati bei P. Moglio nicht Literatur, sondern lediglich ars dictaminis gelernt habe (p. 38). Unwahrscheinlich ist es aber trotzdem. Salutatis klassische Bildung ist zu umfassend, als daß er sie sich so spät erworben haben könnte.
47) S. Curtius, Eur. Litt., Kap. 8: Poesie und Rhetorik, p. 155ff.
48) »Der Begriff einer Poetik als autonomer Disziplin geht im Abendland für ein Jahrtausend verloren ...«, Curtius p. 157.
49) Conf. I,17,27, vgl. Curtius p. 157.
50) S. Curtius p. 158.
51) »In fast allen »artes dictandi« werden fünf Hauptteile des Briefes unterschieden und definiert: salutatio, captatio benevolentiae oder exordium oder prooemium, narratio, petitio, conclusio«. Buck, Ital. Dicht., p. 15. In allen Briefen Salutatis, ja sogar in seinen Büchern, ist dieser Aufbau leicht zu erkennen.
52) Buck, Ital. Dicht. p. 17.
53) Novati, Il notatio nella vita e nella letteratura italiana delle origini, Freschi e minii del dugento, p. 308; Buck, p. 17.
54) R. G. Witt zeigt in Col. Sal. and his public Letters (op.cit.), Kap. 2, Style, auf, welche rhetorische Möglichkeiten ars dictaminis bot. Salutati führt stilus altus oder rhetoricus in der diplomatischen Korrespondenz ein. Witt charakterisiert ihn folgendermaßen: »stilus altus relying for its effect on an obscure vocabulary a complicated syntax and frequent use of climax and contrasts ...« (p. 34).Über den Inventio-Begriff, s. Lausberg, Handbuch der literarischen Rhetorik I-II, München 1960. Jan Lindhardt, Retorik, København 1975, p. 54ff. S. auch M. Baxandall, Giotto and the Orators, Oxford 1971, wo die rhetorische Praxis der Humanisten und deren Einfluß auf die Maler untersucht werden. Baxandall unterscheidet zwischen topos-inventio und Vergleichs-inventio, und meint, daß die Humanisten nur die letztere kennen. Sie können Worte und Begriffe vergleichen, die die Sprache ihnen gibt, aber selbst nichts Neues erfinden. Die Sprache geht mit ihnen durch (Seite 46). Ein solches Unterscheiden zwischen verschiedenen Arten von inventio ist aber zweifelhaft – die gegebene Sprache bestimmt eben, welche inventio möglich ist.
55) Cicero, De legibus.
56) Für Salutati ist es, trotz seiner enormen Belesheit, charakteristisch, daß er die Illu-

ANMERKUNGEN ZU KAPITEL 9

strationen, zu dem, was er sagen will, in überwiegendem Maße bei Vergil entnimmt. J. Reynold O'Donnel meint, daß dies darauf beruhe, daß Vergil in den Grammatiken von Donatus und Priscian sechsmal so oft genannt wird wie alle anderen Verfasser. S. Col. Sal. and The Poet-Teacher, Med. Studies 22, 1960. (S. auch Novati, La giovenezza).
57) S. unten Seite 114 und 129ff.
58) Fra Guidotto da Bologna diese Konsequenz, s. Buck, op. cit. p. 20.
59) Fra Guidotto da Bologna, Buck p. 21.
60) ibid.
61) Li Livres dou Tresor de Brunetto Latini, Édition critique par Francis J. Carmody, Los Angeles 1958.
62) Der Däne Thor Sundby hat ein Standardwerk über Latini geschrieben: Brunetto Latini, Levnet og Skrifter, København 1869 (übersetzt ins Italienische 1888) Brunetto sammelt seinen Stoff frei und gibt selten seine Quellen an, die er sehr selbständig behandelt. Das Kapitel über die Ethik ist eine Zusammenfassung von Aristoteles' Eth. Nic. Im Gegensatz zu Arist. behauptet er die Vortrefflichkeit der Demokratie, inspiriert von den italienischen Kommunen, von denen er mehreren abwechselnd als Kanzler diente. So in Florenz im Jahre 1266. S. unten Anmerkung 65.
63) Li Livres dou Tresor, p. 391.
64) Li Livres dou Tresor, p. 317. Etwas konkreter wird auf p. 393 gesagt, daß man, um weise zu erscheinen, weise sprechen muß – das gilt insbesondere, wenn man jung ist und Eindruck machen will.
65) Eine Regierungsform, für die er auch persönlich eintritt. Ein Vergleich zwischen der französischen Monarchie und der italienischen Kommune fällt eindeutig zum Vorteil der letzteren aus. (Er war selbst Kanzler in Florenz). Li Livres, p. 392: »L'autre est en Ytaile, que li citain et li borgois et li communité des viles eslisent lor poesté et lor signour tel comme il quident *qu'il* soit plus profitables au commun preu de la vile et de tous lor subtés. Et sor ceste maniere parole li mestres, car l'autre n'apertient pas a lui ne a son ami; et nonporquant tot signour, quel signorie k'il aient, en poroient prendre mains bons ensegnemens«. Hier kann man keine Macht anwenden, weil keiner dem anderen untertan ist, sondern muß sich durch das Wort Geltung verschaffen.
66) S. unten Seite 133ff. und 145.
67) Petrarca ist ein charakteristisches Beispiel dafür, daß wenn Leute unpolitisch sind, ihre geringfügige Neigung, die sie trotz allem zur Politik haben, der Reaktion verbunden ist. Viele Jahre lang genoß er die Gastfreundschaft verschiedener Tyrannen. Denen, die ihm das vorwarfen, hat er geschrieben (s. u.a. Salutati, I,96ff.): »Invectiva contra quendam magni status hominem sed nullius scientie aut virtutis«. (Prose, p. 694-702). Seine Verteidigung ist etwas widersprüchlich: Teils sind die Tyrannen nicht schlimmer als andere Menschen, und teils nimmt die gute Seele (Petrarca) an der schlechten Umgebung keinen Schaden.
69) Kristeller, Studies in Ren. Thought and Letters, Roma 1965, p. 561.
70) »The separation between philosophy and theology, reason or Aristotle and faith or religious authority, was consistently maintained, without leading to a direct conflict or opposition. Besides rational argument, sense perception or experience was emphasized as the major or only source of natural knowledge, and this might justify us in speaking of a kind of empiricism«, Renaissance Thought, New York 1961, p. 37.
71) S. z.B. A. Buck, Zum Methodenstreit zwischen Humanismus und Naturwissenschaft der Renaissance, op.cit.
72) Sein Gegenangriff trägt den Titel De sui ipsius et multorum ignorantia. Zuletzt hrsg. in La letteratura italiana, Storia e testi, vol. 7, p. 710-66. S. Garin, La cultura fior., op.cit. und Kristeller, Petrarchs »Avorroists«. Anote of history of Aristotelianism in Venice, Padua and Bologna, Bibl. d'Humanisme et Ren. XIV, 1952, p. 59-65.
73) Nur selten reicht die Argumentation über diese skeptische Einstellung hinaus, die wir u.a. in Petrarcas »Invectiva contra medicum« und »De sui ipsius et multorum ignorantia« finden. Salutatis Angriff auf Ärzte und Astrologen bildet eine Ausnahme, weil er hier versucht, sie mit metaphysischen und logischen Beweisen aus dem Felde zu schlagen.

ANMERKUNGEN ZU KAPITEL 9

1) Kessler, op. cit. p. 150-213.
2) Curtius, cit. Kapitel 8 Poesie und Retorik, p. 155ff.
3) Jan Lindhardt, Rhetorik, 124ff.
4) Hans-Georg Gadamer, Wahrheit und Methode, Tübingen 1965, pp. 1-96.
5) Epist. I,255: »mecum enim sepius stomacari soleo hac etate nostra litterarum studia deperisse, nisi ea solum que noscuntur et auri et divitiarum cumulum pertinere«.
6) III,598.
7) Boccaccio gibt dieser Haltung viel schärfer Ausdruck als Salutati. Boccaccio verfechtet zugleich einen viel stärkeren Gegensatz zwischen Jura und Poesie, was bei Salutati natürlich nicht zu finden ist, der auch nicht

ANMERKUNGEN ZU KAPITEL 9

Boccaccios scharfen Blick für die Freude der Juristen am Gelde hat. Vgl. Gen. deo. XIV,4 p. 685ff.

8) s. Epistel III, 221ff. Ein gewisser Giov. hat sich über Boccaccio lustig gemacht, weil dieser als armer Mann starb, obwohl er so viel geschrieben hatte; aber, so sagt Salutati, dafür hatte er viele Freunde, (III, 228) und er fährt fort, indem er griechische und lateinische Verfasser aufzählt, von denen z.B. Demokrit und Anaxogoras große Reichtümer besaßen, auf diese aber verzichteten, um sich höheren Lebenszielen zu widmen. Demokrit verzichtete »quo magis animo libero posset operam litteris indulgere«.

9) De lab. p. 5.

10) Ep. I,264: »Ego certe, si vera scribis, iam te suspicor adeo his in voluptatibus resolutum, quod fere numquam sperem te in frugalitatem, virtutis optime rediturum. recordare, precor, Deum, cuius mortales opificium sumus, cunctis rebus hominem prefecisse, ut illis imperet, non serviat, utque ipsis utatur, non abutatur. utatur quidem ad necessitatem. non ad voluptatem, ad frugalitatem, non ad luxuriam, ad moderationem, non ad superfluitatem, non ad vitia, sed ad virtutem«.

11) s. Anm. 10 oben.

12) s. III, 15. III, 16 schließt er seine musikalischen Überlegungen mit den Worten: »sed quorsum hec tam multa de musica? certe ut cognoscas exitandis, non effeminandis animis ab initio musicam esse laudatam atque receptam«.

13) De lab., 69: »Et ipsis Artis Amandi libris quid aliud vult intestino sensu lascivis illis preceptionibus admonere quam amorem cui tam turpiter serviatur, fugiendem et turpem esse?« Salutati räumt jedoch ein, daß es einige Dichter gebe, deren man sich gänzlich enthalten müsse. IV,196.

14) S. II,60-61.

15) »Est enim finis tum vituperatione, tum laude prodesse taliter quod delectet, taliterque delectare quod prosit«, De lab. p. 70.

16) S. Horatius A.P. 326-330. Nach einem Referat hiervon fährt Salutati fort: »Videsne quam grate quamque iocunde demonstrationes arithmeticas poeta noster assumit? ... (poesia) addit super omnia, quod sibi proprium est, delectationem commutationis et carminis, que quanta sit non potest facile iudicari«. De lab., p. 22.

17) S. De lab. p. 18.

18) S. das ges. Kap. 4 v. I. Buch von De lab. mit der Überschrift: »Quod poetica ex trivio atque quadrivio perticiatur et ipsam solam posse quicquid efficit explicare«.

19) De lab. p. 19: »Et quoniam ipsa narratio, si puris sit absoluta vocabulis, rudis est, ideo excogitaverunt illi prudentissimi viri quot rebus sermonis forma potest instrui perpolitam atque perfectam.«

20) Dies gilt jedenfalls, wenn von der Herrlichkeit der Geschöpfe die Rede ist und die göttlichen Dinge gelobt werden. Nur die Poesie ist »würdig«, davon zu sprechen. De lab., ibid.

21) S. De lab. p. 20.

22) II,274: »in virtute quidem, non qua magis scientis efficimur, sed qua meliores secundum virtutis habitum ordinamur«.

23) S. die genannten Beispiele Kap. 7.

24) S. z.B. die Einleitung zu De verecundia, p. 278.

25) »Et eadem ipsa grammatica sine noticia rerum et quibus modis rerum essentia variatur et omnium scientiarum concursu preter necessitatem noticie terminorum maxima ex parte sciri non potest. connexa sunt humanitatis studia«. IV,216.

26) Horaz-Zitat, Ep. II, III, 309, zitiert III, 531 von Salutati, der fortfährt: »cur non Flacci consilium sequar, ut sapere coner, quo recte possim et agere? cur, cum me sic exhortaris ut agam, negligam hoc ut sciam, quandoquidem nemo feliciter audeat quod ignorat«. Man kann nicht gut sein ohne weise zu sein – das Umgekehrte gilt übrigens auch: »sapientia nec habitabit in copore subdito peccatis«. (III,530)

27) Auch Landwirtschaft, Viehzucht, Medizin und übrige »artes meccanice« werden mit einbezogen (III, 495).

28) S. das Lehrgedicht über die Musen II,345-54. Salutati schließt bescheiden damit, daß er selbst keinen Anteil an den reichen Gaben der Musen erhalten habe. S. auch III,453-54, wo Salutati Fulgentius' (Myth. I,14) allzu enge Definition der Bedeutung der Musen zurückweist.

29) »et ne putes divinam scientiam, quam nostri theologiam vocant. Ethnici metaphysicen appellarunt, ad poeticam non spectare, memento quod sicut testatur pluribus locis *Philosophus,* primi theologizantes, poete dicti sunt«. III,455, vgl. Arist. Metaph. I,4.

30) III,454. Vgl. III,227: »... an perfectus possit esse poeta vel plenus poematum intellector si cunctarum rerum divinarum et humanarum noticiam non habebit«.

31) De lab. p. 63: »vir optimus laudandi vituperandique peritus ...«

32) De lab. 63-64, Joh. 8,7. »Vera quidem iusticia est quod iudicantes alios non solum sint innocui vel innocentes sed etiam innoxii«, (p. 64).

33) »quod autem nullus unquam poetarum nec etiam Virgilius consumate perfectionis poeta fuerit, non minus audeam affirmare quam de sapiente Cicero noster sentit« (De Amic. II), III,490.

34) III,490.

ANMERKUNGEN ZU KAPITEL 9

35) III,491.
36) III,497.
37) ibid.
38) »est enim finitimus oratori poeta, numeris astrictior paulo verborum autem licentia liberior multisque ornamentis socius ac pene par«. III, 493. S. jedoch auch De lab., p. 61ff, wo der Poet dem Orator gegenübergestellt wird.
39) S. De verecundia, p. 286. Salutati polemisiert gegen Petrarca, der in Inv. contra q. med. seinen Abscheu gegen Ärzte verrät.
40) P.O. Kristeller, Renaissance Thought, op.cit., p. 10: »Thus Renaissance Humanism was not as such a philosophical tendency or system, but rather a cultural and educational program which emphasized and developed an important but limited area of studies. This area had for its center a group of subjects that was concerned essentially neither with the classics nor with philosophy, but may be roughly described as litterature«. S. auch den Abschnitt »Humanism and Scolasticism in the Italian Renaissance« in Studies in the Renaissance, Rom 1956, p. 553-584, wo Kristeller versucht, u.a. Bruni als Fach-Literaten einzuordnen. (ibid. p. 575)
41) Renaissance Thought, op.cit. p. 10.
42) Das lateinische »humanista« und entsprechende Bezeichnungen in anderen Sprachen für einen Fachlehrer in Poesie und Literatur kann nicht länger als bis zum Beginn des 16. Jahrhunderts zurückverfolgt werden. S. A. Campana, The Origin of the Word »Humanist«, Journal of the Wartburg and Courtauld Institutes IX, 1946, p. 60-73.
43) E. Garin, Medioevo e Rinascimento, 1961, p. 7. In Garins La cultura filosofica del Rinascimento italiano, p. 3-18 wird dies stark unterstrichen, speziell im Hinblick auf Salutati.
44) IV,186. »liberales quidem artes et ipsa poetica via sunt non terminus, instrumenta prorsus in finem ultimum ordinata«.
45) De lab. p. 20-21.
46) Salutati lernte niemals Griechisch, obwohl ihm die Ehre dafür gebührt, daß sich die Renaissancehumanisten auch der griechischen Literatur zuwandten, da er den griechischen Lehrer Crysoloras im Jahre 1397 nach Florenz holte. Von ihm lernten u.a. Bruni und Poggio Griechisch lesen und schreiben. R. Weiss, Per gli studi greci di Col. Salutati, Miscellanea in onore di Roberto Cessi, primo volume, Roma 1958.
47) »... meam ac aliorum utilitatem et ipsius Plutarchi gloriam ...«, II,483.
48) »ornatus enim gratia, manente sententia, licitum est continue narrationis quendam teporem accendere et per exclamationum aut interrogationum stimulos exitare«, II,483.
49) Jan Lindhardt, Retorik, p. 85ff.
50) Salutati zitiert Gregor, der im Hinblick auf die Hintergründigkeit der heiligen Schrift sagt, daß man das am höchsten schätzt, was am schwersten zu erarbeiten gewesen ist. III,293.
51) De lab., 67, vgl. IV,230: Salutati spricht von den zwei Wirkungsarten des Gedichtes; teils die äußere Form, die einfach und leichtverständlich sein muß, und teils »altera vero sermo fit figurativus, intendens aliud quam pre se ferat, movens ex similitudine phantasiam tandemque duplici sensu tangens et erudiens intellectum«.
52) De lab. p. 19.
53) »... omnes sunt ad mores reducibiles et ad vite nostre instructionem facile convertantur«, De lab. 585.
54) Aus Novatis Register (IV, 685) geht hervor, daß Vergil ebensooft zitiert wird wie das Neue Testament. Über die Ursache hierzu s. oben Seite 103, Anm. 56.
55) S. IV,188: »lege totum et confer prima cum ultimis, matureque delibera que sit auctoris intentio, sique clare vides illum ipsum velle quod optas, allega, si placet«. Daß sich Salutati selbst oft und grob gegen diese Regel versündigt, ist in diesem Zusammenhang weniger wesentlich. Die Hauptsache ist, daß er im Prinzip (und insbesondere was die Gegner anbelangt) behauptet, daß der Text dem Leser nicht restlos ausgeliefert ist, sondern aus sich selbst heraus erklärt werden muß. Erst danach kann man ihn zu eigenen Zwecken benutzen.
56) Auch zur Zeit Salutatis war es offenbar nicht zu gut: »O quotiens vidi magistros nostri temporis non emendationes sed menda suis annotuisse manibus et ea, dum corrigere cupiunt, ascripsisse de quibus si in discussionem venerint, nullam possent reddere rationem«. De fato, I,6; f. 12,1.
57) Einer der Gegner der klassischen Humanisten, der Zeitgenosse Salutatis Cino Rinuccini, macht sich in seinem »Invettiva contro a cierti caluniatori di Dante e di messer Francesco Petrarca e di messer Boccaccio« über das Interesse der Humanisten für sprachliche Petitessen lustig, und man bekommt hierdurch einen recht guten Eindruck von der tiefgehenden philologischen Arbeit: »... le vane e scioche disputazioni d'una brigata di garulli, che per parere litteratissimi apresso al vulgo gridano a piaza quanti dittonghi avevano gli antichi e perché oggi non se ne usano se non due; e qual grammatica sia migliore, o quella del tempo del comico Terrenzio o dell'eroico Virgilio ripulita ... etc. Wesselofsky I, pars secunda, p. 306.
Wie verworren die Verhältnisse waren, und welch Mittelstellung Salutati zwischen den Konservativen und den kompromißlosen jungen Lateinern einnahm, geht daraus her-

ANMERKUNGEN ZU KAPITEL 9

vor, daß er gegenüber letzteren die gleiche Aufgabe auf sich nehmen mußte wie Rinuccini, nämlich die drei gekrönten Häupter (Dante, Petrarca und Boccaccio) zu verteidigen. S. Leonardo Bruni: Ad Petrum Paulum Histrum Dialogus, ed. Garin, Prosatori latini del quattrocento, p. 44-98.
58) S. III,259: »et si que scripsi, ni fallor, attendas et digeras, videbis illam scolasticam controversiam, qua mortua mortuum accusat, nec personarum ratione consistere«.
59) III,270.
60) Wenn die Dichter des leichtfertigen Genres (lascivioris stili poete) nicht allein das verbale Spiel der Erotik schildern, sondern sogar zu den handfesteren Ausdrucksformen der Liebe übergehen (»sed ad amplexus et osula pugnamque reluctantium devenire«) so ist die Entschuldigung dafür in den Personen und in den verdorbenen Zeiten, die die Dichter schildern, zu suchen. De fato II, 4f. 8,1.
61) Garin, La cultura fiorentina op.cit. p. 191.
62) S. Inv. contra Luschum. Zu seiner Textkritik s. Ullman, The Humanism, op.cit., kap. VII, p. 95ff. »Coluccio as a scholar«.
63) Im Versuch, den ursprünglichen Text zu Senacas ersten Brief an Luculius auf der Grundlage einer Reihe variierender Handschriften zu finden, sagt Salutati: »dicam quid michi probalius esse videtur, assensurus rectius sentienti, tibique et aliis derelinquens determinare quid potius eligendum«. III,244.
64) Garin: L'educazione in Europa (1400-1600), Bari 1957, p. 109-111. S. im übrigen Besprechung Garins, oben Seite 25ff.
65) s. III,225, IV,231, Arist., Poet. I,4. De lab. 10; 14; 68.
66) S. De lab., p. 69. S. ebenfalls III,289. Für den Guten hat Lob ja nicht die richtige Erziehungsfunktion, aber die hat sie für den weniger Guten. »Quam maius calcar ad bene vivendum efficaciorque doctrina, quam audire te talem dici, qualem desideres reputari?«
67) V. Martin bemerkt mit desillusioniertem Realismus: »Aber natürlich waren es nicht nur pädagogische Motive, welche diese humanistischen Lobesepisteln inspirierten. Man lobte vor allem auch, um wieder gelobt zu werden«. (p. 198). Die Bruderschaft der Humanisten war in Wirklichkeit eine Vereinigung für gegenseitiges Lob. S. im übrigen v. Martins Analyse von Salutatis etwas wechselhaftem Verhältnis zum Lobe, Hum. Lebensid., op.cit., p. 117-19.
68) S. jedoch oben Seite 70.
69) Un opuscolo inedito di Francesco da Fiano, a cura di Maria Luisa Plaisant, Rinascimento seconda serie, vol. I, Firenze 1961, p. 119-162.
70) ibid. p. 158ff.
71) »Pater optime, quam divinum quamve preciosum hoc hominum genus esse putemus, qui, quia promittere et dare fame immortalis eternitatem et quoscumque virtutum claritate prestantes possunt nomine perpetuo et pariter honorato immortales efficere, quod neque theologis neque medicis, neque decretorum seu ecclesiasticorum canonum interpretibus contigere potuit, eos tanquam deos venerari priscorum merito sanit auctoritas«. ibid., p. 161. Bei seiner Rechtfertigung der Poeten stützt sich Fiano auf ähnliche Argumente wie Salutati: Auch die Bibel muß allegorisch aufgefaßt werden (p. 131-36). Vergil enthält christliche Wahrheiten (p. 140, 146). Überhaupt ist die gesamte Schrift eine Parallelisierung zwischen Bibel und Poesie. Fiano setzt die Linie von Boccaccios Genealogie deorum gentilium libri fort, auf die er auch hinweist (p. 143, 152, 157). Der Ton ist jedoch wesentlich aggressiver und direkter. S. im übrigen über Fiano bei Vladimiro Zabughin, Vergilio nel Rinascimento italiano I-II, Bologna 1921-23; Vl. Zab. gibt u.a. folgende treffende Charakteristik: »Il suo carattere franco non conosceva le molteplici finezze diplomatiche, imparete dal Salutati a Palazzo Vecchio«. I, p. 115.
72) IV, 70. S. v. Martin, Hum. Lebensid., op.cit., p. 121.
73) Die Heiden gebrauchten göttliche Bezeichnungen für besonders hervorragende Männer, was jedoch keine große Bedeutung hatte, da ihre Götter falsch waren. Im übrigen waren sie ausgezeichnet im klaren darüber, daß sie nur Menschen waren, III,425.
74) IV,231.
75) »nichil sub sole novum, nec valet quisquam dicere: hoc recens est«, II,295, vgl. Præd. I,9-10.
76) »... ut non sit aliquis virtutis splendor seu deformitas vitiorum, nulla gerendorum varietas, nulla cautio nullaque deceptio, nulla denique consilia, que non possint ex hystoriis elici et exemplis illustribus confirmari«, II,294.
77) »Speculentur alii, et per anxias ac inexplicabiles rationes illa probent, si probabilia sunt tamen, que nec capi possunt intellectu nec contra subtilioris igenii vim et reluctantiam tolerari; que postquam scita fuerint, nec meliorem hominem moribus faciant nec ad usum humane vite prudentiorem. ego tecum et cum aliis rerum huiuscemodi studiosis descam que preterita sunt, ut illa non solum sciam, sed ipsis utar meditando, consulendo, scribendo«, II,295.
78) S. zum bedeutungsvollen Unterschied zwischen historisch-faktischer und poetischer Erzählweise, unten Seite 132 und 145.

ANMERKUNGEN ZU KAPITEL 10

1) Petrarca: De sui ipsius et multorum ignorantia Prose, op.cit., p. 712ff., insbesondere 714.
Petrarcas Auseinandersetzung mit der Wissenschaft hat nicht die gleiche Tiefe wie Salutatis.

2) Im Vergleich zu den Philosophen war Christus ein »ydiotam«, sagt Petrarca ironisch, und ein »christianus homo literatus« (wie Petrarca) kann sich keine Hoffnung darauf machen, für mehr angesehen zu werden. Prose, op.cit., p. 734.

3) Logik und Dialektik sind notwendig zur Analyse des christlichen Glaubens-Inhaltes, und daher sind sie hervorragende Wissenschaften (IV, 222-223), aber der Schritt zu »discussis infinitis dubitationibus«, bei denen man zu keinem Ende kommt, ist nicht weit. (IV, 223).

4) »philosophia poeticam impleat...«, III, 484. Boethius ist hiervon ein gutes Beispiel, III 482ff.

5) Philosophie setzt nicht Dichtung voraus, aber Dichtung setzt Philosophie voraus. »qua ratione conficitur maiorem poetam esse philosopho«. IV, 201.

6) »... quid cogitas esse quod vix unum videris tempore tuo poetam, multos autem possis philosophos numerare?«, IV,202.

7) »... post omnes artes et ipsam artem artium, philosophia et theologiam, hec ars (sc. poesia) incipit, et cunctas utpote preambulas sibique necessarias presupponit...«, De lab., p. 20.
Boccaccio ist vorsichtiger, indem er sich mit der Feststellung begnügt, daß die Poesie nicht »scimmia« (der Affe) der Philosophie ist. Sie ahmt nicht die Philosophie nach, sondern eher die Natur. etc., Gen. deor. XIV, 17, p. 731.

8) S. oben Seite 179, Anmerkung 72.

9) S. Seite 176, Anmerkung 5.

10) Petrarcas Schrift »De sui ipsius et multorum ignorantia« (Prose, p. 710-66) ist ein Versuch, Aristoteles zu relativieren. Petrarca beklagt sich darüber, daß seine Freunde sich von ihm abgewandt haben, weil er gegen aristotelische, und nicht etwa gegen mosaische oder christliche Lehren verstoßen hatte. Aber er wolle lieber ein guter Christ als ein gelehrter Mann sein, so daß ihn dies nicht sehr bekümmere. p. 716ff.

11) S. Seite 182 Anm. 65.

12) De nob. 188: »... nescio si Philosophus voluit, nulla vult, ut arbitror, philosophia«.

13) »sine Aristotile quidem volunt Aristotelici nominari«, De lab. 4.

14) De sui ipsius et multorum ignorantia, p. 720.

15) De sui..., p. 740.

16) Ullman, The Humanism, op.cit., p. 57. Ullman meint, daß Salutati sehr gut wußte, daß Carlo Malatesta im Jahre 1397 eine Vergilstatue zerstört hatte, daß er es aber im Gegensatz zu anderen, die direkt gegen diese Untat protestierten, vorzog, so zu tun, als sei es völlig unglaublich, daß etwas Derartiges geschehen sein könnte, um dadurch seinen Worten größeres Gewicht zu geben. p. 56-57.

17) Cult. fior. p. 191.

18) »Extollitur Socrates, honoratur Plato, colitur Aristotiles, ut de reliquis sinam, qui omnes fuere gentiles et persepe damnatis opinionibus erronei homines; Homerus ab obiurgatoribus nostris pellitur damnatur Exiodus, Maro despicitur ... quorum figmenta nil aliud sentiunt quam disputationes illorum«, Gen. deo. XIV,18, p. 735.

19) E. Garin: Medioevo e Rinascimento op.cit. p. 106: »Un mondo si conchiudeva, e veniva scoperto proprio la dove era conchiuso«.

20) Das steht im Gegensatz zum Mittelalter, in dem die Antike zugleich assimiliert und potentiell gefährlich war. In der Renaissance wird dieses unmittelbare Verhältnis durch eine »everlasting nostalgia« abgelöst. S. Edwin Panofsky, Renaissance and Renascenses, Kenyon Review 6, 1944, p. 203-35, s. p. 227. Eva Sandford schreibt, daß das Mittelalter im großen und ganzen die Geschichte als eine Gesamtheit und Einheit auffaßte, was zu vielen Anachronismen und Verwechslungen führte, »but it also saved the ancient world from the aspect of unreality that it has for many modern students«. S. The Study of ancient History in the Middle Ages, Journal of the History of Ideas 1944, p. 21ff. Dieser Preis für das Bewußtsein der Humanisten von der Distanz zur Vorzeit mußte jedoch erst lange nach der Zeit des Renaissancehumanismus bezahlt werden.

21) »Et Ydra quidem animal est longum, vivacissimum et torturosum. Habet enim sophystica longitudinem qua recedit a vero; habet ferme inexpugnabilem vivacitatem difficultate solutionum; habet et tortuositatem obliquatione rationum«, De lab. 203.

22) »... per sagittas intelligende sunt acutissime rationes«, De lab. 202.

23) »Expertus sum et quosdam, qui, cum quod responsum erat bene non cepissent aut forte non incidissent in veri sensus doctrinam, quasi mirantes interrogaverint quonam modo sensus quem perceperant stare posset ...«, III,290.

24) »sed istos dimittamus, qui suam inscitiam obtegere curant et artibus variis quod cuncta noverint demonstrare«, III,291.

25) »Hinc etiam Achademicorum insurrexit opinio, que volebat nichil taliter notum et clarum esse, quod dici debeat fixe et tenaciter affirmandum«. Es wird auf Aug. Contra Academicos, (II,5), De lab. 130 hingewiesen.

ANMERKUNGEN ZU KAPITEL 10

26) Im übrigen kann er in anderen Verbindungen gegen Augustin polemisieren und behaupten, daß es berechtigt ist, die Dinge nicht ohne weiteres als gegeben anzusehen, sondern zu zweifeln, bis man die Sache genau untersucht hat. (III, 603).

27) De verec. 302, »in quibus quia satis esse credimus quod explicitum est, insistere non curavi, reminiscens ex rerum multitudine et cunctarum differentiarum aucupio potius affundi solere tenebras quam splendorem«.

28) »He tamen proprietates vocabulorum ab auctoribus confundantur. Et ego similiter huiusmodi proprietatum anxiam diligentiam non servabo«, De verec. p. 298.

29) Betr. den sprachphilosophischen Rahmen s. K. O. Apel, Die Idee der Sprache in der Tradition des Humanismus von Dante bis Vico, Archis f. Begriffsgeschichte, Bd. 8, Bonn 1963.

30) S. Ueberweg, Grundriß der Geschichte der Philosophie, Basel 1951, Teil II, p. 580.

31) IV,198: »in quo quidem veriores fuerunt poete philosophis, qui deos illos falsos et commenticios voluerunt, ut cuncta scelera cunctaque flagitia, que leguntur apud poetas, deorum infamia sint veraque probatio quod falsissimi forent dii«.

32) IV,183: »cumque periculum sit forsitau in philosophis propter vehementiam et acumen probationum, quid est discriminis in poetis, quos scimus omnes iuxta corticem nullam habere rationem veritatis? sique voluerimus ad intrinseca vatum et poetarum intima debite curiositatis diligentia penetrare, nonne miras et latentes veritates inveniemus, ut sensus intrinsecus, licet secundum corticem ludant carmina poetarum et velut foliorum umbraculis delitescant, miram habeat, cum verus sit, cum theologica veritate concordiam, nec sit ab eius penetralibus excludendus?«

33) S. III,318ff.

34) Sal. kommt mit folgender Aufforderung: »enuda sophismatum apparentiam; redde nobis rerum noticiam, ut non semper laboremus extremis et in equivoco tum significationem tum suppositionum aut; quas intelligere minus me fateor; appellationum nemo nos capiat vel confundat«. III,320.

35) ibid. »cum autem quicquid grammatica narrare potest, quicquid probare logica vel rhetorica persuadere sive divinum sive humanum, naturale sive mathematicum sit, didiceris«. Wo diese Wissenschaften enden, beginnt die Poesie: »tum velim de poetica cogites, que super omnia, que sciri possunt, sedem habet et sola Deo loqui potest et mirabilibus integumentis sic delectare per corticem, quod intrinseco sensu prosit et iocunda contegat sacramenta« (ibid.).

36) »quantum ad verba pertinet, dici debent ut verba non sint exotica, non obscura, non inusitata«, IV,234.

37) »quod sint propria rerum quas dicere voles et ut inquit Cicero, velut cum ipsis rebus nata«, IV,234-235, vgl. Cic. De Orat. I,III,12.

38) »... non videantur inventa vel ex antiquitatis tenebris evolutia«, ibid., vgl. Cic. ibid.

39) »putant multi, si que intelligunt abscondant vel nimia brevitate vel exoticorum vocabulorum tenebris vel quadam intricatione sermonis, se sublimi caractere resonare, cum in dicendo, sicut eleganter inquit Cicero (De Orat. I,3,12), vitium vel maximum sit a vulgari genere orationis atque consuetudine communis sensus abhorrere. nam, cum loquendi scribendique commertium ad hoc repertum sit, ut que concepimus alios doceamus et illa aliis nota faciamus que intra nos ita sunt, quod aliis apparere non possunt; quid inconvenientius fieri potest quam hoc loquendi scribendique ministerium suo fraudare fine et id, quod est in hac re precipuum, obscuritate verborum dicendi obliquatione non empedire solummodo, sed auferre?« III,606-607. S. auch De lab. 4.

40) »Pudor est ipsos disputantes aspicere cum texentes quandam quodam modo cantilenam questionem verbis intelligibilibus formatisque proponunt«, De lab. 3.

41) IV, 221-22. Das hat Salutati in De fato selbst durchgeführt, hier werden die Begriffe De fatum, fortuna und casum nicht nur abstrakt analysiert, sondern auch in einer Reihe vorliegender Schriften untersucht. S. oben Seite 66.

42) Rinuccini, Invettiva op.cit., s. Anm. 57, Seite 221. »Di *loica* dicono ch'ell' e iscienza sofistica e molto lunga e non molto utile, e per questo non curano di sapere se 'l termini si piglia per lo suo significato o pella spezie o pello nome: verbi grazia questo termine *uomo* puo significare Piero, sustanza animata, sensibile, e puo significare la spezie umana, e uno nome bisilibo«, p. 307.

43) »Pinqui quidem, ut aiunt, Minerva agimus gaudens potius rerum veritatem sub improprietate verborum attingere quam sententiarum inops inter illas terminorum angustias laborare«, De sec. 92.

44) »Pertinent ad poeticam, teste *Philosopho*, metaphore et omnis sermonum improprietas et metaplasmi, schemata, tropi quicquidve sub istis reponitur, quod in plurimas figuras egreditur et ab omnibus tam oratoribus quam poetis communiter usurpatur«, IV,236, vgl. Arist., Rhetor. III, Kap. 7.

45) »non res plures, sed multiformes eiusdem rei potentias, actus, et effectus significarent«. (De lab. 85).

46) IV,238. Dieses gilt »tota divina Scriptura«, ibid.

47) II,266. Salutati sagt voraus, daß seine

ANMERKUNGEN ZU KAPITEL 11

Poesie nicht »transire in posteros« werde, wozu Novati bemerkt: »Il Salutati fu disgraziamente profeta«. S. an gleicher Stelle, welche Gedicht erhalten sind.

48) I,157: »in qua, ut videre poteris, quedam de gratia operante, cooperante, preveniente et concomitante theologice exprimuntur«.

49) II,345-54.

50) »Fu et anchora è di statura un pocho più che mezana, ma alquanto chinato, con hossa larghe, colore quasi biancho, faccia tonda, larghe et pendente mascelle, et con labbro disotto alquanto più eminente: pronuntiatione modesta, ma tarda. l'aspetto suo è alquanto orido et malinchonicho, ma cominciando a parlare è giocondo. in lui nin è alcuna chupidità innata; huomo è exenplare et vive sanza maccia d'alchuno vitio«, Le vite d'uomini illustri fiorentini, scritti da Filippo Villani colle annotazioni del Conte Giammari Mazzuchelli, Firenze 1847, p. 21.

51) Fr. Novati, Salutati: Epistolario di C. S., op.cit. »Egli difficilmente si decide a scendere dall'altezza speculativa, ove gli piace aggirarsi; ci viene innanzi sempre armato dell'usbergo delle sue opinioni filosofiche ...« Mit dieser Bemerkung will Novati Salutatis Briefe in Gegensatz zu Petrarcas, die leicht und spontan waren, setzen. p. 73.

52) De oratore, I,20, zitiert und auf die Poesie in De lab. p. 75 überführt.

53) »de me vero tam volo quam possum libere confiteri longe plura me didicisse rogatum quam studio vel doctrina«, III,545.

54) III,545.

ANMERKUNGEN ZU KAPITEL 11

1) I,302ff. I,325, De lab. p. 82ff.

2) Der Ausdruck wird über Moses gebraucht, der auch in Bildern sprach. IV, 180.

3) III,454. »nec putes, carissime frater, poeticam tale quiddam esse, quod humana possit ratione comprehendi«.

4) S. IV, 181, wo er auf die Genesis verweist (»ut alios omittam, et a Gentilium testimoniis, ne aures tuas offenderim, abstineam«), zu »adumbrata phantasma somniorum«, welche Gott den Patriarchen des Alten Testaments eingegeben hat.

5) »Multa quidem mortales ad unum aliquid ordinant que rerum director deus ad alium parat effectum«. De lab. 86.

6) S. De lab. 86. »Cumque poetarum abdita misticus interpres aperiet, et ad deum, naturam, vel mores singula referens adaptaverit, sine dubitatione reputet se, quamvis incogitatum ab autore dici queat id quod invenerit, in sententiam tolerabilem incidisse. Quod si ad illa senserit adaptare poterit propriorum nominum rationem, audacter affirmem ipsum sine controversia veram autoris eliciusse sententiam, aut si forsitan illa non fuerit, et ad id quod autor intendisset nomina non accedant, longe commodiorem sensum quam autor cogitaverit invenisse.«

7) I, 325-29. S. die historisch-philosophische Auslegung und Einteilung in sechs Perioden. Vieles von dem, was Vergil gesagt hat, waren, wie man jetzt sehen kann. Prophezeiungen, die erst jetzt verständlich werden.

8) S. De lab., p. 78. Salutati diskutiert die heidnischen Götter, wo die Götterstatuen fast wie Götter verehrt wurden, die den Menschen erschaffen haben. Die Künstler, die diese Figuren geschaffen hatten, waren klüger: »Nec latuit commenticiorum deorum falsitas eruditissimos hominum poetas, qui sacris deorum laudibus et pontificalibus supplicationibus, quas elegantissimis carminibus celebrabant, et ipsis theatricis ludis sub fabularum velamine vanitatem sacrorum et receptorum deorum stulticiam detexerant, longe magis amici et publici veritatis testes quam ipsi philosophi, qui se ipsius veritatis professores gloriabantur«.

9) IV,233, vgl. De lab. p. 19.

10) »nec putes, carissime frater, poeticam tale quiddam esse, quod humana possit ratione comprehendi. divinitus enim infunditur et ex alto venit«, III,454.

11) Se Manfred Fuhrmann, Einführung in die antike Dichtungstheorie, Darmstadt 1973, p. 74ff.

12) Fuhrmann op.cit. p. 94ff.

13) Oxford Classical Dictionary, 1949, p. 583.

14) E.R. Curtius, Eur. Lit. op.cit. p. 235ff.

15) S. E.R. Curtius, ibid. p. 245. Übrigens geht die Erweiterung der dichterischen Erkenntnisgrundlage mit einer Verselbständigung der politischen Macht im Verhältnis zur Kirche und zur christlichen Moral zusammen. Auch hier wird der »invocatio«-Begriff breiter gemacht, S. Jan Lindhardt, Det politiske Menneske, en udviklingslinie i middelalderens og renæssancens frihedsbegreb, 1970.

16) »Principio quidem omnis dictio et omnis oratio prius est intellectualis atque concepta quam vocalis sive prolata«, IV,176.

17) »et quia non poterant homines Deum ante videre, multos tamen eius videbant effectus, cognoscere potuerunt eum solum ab effectibus, hoc est retro, ceperuntque de numine divinitatis loqui, velut aliquis foret homo, nichil habentes homine sublimius quod intelligerent et sensibus, unde movetur nostra cognitio, comprehendissent«, IV,176.

18) »Quicquid ergo de Deo loquitur, fictum

ANMERKUNGEN ZU KAPITEL 11

est et a nobis et nostris actibus mutuatur«, ibid.
19) »... poetice locutionis velamine divinitatis vere misteria retulerunt. Et hac quidem necessitate figuratus iste loquendi modus quem poetica profitetur, non ornatus libidine, non occultandarum rerum studio sed habilitate quadam experimendi conceptum cum fiat de supernaturalibus operibus disputatio, fuit repertus«, De lab., p. 8.
20) »quoniam illa tota vera est, sive litteram consideras sive sensus abditos contempleris«, De lab. p. 87.
21) »Illa ... autorem habeat spiritum sanctum« (De lab. p. 87).
22) ibid. »Hec autem, in quantum hominis est inventum, sic ad id quod intenditur ordinatur quod ab rerum omnium autore deo ad aliud quod homo non cognitat quandoque relata sit, aliquando solum id quod homo voluit habeat importare«.
23) S. IV,176, wo Cicero für folgenden Ausspruch zitiert wird (Tusc. I.XXVI, 65) IV,177: »sed etiam, ut Arpinas noster inquit, ea (scl. divina) apud inferos fieri fingunt que sine corporibus nec fieri possent, nec intelligi«. (vgl. Tusc. I, XVI, 36).
24) IV,178. Es wird auf Genesis 6, 5-6 verwiesen, wo davon gesprochen wird, daß Gott all das Böse sieht, das die Menschen getan haben, und es bereut, sie erschaffen zu haben. »videns autem Deus, inproprie dictum est nec verum potest de virtute sermonis«. IV,179.
25) IV,179, vgl. 180: »Deus cum incorporeus sit, nec cor habeat nec aliquid quod secundum intrinsecus et extrinsecus distinguatur, talis igitur est ut nullo modo de Deo veraciter dici possit«.
26) S. Anm. 25.
27) IV,233, vgl. 240.
28) IV,240. »... certum et manifestissimum sit poetarum figmenta et divine Scripture seriem non diversa, sed eadem prorsus subsistere ratione«.
29) I,325: »audi, si placet, et hoc idem in sacris litteris resonare«.
30) Alle Zitate sind in I, 303 zu finden.
31) I,328. Buc. IV,6-7.
32) IV,303: »sed valde ad omnipotentis Dei gloriam pertinet quod etiam per ignorantes et aliud tentantes dicere tot venturis secreta, et per illos qui eum non cognoscerent, revelavit«.
33) S. III,139, wo er einen Freund dazu auffordert, bei Vergil Trost zu suchen, der uns Christen vieles zu sagen hat. Die Christen haben Grund zur Verlegenheit, wenn sie sehen, daß »inter densissimas gentilitatis tenebras lumen adeo perspicue veritatis erupisse«.
34) IV, 194, wo Salutati behaupten will, daß niemals davon die Rede sein könne, an den mythologischen Figuren des Heidentums Anstoß zu nehmen, weil diese in Wirklichkeit Menschen seien und als solche die Geschöpfe Gottes. (»fuerunt etenim hominum appellationes, in quibus offendi et ratione caret et ridiculum est.)
35) III, 539. Die entscheidende Argumentation findet sich auf den Seiten 541-42.
36) ibid. »sed Deus centrum est infinitis circunferentiis coexistens, cui, cum ubique sit, nulla proprior nullaque distantior dici potest«.
37) III,542: »nec me putes unquam ad inanis fame gloriam, ut sentire te video, laborasse, sed cupiditate sciendi communicandique quod Deus traderit«.
38) »... hic solus Deus est, oportet enim omne verum, ne processus infinitus sit, de veritatibus in verum unum reducere ... hic solus Deus est, non simpliciter solum veritas, sed, ut tunc tibi scripsi, omnis veritas, vera et infinita ac germana veritas, fons scilicet germen et origo omnium veritatum ...«, IV,200.
39) »... ut qui verum querit sine dubio Deum querat ...«, III,541.
40) »ut aliis et posteris, sicut alii nobis suisque temporibus profuerunt, sic aliquid et ego prodessem«, III,542.
41) Giovanni Boccaccio, Comento sopra il Dante, ed. Guerri: Il Comento alla Divina Commedia e gli altri scritti intorno a Dante, Bari 1918. Vol. II, p. 22.
42) Boccaccio, Genealogia deorum gentilium libri, a cura di V. Romano, XV,8, p. 768.
43) »Michi quidem a teneris annis notissimum est, Psalmista monstrante, quia omnes dii gentium demones et hinc eorum semper inepta displicuere facinora«, Gen. deo. XV,9, p. 773. Über Salutati-Poggio, s. Seite 138.
44) »Fateor tamen religione eorum seposita, quorundam poetarum mores et scripta placuisse«, ibid.
45) Boccaccio, Vita di Dante XXII, Difesa della poesia. Ed. De Guerri. op.cit., p. 61. Nur die Form, nicht der Inhalt stimmt überein. Hier steht »sacra teologia« gegenüber »gl'iddii de'gentili e gli uomini«. Aber wo das Thema das gleiche ist, sind Theologie und Poesie fast identisch: »Dico che la teologia e la poesia quasi una cosa si possono dire, dove uno medesimo sia il suggetto«. ibid.
46) Gen. deo. XIV, p. 698.
47) »non enim theologus, ut theologus, versus facit, sed ut poeta«, IV,199.
48) III,291. »caveant autem qui talia de poetarum carminibus reprehendunt, ne simili ratione totum divine Scripture corpus et vetus presertim Testamentum damnent.
49) ibid.
50) Gen. deo. XIV,12, p. 716.

ANMERKUNGEN ZU KAPITEL 12

1) »prohibeatis hec (poesia), si placet sique potestis, vobis in claustris; nec sit cura vobis de his que extra sunt« und »quod tibi ius in eos qui extra claustrum?«, IV,182.
2) IV,216.
3) ibid. »quid esset omnis fidelium multitudo, si cuncti litteras vel grammaticam ignorarent? quid valeret fidelium acies contra Gentiles vel hereticos, si doctrina deficiat que grammatica, logica rethoricaque paratur«.
4) IV,215. »nonne vides quo perduxit ignoratio grammatice religiosos et omnes qui defectu talis habitus laborarunt? non enim intelligunt que legunt, nec legenda possunt aliis preparare«.
5) »Christianus vix scire poterit quid credendum«, IV,216.
6) »vellem quod omnes religiosi taliter in grammatica profecissent atque proficerent, quod non audiremus in voce barbarismos, non solecismos in cohstructione, non vocabula distorta contra analogiam, non extra significatum et ut con conveniat collocata«. Anschließend beginnt Salutati zu korrigieren. IV,217.
7) Salutati meint, daß sie sich schämen: »... sepe vidi theologie magistros nostri temporis non sine rubore quamdoque recurrere non ad eruditos, quorum testimonium pro pudore fugiunt, sed ad pueros, ut quod per semet intelligere nequeunt, de doctrina discentium mutuentur«. III, 290.
8) »Videbit etiam non esse posibile sibi vel alteri clarum habere tam elegantis operis intellectum sine familiari noticia poetarum«, III,290.
9) »Aurelius Augustinus, illuminator atque defensor Fidei christiane, poetarum noticiam in cunctis suis operibus demonstravit ... nunquam tam ornate Civitatem Dei contra vanitatem gentilium munivisset, et precipue Virgilium, ignorasset«, I, 305, vgl. IV, 183: Wenn man bei Augustin und Lactans den heidnischen Stoff abzieht, bleibt nicht viel übrig.
10) »quos libros theologi nostri temporis propter crebram Virgilii et aliorum poetarum mentionem se fatentur in primis saltem distinctionibus ignorare«, I,306.
11) »quibus satis constat quod probandum erat, divinam paginam non semper prosa currere, sed aliquando carminum elegantiam suscipisse; ut cum poetica sit sermocinalis ars atque facultas bilinquis; hoc est unum exteribus exhibens et aliud autem intrinsecus significans, semper in figura loquens ac sepenumero versibus alligans si quid refert, certum et manifestissimum sit poetarum figmenta et divine Scripture seriem non diversa, sed eadem prorsus subsistere ratione. quod quidem assumpseram demonstrandum«, IV,240.

12) S. De lab., p. 15-16. Wegen der begrenzten Auffassungsgabe des Menschen hat sich Gott in der Bibel so ausgedrückt, wie es jetzt vorliegt. Die Konsequenz hiervon ist: »Et hac necessitate factum est ut sublimius perfectiusque poema non sit quam divini scriptura ...« De lab., p. 16.
13) S. zu Salutatis wechselndem Verhältnis zu Petrarca bei R.P. Oliver »Salutatis Christicism of Petrarch, Italica 16, 1939, p. 49-57.
14) Diese Art zu loben war kein besonderes Merkmal der Humanisten, wie v. Martin zu meinen scheint (»unter den humanistischen »Freunden« ... einer wahren Mode«, Hum. Lebensid., op.cit., p. 201), sondern geht auf das Mittelalter zurück. John of Salisbury schmeichelte Thomas Beckett damit, daß er Quintillian und Platon überlegen sei. Aber in seinen philosophischen Untersuchungen »urteilt er ganz anders«. (Curtius, Europ. Lit., op.cit., p. 172.)
15) I, 337ff. Salutati konkludiert« ut quocumque te verteris, Petrarcam nec Virgilio nec Tullio minorem oportet confiteri« (I,342). Oliver (op.cit. p. 53) nimmt das sicherlich ernster als Salutati selbst: »We should err, I think, to see in this argument mere sophistry. It is not rather an early yet natural expression of admiration for the uomo universale, that Ideal of the Renaissance that was wonderful affirmation of this faith in man ...?«
16) III,84: »Petrarca scilicet et Bocacius quorum opera cuncta, ni fallor, posteritas celebrabit: qui tamen quantum ab illis priscis (de antikke) differant formulam dicendi nullam arbitror qui recte iudicare valeat ignorare«.
17) Beide von 1405, IV, 126-144; 158-167.
18) S. IV, 127, wo Salutati Poggio davor warnt, allzu sarkastisch und bissig zu sein, da es ihm in seiner Karriere schaden könnte.
19) V. Martin, Hum. Lebensid., p. 62. S. auch V. Martins sehr gründliche Darstellung der gesamten Polemik, p. 55-65 und p. 288ff. V. Martin dramatisiert aber wohl reichlich (»So erhalten wir das Bild eines regelrechten Zweikampfes, in dem die Feinde sich persönlich gegenüberstehen, jeden Angriff parieren und selbst angreifen, sobald sie eine Blöße des anderen zu entdecken glauben«. p. 57). Für v. Martin sind es nicht nur zwei Personen, die kämpfen, sondern zwei Epochen – das Mittelalter und die Renaissance (Eine entscheidende Wendung des europäischen Geisteslebens).
20) IV,132. »removimus iam, arbitror, totam hanc auctoritatem, umbram et opinionem laudatissime antiquitatis; voloque, si placet, quod quicquid ex prioritate temporum dignitatis et eminentie concepisti, sicut decet, omnino removeas«.
21) ibid.

ANMERKUNGEN ZU KAPITEL 13

22) ibid.
23) S. den gesamten zweiten Brief an Poggio, IV,158-170.
24) De lab. p. 35: »... et speculari inquererque conemur propter quid id sit, nemini debet inconveniens apparare si super his que tradita cernimus, quantam doctrina possit elicere, ... conabimur demonstrare. Nimis etenim arida foret cuiuslibet artis speculatio si que ex arte dicta sunt adeo simpliciter posteritas recepisset quod nichil in eis duceret speculandum nisi quod inventores ipsi potuerint vel voluerint declarare«.
25) ed. Garin, prosatori latini, p. 44-99.
26) Poggio an einen anonymen Adressaten: »Quod autem in Virgilii fabula avaricie descripcionem voluisti contineri, in quo plurimum verborum effudisti, perridicula atque inepta michi videntur, non tua solum, sed ceterorum queque curiosa et indigna docto viro interpretacio, qui similibus fabellis aliud preter aurium delectacionem quesitum putatis«. Zit. nach Garin, La cul. fil. op.cit., p. 36.
27) IV,137, Horats, Ep. II,3,309.
28) Und umgekehrt: Diejenigen, die wissen, wovon sie sprechen, sind auch beredsam. »Omnes scilicet in eo quod sciret satis esse eloquentes«. IV, 138.
29) S. IV., 165. Das ist aber nicht das Wesentliche, denn es dreht sich »circa vitam et moralia«, und hier kommen die Heiden zu kurz (ibid.). Im übrigen sind die Modernen den Alten im Formellen in einigen Punkten überlegen, insbesondere gilt das für die Predigt (»predicationis suavitate«). IV, 137.
30) »velles eum superare Livium atque Sallustium? vellum et ego; sed nimis difficile est vel Homero versum vel clavam Herculi vel Livio hystorie gloriam vel Sallustio brevitatis laudem et veritatis opinionem auferre«. IV, 140. (Man sieht, daß Eloquenz im weiten Sinne verstanden ist.)
31) Aristoteles-Zitat, Metaph. I,1, 12-14. Sal. IV, 138.
32) Oliver, Salutatis Criticism of Petrarch, op.cit. p. 55.
33) Delio Cantimori, Zur Geschichte des Begriffes »Renaissance« in Zu Begriff und Problem der Renaissance, hrsg. v. A. Buck, Wege der Forschung, 204, Darmstadt 1969, p. 45ff.
34) Der Auffassung Salutatis von dem Verhältnis zwischen Weisheit und Rhetorik in dem Streit mit Poggio, mißt Jerold Seigel in seiner Analyse (in Rhetoric and Philosophy in Renaissance Humanism, Princeton 1968) entscheidende Bedeutung bei, als Ausdruck dafür, daß hier Salutatis Ansicht ausschlaggebend hervortritt. Bei Seigel bekommt man den Eindruck, daß Salutati bei einer Theorie stehengeblieben ist, wonach die eloquentia der Philosophie untergeordnet ist, während er in der Praxis diese mehr selbständig behandelt. Obwohl ich mit Seigel in manchem übereinstimme, bin ich der Ansicht, daß dies die Perspektive entscheidend verschiebt, welches vielleicht dadurch zu erklären ist, daß Seigel sich nur für *studia humanitatis* als *eloquentia* interessiert, nicht als *poesia*. Das erstere ist nämlich nur eine äußere Form, während sowohl Form als Inhalt in dem letzteren einbegriffen sind. Deshalb werden die Konsequenzen auch – soweit ich beurteilen kann – weittragender.

ANMERKUNGEN ZU KAPITEL 13

1) S. oben Seite 129ff.
2) S. das Kapitel – Die Verteidigung der Poesie, Italienische Dichtungslehren, Tübingen 1952, p. 67-87.
3) Zu Petrarca heißt es: »Die Frage, in welchem Verhältnis die hier vertretene Auffassung der Poesie (scl.: die allegorisch-göttliche)zu der Rhetorik steht, wird jedoch nicht beantwortet«. (op.cit., p. 77).
4) Buck, op.cit. p. 87.
5) »fons autem inventionis natura est, cuius bonitas si defuerit, nulla poterit eruditione parari«, III,606.
6) Buck hatte das Buch nicht zu seiner Verfügung, s. p. 87, Anm. 198.
7) S. De lab., 1. Buch, Kap. 3 mit dem Titel: »Quod poetica sit ars et que sit eius materia, et quod ex omnibus artibus sit composita, et quod ab ipsa natura profecta sit«. Salutati schreibt hier unter Hinweis auf Cicero, Archia 18: »Sed hoc intendebat orator egregius cum ceteros artifices diceret et ipsorum studia doctrina, preceptis, et arte constare, poetam non illis solum sed nature valere. Unde et 'valere' dixit, non 'constare', attribuens eminentiam poeticam potius nature quam arti«, De lab. p. 17-18.
8) »Quod tamen nec meditatione percipitur nec doctrina, sed solum natura et divinitus inspiratur«, De fato II,12, f. 58,1.
9) S. das Zitat in Anm. 6. Der Text lautet weiter: »Constat itaque poeta doctrina, preceptis, et arte sicut rerum studie reliquarum. Valet autem, hoc est excellit eminet, longe magis natura quam arte«, De lab. p. 18.
10) »sicut enim in divinis, que supra nos sunt et ab intelligentie nostre potestate remota, sed longe magis a significandi facultate quoniam plus intelligimus quam efferre posimus, in figuratos sermones necessitate profecti sumus; sic et in humanis placuit ab his que pro divinitatis expressione recepimus or-

ANMERKUNGEN ZU KAPITEL 13

nandi quandam elegantiam mutuari, et quod nobis in divinis necessitas fuit, in humanis fecimus voluntatem«, III,293.

11) C. S. Lewis, The Allegory of Love, Oxford 1938, p. 44ff.
12) Lubac, op.cit. II,178ff.
13) H. G. Gadamer, Symbol und Allegorie, in Umanesimo e Simbolismo, ed. E. Castelli, Padova 1958, p. 23ff.
14) Jan Lindhardt, Retorik, p. 109ff.
15) S. Lubac. op.cit. II,180.
16) S. Lubac, op.cit. II,125ff. (Chap. VII, Symbolisme).
17) Lubac II,161.
18) H. Caplan, The Four Senses of Scriptural Interpretation and the medieval Theory of Preaching Speculum 1929, p. 282-90. Lubac, op.cit. passim.
19) Lubac II,147.
20) »Quicquid ergo de Deo loquitur, fictum est et a nobis et nostris actibus mutuatur«, IV,176.
21) »Nec veras nec verisimiles res contineat«, De lab. p. 586.
22) »Nullus enim poetarum nocere vult. Quod autem maius nocumentum possent efficere quam vanas et falsissimas res pro veris credulis hominibus persuadere? Non fuit in optimis illis vatibus tanta mentis insania ...«, ibid.
23) Ibid. »Aliud profecto latebat et latet sub cortice fabularum quas artificiossime componebant«.
24) De lab. 86: »Unde que fabulosa videntur apud poetas inseri, sive omnino ficta sint sive pura videantur hystoria, cum tamen vera non fuerint ...«
25) ibid.
26) De lab. 8. »Et hac quidem necessitate figuratus iste loquendi modus, quem poetica profitetur, non ornatus libidine non occultandarum rerum studio sed habilitate quadam exprimendi conceptum cum fiat disputatio de supernaturalibus operibus, fuit repertus«, vgl. IV,181.
27) De lab. I,10. S. auch Struever, The Language of History ... op.cit. p. 84-85.
28) Jan Lindhardt, Retorik, p. 27-29.
29) Der Dialog Menon 81A.
30) Die biblische Dichtung hat den Heiligen Geist zum Urheber und hat daher vielerlei Bedeutungen: »illa cum autorem habeat spiritum sanctum, ad infinitos sensus ordinata est«. De lab., p. 87.
31) »Sed quia infinite sunt rerum similitudies, possunt non inconvenienter ad alia trahi, quo desinant qui plures expostiones viderint admirari«. Ibid.
32) S. Jan Lindhardt, Retorik, p. 37ff., und weiter die da angeführte Literatur.
33) »quid enim dicere potest orator aut dictator scribere, si non sit inveniendi doctissimus? hanc autem artem apud Ciceronem Quintilianumque reperies, sed longe copiosius atque elegantius subministrabit illam tibi nature bonitas, acumen igenii, meditatio excertiumque dicendi. nam que traduntur in artis preceptionibus bona sunt et que reddunt artificem certiorem; fons autem inventionis natura ist, cuius bonitas si defuerit, nulla poterit eruditione parari«, III,605-606.
34) »... addit super omnia, quod sibi proprium est, delectationem commutatinis et carminis, que quanta sit non potest facile iudicari«, De lab. 22.
35) S. De lab. I,4 mit der Überschrift. »Quod poetica ex trivio atque quadrivio perficiatur et ipsam solam posse quicquid efficit trivium explicare«, p. 21.
36) III,605.
37) E. Panofsky, Meaning in the visual arts, N.Y. 1955, p. 44-55.
38) IV,200. »quare si reperiatur veritas in prophetis et aliis litteris sacris, sive Gentilium, sive fidelium dictis sive, quod abhorres, in carminibus poetarum, nichil refert. veritas quidem est et Deus vel de Deo«.
39) IV,196-197. »Ego vero, quo de me loquar, poetas propter tria legendos esse semper censui: quod propriis uterentur vocabulis, quod miris sententiarum et verborum ornatibus redundarent, quod vitam nostram, qualis esse debeat, virtutes laudando reprehendendoque vitia, designarent«.
40) III,602ff.
41) III,605.
42) IV,234: »adeo quidem intenti sunt sacris theologie studiis et oraculis divinitatis, que novum ac vetus continet Instrumentum, quod operam non possunt aliis indulgere. hinc rethoricam nichil esse putant quam splendidorum vocabulorum congeriem, clausulis lubricantibus trisyllaboque cursu vel quadrisyllabo terminatis«. Für die eigene Beredsamkeit der Theologen hat Salutati nicht viel übrig. Sie ist nur Ziererei. S. De sec. 45-46.
43) »poetica simul omnia perficit et imaginativam thesaurumque perceptarum rerum, memoriam, movet et reducit in actum ...«, De lab. p. 22-23.
44) IV,213. »et vere, vir religiosissime, si nobilitatem intellectus tam ardenter non anteponeres voluntati, cuius oppositum, cum de nobilitate legum et medicine dissererem, posui, forte responsionis onus, cedens auctoritati tue et reverentie, dimississem.«
45) Ibid. Anm. 4.
46) III,293. »ut sicut in illa (scl. Biblia) veritas ex veritate processit, sic in ista non ex veritatibus solum, sed ex fictis et humanis inventis ipsa veritas oriatur, et quasi lux in tenebris lucens et ex falsitatum abditis immaculata procedat«.
47) Dominicis Werk Lucula noctis, ed. Edm.

ANMERKUNGEN ZU KAPITEL 13

Hunt, Indiana 1940, gegen das Salutati seinen längsten und bedeutendsten Brief schrieb (IV,205-240), geht ausführlich auf die humanistischen Argumente ein, denen die ersten hundert Seiten gewidmet sind. Erst danach beginnt die Gegenargumentation.

48) S. oben Seite 188, Anm. 26.
49) S. oben Seite 156, Anm. 44.
50) »Omnia enim preclara et memoratu digna ab iniuria atque iniustitia contemptis sunt legibus profecta«, cit. nach E. Walser, Poggius Florentinus, op.cit. p. 256.

51) Man kann vielleicht vermuten, daß die Tatsache, daß sich die Wege der Humanisten und der Theologen trennten, der Grund dafür ist, daß auf italienischem Boden – mit Valla als Ausnahme – keine wirkliche Bibelkritik in Gang kam. Das philologische Können war vorhanden, aber es fehlte an Anregung und am Interesse. Eine Verlängerung der Linie von Salutati würde ein völlig anderes Bild ergeben haben.

WERKE SALUTATIS, DIE VERWENDET WURDEN:

Briefe. Francesco Novati hat 340 Privatbriefe herausgegeben in Epistolario di Coluccio Salutati, a cura di ..., I-IV (Fonti per la soria d'Italia), Roma 1891-1911. Diese Briefe umfassen die Periode von 1360 bis zu Salutatis Tod im Jahre 1406. Hier zitiert ohne andere Angaben als römische (Band) und arabische (Seite) Ziffern.

Hierzu kommen Salutatis öffentliche Briefe, von denen es zehnmal so viele gibt, wie von den privaten. Kopien davon liegen (oftmals von Salutati selbst kopiert) in Archivio di Stato, Firenze, Prima cancelleria, Missive. Reg. 15-26. Diese sind, von einigen wenigen abgesehen, nicht herausgegeben worden. Professor E. Garin hat mir mitgeteilt, daß er eine Auswahl davon herausgeben wolle. Andere Briefe liegen in Biblioteca Apost. Vaticana, Cod. Capponi 147.

De seculo et religione, hrsg. von B. L. Ullman, Firenze 1957 (In aedibus Leonis S. Olschki). Das Buch ist zwischen 1379 und 1301 geschrieben (vgl. II,10). Hier verkürzt zu *De sec.*

De laboribus Herculis, hrsg. von B. L. Ullman, Zürich 1951. Es liegen zwei Ausgaben vor, eine kürzere von ca. 1381 und ein sehr umfangreiches Werk von ca. 1395. Wahrscheinlich ist das Werk, von liber II abgesehen, nicht abgeschlossen (s. B. L. Ullman, The Humanism of C. S. p. 21-26). Ullman hat in seiner Ausgabe beide Fassungen mitgenommen Hier verkürzt zu *De lab.*

De verecundia, hrsg. von Garin, zusammen mit De nobilitate legum et medicine (s. dort). Es ist etwa 1390 geschrieben.

De fato et fortuna ist noch nicht herausgegeben worden, aber W. Rüegg arbeitet daran, s. Rinascimento 5, 1954, p. 143. Hier wurde cod. LIII, 18 benutzt, das in Biblioteca Mediceo-Laurenziana in Firenze liegt. Zitiert mit Angabe von Buch (römisch) und Kapitel (arabisch). Außerdem sind Blatt und Seite angegeben, so daß z.B. f.20,1 bedeutet Blatt 20, linke Seite, während z.B. f. 20,2 Blatt 20, rechte Seite bedeutet. Verkürzt zu *De fato.*

De nobilitate legum et medicine, hrsg. von E. Garin, Firenze 1947. Mit italienischer Übersetzung. Die Schrift ist von ca. 1399. Verkürzt zu *De nob.*

De tyranno liegt in zwei Ausgaben vor: 1) Alfred v. Martins (s. unter v. Martin, unten) aus dem Jahre 1913, die hier verwendet wurde, und 2) Fr. Ercoles (s. unter Erc.) aus dem Jahre 1914. Die Schrift stammt aus dem Jahre 1400.

Invectiva in Antonium Luscum, hrsg. von D. Moreni, Firenze 1826. Diese Ausgabe ist mir leider nicht zugänglich gewesen, weshalb ich Garins Veröffentlichung des Hauptteiles benutzt habe, in Prosatori Latini del Quattrocento, Storia e Testi, 7, Milano/Napoli 1952, p. 8-36. Die Schrift ist von ca. 1404 (vgl. Ullman, The Humanism, p. 34).

LITERATUR

K. O. APEL, Die Idee der Sprache in der Tradition des Humanismus von Dante bis Vico, Archiv für Begriffsgeschichte, Band 8, Bonn 1963.

HANS BARON, Humanistic and Political Literature in Florence and Venice at the Beginning of the Quattrocento, Cambridge, Massachusetts 1955.

– The Crisis of the Early Italian Renaissance, I-II, Princeton 1955, Revised Edition 1966.

MICHAEL BAXANDAL, Giotto and the Orators, Oxford Warburg Studies, Oxford 1971.

MARVIN B. BECKER, Some Aspects of Oligarchical, Dictatorial and Popular Signorie in Florence. Comparative Studies in Society and History, 2, 1959, p. 420-39.

BETHMANN-HOLLWEG, Der germanisch-romanische Civilprozess im Mittelalter, besonders vol. 6, § 128, p. 159-197: De arte notariae, Bonn 1874.

GIOVANNI BOCCACCIO, Genealogie deorum gentilium libri, a cura di Vencenzo Romano, Scrittori d'Italia X-XI, Bari 1951.

– Il Comento alla Divina Commedia e gli altri scritti intorno a Dante, ed. D. Guerri, Bari 1918. Relevante Texte sind gesammelt unter dem Titel: Vita di Dante e difesa della poesia, a cura di Carlo Muscetta, Roma 1963.

LAMBERTO BORGHI, La dottrina morale di Coluccio Salutati, Annali della R. Scuola Normale superiore di Pisa, serie II, vol. III, 1934, p. 75-102.

– La concezione umanistica di Coluccio Salutati, ibid. p. 469-92.

G. BRUCKER, Florentine Politics and Society 1343-78, Princeton 1962.

LEONARDI BRUNI, Ad Petrum Paulum Histrum Dialogus, a cura di E. Garin i Prosatori latini del Quattrocento, La letteratura italiana. Storia e testi, vol. 13.

– Humanistisch-philosophische Schriften, herausg. von Hans Baron, 1928.

AUGUST BUCK, Italienische Dichtungslehre vom Mittelalter bis zum Ausgang der Renaissance. Beihefte zur Zeitschrift für romanische Philologie, Heft 94, Tübingen 1952.

– , Zum Methodenstreit zwischen Humanismus und Naturwissenschaft in der Renaissance. Sitzungsberichte der Gesellschaft zur Beförderung der gesamten Naturwissenschaften zu Marburg, Bd. 81, 1959, p. 16-31.

KONRAD BURDACH, Reformation, Renaissance, Humanismus, Berlin/Leipzig 1926.

JACOB BURCKHARDT, Der Kultur der Renaissance in Italien, 1. udg. 1857. Viele spätere Ausgaben.

SANTI CALLERI, L'arte de guidici e notai di Firenze nell'eta comunale e nel suo statuo del 1344. Milano 1966.

AUGUSTO CAMPANA, The Origin of the Word »Humanist«. The Warburg and Courtauld Institutes, (London University), IX, London 1946.

HARRY CAPLAN, The four senses of scirptural Interpretation and the medieval Theory of Preaching, Speculum 1929.

M. D. CHENU, Introduction a l'étude de Saint Thomas d'Aquin, Paris 1950.

G. CONTI, Fatti e aneddoti di storia fiorentina, Firenze 1902.

E. R. CURTIUS, Europäische Literatur und lateinisches Mittelalter, 5. Aufl., Bern 1965.

GIOVANNI DOMINICI, Lucula noctis, ed. Edmund Hunt, Publications in Mediaeval Studies, Vol. 4, The University of Notre Dame, Indiana 1940.

(FRANCESCO ERCOLE) Tractatus de Tyranno von Coluccio Salutati. Kritische Ausgabe mit einer historisch-juristischen Einleitung von Fr. Ercole. Quellen der Rechtsphilosophie, herausg. von Josef Kohler, Berlin und Leipzig 1914, Bd. I.

– Da Bartolo all'Althusio, Firenze 1932.

(–) a cura di: Salutati: Il Trattato »De Tyranno« e lettere scelte, Bologna 1942.

W. K. FERGUSON, The Renaissance in Historical Thought, Cambridge, Mss. 1948.

FRANCESCO DA FIANO, Un opuscolo inedito di Francesco da Fiano, a cura di Maria Luisa Plaisant, Rinascimento, seconda serie, vol. I, Firenze 1961, p. 119-162.

E. FUETER, Geschichte der neueren Historiographie, München u. Berlin, 1911.

MANFRED FUHRMANN, Einführung in die antike Dichtungstheorie, Darmstadt 1973.

H.-G. GADAMER, Symbol und Allegorie, in Umanesimo e Simbolo, ed. E. Castilli, Padova 1958.

– Wahrheit und Methode, 2. Aufl., Tübingen 1965.

ALFREDO GALIETTI, L'eloquenza – Dalle origini al XVI secolo (Storia dei generi lettarari italiani). Milano 1938.

E. GARIN, Filosofi italiani del Quattrocento, Firenze 1942.

– Trattati morali di Coluccio Salutati, Atti e Memorie dell'Accademia fiorentina di scienze morali, La Colombaria, Nuova serie vol. I, Firenze 1947, p. 55-88.

– La Filosofia, I-II (Storia dei generi letterari italiani), Milano 1947.

– (ed.) La disputa della arti nel Quattrocento, a cura di ..., Edizione Nazionale dei Classici del Pensiero Italiano IX, Firenze 1947.

– L'educazione umanistica in Italia, Testi scelti e illustrati, a cura di E. Garin, Bari 1949.

– Umanesimo e Rinascimento, i Problemi ed orientamenti critici di linqua di letteratura italiana, collana diretta da Attilio Momigliano. I-V, Milano 1949. Vol. III, p. 349-404.

LITERATUR

- L'Umanesimo, I Classici della pedagogia italiana, vol. II, Firenze 1956.
- L'educazione in Europa (1400-1600), Bari 1957.
- La cultura fiorentina nelle seconda meta del '300 e i »barbari britannici«. Rassegna della letteratura italiana 64, 1960, p. 181-195.
- Medioevo e Rinascimento, 2. ed. Bari 1961.
- La cultura filosofica del Rinascimento italiano, 2. ed. Firenze 1965.
- L'umanesimo italiano, Firenze 1965.
LUIGI GASPERETTI, Il »De fato, fortuna et caso«, La Rinascita 4, 1941, p. 555-582.
G. GENTILE, I problemi della Scolastica e il pensiero italiano, Firenze 1912. Opere complete di G. G. Firenze 1963, vol. XI.
- Il pensiero italiano del Rinascimento, Firenze 1923. Op. comp. vols. XIV-XV.
ALESSANDRO GHERARDI, La guerra dei Fiorentini con papa Gregorio XI, detta la guerra degli otto santi. Memoria compilati sui documenti dell'archivio fiorentino da Alessandro Gherardi. Archivio storico italiano, Serie terza, Tom. V-VIII, Firenze 1867-68.
ÉTIENNE GILSON, L'Esprit de la Philosophie mediévale, Paris 1932.
- Le Thomisme, Études de Philosophie mediévale I, Paris 1945.
- Notes sur une frontière contestée. Archives d'Histoire doctrinale et littéraire du moyen âge, 25, 1958, p. 59-88.
HANNA GRAY, The Pursuit of Eloquence. Journal of History of Ideas, 24, 1963, p. 497-513.
J. HABERMAS, N. LUCKMANN, Erkenntnis und Interesse, Frankfurt 1973.
PETER HERDE, Politik und Rhetorik in Florenz am Vorabend der Renaissance, Archiv für Kulturgeschichte, Bd. 47, 1965, p. 141-220.
MATTEO IANNIZZOTTO, Saggio sulla Filosofia di Coluccio Salutati, Padova 1959.
RICHARD C. JENSEN, Coluccio Salutati's *Lament of Phyllis*, Studies in Philology, LXV, 1968, pp. 109-123.
ECKHARD KESSLER, Das Problem des frühen Humanismus. Seine philosophische Bedeutung bei Coluccio Salutati, Humanische Bibliothek, Abhandlungen und Texte, Reihe I, Band I, München 1968.
JOSEF KOCH (Herausg.) Artes Liberales. Von der antiken Bildung zur Wissenschaft des Mittelalters, Leiden 1959.
PAUL O. KRISTELLER, Petrarchs »Averroists«. A Note of History of Aristotelianism in Venice, Padua and Bologna. Bibl. d'Humanisme et Ren. XIV, 1952, p. 59-65.
- The Classics and Renaissance Thought, Harward 1955.
- Studies in Renaissance Thought and Letters (Storia e Letteratura), Roma 1956.
- Renaissance Thought, I-II, New York 1961-65.
BRUNETTO LATINI, Li Livres dou Tresor. Edition critique par Francis J. Carmody, Los Angeles 1948.
H. LAUSBERG, Handbuch der literarischen Rhetorik I-II, München 1960.
J. LECLERCQ, La vie parfaite, Points de vue sur l'essence de l'Essence de l'état religieux, Paris 1948.
- Études sur le vocabulaire monastique du moyen âge, Rom 1961.
C. S. LEWIS, The Allegory of Love, Oxford 1936.
JAN LINDHARDT, En renaissancetænkers syn, København 1965.
- Det politiske Menneske, København 1970.
- Retorik, København 1975.
BERNHARD LOHSE, Mönchtum und Reformation. Luthers Auseinandersetzung mit dem Mönchideal des Mittelalters, Göttingen 1963.
RUDOLF LORENZ, Fruitio Dei bei Augustin, Zeitschrift f. Kirchengeschichte, 63, 1950, p. 75-132.
HENRI LUBAC, Exégèse Médiévale. Le quatre sens de l'Ecriture, I-II, Paris 1959.
ALFRED VON MARTIN, C. Salutatis Traktat, »Von Tyrannen«, Abhandlungen zur mittleren und neueren Geschichte, Heft 47, Berlin 1913.
- Mittelalterliche Welt- und Lebensanschauung im Spiegel der Schriften Coluccio Salutatis, Historische Bibliotek, Vol. XXXIII, Oldenbourg 1913.
- Die Populärphilosophie des Florentiner Humanisten C. Salutati, Archiv für Kulturgeschichte XI, 1913, p. 411-454.
- Coluccio Salutati und das humanistische Lebensideal, Beiträge zur Kulturgeschichte, herausg. v. W. Goetz, vol. XXIII, Leipzig 1916.
L. MARTINES, The Social World of the Florentine Humanists 1390-1460, Princeton 1963.
DEMETRIO MARZI, La cancelleria della republica fiorentina, Rocca S. Casciano 1910.
JÜRGEN MIETHKE, Ockhams Weg zur Sozialphilosophie, Berlin 1969.
(MUSSATO) Albertini Mussati Historia Augusta Henrici VII Cæsaris et alia, quæ extant opera, Venetiis 1646.
ANTHONY NEMETZ, Literalness and the Sensus Littaralis, Speculum 34, 1959, p. 76-89.
FRANCESCO NOVATI, La giovenezza di Coluccio Salutati, Torino 1888.
- Epistolario di Coluccio Salutati, Bullettino dell'Instituo storico italiano, n. 4, p. 64-107.
- Freschi e Minii del Dugento, Milano 1908.
GOTTHARD NYGREN, Das Prädestina-

tionsproblem in der Theologie Augustins, Lund 1958.
J. REYNOLD O'DONNEL, Coluciio Salutati and the Poet-Teacher, Mediaeval Studies 22, 1960, p. 240-56.
R. P. OLIVER, Salutatis Criticism of Petrarch, Italica, 16, 1939, p. 49-57.
OXFORD CLASSICAL dictionary, Oxford 1949.
ERWIN PANOFSKY, Renaissance and Renascenses, Kenyon Review 6, 1944, p. 201-35.
– Meaning in the visual Arts, N.Y. 1955.
ERIK PETERSEN, Fate and Fortune in Coluccio Salutati's *De fato et fortuna*, Cahier de l'Institut de grecque et latin, 18, 1976, pp 5-17.
– Fortunae vices. Domenico di Bandino on Fate and Fortune. Analecta romana instituti danici 8. 1978, pp 103-121.
GIOVANNI DA PRATO, SE Wesselofsky.
FRANCESCO PETRARCA, Le Familiari I-IV, per cura di Vittorio Rossi e Umberto Bosco. Edizione nazionale delle opere di Fr. Petrarca, X-XIII, Firenze 1933-42.
– Prose, a cura di G. Martellotti, P. G. Ricci, E. Carrara, E. Bianchi, La Letteratura Italiana, Storia e Testi, vol. 7, Milano-Napoli 1955. Enthält u.a. Invective contra medicum og De sui ipsius et multorum ignorantia og De vita solitaria.
– Podesta temporale, giudicata da Fr. Petrarca, da Col. Salutati e da Giov. d'Mussi, Firenze 1960.
ARMANDO PETRUCCI (ed.), Il Protocollo Notarile di Coluccio Salutati 1372-73, a cura di A. P. Milano 1963.
JOSEPH RATZINGER, Die Kirche in der Frömmigkeit des heiligen Augustinus, in Sentire Ecclesiam, herausg. v. J. Daniélou u. H. Vorgrimler, Freiburg 1961, p. 152-175.
E. F. RICE, The Renaissance Idea of Wisdom, Cambridge, Mass. 1948.
D. W. ROBERTSON, A Preface to Chaucer. Studies in Medieval Perspectives, Princeton 1962.
VITTORIO ROSSI, Il Quattrocento, Milano 1933, 6. ed. 1956.
WALTER RÜEGG, Cicero und der Humanismus, Zürich 1946.
– Entstehung, Quellen und Ziel von Salutatis 'De fato et fortuna' Rinascimento 5, 1954, p. 143-90.
REM. SABBADINI, Le scoperte dei codici latini e greci ne' secoli XIV e XV, Firenze 1914.
– Il metodo degli umanisti, Firenze 1922.
G. SAITTA, Il pensiero italiano nell'Umanesimo e nel Rinascimento I-III, Firenze 1961 (2. ed.), Vol. I: L'Umanesimo.
EVA M. SANFORD, The Study of Ancient History in the Middle Ages, Journal of the History of Ideas, 5, 1944, p. 21ff.
F. SCHEVILL, History of Florence from the Founding of the City through the Renaissance, New York, 1936.
GIUSEPPE MARIA SCIACCA, L'idea della morte fondamento della vita attiva nel pensiero di Coluccio Salutati. Rassegna di Scienze filosofiche, 2, p. 98-113.
– Il valore della storia di Coluccio Salutati, Annali della Facolta di lettere e filosofia, Universita degli studi di Palermo 1950, p. 352-366.
– La visione della vita nell'Umanesimo, Palumbo 1954.
JERROLD E. SEIGEL, Ideals of Eloquence and Silence in Petrarch. Journal of the History of Ideas, 26, 1965, p. 147-174.
– Rhetoric and Philosophy in Renaissance Humanism. The Union of Eloquence and Wisdom, Petrarch to Valla, Princeton 1970.
THOR SUNDBY, Brunetto Latini, Levnet og Skrifter, København 1869.
LYNN THORNDYKE, A History of Magic and Experimental Science, I-IV, New York, 1929-34.
GIUSEPPE TOFFANIN, Ultimi Saggi, Bologna 1960.
CHARLES TRINKAUS, In Our Image and Likeness. Humanity and Divinity in Italian Humanist Thought, vol. 1-2, London 1970.
UEBERWEG, Geschichte der Philosophie, Teil II, Basel 1951.
B. L. ULLMAN, Studies in the Renaissance, Rom 1955.
– The Humanism of Coluccio Salutati, Padova 1963.
ERNST WALSER, Poggius Florentinus, Leben und Werke. Beiträge zur Kulturgeschichte des Mittelalters und der Renaissance, herausg. von Walter Goetz, Heft, 14, Berlin-Leipzig 1914.
– Recension von Alfred v. Martin i Giornale storico della letteratura italiana, 72, 1918, p. 143-48.
– Gesammelte Studien zur Geistesgeschichte der Renaissance, Basel 1932.
ROBERT WEISS, The Dawn of Humanism in Italy, London 1947.
– Per gli studi greci di Col. Salutati, Miscellanea in onore di Roberto Cessi, vol. I, Roma 1958.
– Lineamenti per una storia del primo Umanesimo, Rivista storica italiana 60, 1948, p. 37-68.
ALESSANDRO WESSELOFSKY, Il Paradiso degli Alberti. Ritrovi e ragionamenti di 1389. Romanzo di Giovanni da Prato, a cura di A. W. I(p. prim. e sec.) II,III, Bologna 1879.
RONALD WITT, Coluccio Salutati and the

Political Life of Buggiano (1351-74), Rinascimento 6, 1966.
– Coluccio Salutati and his Public Letters, Genève 1976.
FILIPPO VILLANI, Le vite d'uomini illustri fiorentini, scritte da F. V. colle annotazione del Conte Giammari Mazzuchelli (Collezioni storici e cronisti italiani, editi ed inediti, tom. VII), Firenze 1847.
GEORG VOIGT, Die Wiederbelebung des classischen Alterthums, I-II, 5. Aufl. Berlin 1893.

VLADIMIRO ZABUGHIN, Vergilio nel Rinascimento italiano, I-II, Bologna 1921-23.
TH. ZIELINSKI, Cicero im Wandel der Jahrhunderte, Berlin/Leipzig 1912, Darmstadt 1967.
ADOLAR ZUMKELLER, Das Mönchtum des heiligen Augustinus, Cassiacum 11, Würzburg 1950.
– Der klösterliche Gehorsam beim heiligen Augustinus, i Augustinus Magister, Congres international augustinièn, Paris 1954, p. 265-276.

Personenregister

Alberti, Paradiso degli 19, 195
Ambrosius 137
Francesco di Marano da Amerino 61
Anaxagoras 180
ser Andrea 56
Anselm von Canterbury 105
K. O. Apel 184, 192
Apollo 132
Dionysius Areopagita 176
Aristoteles/aristotelisch 24, 26, 60, 68, 93, 97, 100, 103, 105, 115, 119, 120, 126, 131, 149, 166, 169, 176, 179, 180, 183, 184, 188
Aurelius Augustin 17, 25, 33, 49, 50, 66, 70, 71, 72, 73, 74, 98, 99, 121, 137, 144, 165, 170, 171, 173, 176, 183, 184, 187
Averroes/averroistisch 26, 33, 119
Avicenna 33

Domenico di Bandino 5, 16, 155
Hans Baron 32, 36, 89, 160, 161, 175, 176, 192
Michael Baxandall 178, 192
Marvin B. Becker 175, 192
Thomas Beckett 187
Bernardus 62, 174
Bethmann-Holweg 178, 192
Guiseppe Billanovich 155, 156, 192
Giovanni Boccaccio 17, 19, 94, 95, 97, 104, 108, 114, 119, 120, 125, 135, 139, 141, 155, 156, 174, 176, 179, 180, 182, 183, 186, 187
Boethius 176, 183
Bonaventura 105
Lamberto Borghi 23ff., 29, 59, 80, 158, 159, 168, 173
Poggio Bracciolini 17, 26, 127, 138, 140, 150, 155, 156, 181, 186, 187, 190
G. Brucker 192
Francesco Bruni 158
Leonardo Bruni 16, 17, 26, 119, 150, 155, 161, 175, 176, 181, 182, 192
Brutus 70, 71, 171
August Buck 141, 144, 177, 178, 179, 188, 192
John Bunyan 168
Jacob Burckhardt 20ff., 23, 149, 157, 164
Konrad Burdach 192

Santi Calleri 192
Jean Calvin/calvinistisch 58, 82, 168
Augusto Campana 181, 192
Delio Cantimori 188, 192
Harry Caplan 189, 192
Fr. Novello da Carrara 35
Caterina 42
Geoffrey Chaucer 95, 156
M. D. Chenu 172, 192

Christus (s.a. Jesus) 87, 106, 132
Marcus Tullius Cicero 17, 98, 100, 103, 109, 111, 128, 138, 142, 148, 149, 156, 162, 174, 176, 178, 180, 184, 187
Clemens von Aleksandria 98
G. Conti 176, 192
M. Crysoloras 181
E. R. Curtius 98, 132, 177, 178, 179, 185, 187, 192
Cæsar 70, 71, 89, 171

Dante Alighieri 19, 96, 111, 139, 142, 181, 182
David 134, 144
Demokrit von Abdera 180
René Descartes 59, 105
Giovanni Dominici 37, 137, 140, 150, 177, 189, 192
A. Donatus 179

Francesco Ercole 157, 162, 175, 191, 192
W. K. Ferguson 192
Francesco da Fiano 116, 150, 182, 192
Marsilio Ficino 9
Fidias
E. Fuerter 39, 192
Manfred Fuhrmann 185, 192
Fulgentius von Ruspe 96, 180

H.-G. Gadamer 143, 179, 189, 192
Galateo 156
Galileo Galilei 105
Alfredo Galletti 192
Eugenio Garin 18, 25, 26, 27, 28, 29, 30, 32, 33, 34, 35, 36, 57, 115, 120, 155, 156, 158, 159, 160, 161, 162, 168, 173, 179, 181, 182, 183, 192ff.
Luigi Gasperetti 25, 71, 158, 171, 193
G. Gentile 23, 28, 158, 193
Alessandro Gherardi 19, 156, 167, 193
Giovanni Giachinotti 167
Giangeleazzo 33, 161
Étienne Gilson 31, 160, 173, 193
Giovanna 45, 47, 52
J. W. v. Goethe 143
Hanna Gray 9, 193
Gregor XI 19, 156, 167
Gregor der Grosse 17, 181
Gregor von Rimini 172
Guidotto da Bologna 179

J. Habermas 39, 87, 162, 193
John Hawkwood 161
G. W. F. Hegel 140
M. Heidegger 40

PERSONENREGISTER

Henrik VII 96, 177
Heraklit von Efesos 130, 145
Hercules 113, 121, 188
Peter Herde 33, 34, 36, 161, 162, 193
Eusebius Sophronius Hieronymus 99, 137
Homer 130, 133, 145, 183, 188
Quintus *Horatius* Flaccus 66, 114, 139, 180, 188

Matteo Iannizzotto 28, 29, 30, 79, 128, 159, 173, 193
Innocens VII 155
Irenæus 144
Isidor von Sevilla 97, 98

Jesus (s.a. Christus) 19, 70, 97
Job 45
Johannes, Evangelist 99
John of Salisbury 187

Karl von Neapel 90
Eckhard Kessler 40, 107, 179, 193
P. O. Kristeller 111, 112, 178, 179, 181, 193

L. Lactans 187
Lanfranc 105
Brunetto Latini 103, 179, 193
H. Lausberg 178, 193
J. Leclercq 165, 193
C. S. Lewis 177, 189, 193
Alain de Lille 177
Jan Lindhardt 169, 173, 174, 175, 178, 179, 181, 185, 189, 193
Titus Livius 140, 162, 188
Lodovici 149
Bernhard Lohse 165, 193
Peter Lombardus 105
Rudolf Lorenz 164, 193
Antonio Loschi 18, 88
Henri Lubac 177, 178, 189, 193
Luculius 182
Martin Luther 99

Nicolo di Bernando dei Machiavelli 104
Carlo Malatesta 183
Astorgio Manfredi 115
Giovanni da Mantovaa 97ff., 105, 177
Pietro Alboino Mantovano 123
Maria, Jungfrau (Madonna) 52, 134, 149, 166
Luigi Marsigli 177
Alfred von Martin 20, 21, 22, 23, 24, 27, 30, 31, 33, 36, 41, 74, 93, 158, 160, 161, 162, 164, 170, 172, 175, 176, 177, 182, 187
L. Martines 168, 193
Demetrio Marzi 155, 193
Medici 175
L. Mehus 18
Jürgen Miethke 172, 193

Bernardo da Moglio 46, 162
Pietro Moglio 101, 178
Michel de Montaigne 59, 115, 168
Jean de Montreuil (Franz Kanzler) 16, 18, 155
Moses 79, 97, 129, 144, 185
Albertino Mussato 96, 97, 98, 99, 100, 104, 105, 177
Giovani de' Mussi 156

A. Nemetz 193
Niccolo Ciccoli 17, 139, 155, 174
Nikolaus von Kues 9, 42, 45, 48
Francesco Novati 10, 16, 19, 20, 150, 156, 178, 181, 185, 193
G. Nygren 170, 172, 193

William Occam 33, 72, 93, 99, 119, 160, 172
J. Reynold O'Donnel 179, 194
R. P. Oliver 140, 187, 188, 194
Origenes 144
Gilbert Ouy 154
Publius Naso Ovid 66, 108, 114, 180
Erwin Panofsky 148, 153, 183, 189, 194
Papias 98
Rolando Passageri 102
Paulus 55, 99, 166
Peter, Apostel 70
Erik Petersen 194
Francesco Petrarca 9, 17, 18, 19, 31, 60, 94, 95, 97, 104, 105, 118, 119, 120, 138, 139, 140, 141, 155, 157, 169, 176, 179, 181, 182, 183, 187, 188, 194
Armando Petrucci 178, 194
Enea Silvio Peccolomini (Pius II) 150
Piero, Salutatis Sohn 38, 86, 169, 174
Pietro 155
Platon/platonisch 24, 55, 83, 93, 107, 130, 132, 139, 142, 147, 183, 187
Plutarch 113
Domenico da Poggibonsi 16
P. Pomponazzi 176
Giovani da Prato 18, 156
Prometheus 79
C. Priscian 179
Protagoras 39, 146
Pythagoras 173

M. F. Quintilian 100, 148, 187, 189

Rafaello 42
P. Ramus 159
J. Ratzinger 165
E. F. Rice 194
Cola di Rienzo 18
L. Rigazzi 18
C. Rinuccini 115, 124, 181, 184
D. W. Robertson 177, 194

PERSONENREGISTER

Vittorio Rossi 23, 158, 194
Walter Rüegg 28, 76, 93, 159, 170, 176, 191, 194

Rem. Sabbadini 194
G. Saitta 177, 194
Sallust (Gajus Sallustius Chrispus) 140, 188
Giovanni di Samminiato 37, 55, 133, 134, 149, 163, 167
Eva Sandford 183, 194
Girolamo Savonarola 150, 194
F. Schevill 155, 194
G. M. Sciacca 29, 30, 128, 159, 163, 194
Johannes Duns Scotus 93, 119, 126
J. Seigel 188, 194
Lucius Annæus Seneca 17, 66, 98, 100, 114, 138, 149, 162, 182
Bernhard Silvestris 144
Sokrates, sokratisch 59, 85, 90, 126, 128, 149, 173, 183
Solon 98
R. Steel 168
Nancy Struever 39, 189, 194
Thor Sundby 179, 194
Gajus S. Tranquillis Sveton 167

R. H. Tawney 58, 168
Publius T. Africanus Terents 181
Thisbe 149
Thomas von Aquino, Thomismus 47, 49, 71, 72, 79, 98, 99, 105, 119, 144, 165, 172, 173, 177
Lynn Thorndyke 156, 194
Tiberius 167

Tobias 45
Giuseppe Toffanin 32, 38, 161, 194
Charles Trinkaus 33, 72, 161, 172, 194

Ueberweg 184, 194
Berthold L. Ullman 10, 31, 32, 33, 36, 93, 155, 156, 160, 161, 162, 174, 176, 182, 183, 194
Raynaldus de Ursinus 168
Nicolaus de Uzano 41, 45, 48

L. Valla 26, 159
M. T. Varro 98
Ugolini Verini 32
Filippo Villani 126, 127, 185, 194
Publius V. Maro Virgil 66, 96, 100, 102, 110, 114, 115, 132, 134, 135, 138, 146, 162, 180, 181, 183, 186, 187
G. Voigt 19, 156, 194

E. Walser 23, 157, 190, 194
M. Weber 58, 168
R. Weiss 101, 177, 178, 181
Alessandro Wesselofsky 18, 19, 156, 168, 176, 177
R. Witt 161, 178, 195

F. Zabarella 86, 87, 174
V. Zabughin 182, 195
Pellegrino Zambeccari 45, 47, 52, 57, 127
Th. Zielinski 155, 195
G. Zonarini 43
A. Zumkeller 165, 195

Sachregister

adiaforon, 63, 82
Akademiker, 121
Allegorie/allegorisch, 99, 104, 113, 125, 133, 142, 177
allegoria facti, 144ff.
allegoria verbi 144ff.
Allgemeinbildung, 109
Almosen, 55
amor fati, 86
amor dei, 86
Angst, 46
apatheia, 45
Arzt, 60ff, 111, 119
ars dictaminis, 100
ars notariae
ars liberales, 110
Askese, 44
Astrologie, 21, 59, 63
Astronomie, 59, 60, 62, 111

Barbarismen, 114
beatitudo, 80
Bibelpoetik, 98
bilinguis, 136, 147, 150, 153
Bilder, 109, 134
Blasphemie, 67

canere, 102
caritas, 50
causa universalis, 71
Ciompi-Aufstand, 32, 155
clausulae, 107
coefficientes causae
concupiscientia, 50
contemplatio, 33, 104, 144
copia, 128
creator, 79

decorum, 40
Determinismus, 25
Dialogform, dialogisch, 28, 77, 85, 128, 153
Dichterkrönung, 96
dispositio, 107
Distanz, 48, 83

Eklektiker, 93
eleganter, 113
elocutio, 107
enzyklopädisch, 112
Erbsünde, 75
Eros, 80
Erotik, 182
eterna ratio, 62
Ethik, 79, 106
exemplum, 40, 146
Experimente, 61ff.

Fabel, 97, 129, 147
Fachausdruck, 123ff.
Fortpflanzung 59
franziskanische Philosophie
Freiheit 72, 88ff.

Gefühle, 117
Geld (S.a. Reichtum), 168, 180
Geographie, 103
Geschichte, 26, 146
Gleichnisse, 97
Grammatik, 97
Grammatik, 26, 30, 102, 103, 137

Heidentum, 99
Heldendichtung, 95
Humanismus, 24
Hydra (Ydra), 121, 183

imago dei, 73
Inspirationsgedanke, 197, 131, 148, 153
Intellekt, 133, 172
interpres, 125
Invokation, 131

Jerusalem, 145
Jura, 78ff., 87ff., 107, 112, 152

Kapitalismus, 100
Katharsis, 131
Kaufleute, 57
Ketzerei, 120
Kloster, -leben, -gelübde, 33, 41ff., 51, 52, 55, 127
kontemplatives Leben (S.a. contemplatio) 32, 54
Kontext, 114, 124
Krokodil, 118

Laie, 29, 100
Landwirtschaft, 55
libertas, 35, 161
Lob, 70, 115ff.
Logiker/logisch, 62, 105, 118
Lüge, 123, 136, 145

mania 131, 180
Medievalisten, 9
medium bonum, 70
Melancholie, 46
Metapher, 131, 133, 146, 153
Methaphysik, 26, 111, 118
Mittelalter, 21, 23, 29, 31, 59
Monarchie 36ff.
Moral, 23, 24

SACHREGISTER

Musen, 131, 180
Musik, 108, 180
Muttersprache, 111
Mythen/Mythologie, 95ff., 97, 114, 129, 146

Nächstenliebe, 50, 85
Naturgeschichte, 103
Naturphilosophie, 112
Naturwissenschaft, 59ff., 78ff., 152
Neugier, 135
nobilitas, 53
Nominalismus, 122
Notar, 20, 100
Notwendigkeit, 71
ociosa vita, 67
ornatus, 102

Paradox, 71, 73, 127
Patristik, 93
pelegianische Gnadenlehre, 73
Pestepidemien, 60, 76
Phantasie, 113
Philologie, 30, 114ff.
Physiker, 63, 73, 105, 112, 119, 169
Pickwickdiskussionen, 95
Planeten, 64
poeta, 79, 141f.
poio, 102
Polygamie, 115
Prädestination, 29, 58, 61, 66ff.
privativ, 69, 83
Propaganda, 33
propter deum, 47, 48, 51, 54, 57

quadrivium, 87

ratio, 30
Rationalismus, 59, 105
Realismus, 122
Rechtswissenschaft, 78 (S.a. Jura)
Reichtum (s.a. Geld) 57, 108
Relativierung, 26
religio, 59
religiosus, 41
republikanische Regierung, 88ff.
rerum divinarum humanarumque scientia, 87
retro, 132ff.
Risorgimento, 19

Säkularisierung, 27, 82, 120
Salutatis Werke:
 De fato et fortuna, 18, 21, 26, 37, 61, 63, 66ff., 78, 111, 127
 De laboribus Herculis, 18, 21, 59, 95, 113, 121, 128
 De nobilitate legum et medicine, 51, 61, 78ff., 150

De seculo et religione, 10, 18, 21, 30ff., 37, 41ff., 56, 157
De Tyranno, 20, 34, 35, 88
De verecundia, 121, 184
De vita associabilia, 156
Invectiva contro A. Luscum, 88
salutatio, 102
sapientia, 81
schauen, 131
Scholastik, scholastisch, 24, 25, 26, 28, 31, 66, 93
Schuld, 75
scientia propter quid, 61
scientia quia, 61
scientia rerum divinarum et humanarum, 87, 88, 111, 141
scolatica controversia
seculum, 59
sinceritas, 38, 126
sinnlich, 44
Skeptizismus, 28, 64
Sklaven, 53
Sophisten, 121, 124
speculatio, 28, 80, 83, 93
Sporteln, 168
Staatsmann, 55
Stilebene, 113
Stoiker, stoisch, 38, 43, 45, 86, 118, 126, 176
studia humanitatis, 49, 58, 59, 81, 100, 107, 110, 111, 137, 148, 149, 153
studia littere, 120
suaviter, 113
symbolisch, 142

Tadel, 115ff.
Taufe, 97
Theokrati, 82
Tod, 38, 86, 126
transzendent, 24, 29
Trivium, 87

Universaldenken, 59
Universalien, 28, 79
Universitäten, 105
Unterricht, 113

vas, 97, 153
Vaterland, 76, 81
vates, 97
vita activa, 28, 49, 51ff., 81, 85, 93, 152
virtus, 53, 108

Wahnsinn, 130
Weltflucht, 21
Wille, 10, 29, 30, 67ff., 117, 126, 172

Zölibat, 54

Acta Theologica Danica
Edenda curaverunt
Torben Christiansen – Eduard Nielsen
Regin Prenter – Heine Simonsen

Vol. I: Das Matthäusevangelium
Ein Judenchristliches Evangelium
Von Poul Nepper-Christensen
Kopenhagen 1958
Hfl. 36,-

Vol II: Hodayot
Psalms from Qumran
By Svend Holm-Nielsen
Copenhagen 1960
Hfl. 56,-

Vol. III: Origin and History of Christian Socialism 1848-54
By Torben Christensen
Copenhagen 1962
Hfl. 56,-

Vol. IV: Contra Gabrielem
Luthers Auseinandersetzung mit Gabriel Biel in der
Disputatio contra Scholasticam Theologiam 1517
Von Leif Grane
Kopenhagen 1962
Hfl. 64,-

Vol. V: Apocryphon Johannis
The Coptic Text of the Apocryphon Johannis in the Nag
Hammadi Codex II with Translation, Introduction and
Commentary
By Søren Giversen
Copenhagen 1963
Hfl. 48,-

Vol. VI: Studien über Deuterosacharja
Von Benedikt Otzen
Kopenhagen 1964
Hfl. 48,-

Vol. VII: Xuāstvānīft
Studies in Manichaeism
By Jes P. Asmussen
Copenhagen 1965
Hfl. 48,-

Vol. VIII:	Die zehn Gebote Eine traditionsgeschichtliche Skizze Von Eduard Nielsen Kopenhagen 1965 Hfl. 20,-
Vol. IX:	Philosophie und Christentum Eine Interpretation der Einleitung zum Dialog Justins Von Niels Hyldahl Kopenhagen 1966 Hfl. 52,-
Vol. X[1]:	Die Geschichte vom Aufstieg Davids (1. Sam. 14-2. Sam. 5) Tradition und Komposition Von Jakob H. Grønbæk Kopenhagen 1971 Hfl. 48,-
Vol. XI:	The Divine Order A Study in F.D. Maurice's Theology By Torben Christensen Leiden 1975 Hfl. 48,-
Vol. XII:	Modus Loquendi Theologicus Luthers Kampf um die Erneuerung der Theologie (1515-1518) Von Leif Grane Leiden 1975 Hfl. 44,-

1. Out of print.

All volumes can be required from E.J. Brill, Leiden (Holland).